浙江大学中国西部发展研究院承编

2018国家西部开发报告

主　编　何立峰
副主编　林念修　邹晓东

图书在版编目(CIP)数据

2018 国家西部开发报告 / 何立峰主编 . —杭州：浙江大学出版社，2018. 12
ISBN 978-7-308-18752-7

Ⅰ. ①2… Ⅱ. ①何… Ⅲ. ①西部经济—区域开发—研究报告—中国—2018 Ⅳ. ①F127

中国版本图书馆 CIP 数据核字（2018）第 280539 号

2018 国家西部开发报告

主　编　何立峰
副主编　林念修　邹晓东

责任编辑　田　华
责任校对　马一萍
封面设计　刘依群
出版发行　浙江大学出版社
（杭州市天目山路 148 号　邮政编码 310007）
（网址：http://www.zjupress.com）
排　　版　浙江时代出版服务有限公司
印　　刷　浙江新华数码印务有限公司
开　　本　787mm×1092mm　1/16
印　　张　23.25
字　　数　565 千
版 印 次　2018 年 12 月第 1 版　2018 年 12 月第 1 次印刷
书　　号　ISBN 978-7-308-18752-7
定　　价　98.00 元

2018 国家西部开发报告
编审小组成员

赵　艾　肖渭明　丁　杰　张　明　郭旭杰　王　强
晏世琦　唐明龙　刘　通
任少波　周谷平　史晋川　董雪兵　方攸同　陈　健
敖　晶　陈奕洁　杜立民　李　莉

感　谢

各省(区、市)、各部委及相关企事业单位提供稿件和资料,在此一并致谢!

目 录

CONTENTS

第一篇/综述篇

西部大开发 2017 年工作综述

2017 年，党的十九大胜利召开，开启了决胜全面建成小康社会、全面建设社会主义现代化国家的新征程。各地区各部门各单位全面贯彻党的十九大精神，深入贯彻习近平总书记系列重要讲话精神和治国理政新理念新思想新战略，认真落实党中央、国务院决策部署，切实落实国务院西部地区开发领导小组会议要求，统筹推进“五位一体”总体布局和协调推进“四个全面”战略布局，紧紧抓住基础设施和生态环保两大关键，进一步增强可持续发展支撑能力，统筹推进新型城镇化与新型工业化、信息化、农业现代化协调发展，在推动经济转型升级、缩小区域发展差距上取得了阶段性突破，在持续改善民生、促进社会和谐上取得了实质性进展。

一、全面改革持续深化，扩大开放不断推进

（一）积极推进改革创新举措

2017 年，以《西部大开发“十三五”规划》为统领，以深化供给侧结构性改革为主线，推进了重点领域和关键环节改革。以全面创新改革试验区、自由贸易试验区、承接产业转移示范区等建设为抓手，提升了西部地区创新发展、改革发展、协同发展水平。推进电力体制改革试点，继续深化电价、水价等价格改革，理顺了煤电价格关系，稳步推进社会资本参与重大水利工程建设运营试点，深化小型水利工程产权制度改革。有序推进了土地管理制度改革，探索建立农村集体经营性建设用地入市制度。加强知识产权保护与应用，推动四川、陕西建设知识产权强省。加快建设了社会信用体系，构建正向激励机制，营造诚实守信的经济社会环境。

（二）积极对接和融入“一带一路”建设、长江经济带发展

2017 年，加快推进了中蒙俄、新亚欧大陆桥、中国—中亚—西亚、中国—中南半岛、中巴、孟中印缅等经济走廊境内段建设，加快构建联通内外、安全高效的跨境基础设施网络，稳步拓展内陆无水港体系。打造了一批参与“一带一路”建设的先行示范区和国别合作示范平台。充分发挥澜沧江—湄公河等合作机制作用，将其建设成为推动“一带一路”倡议的平台。加强西部地区与“一带一路”沿线国家的交流合作。加强与长江经济带综合立体交通走廊的衔接，推动长江经济带国家级经济技术开发区协同发展联盟建设，打造沿江重点开发开放平台。推进中欧班列建设发展，加快通道网络和物流枢纽设施建设，构建高效运输组织体系。

(三)不断提升内陆开放水平

2017年,以贵州、宁夏内陆开放型经济试验区建设为先导,支持重庆、西安、成都、昆明、南宁等西部内陆开放平台建设,培育西部地区全方位开放新高地。高起点建设中国(重庆)、中国(四川)、中国(陕西)自由贸易试验区,推进“放管服”、投资贸易便利化、金融开放创新等改革试点。遵义综合保税区获国务院批复。支持西安国际港务区、兰州国际港务区、乌鲁木齐港务区、重庆国际物流港、成都国际铁路港、毕节国际内陆港等开放型功能区发展。支持云南深化与南亚东南亚国家在基础设施建设、农业开发、跨境旅游、跨境物流、人文交流等各领域的合作。开展了农业技术和特色农产品产业合作。成功举办了中国—东盟博览会、中国—南亚博览会、丝绸之路国际博览会、欧亚经济论坛等大型活动。

(四)加快沿边地区开发开放

2017年,充分发挥沿边省区和沿边各类功能区作用,建设我国向西、向北开放的窗口和向南亚、东南亚开放的门户,推进新疆丝绸之路经济带核心区建设。以重点开发开放试验区为着力点,打造沿边开放的战略支撑。集中力量加快广西东兴、凭祥,云南瑞丽、勐腊(磨憨),内蒙古满洲里、二连浩特等重点开发开放试验区建设。2017年,批准中越边境峒中和硕龙公路口岸对外开放、友谊关和东兴公路口岸扩大开放新通道,中蒙边境阿日哈沙特、额布都格公路口岸扩大对常年开放口岸等西部地区口岸开放或扩大开放。组织国家有关部门完成西部地区4个口岸验收工作。具体为:中尼边境西藏吉隆公路口岸扩大开放、中越边境云南都龙公路口岸对外开放、中蒙边境新疆老爷庙公路口岸扩大开放、广西北海水运口岸扩大开放。稳步推进沿边地区跨境人民币创新业务试点。支持西部沿边省区立足自身优势,共建境外农业合作示范区与农业对外开放合作试验区。

二、基础设施建设取得新成效

(一)加强综合交通基础设施建设

2017年,实施高速公路联网畅通、普通国省干线升级改造、农村公路畅通安全、枢纽站场建设推进和专项建设巩固拓展五大工程,进一步提升公路网络联通和畅达水平。新开工重点工程宁夏中卫至甘肃兰州铁路、贵州都匀至安顺公路、甘肃平凉至天水公路、G341线胶南至海晏公路加定(青甘界)至海晏(西海)段、渝黔高速公路扩能项目、陕西合阳至铜川公路、西部支线机场建设、广西钦州港东航道扩建10万吨级双向航道一期工程等8项重点工程,合计投资1598亿元。将西部地区作为全国铁路建设的重点,建成投产西安至成都、宝鸡至兰州等重大铁路项目;实施成都至贵阳、银川至西安、拉萨至林芝等重大铁路工程,推进重庆至昆明、西宁至成都、包头至银川、川藏铁路林芝至昌都段等项目前期工作,开展了川藏铁路康定至昌都段等重大项目前期论证。对西部地区民航发展实施差别化支持政策,新建四川甘孜机场、迁建四川达州机场,成都新机场、贵阳机场三期改扩建工程加快建设,扩建重庆、银川、二连浩特、铜仁、兴义、芒市等机场工程建成投产。加强内河航道和沿海港口建设,实施西江航运干线扩能工程,在重庆港、南宁港等建设一批规模化、专业化港区重庆龙头港投入运行,果园港铁水联运接驳改造以及珞璜港、新田港一期工程加快建设,指导广西沿海三港协调有序发展和转型升级。

(二)优化能源基础设施布局

改善能源结构,防范化解煤电产能过剩风险,提高煤电行业效率,科学推进水电、风电、太阳能发电等可再生能源建设。2017 年,共核准跨省、跨区电网工程 4 项、审批 2 项,正在办理核准 1 项。上述 7 项工程共新增投资 206 亿元,使用中央预算内资金 80 亿元。推进重点输电通道,积极协调推进一批重点输电通道前期工作,重点包括四川水电外送第四回输电通道,陕北等地电力外送通道,以及白鹤滩、金沙江上游等水电站电力外送通道。高度重视大气污染防治重点输电通道建设工作,8 条通道已建成投运,新增西电东送能力约 5000 万千瓦。其中涉及西部地区的通道包括:榆横—潍坊、锡盟—山东、蒙西—天津南特高压交流工程,宁夏东—浙江绍兴、锡盟—泰州、山西晋北—江苏南京±800 千伏特高压直流工程等。2 条通道正在抓紧建设,分别是内蒙古上海庙—山东、滇西北—广东特高压直流工程。组建青海电力外送工程协调推进工作组,加快青海送电河南输电通道论证和建设,促进青海省新能源开发利用。优化电网结构。加快城市配电网及农村电网升级改造,推进智能电网建设,提升电力普遍服务水平。截至 2017 年 10 月底,在西部地区完成电网投资 619 亿元,新开工 110(66)千伏及以上交流线路 1 万公里、变电容量 3640 万千伏安,投产 110(66)千伏及以上交流线路 1.4 万公里、变电容量 5028 万千伏安。按照国家农网改造两年攻坚战任务要求,在西部地区累计投资 389 亿元,实现 4.7 万眼机井通电,完成 1.6 万个小城镇(中心村)电网改造升级和 1.3 万个自然村通动力电,提前完成攻坚战任务。全面加强对口支援措勤县和定点扶贫玛多县工作,分别安排资金 0.1 亿元,建设光伏电站扩建、产业扶贫等项目;向玛多县贫困人口发放定点扶贫光伏电站发电收益 380 万元,为当地 1144 户建档立卡贫困群众增收 3322 元/户。推进重大油气管网工程建设,陕京四线工程、西三线中卫—靖边联络线、新疆煤制气外输管道一期工程(潜江—韶关段)、鄂尔多斯—安平—沧州输气管道工程、蒙西煤制天然气外输管道工程、南疆天然气利民工程、青藏天然气管道项目等建成,积极完善城市配气管网,扩大天然气利用规模,核准 3 个煤制天然气新建项目,分别是苏新和丰 40 亿标准立方米/年天然气示范项目、伊犁新天 20 亿标准立方米/年煤制天然气示范项目、内蒙古北控京泰 40 亿标准立方米/年煤制天然气示范项目。推进重庆、四川、云南、贵州、内蒙古等地页岩气和煤层气勘探开发利用。针对弃水、弃风、弃光问题,提出有针对性的工作方案并督促各地区和电网企业落实。

(三)改造提升水利基础设施

2017 年,推进重大水利工程建设,西江大藤峡、贵州马岭等一批在建工程建设加快实施,青海引大济湟总干渠、新疆卡拉贝利等一批工程完成主体工程,并逐步发挥效益。陕西东庄、青海那棱格勒河和内蒙古引绰济辽、云南滇中引水等工程可行性研究报告获国家发展改革委批复,其中,青海那棱格勒河、内蒙古引绰济辽、云南滇中引水等项目已开工建设。四川亭子口灌区一期、向家坝灌区北总干渠一期、云南麻栗坝灌区、新疆大石峡和奎屯河引水等工程可行性研究报告审查意见已报送国家发展改革委。黄河古贤、黑山峡河段开发、甘肃引哈济党等工程前期论证工作积极推进。加快西部地区大江大河及其主要支流治理,大力推进中小河流治理、小型病险水库除险加固。开展 965 个县山洪灾害群测群防体系建设。

加快民生水利建设，支持以建档立卡贫困人口为重点实施农村饮水安全巩固提升工程，加快新建小型水库、农村水电增效扩容和水电扶贫工程建设，推进山洪灾害防治项目建设。做好大中型灌区续建配套与节水改造、大型灌排泵站更新改造、高效节水灌溉、灌区信息化和牧区节水等项目建设工作。全面推进西部地区规模化高效节水灌溉行动。

（四）进一步加强通信基础设施建设

加快实施“宽带中国”战略，推进光纤网络和4G网络建设。截至2017年10月底，中国移动在西部地区新增家庭宽带管线覆盖住户1114万户、累计达到9852万户。西部地区家庭住户管线覆盖率达70%，较上年底提升10PP，宽带网络能力进一步大幅提升。截至2017年10月，中国联通在西部12省区市互联网宽带用户净增26.1万户，达到1017.7万户，极大提升了西部地区网络覆盖水平和质量。深入开展电信普遍服务试点，加快农村和偏远地区（垦区）光纤宽带发展，努力缩小“数字鸿沟”。支持自然灾害多发省份提升应急通信保障能力，四川联通在九寨沟地震后第一时间赶赴灾区抢险救灾，甘肃、陕西、重庆联通集结驰援，快速恢复灾区通信，同时对九寨沟地震灾区用户，以及全国漫游到灾区的用户提供免停机服务，并开通10010寻亲报平安热线。加强与周边国家信息通信设施互联互通，加快建设了中国—东盟信息港，在沿边省区建立健全国际通信出入口、数据中心及相关配套设施。

三、特色优势产业发展进入新阶段

（一）做强做优能源资源勘探和精深加工

2017年，加大对西部地区土地、矿产等国土资源调查评价和监测的支持力度，进一步制定和完善了有效利用外资参与西部地区矿产资源勘查开发的政策。合理推动油气资源开发，在塔里木盆地、准噶尔盆地、鄂尔多斯盆地等地建设了油气生产基地。积极推广清洁高效煤电，稳妥推进煤制油、煤制气、煤制烯烃试点示范，核准2个煤制油新建项目，分别是内蒙古伊泰200万吨/年煤炭间接液化示范项目、伊泰伊犁100万吨/年煤制油示范项目。加大有色金属、优势非金属矿资源科学开发力度。

（二）做大做精旅游业和特色农业

2017年，以推动全域旅游发展为主线，重点发展以观光旅游、民俗体验和生态旅游为核心，以休闲度假、红色旅游、节庆旅游、避暑旅游等为补充的西部特色旅游产品体系。支持西部地区的广西巴马县、四川凉山州、贵州安顺市、云南腾冲市和大理市、陕西西安市、宁夏中卫市等17个市县（区）建设国家级旅游业改革创新先行区。创建旅游业改革创新先行区、边境旅游试验区和跨境旅游合作区。调整优化农牧业区域布局和生产结构，推进现代农业示范区建设。按照“一地一类、一县一品”的思路，重点发展具有地理标志和地域独特性的特色农业。大力发展农产品加工业，加强产地初加工、仓储、物流基础设施配套建设和农产品加工副产物综合利用能力建设。

（三）加快培育战略性新兴产业

2017年，加快实施《中国制造2025》，支持成都、吴忠创建“中国制造2025”试点示范城市。深入推进国家新型工业化产业示范基地建设。加快推进"互联网+"、大数据创新发展,深化大数据行业应用,引导支持贵州等地发展大数据产业,开展大数据产业技术创新试验区建设试点,有序推进了绿色数据中心建设。支持四川、重庆、贵州、广西等地电子信息产业加快发展。

(四)推动传统产业提升改造和转型升级

2017年,完成钢铁、煤炭等行业去产能年度目标任务,核准西部地区24个煤炭开发项目,建设规模1.34亿吨/年,总投资756亿元。推动重点行业依法依规淘汰一批落后产能,完善强制性环保、能耗等标准体系并加强监管。推动传统产业利用"互联网+"实现数字化、网络化、智能化技术改造。引导西部地区制造业企业向服务型制造转型发展。支持内蒙古西部(包头、鄂尔多斯)、重庆环都市区、四川自贡、宁夏东北部(石嘴山—宁东)等设立产业转型升级示范区和示范园区。

(五)加大科技创新支撑力度

2017年,继续发挥科技创新在全面创新中的引领作用,指导推动国家自主创新示范区发展。加快环境保护、生态修复、疾病防控、防灾减灾等领域科技创新和成果转移转化。积极推动提升企业技术创新能力。继续推动西部地区双创示范基地建设,打造创新平台,支持内蒙古、重庆、四川、贵州、云南、西藏、陕西、甘肃、青海、宁夏、新疆、新疆生产建设兵团等加快构建一批众创空间和"星创天地"。全面贯彻中央《关于经济建设和国防建设融合发展的意见》,鼓励四川、陕西、贵州等省地方政府与军工企业、民口企业或民营优势企业等共建军民融合科技创新基地和公共服务平台。

四、生态建设巩固新成果

(一)继续实施重大生态工程

2017年,加强农田林网营造和村镇绿化建设,提高"三北"及平原农区和绿洲防护林体系综合防护功能。稳步推进实施新一轮退耕还林还草、退牧还草、天然林资源保护二期、石漠化和水土流失治理、湿地保护和恢复、京津风沙源治理二期、国家级自然保护区规范化建设等生态工程。提升森林和草原防灾减灾能力。积极推进沙化土地封禁保护区和防沙治沙综合示范区建设。实施生物多样性保护重大工程,已建成生物多样性观测样区近400个。

(二)完善生态保护补偿机制

2017年,发挥生态保护补偿工作部际联席会议作用,建立和完善森林、草原、湿地、荒漠、水流、耕地和自然保护区等领域生态保护补偿机制。推进流域上下游横向生态保护补偿试点,探索开展高原生态保护补偿试点,结合脱贫攻坚开展生态综合补偿试点,安排专项资金20亿元支持青海省开展山水林田湖草重点生态保护修复工程试点。2017年中央财政拨付补助资金3亿元,全部用于西部地区的内蒙古、西藏、甘肃、青海、新疆5省区沙化土地封禁保护区试点建设;湿地生态效益补偿试点10处;开展187个林业站建设标准化试点建设。

（三）加大生态环境保护力度

2017 年，加强长江干流及其支流流域生态环境保护，加快建设绿色生态廊道，共抓大保护，不搞大开发。加大黄河中上游生态修复与保护力度。在部分河流实施生态流量保障工程，对重点河流和湖泊采取预防性保护措施。深入推进控制污染物排放许可制，狠抓工业污染防治，全面实现工业污染源达标排放。加大大气污染防治力度，重点推动解决区域性重污染天气多发问题。继续实施土壤污染治理与修复试点，建设土壤污染综合防治先行区。划定生态保护红线并实施严格保护与监管，进一步完善县域生态环境质量考核工作。

（四）提高资源集约利用和国土整治利用水平

2017 年，落实节能目标责任，开展全民节能行动，实施燃煤锅炉改造、绿色照明、重点用能单位能效综合提升、余热暖民等重点节能工程。加强工业节能监察，推进工业固体废物综合利用和资源再生利用示范工程建设。启动资源循环利用示范基地建设，支持一批园区实施循环化改造。进一步加大土地整治力度，继续实施陕西延安治沟造地等土地整治重大工程。支持西部有条件的地区有序开发利用低丘、缓坡、荒滩等未利用地，积极开展工矿废弃地复垦利用。

五、城乡统筹协调发展布局优化

（一）培育新的经济增长极

2017 年，加快以成渝、关中—天水、北部湾等重点经济区为支撑的核心增长区域建设，推进了兰州—西宁、呼包银榆、黔中、滇中等次级增长区域发展。完善和提升以西部省会城市为核心的中心城市功能，加强城市间互动合作。积极培育发展新生中小城市，以县城为重点发展小城镇。全面推进美丽特色小（城）镇建设工作，指导各地创建了一批以旅游休闲、健康疗养、商贸物流、科技教育、文化民俗、特色制造、能矿资源、边境口岸等为突出特征的小（城）镇。推进西部地区城市加快补齐基础设施、公共服务和生态环境等短板，塑造特色风貌，提高城市竞争力。继续推进国家级新区、开发区、承接产业转移示范区等功能性平台建设。推进城区老工业区、独立工矿区改造和采煤沉陷区综合治理，支持资源枯竭城市和产业衰退地区等困难地区转型发展。

（二）扎实推进脱贫攻坚

深入实施精准扶贫精准脱贫，2017 年，中央进一步加大扶贫资金投入力度，继续向西部地区倾斜，安排西部 12 省区市中央财政专项扶贫资金 556 亿元，占资金总量的 64.6%。同时，进一步加大对“三区三州”等深度贫困地区的支持力度，专项安排资金 49.2 亿元。据初步统计，2017 年东部各省市投入扶贫协作地区财政援助资金达到 49 亿元，比 2016 年增长 67%。针对不同贫困类型分类施策，提高脱贫攻坚成效。加强建档立卡数据分析和信息化建设，继续引导各项扶贫资源向贫困户和贫困村精准配置。加快推进西部地区易地扶贫搬迁工程建设，加大搬迁户后续产业和就业扶持力度。加强集中连片特困地区、革命老区开发，加快改善基础设施和基本公共服务，推动特色产业发展、劳务输出、教育和健康扶贫，增

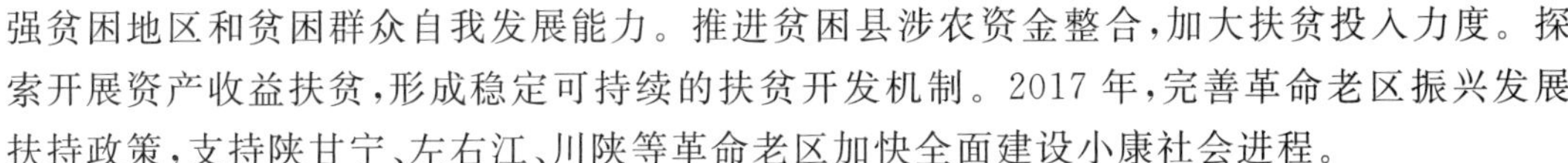

强贫困地区和贫困群众自我发展能力。推进贫困县涉农资金整合,加大扶贫投入力度。探索开展资产收益扶贫,形成稳定可持续的扶贫开发机制。2017 年,完善革命老区振兴发展扶持政策,支持陕甘宁、左右江、川陕等革命老区加快全面建设小康社会进程。

六、基本公共服务供给水平稳步提高

(一)推进教育改革发展

2017 年,中央财政下达西部省份城乡义务教育经费保障机制资金 447.3 亿元。实施第三期学前教育行动计划,统筹推进县域内城乡义务教育一体化改革发展,组织实施普及高中阶段教育攻坚计划。2017 年,6 所教育部直属师范大学在西部 13 省份招收免费师范生 3925 人,培养免费师范毕业生 4429 人,其中 4167 人返回本省份中小学幼儿园任教。开展西部乡村中小学校长培训计划。大力发展职业教育,支持西部地区改善中等职业学校基本办学条件,面向农村转移就业劳动者组织实施职业技能培训。进一步优化高等教育布局结构。推动"一带一路"沿线国家留学生到西部高校学习。

(二)促进西部文化繁荣发展

2016 年至 2017 年,安排补助资金 2.2 亿元,为贫困地区县级文化馆配送流动文化车,着重向西部地区贫困县倾斜。采取政府购买服务的方式,为西部地区贫困县所辖乡镇每两个月配送一场地方戏为主的演出,每场演出补助 3000 元。投入经费 4757 万元,用于推进西部地区国家级文化生态保护实验区工作。投入资金 24249 万元,用于西部地区文化人才建设。重点加强基层综合性文化中心建设。大力推动全民阅读,扶持实体书店发展,继续实施少数民族新闻出版东风工程。继续实施西部及少数民族艺术创作提升计划。成功举办了第四届中国西部交响乐周、国际音乐产业博览会(成都)等。加大西部地区非物质文化遗产保护力度,推进大理白族文化、陕北文化、武陵山区土家族苗族文化生态保护试验区建设。推动丝绸之路文化产业带建设。支持西部地区加强与海外文化机构开展多种形式的交流合作,积极参与"丝路书香工程""丝绸之路影视桥工程""中国当代作品翻译工程",推动西部地区文化"走出去"。

(三)提高人民健康水平

2017 年,着力加强西部地区医疗卫生服务能力建设,完善基本公共卫生服务网络。继续实施国家免疫规划,加大结核病、麻风病、艾滋病防治力度,推进解决包虫病、大骨节病等地方病。进一步扩大农村妇女"两癌"检查覆盖面,提高儿童营养水平和新生儿疾病筛查水平。巩固完善城乡居民大病保险。推进西藏农牧区医疗制度和城镇居民医疗保险制度之间的衔接整合,建立城乡居民基本医疗保险制度。深入实施健康扶贫工程,落实倾斜性医保政策,逐步建立起健康扶贫补充保险制度,进一步提高西部地区贫困人口医疗保障水平。

(四)提高就业和社会保障水平

完善西部地区公共就业创业服务体系。指导西部省份贯彻落实《国务院关于做好当前和今后一段时期就业创业工作的意见》(国发〔2017〕28 号)和《国务院办公厅关于支持农民工等人员返乡创业的意见》(国办发〔2015〕47 号)。支持西部地区加大政策落实力度,继续加大就业补助资金转移支付力度,2017 年共拨付西部 12 省区市就业补助资金 145 亿元。建立健全覆盖城乡的公共就业服务体系,指导西部地区开展就业援助月、"春风行动"、民营企业招聘周、高校生服务月等就业专项活动,不断提高服务能力和水平,为广大劳动者免费提供政策咨询、岗位信息、职业指导、职业介绍等服务。加大职业技能公共实训基地建设力度,实施"求学圆梦行动"计划,加强新型职业农民培养,不断增强西部贫困地区"造血"功能和贫困群众自我发展能力。支持返乡创业试点地区组织开展农民工等人员返乡创业三年行动计划,在贫困村开设了"就业扶贫车间",就近吸纳当地贫困人口就业。在西部地区推进了建筑业按项目参加工伤保险工作,进一步提高建筑项目工伤保险参保率。加强自然灾害救助物资储备体系建设,切实提高救助保障能力。

七、组织保障和政策支持力度不断加大

(一)加大人才开发支持力度

加强西部地区干部教育培训资源建设,2017 年,围绕西部地区经济社会发展和高层次人才队伍建设需求,确定一批重点示范项目,吸引各类高层次人才投身西部大开发,带动技术、信息、成果等创新要素向西部集聚,为西部大开发战略实施提供人才和智力支撑。实施"2017 年西部和东北地区人力资源市场建设援助计划",安排了 15 个项目支持西部和东北地区 15 个省份开展人力资源市场管理人员培训、赴东部省份对口交流、组织人力资源服务业从业人员研修。继续组织实施"骨干教师培训计划"。加大外国高层次人才引进力度,继续做好高层次留学人才和回国专家引进、人才援助、专家服务基层、专业技术人才知识更新等工作。继续做好东部地区城市支持西部地区人才培养计划、中国西部开发远程学习网培训等工作。

(二)加大中央资金和项目倾斜力度

2017 年,在分配转移支付时,继续对西部地区给予倾斜,支持逐步缩小西部地区人均财力与全国平均水平的差距,提高基本公共服务均等化水平。截至 2017 年 11 月底,下达西部地区各项转移支付 24888 亿元,占中央财政安排地方转移支付的 44.3%。结合财税体制改革以及中央与地方财政事权和支出责任划分改革总体进程,完善转移支付制度,继续加大转移支付力度,切实提高西部地区基本公共服务保障水平。推进《西部地区鼓励类产业目录》执行,落实相关税收政策。统筹安排新增地方政府债券资金支持公益性项目建设,加大存量地方政府债务置换力度。

(三)拓宽金融扶持领域

支持银行业金融机构服务实体经济,在风险可控、商业可持续的前提下,加大对产能过剩行业兼并重组、转型转产等的信贷支持。对西部地区实行倾斜的信贷政策,截至 2017 年 10 月底,西部地区支农、扶贫再贷款余额分别为 1159 亿元、881 亿元,年累放额分别为 1027 亿元、733 亿元;支小再贷款余额 255 亿元,年累放额为 192 亿元。再贴现余额 480 亿元,年累放额为 927 亿元。截至 2017 年 10 月末,国家开发银行、中国进出口银行、中国农业发展

银行用于西部地区的抵押补充贷款共8233亿元，主要投向西部地区的棚户区改造、重大水利工程、农村公路、“一带一路”、人民币“走出去”项目等。2017年前10个月，西部地区人民币各项贷款新增2.43万亿元，同比多增3431亿元。10月末，西部地区人民币各项贷款余额24万亿元，同比增长13.4%，较全国人民币各项贷款余额同比增速高0.4个百分点。利用新技术、新产品提高边远地区金融服务便利性。引导保险公司开发适合西部地区特点的产品，参与社会保障体系建设，提高西部贫困地区保险密度和深度，为西部地区经济社会平稳健康发展提供有力保障。

第二篇/部门篇

第一章　中组部

一、2017 年工作情况

（一）加强西部地区领导班子建设

一是抓好政治建设、思想建设。部署加强党的十九大精神学习，用习近平新时代中国特色社会主义思想武装头脑。指导推进“两学一做”学习教育常态化制度化，加强省区市党委常委民主生活会指导，推动用好批评和自我批评武器，进一步提高发现和解决自身问题的能力。二是做好省区市领导班子换届工作。督导重庆等 7 个省区市召开党代会进行党委班子换届选举，班子整体功能进一步优化。围绕人大政府政协换届加强班子分析，分两批开展换届考察，注意了解领导班子和领导干部贯彻落实中央关于西部大开发战略部署情况，作为评价干部的重要内容。三是做好领导班子个别增补调整。有计划、有步骤做好班子调整工作，坚持交流优秀干部到西部地区工作，注重从西部地区选拔和重用经受考验的干部。今年西部省区市领导班子调整 95 人次，与中央国家机关交流 13 人，省际交流 36 人。四是加强班子和干部日常管理。及时掌握班子运行和干部表现情况，特别关注有关省区反分裂斗争和维护民族团结等情况。深入开展谈心谈话，听取对班子建设的意见建议，帮助解决干部实际困难。五是加强市县领导班子宏观指导。目前西部省区市市县党委换届全部完成，市县人大政府政协换届基本结束。做好保持贫困县党政正职稳定工作，对确需调整的从严把关。

（二）加强西部地区干部人才队伍建设

一是加强干部教育培训。制定印发《2017 年全国干部教育培训工作要点》时予以倾斜支持，深入西藏等省区市开展调研指导。在重点培训项目中加大支持力度，在“一校五院”培训西部地区干部 1500 人次，支持云南、甘肃、青海 3 省选派 75 名干部赴新加坡培训。拨出专项经费 500 万支持新疆、西藏和四省藏区双语培训。协调支持遵义干部学院建设，目前中央 8000 万元投资已下达。二是做好干部挂职锻炼培养。聚焦服务打赢脱贫攻坚战，从中央单位选派 650 多名干部到定点扶贫县工作，从东部 9 省市选派 460 多名干部参加东西部协作扶贫挂职。会同中央统战部、国家民委，选派 522 名干部到中央单位和发达地区挂职，其中从西部 12 省区市选派 419 人，占总人数 80%。在中央和国家机关等单位与省区市中青年干部双向交流挂职工作中，选派 18 名干部到西部地区挂职，从西部地区选派 16 名干部到中央单位挂职。三是加强基层干部队伍建设。督促抓好《关于加强乡镇干部队伍建设的若干意见》的贯彻落实，切实把中央对西部基层的关心落到实处。指导推进《关于做好艰苦边远地区基层公务员考试录用工作的意见》的落实，支持四川凉山等深度贫困地区县乡机关招考公务员实行倾斜性政策,鼓励和引导高校毕业生到艰苦边远地区干事创业。四是加强人才培养和智力支持。研究起草鼓励和引导人才向艰苦边远地区和基层一线流动的意见,提出倾斜政策和支持举措。持续推进国家"千人计划"新疆项目和西藏项目,适当放宽申报条件和评审标准。深入实施边远贫困地区、边疆民族地区、革命老区人才支持计划,协调教育部等单位共选派培养人才近 8 万名。选派第 14 批 364 名"西部之光"访问学者研修,选派近 400 名第 18 批博士服务团成员到西部地区挂职服务。五是做好干部人才援藏援疆援青工作。开展援藏援青干部集中考核工作,平级择优选派第九批中央单位援疆干部人才 573 名,从北京市选派 27 名,评选表彰 115 名"对口支援新疆先进个人",树立正确导向,引导援派干部人才在西部边疆民族地区建功立业。持续推进医疗人才"组团式"援藏援疆工作,在西藏、新疆召开推进会,完善工作机制,积极培养当地人才。

(三)加强西部地区基层组织和党员队伍建设

一是选好用好管好农村基层党组织带头人。指导西藏、陕西、青海 3 省区抓好村"两委"换届工作,选优配强村党组织书记,加强村级后备力量储备。加强边疆民族地区和革命老区村党组织书记培训,中管党费划拨 2.6 亿元进行补助,中央组织部直接帮助培训 1 万名。二是选派机关优秀干部到村任第一书记。中央单位选派 217 名第一书记到西部地区任职。会同国务院扶贫办举办 3 期中央单位选派第一书记示范培训班,帮助提高带领群众脱贫的本领。三是夯实农村基层基础保障。抓好《关于加强村级组织运转经费保障工作的通知》的落实,西部地区村级组织保障水平明显提升。指导发展壮大薄弱村空壳村集体经济,加大对正常离任村干部生活补贴的支持保障力度。四是扎实推进边疆民族地区基层党建。研究提出支持西藏和四省藏区、南疆等深度贫困地区脱贫攻坚的政策措施。建立边疆民族地区党建工作台账和清单,定期调度抓好落实。五是加大大学生村官工作力度。在名额分配上予以倾斜,目前西部地区有 3.6 万名大学生村官,选派到贫困村任职 1.6 万名。鼓励大学生村官带领群众创业,会同有关部门培训 6000 名。六是做好发展党员和党员教育管理工作。继续实行发展党员总量调控,把政治标准放在首位,优化党员结构。2017 年向西部省区市下达发展党员计划比 2016 年增加 3890 名。推进"两学一做"学习教育常态化制度化,抓好基层党建 7 项重点任务的落地见效。七是加大中管党费支持力度。拨付 6630 万元用于走访慰问生活困难党员和老党员,下拨 118.5 万元用于补助新中国成立前入党的老党员生活补贴。从党费收缴工作专项检查中清理上缴中央部分划拨 8.5 亿元,对西部无基层党组织活动场所的贫困村进行补助、帮扶因公牺牲党员干部家庭等,收到良好反响。

二、2018 年工作设想

(一)支持建设高素质专业化干部人才队伍

一是认真学习贯彻党的十九大精神,学习贯彻习近平新时代中国特色社会主义思想,结合"不忘初心、牢记使命"主题教育,抓好换届后领导班子政治建设、思想建设。二是完成省区市人大政府政协换届工作。提前介入、全程参与西部 12 省区市"两会"换届选举工作,确保换届工作顺利有序。三是结合西部省区市领导班子个别调整增补,重点选好配强重要岗位干部。四是继续选派优秀干部到西部任职,注重发现和储备西部地区的优秀年轻干部，在培养锻炼方面加大倾斜力度。五是做好市县领导班子建设宏观指导工作，指导加强市县党政正职管理，保持贫困县党政正职稳定。六是出台鼓励和引导人才向艰苦边远地区和基层一线流动的意见。探索设立国家“千人计划”“万人计划”艰苦边远地区专岗，定向为西部地区引进急需紧缺高层次人才。继续实施“三区人才计划”，完善“西部之光”访问学者计划、博士服务团项目实施机制。七是根据新时代援藏援疆援青工作新特点新要求，加强改进援派干部人才管理，组织开展援疆干部人才进疆满一周年考核、援藏援青干部进藏进青满两周年考核，推进医疗人才“组团式”援藏援疆工作，确保取得更大成效。

(二)扎实推进干部教育培训工作

一是在制定《2018—2022 年全国干部教育培训规划》中，对支持西部地区干部教育培训工作提出明确要求。二是办好“一校五院”新疆民族干部培训班、西藏民族干部培训班等重点班次，在“一校五院”主体班次名额中继续给予倾斜。三是支持西部地区加强干部教育培训资源建设。优先安排西部地区干部教育培训机构的教师参加“骨干教师培训计划”培训。支持西部地区搞好培训基地建设、网络培训等工作。

(三)进一步加大基层组织建设支持力度

一是努力推进发展党员工作，不断改善党员队伍结构，推动组织生活经常化、党员教育常态化、支部主体作用长效化。进一步加大中管党费支持力度。二是推动农村基层党组织领导核心地位全面强化，切实增强农村基层党组织的组织力。三是推动村党组织带头人队伍升级优化，建立健全村干部培养机制，加强和改进大学生村官工作。四是推动派强用好第一书记长效化，实现党组织软弱涣散村、建档立卡贫困村、集体经济薄弱村全覆盖。五是推动整顿软弱涣散村党组织常态化，及时掌握运转情况，实行备案登记、整顿销号、动态管理。六是推动发展壮大村级集体经济持久化，立足村情、因地制宜实现强村富民。七是推动基层党组织建设基础保障制度化，督促《关于加强村级组织运转经费保障工作的通知》的落实。八是研究边疆民族地区基层党建工作的指导性意见，筹备召开座谈会，指导边疆民族地区全面加强基层党建工作。

第二章　中宣部

2017 年工作情况

(一)切实加强正面宣传

认真贯彻党中央、国务院关于深入实施西部大开发的有关部署,坚持团结稳定鼓劲、正面宣传为主,把握正确舆论导向,在日常宣传工作中、组织开展主题宣传活动时,注重反映西部地区经济社会改革发展取得的成就,为深入推进西部大开发提供有力的舆论支持。

(二)大力支持西部地区文化建设

牵头会同文化部、国家新闻出版广电总局、国家体育总局,以中西部地区和老少边穷地区为重点,推进基层综合性文化服务中心建设。自 2016 年 11 月起,分两年实施贫困地区民族自治县、边境县村综合文化服务中心覆盖工程,实现贫困地区民族自治县、边境县村文化中心建设全覆盖,共 16538 个村,合计投资 43 亿元。专项支持宁夏、甘肃等西部省份革命老区、民族地区村文化中心建设,2017 年共支持宁夏、甘肃 777 个村文化中心建设,拨付资金 6822 万元。

(三)深入开展文化科技卫生“三下乡”活动

以中西部地区和老少边穷地区为重点,深入开展文化科技卫生“三下乡”活动,周密策划活动项目,有效对接基层需求,积极调动各方面力量,从人、财、物等各个方面对贫困地区特别是西部地区农村给予实质性的帮扶和支持。

(四)不断深化民族团结宣传教育

以培育践行社会主义核心价值观为根本,不断深化民族团结宣传教育。加大对新疆哲学社会科学研究的立项资助力度,积极推动新疆哲学社会科学繁荣发展。及时推出有价值、有分量的研究成果,努力在民族问题、宗教问题和新疆去极端化问题等方面的基础理论研究上取得突破。积极推进新疆文化建设,不断加大对新疆的政策支持、资金支持、项目支持和人才支持,充分发掘新疆各民族丰富独特的文艺资源,创排反映民族团结、具有时代精神的优秀文艺作品。加快推进新疆现代公共文化服务体系建设,立足新疆历史文化资源、民族文化资源、旅游文化资源和民族手工艺资源,支持新疆文化产业发展。

(五)积极推进西部地区爱国主义教育基地建设

抓住保护修缮和管理、使用三个环节,推动爱国主义教育基地建设,大力发扬红色传统、传承红色基因。2017 年 3 月，中宣部新命名 41 个全国爱国主义教育示范基地，其中西部地区 23 个，成为爱国主义教育和革命传统教育的重要载体，成为培育和践行社会主义核心价值观的生动课堂。

(六)加大干部支持和培养力度

积极推进西部地区特别是新疆宣传思想文化人才培养培训，为宣传思想文化工作提供强有力的人才保障。开展扶贫挂职工作，组织选派干部到陕西省铜川市耀州区、内蒙古自治区兴安盟科右中旗等地区挂职锻炼。做好援疆援藏挂职工作，选派 2 名同志作为第九批援疆干部人选赴疆工作。组织中央三台和西藏两台双向交流干部工作，全年共选派 42 名干部参加。做好西部地区和少数民族地区干部到中宣部挂职锻炼工作，全年共接收 4 名干部到部有关业务局室挂职。进一步加大哲学社会科学教学科研骨干研修力度，继续选调新疆高校学员参加研修，通过研修学员辐射作用，带动新疆地区哲学社会科学队伍整体建设。在实施国家“万人计划”、文化名家暨“四个一批”人才工程中，对西部地区在推荐名额上作了适度倾斜，特别是对新疆、西藏地区人选，推荐名额略高于其他省区市。

第三章　外交部

一、2017 年工作情况

(一)支持西部省份参与“一带一路”建设,推动重点项目取得进展

积极筹备“一带一路”国际合作高峰论坛,在中蒙俄三方合作框架下探讨三方次区域合作机制。与成都、重庆外事部门合办“外交官重走丝绸之路”活动。2017 年欧亚经济论坛以“共建‘一带一路’:发展战略的对接”为主题,取得一系列重要成果。

与重庆、广西、甘肃、贵州四省区市签署共建南向通道的框架协议并建立联席会议制度。积极同中亚国家开展边境口岸合作,推动实施 AEO 互认和推广农产品通关“绿色通道”等先进经验。

(二)助力西部省份深化对外交流合作

支持西部省份参与多边机制合作。支持西部省份发展对外关系,为西部省份深化对外交流提供政策指导。

(三)帮助西部省份对外宣介,扩大国际影响力

为西部地区扩大对外开放搭建平台,组织外国记者赴西部地区实地采访并参访西部地区为主题的博览会、研讨会。

(四)针对西部地区做好外事服务工作

(五)积极筹措资金,支持精准扶贫脱贫

认真履行国务院扶贫工作领导小组成员单位职责,向定点帮扶云南两县筹措帮扶资金,并开展产业扶贫。

二、2018 年工作设想

继续以习近平新时代中国特色社会主义思想为指导,结合“一带一路”建设,服务好西部大开发。抓紧落实“一带一路”国际合作高峰论坛后续成果,推动重大项目顺利实施。

利用外交资源和渠道,加大支持西部省份“请进来”和“走出去”工作力度,积极为西部省份和外界合作牵线搭桥。继续加大扶贫力度。

继续做好其他涉及西部省份领事工作,强化对西部地区对外交流合作的指导、协调、管理和服务工作。

第四章　教育部

一、2017 年工作情况

(一)打好教育脱贫攻坚战

一是加强组织领导。调整成立教育部脱贫攻坚工作领导小组，由教育部部长陈宝生任组长，坚持大扶贫格局，加强对扶贫工作的统筹领导。印发《教育部十个司局定点联系滇西十个州市教育工作方案》，建立司局对口定点服务机制。二是深化政策解读。召开《教育脱贫攻坚"十三五"规划》新闻发布会，组织部党组成员及有关司局负责同志分赴贫困地区 21 个省份开展规划宣讲调研慰问活动，宣讲近 9000 人。三是强化动员部署。在甘肃省召开了全国打赢教育脱贫攻坚战现场会，刘延东副总理出席会议并讲话。在云南省召开了滇西脱贫攻坚部际联系会、直属高校直属单位扶贫工作推进会、滇西挂职干部座谈会等会议。开展了 2017 年扶贫日活动，举办 2017 减贫与发展高层论坛教育扶贫平行论坛。四是实施《职业教育东西协作行动计划(2016—2020 年)》，提高西部地区技术技能人才培养能力。指导东西部地区签订对口协作协议，建立工作协调机制和管理平台，全面落实东西职业院校协作全覆盖行动、东西协作中职招生兜底行动、职业院校参与东西劳务协作等三大任务，促进西部地区共享东部地区优质职业教育资源，为建档立卡贫困家庭人口接受优质职业教育和培训提供保障。实施"求学圆梦行动"计划，加强新型职业农民培养，不断增强西部贫困地区"造血"功能和贫困群众自我发展能力。五是推进试点示范、督查考核。会同国务院扶贫办设立甘肃省教育精准扶贫国家级示范区。赴江西省开展 2017 年度脱贫攻坚问题整改实地巡查工作。研究制定直属高校定点扶贫考核工作方案。六是夯实基础工作。印发了《建立建档立卡贫困教育人口信息比对工作协调机制的实施方案》，核准建档立卡贫困教育人口底数，为教育项目精准实施、资金精准投放提供支撑。

(二)支持西部地区学前教育加快发展

2017 年，教育部、国家发展改革委、财政部、人力资源和社会保障部联合印发《关于实施第三期学前教育行动计划的意见》，要求各地加强脱贫攻坚地区幼儿园建设，中央财政继续安排专项资金，重点向中西部农村地区倾斜。召开第三期学前教育行动计划部署会，部署各地以县为单位编制实施第三期学前教育行动计划，加大对贫困地区的支持力度。目前，西部地区已有贵州、四川等省份印发了第三期学前教育行动计划文件。

(三)促进西部地区义务教育均衡发展

一是巩固规范农村义务教育学校布局调整成果，明确了"切实高度重视、严格撤并条件、规范撤并程序和强化督促检查"四条工作要求，加强乡村小规模学校和乡镇寄宿制学校建设。二是关爱农村留守儿童。完善农村留守儿童关爱服务体系，建立健全农村留守儿童救助保护机制，推动各地依法落实家庭监护责任、政府属地责任及各部门相关职责，提高农村留守儿童关爱保护工作实效。三是启动实施消除大班额计划。目前各地已基本完成消除大班额规划的制定工作并报教育部备案。

(四)支持西部地区加快普及高中阶段教育

一是出台相关文件。经国务院同意，教育部等四部门印发了《高中阶段教育普及攻坚计划(2017—2020年)》，在确保义务教育优先发展的基础上对普及高中阶段教育进行了整体规划和系统设计。召开会议全面部署实施高中阶段教育普及攻坚计划，深入分析普及高中阶段教育面临的形势和任务，交流各地经验和做法。二是指导各省区市制定本地区的实施方案，在全面摸清事业发展基本情况的基础上，进一步明确发展目标、主要任务、具体措施、经费投入和重大工程项目等。与云南、西藏、青海等部分高中阶段教育毛入学率低于90%的中西部省份省级人民政府签订备忘录，建立省部工作推进机制，一省一二案，明确任务和责任，指导和推动这些省份采取切实措施，确保如期实现普及目标。三是制定学校建设规划。督促各地研究制定高中阶段学校建设规划，在各地报送建设规划的基础上，初步建立"高中阶段教育普及攻坚计划学校建设项目库"。

(五)支持西部地区加快发展现代职业教育

一是深化产教融合、校企合作的育人机制，激发西部地区职业教育办学活力。推进中等职业学校专业目录修订和高等职业学校专业教学标准修(制)订，印发职业院校专业人才培养方案制定工作的指导意见。推进职业院校教学工作诊断与改进制度建设。深入推进现代学徒制，遴选新增203个试点。二是构建完善的职业教育资助体系，加大对西部地区职业教育的支持力度。在学生资助等重大项目和资金安排上，对西部贫困地区予以倾斜。现阶段中职免学费覆盖率近90%，滇西边境山区等11个国家连片特困地区和西藏、四省藏区、新疆南疆三地州中等职业学校农村学生(不含县城)全部享受每生每年2000元的助学资助。

(六)支持西部地区高等教育发展

一是有序实施中西部高校基础能力建设工程(二期)。100所实施高校规划"硬"建设项目152项，其中图书馆建设项目15项，综合性教学楼建设项目27项，其他项目110项。召开"中西部高等教育振兴计划"工作推进会，推动中西部高等教育迈上新台阶。二是持续促进西部地区高等教育协调发展。高等教育招生计划向中西部省份地方所属高校倾斜。根据国务院学位委员会第三十三次会议决议和《博士硕士学位授权审核办法》，2017年博士硕士学位授权审核工作对西部地区给予政策倾斜，符合条件的高校申请条件可降低20%。三是继续做好对口支援西部高校工作。支援高校已经发展到103所，受援高校83所，涉及中西部18个省区市和新疆生产建设兵团。加快西藏现代医学教育体系建设。四是持续推进"中西部高校提升综合实力工作"。继续支持14所"一省一校"高校的建设与发展，已累计投入63亿元。扎实推进"一省一校"建设任务，按期完成建设目标，各高校综合实力明显提升。

五是支持应用型高校建设。会同国家发展改革委共同实施产教融合发展工程应用型高校建设项目,2017 年下达中央预算内投资 2.93 亿元,支持 8 所应用型高校加强实习实验实训条件建设。六是加快"双一流"建设。充分考虑了国家区域布局等重大战略,西部 28 所高校列入"双一流"建设高校名单,实现西部 12 省区市全覆盖。召开西北片区"双一流"建设高校座谈会,积极推进西北地区"双一流"建设。七是扎实推进中西部农村订单定向医学生免费培养工作。确定了 2017 年免费医学生分省、分专业招生计划,计划招收临床医学、中医学等专业 5810 名本科定向医学生。八是完善西部高校人文社科研究项目资助体系。2017 年西部和边疆地区高校共承担教育部人文社科研究一般项目 654 项,其中单独设立西部和边疆地区项目、新疆项目、西藏项目 190 项,资助经费合计 1631 万元。支持西部地区高校马克思主义学院建设和哲学社会科学人才队伍建设,确定了 15 个对口支援计划项目。

(七)改善西部地区特殊教育办学条件

一是启动实施《第二期特殊教育提升计划(2017—2020)》。会同国家发展改革委、财政部、中国残联等部门共同印发了《第二期特殊教育提升计划(2017—2020)》,明确提出"十三五"期间全面提升特殊教育发展水平的目标任务、政策举措。教育部和中国残联共同召开二期计划部署会,对特殊教育工作进行部署,对西部地区在政策、资金、项目等方面予以倾斜支持。二是加快中西部地区特殊教育教师培养培训,进一步提升教师的专业化水平。

(八)加强西部地区教育人才队伍建设

一是支持西部教师培养培训。2017 年,6 所教育部直属师范大学在西部 13 省份招收免费师范生 3925 人,培养免费师范毕业生 4429 人,其中 4167 人返回本省份中小学幼儿园任教。实施国培计划、职业院校教师素质提高计划、高校青年骨干教师国内访问学者项目。二是重视高层次人才工作。印发了《教育部办公厅关于坚持正确导向促进高校高层次人才合理有序流动的通知》(教人厅〔2017〕1 号),通过放宽申报年龄限制、取消学科申报人数限制等方式,在"长江学者奖励计划"实施中继续加大对中西部、东北地区高校政策倾斜力度。同时,不鼓励东部高校从中西部、东北地区高校引进人才。积极落实"西部之光""博士服务团""服务革命老区院士专家行"等工作,为中西部地区经济社会发展提供人才智力支持。三是强化教育人才与干部培养。2017 年,由教育部选派第九批援疆干部人才共 160 名已全部进疆到岗,总数占中央国家机关援疆的三分之一。接收了新一批 4 位西部和其他少数民族地区干部到部机关和直属单位挂职。选派的第八批援藏援青共 49 名干部人才仍坚持在青藏高原工作。此外,从教育部机关、直属单位、直属高校选派 62 名干部人才援滇。把对西部地区干部人才的培训纳入教育部年度干训计划统筹安排,专门举办面向中西部地区各种培训,如"西藏藏语委藏汉翻译干部进修班""千名中西部大学校长研修计划"和"滇西扶贫开发专题培训"等专题培训班,2017 年共培训 1400 余人次。

(九)加大对西部地区经费支持力度

一是全面落实城乡义务教育经费保障机制。截至 2017 年春季学期,统一城乡义务教育学生"两免一补"政策,实现相关教育经费随学生流动可携带已顺利实现。2017 年,中央财政下达西部省份城乡义务教育经费保障机制资金 447.3 亿元。二是提高农村义务教育阶段特设岗位教师补助标准。2017 年，中央财政下达西部省份农村义务教育阶段教师特设岗位计划资金 40.26 亿元。中央财政提高特岗教师工资性补助标准，年人均中部地区由 2.8 万元提高到 3.16 万元、西部地区由 3.1 万元提高到 3.46 万元。三是加大其他教育转移支付资金支持。2017 年中央财政下达西部省份其他教育转移支付资金共计 619.15 亿元。

（十）提升西部地区教育信息化水平

持续推进"教学点数字教育资源全覆盖"和"农村中小学数字教育资源全覆盖"项目，有效解决了教学点师资短缺和水平不高的实际困难，既改善了教学条件，也逐步提高了教师的教育教学能力，丰富了学生的学习生活，促进了农村地区教学质量的提升，促进了教育均衡发展，让地处偏远、贫困地区的孩子能够共享优质教育资源。

（十一）支持西部地区教育对外开放

一是高端引领。"一带一路"国际合作高峰论坛教育成果显著，刘延东副总理与联合国教科文组织总干事博科娃签约了合作备忘录。2017 年推动与俄罗斯、老挝、波黑等 7 国签署教育合作和学位学历互认协议文件。完成与南非、摩尔多瓦签署互认协议文本起草工作。启动与印度、斯洛文尼亚等 8 个国家互认协议磋商工作。与"一带一路"沿线国家建立音乐教育联盟。二是统筹谋划，省部共建"一带一路"教育行动基本实现全覆盖。围绕"一带一路"建设，2017 年，与内蒙古、吉林、青岛等 6 省区、市签署了教育行动国际合作备忘录。三是加大投入，设立"丝绸之路"中国政府奖学金。重点支持"一带一路"教育行动省部共建地区，奖学金数量在配套名额基础上增加 50%，在招生国别上积极向"一带一路"沿线国家倾斜。打造"鲁班学堂职业技术创新人才培养""丝路 1+1 科研合作""友好使者培训计划"和"中非高校 20+20 合作计划"四大教育援外品牌。四是强化理论研究，国别区域研究工作实现"一带一路"国别全覆盖。2017 年，针对"一带一路"沿线国家，设立了 70 项国别和区域研究指向性课题，以及 66 项国别研究智库报告课题。

（十二）支持西部民族地区教育发展

一是积极推进双语教育。加强对双语教育的宏观指导，完善少数民族双语教育工作指导意见。修订中小学少数民族文字教材编写审查管理办法。加强双语教师队伍建设，培训骨干教师 1.5 万人次。修订完善《民族中小学汉语课程标准（普通高中）》。二是强化内地民族班教育管理服务，加大人才培养力度。下达各类内地民族班招生计划 8 万余名，启动定向西藏新疆公共管理人才培养工作。加强教师队伍建设，培训少数民族管理教师 600 余人次。三是深入推进对口支援工作，全力提升办学水平。指导援疆、援藏省市认真落实教育项目，落实援疆资助内地新疆籍学生资金 1.06 亿元，资助 1.77 万名学生。继续实施"组团式"教育人才援藏工作，选派 800 名中小学教师进藏支教，从西藏选派 400 名教师到内地培训。启动援藏援疆万名教师支教计划。指导兵团高校扩大招收地方少数民族学生规模。

（十三）加强创新创业教育

会同国资委、人力资源社会保障部启动培育建设第三批教育部"全国高校实践育人暨创新创业基地"。筹备召开全国高校实践育人暨创新创业现场推进会。会同共青团中央开展大学生暑期“三下乡”活动，会同中华全国总工会开展服务农民工法制宣传行动，不断拓展西部地区师生服务社会渠道，提高社会实践能力和水平。

(十四)加强校园文化建设

一是网络文化育人成果丰硕。召开高校网络文化建设工作推进会，举办高校网络文化建设专题研讨班，启动《大学生网络素养指南》编撰工作。深入推动各地各高校加强综合性门户网站、主题性教育网站、互动性网络社区、专业性学术网站和移动性“两微一端”建设。二是会同中央文明办召开全国文明校园创建工作推进会，制定印发了《全国高校文明校园测评细则》，广泛开展全国文明校园创建。推进农村学校美育综合改革，在31个省区市的126个县开展农村学校艺术教育实验和学生艺术实践工作坊工作。其中，在西部地区建设了50个实验县。三是加强中华优秀传统文化教育，传承中华文化基因，在西部地区建设了162所传承校。四是加大高雅艺术进校园活动向西部地区高校倾斜的力度，共组织22个国家级艺术院团赴西部地区12省区市以及新疆建设兵团高校演出经典作品109场、艺术教育专题讲座100场；支持西部地区高校学生艺术社团和地方艺术院团赴本地高校和社区演出167场，有效促进了西部地区高校美育改革发展。

二、2018年工作设想

(一)推动教育扶贫政策措施落地见效

聚焦深度贫困地区，会同国务院扶贫办联合出台《关于推动深度贫困地区教育脱贫攻坚的实施方案》，财政投入、金融支持、对口支援等多措并举，重点攻克“三区三州”深度贫困堡垒。进一步落实《职业教育东西协作行动计划(2016—2020年)》。充分发挥高校人才、智力、科技、医疗等优势，持续推进直属高校定点扶贫，并做好直属高校定点扶贫首次考核工作。继续开展第三届直属高校精准扶贫典型项目推选活动。

(二)支持西部地区推进基本公共教育服务均等化

继续配合国家发展改革委实施教育现代化推进工程，推进西部地区基本公共教育服务均等化工作。积极协调财政部，进一步加大对西部地区的支持力度。同时，督促西部省份强化省级统筹，优先解决好教育发展的薄弱环节和特殊困难，并严格按照各专项资金管理办法管理资金，提高资金使用效益。中央财政特殊教育专项补助经费继续重点支持困难地区和薄弱环节。指导中西部地区加强无障碍设施建设，改善特殊教育办学条件，加强随班就读支持保障体系建设，提高残疾学生资助水平。推动中西部地区建立健全特殊教育教师编制动态调整机制。继续加大对西部地区学校体育卫生和美育工作的支持力度，通过签署第三批学校美育改革备忘录等措施，推进西部地区基本公共教育服务均等化。

(三)加快高中阶段教育普及攻坚

完成全国高中阶段教育普及攻坚学校建设规划项目库建设，进一步开发项目建设管理软件。建立和完善项目管理部门协调机制，按照《攻坚计划》精神修改中央财政支持项目资金管理和分配办法，重点向签订备忘录的10个中西部省份倾斜。

(四)加快发展现代职业教育

继续实施现代职业教育质量提升计划、职业教育产教融合工程,在学生资助、基础能力建设等重大项目和资金安排上对西部地区予以倾斜。推动实施职业教育东西协作行动计划,建立工作协调机制和管理平台。加快推动印发关于深化产教融合的若干意见和职业学校校企合作促进办法,实施示范性职业教育集团建设、校企深度合作示范项目、现代学徒制试点等,扩大职业教育优质办学资源供给,为西部地区创新发展、融入"一带一路"建设提供技术技能人才支撑。

(五)支持西部地区高等教育发展

在全国高等教育招生计划管理工作中,加大区域协调因素权重,新增招生计划继续向西部地区倾斜。指导西部地区加快"双一流"建设。积极推进高水平的涉外办学。制定《关于做好高等学校境外办学有关工作的意见》。加强西部地区高校"一带一路"智库建设。

(六)加强西部地区教育人才队伍建设

进一步加大干部选派力度,加大对西部地区干部培训力度。进一步强化高层次人才培养支持力度。深入实施国家"千人计划""万人计划""长江学者奖励计划"等重大人才工程,进一步加大"长江学者奖励计划"对西部、东北地区人才支持力度。继续加强西部地区高校哲学社会科学队伍建设。扎实推进西部地区高校哲学社会科学教学科研骨干研修和高校思想政治理论课骨干教师研修培训工作。

(七)加快民族地区教育发展

全力提高民族地区办学质量。深化教育教学改革,完善教师队伍建设长效机制。做好"三区三州"民族教育扶贫工作,加强控辍保学,提高教育普及水平和办学质量。加快普及学前双语教育。加强对少数民族文字教材的编译、审定和出版的管理和指导。落实好内地民族班年度招生计划重点,并重点向"三区三州"倾斜。

第五章 科技部

一、2017 年工作情况

(一)加强东西部科技合作,区域协同创新格局基本形成

一是支持新疆与深圳市、中科院开展丝绸之路经济带核心区创新驱动发展试验。推动建立"四方合作"机制,重点依托高新区和经开区,深入开展创新驱动发展试验。2017 年 11 月,科技部、国家发展改革委联合印发了《关于支持新疆开展丝绸之路经济带核心区创新驱动发展试验的函》,支持新疆提升科技创新能力,支撑丝绸之路经济带核心区建设。安排专门经费,支持新疆组织实施"丝绸之路经济带核心区创新能力和环境建设"、"兵团南疆纺织服装产业技术创新平台建设"等重大项目,国拨经费 3000 万元。

二是支持甘肃与上海国家自主创新示范区创建"兰白科技创新改革试验区"。支持甘肃依托兰州高新区、兰州新区、兰州经开区和白银高新区,通过健全创新政策、完善法制保障、丰富激励手段,营造拴心留人的良好环境,吸引企业、高校、团队、联盟向试验区聚集,打造西部创新高地。支持兰州新区建设科技创新城,建设国家备案众创空间 14 家。举行"2017 年中国兰州科技成果博览会",促进科技成果转移转化。

三是支持宁夏与北京等 6 省市合作开展"科技支宁"。落实习近平总书记视察宁夏时的重要指示精神,与宁夏联合北京市、天津市、江苏省、浙江省、福建省、山东省 6 省市,以及中国科学院、中国工程院、中国农业科学院、西北农林科技大学等,建立"科技支宁"机制。2017 年 8 月,在银川市组织召开"科技专宁"东西部合作推进会暨宁夏沿黄科技创新改革试验区建设启动会,签署合作协议 6 个,首批科技合作项目 104 个。目前,已启动实施科技攻关项目 50 项,落地合作共建创新平台 17 个、"双创"载体 3 个和合作园区 2 个。

四是深入推进科技援藏。动员全国科技力量,不断加大政策、项目、基地、平台、人才等创新资源的支持力度,形成了"大科技"援藏的良好格局。2017 年 6 月,组织开展"科技列车西藏行"活动。9 月,部领导出席西藏自治区科技创新大会,为自治区党委理论学习中心组作专题报告,并与西藏自治区主要领导进行会谈,共同推动西藏科技创新工作。安排专门经费,支持西藏自治区实施"高海拔边境地区农牧业关键技术研究与示范项目",国拨经费 3000 万元。

(二)推动创新创业载体和科技创新基地建设,激发创新活力和能力

一是推动国家自主创新示范区和国家高新区建设。支持新疆创建乌昌石国家自主创新示范区和甘肃创建兰白国家自主创新示范区,推动西部地区高新区转型升级。2017 年 2 月,国务院批复贵州安顺高新区、内蒙古鄂尔多斯高新区、四川内江高新区升级国家高新

区。目前，支持西部地区建设国家高新区 36 个。

二是推动大众创业万众创新。支持西部地区建设国家级众创空间 100 个。分别在云南、陕西、甘肃、四川、重庆和广西举办 9 期创业孵化从业人员培训班，培训人数共计 628 人。2017 年 5 月 11 日，2017 国际创业孵化峰会在成都市召开，李克强总理为峰会发来贺信，科技部部长万钢出席会议开幕式并讲话。

三是优化科研创新基地和平台布局。支持西部地区建设 110 个国家重点实验室或培育基地、62 个国家工程技术研究中心、95 个国家农业科技园区、16 个创新型试点城市、8 个产业技术创新战略联盟和 155 家创新型企业。

(三)加强产业创新发展和民生改善，促进科技成果惠及西部人民群众

一是支持西部特色优势产业发展。支持西部地区围绕先进制造、能源环保、生物医药、农作物育种、航空航天等重点领域发展实际需求，启动实施一批科技工程，支撑引领西部地区特色优势产业发展壮大。2017 年，国家重点研发计划支持西部地区 91 个项目 475 个课题，国拨经费 34.3 亿元。国家科技重大专项在西部地区部署课题 47 项，国拨经费 15.8 亿元。

二是推动西部现代农业发展，扎实做好科技扶贫工作。落实国务院办公厅《关于县域创新驱动发展的若干意见》，探索西部地区县域经济发展模式。支持西部地区建设 94 个国家农业科技园区，促进农业技术产学研合作。深入推行科技特派员制度，培养一大批农村实用人才。目前，西部 12 省区市共计约 15.7 万名科技特派员长期活跃在农村基层、农业一线，带动农民增收。

三是加强科技人才队伍建设。选派 8 名优秀干部参加援藏、援青、援疆工作。建立四级联动的“组团式”扶贫机制，深入推进农村科技特派员制度，选派科技人员 1.14 万名，培养本土人才 1495 名，支持经费 2.4 亿元。支持西部地区 93 人入选第十三批国家“千人计划”，为西部创新发展提供智力支撑。

(四)深化国际科技合作交流，支撑“一带一路”建设

一是加快国家国际科技合作基地布局建设。根据国家“一带一路”科技合作总体规划，支持西部地区在具有当地优势的领域发展建设国家国际科技合作基地 138 个，集聚相关领域的国际科技合作资源，加强技术的国际转移与产业化，促进区域经济发展。

二是加强国际科技合作交流活动。支持西部地区参与“一带一路”科技创新行动计划。支持内蒙古自治区办好中蒙博览会科技创新合作主场活动；宁夏依托中阿技术转移中心，加强与阿拉伯国家的务实合作，举办第二届中阿技术转移与创新合作大会；甘肃的西北民族大学牵头与马来西亚相关单位合作建设中马清真食品联合实验室。广西牵头建设中国—东盟技术转移中心，与东盟各国开展技术转移与创新合作。

二、2018 年工作设想

(一)培育形成新动能，提高供给体系质量

继续支持新疆深入开展创新驱动发展试验，加快甘肃兰白科技创新改革试验区、宁夏

沿黄科技创新改革试验区和贵阳大数据科技创新试验区建设，持续推进“科技入滇”、“科技支宁”，加强东西部科技创新合作，支持西部地区探索各具特色的创新驱动发展模式。加强科技供给，服务经济社会发展主战场。推动大众创业万众创新，加快科技企业孵化器、众创空间和星创天地建设。把高新区作为聚集资源的核心载体，营造拴心留人的良好环境，实施传统产业技术改造，促进产学研协同深度融合，大力发展特色优势产业，培育创新型产业集群，壮大新产业、新业态、新模式，加快打造西部地区创新发展高地，培育区域经济增长极。

(二)激发和保护企业家精神，鼓励更多社会主体投身创新创业

进一步明确各类创新主体在创新链不同环节的功能定位，激发主体活力，提高企业主导产业技术创新能力，增强科研院所、高校的原始创新和服务发展能力，加快发展各类新型研发机构和创新服务组织，培育壮大充满生机活力的创新主体，使创新各主体、各环节、各方面有机互动、高效协作。

(三)加强创新体系建设，深化科技体制改革

推动西部地区创建国家自主创新示范区，培育和指导西部地区省级高新区升级为国家级高新区，建设创新型城市。以国家高新区为依托，建立以企业为主体、市场为导向、产学研深度融合的技术创新体系，加强对中小企业创新的支持。支持西部相关省份进一步完善中央已出台各项政策措施的落实机制，积极开展差异化改革探索，形成符合西部地区实际的政策体系。

(四)强化基础研究，促进科技成果转化

鼓励支持西部地区积极申报承担国家各类科技计划专项项目，强化基础研究，加强应用基础研究，推进省部共建国家实验室在西部地区的布局建设，通过科技基础资源调查专项、国家野外科学观测研究站等，继续支持西部科技基础条件建设，落实国家技术转移建设方案，构建西部互联互通的技术转移服务体系，加强高校、科研院所和技术转移机构建设，促进科技成果向西部地区转移转化。

(五)培养造就吸引高素质科技人才

加大干部双向挂职锻炼，继续选派干部参加援疆援藏援青、博士服务团等工作，做好接收西部地区干部挂职锻炼工作。加强科技人才队伍建设和科学技术普及。实施“三区”人才支持计划科技人员专项计划，引导和支持科技人员服务西部发展。在国家“千人计划”“万人计划”等重大人才工程相关平台中，加大对西部地区的支持力度。

(六)推进军民融合深度发展

系统推进四川、西安全面创新改革试验，开展政策改革创新和先行先试，加快推动“军转民”“民参军”。支持西部申报国家重点研发计划“军民融合重点专项”，建设军民融合协同创新平台，促进军民融合产业创新发展，提高军民创新资源共享水平，形成可复制可推广的试点经验。

（七）以“一带一路”建设为重点，优化区域开放布局

支持西部相关省份参与“一带一路”科技创新行动计划，依托政府间科技合作机制，拓展与“一带一路”沿线国家科技创新合作，深入开展科技人员交流、共建联合实验室、共建科技园区、技术转移等重点合作，与“一带一路”沿线国家共建技术转移中心、创新合作中心及技术转移协作网络，开展多种形式的国际技术转移活动。

第六章　工业和信息化部

一、2017 年工作情况

(一)加强政策引导,促进差异化发展

一是围绕推进落实《中国制造 2025》,深化部省合作机制,与四川、内蒙古就加快制造强省建设签署新一轮战略合作协议。结合《中国制造 2025 分省市指南》,引导西部地区发挥比较优势,进一步突出重点,实现差异化发展。二是修订《产业转移指导目录(2012 年本)》中部分省份内容的工作,印发《关于修订〈产业转移指导目录(2012 年本)〉甘肃省部分条款的决定》,根据区域产业发展实际,进一步明确了西部地区产业布局导向和优先承接的产业方向,引导产业有序转移。三是修订《国家新型工业化产业示范基地管理办法》,明确对特殊类型地区产业集聚区建设给予倾斜,引导西部地区产业集聚集约高效发展。首次开展"分领域竞争力强的特色产业示范基地"申报创建工作,支持西部地区特色产业国家新型工业化产业示范基地建设。与发展改革委等部门联合确定重庆环都市区、四川自贡等为首批老工业城市和资源型城市产业转型升级示范区。

(二)突出特色优势,推进产业发展

一是鼓励西部地区充分利用资源优势,积极发展特色产业。指导编制《新疆纺织工业发展规划(2018—2023 年)》,会同发展改革委联合印发《关于促进食品工业健康发展的指导意见》,鼓励西部地区开展光伏应用和光伏产品制造,支持西部地区发展大数据产业,共同主办 2017 贵阳数博会、2017 中国国际大数据博览会。二是促进工业绿色转型,支持西部地区 11 个产品列入第一批绿色设计产品名单,43 家企业列入第一批绿色工厂名单,9 家园区列入第一批绿色园区名单,3 家企业列入第一批绿色供应链管理示范企业名单。三是增强产业创新发展动力,认定西部 17 家企业为国家技术创新示范企业,指导贵州福泉磷化工产业集群开展区域品牌建设试点工作,引导 300 余家西部地区工业企业开展品牌培育试点。支持西部地区 31 家企业列入服务型制造示范企业(项目、平台),认定 14 家国家级工业设计中心。四是完善军民融合公共服务平台功能,将西部地区 70 个技术与产品列入 2017 年度"军转民"和"民参军"目录。联合举办第二届中国军民两用技术创新应用大赛,西部地区的 10 个项目获得金银铜奖,21 个项目获得优胜奖。

(三)加大支持力度,助力企业发展

一是通过技术改造、工业强基支持西部地区 27 个项目,安排资金 9.82 亿元。其中,技术改造支持 18 个项目,安排资金 7.82 亿元;工业强基支持 9 个项目,安排资金 2 亿元。工

业产品质量提升专项支持西部地区7个质量品牌建设项目，安排资金135万元。绿色制造专项支持西部地区45个绿色制造项目建设。二是通过民机专项科研支持新舟60飞机起落架系统专项改进与验证等81个项目，总投资5.9亿元。通过大型飞机重大专项支持建设“2.4米低温高雷诺数连续式跨声速风洞”，总投资42亿元。三是支持西部重点项目建设，支持四川、陕西、甘肃、青海等地集成电路骨干企业和重点项目建设，推动成都格罗方德项目、西安三星二期等重大项目建设，京东方成都6代AMOLED产线顺利量产。

（四）加强通信设施建设，夯实信息通信基础

一是加大基础设施支持力度，截至9月底，3家基础电信企业及铁塔公司在西部地区完成固定资产投资累计达695.7亿元；西部地区光缆线路总长度超过1061.9万公里、移动通信基站数量超过172.8万个。二是对西部电信普遍服务予以倾斜支持，联合财政部组织开展电信普遍服务试点，在补助资金比例等方面进一步加大对西部地区的支持力度。2017年，中央财政安排西部地区约28亿元，带动企业投资85亿元，共支持约1.9万个行政村光纤宽带建设升级。三是加快推进互联互通，建设中蒙、中哈等多条跨境陆缆，稳步推进中巴、中尼跨境陆缆，推进采用跨多国陆缆合作新模式连接中吉塔阿的“丝路光缆”项目。推进中国—东盟信息港建设，目前，中缅穿境光缆和APG（亚太直达）、SMW5（亚欧5号）已投产，AAE-1（亚非欧一号）海缆接近全线贯通，3家基础电信企业在东盟相关国家建立41个POP点。四是支持信息通信市场发展，向西部地区的1950家企业颁发《增值电信业务经营许可证》，支持贵阳・贵安建成骨干直联点并开通运行，支持中国移动在新疆阿图什、塔什库尔干建设国际通信信道出入口局。

二、2018年工作设想

（一）进一步加强政策指导

深化部省合作，指导西部地区实施《中国制造2025》，根据《中国制造2025分省市指南》，引导差异化错位发展，优化产业布局。促进产业集聚集约发展，优先支持西部地区特色产业国家新型工业化产业示范基地建设。研究制定《产业转移指导目录（2018年本）》，支持西部地区积极承接东部产业转移，共建合作园区。

（二）引导产业转型升级发展

持续推进供给侧结构性改革，支持传统产业改造升级，鼓励发展特色优势产业，引导工业绿色低碳循环发展。培育壮大新兴产业，引导西部地区光伏产业智能化升级，支持贵州等地发展大数据产业。完善国家军民融合公共服务平台功能，提升西部地区军民协同创新水平。鼓励西部地区企业积极参与“一带一路”建设，推动传统优势特色产业开展国际产能合作。

（三）加大项目资金支持力度

利用现有资金渠道，在符合政策的条件下，加大对西部特色优势产业的支持力度，推动西部地区重点项目建设。鼓励西部地区企业申报两化融合管理体系贯标、制造业与互联网

融合发展、制造业“双创”等试点示范项目，深化制造业与互联网融合发展！助力产业转型升级。继续做好产业援疆、援藏等工作。

（四）加快通信基础设施建设

鼓励基础电信企业加大对西部地区投资力度，推动完善电信普遍服务长效机制，加快有关跨境陆缆建设和扩容，积极推广跨多国陆缆合作新模式，推动国际通信基础设施建设发展。加强通信保障能力建设，做好当地信息通信企业的监督管理和服务，为西部地区信息通信产业发展营造良好的政策环境。

第七章　国家民委

一、2017 年工作情况

（一）支持西部民族地区经济加快发展

持续加大少数民族发展资金向西部省份的投入力度。2017 年，中央财政安排西部 12 省区市和比照享受西部大开发待遇的延边、恩施、湘西 3 个自治州少数民族发展资金 44.35 亿元，比上年增长 22.2%，占资金总额的 80%。资金聚焦脱贫攻坚主战场，确保完成《"十三五"促进民族地区和人口较少民族发展规划》《兴边富民行动"十三五"规划》中民族工作重点任务，推动民族地区开展脱贫攻坚、兴边富民行动、扶持人口较少民族发展、少数民族特色村镇和少数民族传统手工艺品保护与发展等工作，切实加快贫困少数民族和民族地区脱贫攻坚步伐。

认真做好规划的制定和贯彻落实工作。推动实施《"十三五"促进民族地区和人口较少民族发展规划》，并组织开展规划落实情况督查工作。国务院办公厅印发实施了《兴边富民行动"十三五"规划》，规划从七方面发展目标、六大任务、六大工程、34 项子工程，对"十三五"时期深入推进兴边富民行动，支持边境地区加快发展作出全面部署。

积极协调资金支持。协调配合国家发展改革委安排中央预算内投资扶持人口较少民族发展专项资金 8 亿元，其中，安排西部地区 7.245 亿元；安排兴边富民行动专项资金 8 亿元，主要用于推动实施边境地区就地就近脱贫专项行动，改善边民生产生活条件。

各项民族经济工作任务向西部地区倾斜。调研起草《国家民委关于支持深度贫困民族地区脱贫攻坚的实施方案》，支持深度贫困地区"三区三州"脱贫攻坚。配合国家发展改革委实施"少数民族特困地区与特困群体综合扶贫工程"，解决特困少数民族地区、边境地区、人口较少民族地区和"直过区"等在脱贫攻坚中的特殊困难和问题。2017 年，我委投入定点扶贫扶持资金 1671 万元，实施项目 17 个。大力推进少数民族特色村镇建设。组织开展第二批中国少数民族特色村寨命名挂牌工作，在两批挂牌的特色村寨中，有 833 个位于西部地区，占比 79%。协调有关部门和地方推动"十三五"武陵山片区规划重大项目和民生项目落地实施，分别与 17 个部门就 12 个行业的 1072 个项目进行对接，总投资 5300 亿元。指导西藏民委确定和落实国家民委对口支援西藏 5 个村脱贫攻坚项目。

（二）支持西部民族地区社会事业发展

促进西部民族地区文化事业发展。一是分别就少数民族文化传承保护工作、民族医药保护发展工作和民族地区文化发展的现状赴重庆、甘肃、青海等省市共 24 个县市进行调研。二是赴重庆、黑龙江、宁夏、内蒙古、云南、湖南等地进行"中华民族一家亲"文化下基层活动,进一步活跃西部少数民族群众文化生活,丰富文化资源。

扶持西部民族地区教育科技事业发展。一是推动内地民族班工作。《当前推动内地民族班学生和当地孩子互学互融共同成长存在的主要问题及建议》等调研报告,得到俞正声、刘延东、孙春兰、郭声琨等中央领导同志的重要批示。研究出台《国家民委关于全国民委系统发挥职能作用,进一步配合做好内地民族班工作的意见》(民委发〔2017〕12号)。委属高校安排内地新疆、西藏班高中班招生计划分别为185名、144名。二是支持委属高校为西部地区培养人才。2017年"少数民族高层次骨干人才培养计划"安排西部地区硕士招生计划321名,占比87.7%;本科招生计划21119名,占比74.2%;预科招生计划1877名,占比87.1%。委属高校面向贫困地区定向招生专项计划安排西部地区1203名,占比81.8%。中央民族大学执行"非西藏生源定向西藏就业"招生计划5名。大连民族大学分别安排贵州铜仁、新疆兵团"订单定向式人才培养"招生计划44名、30名。三是抓好国家科技支撑计划项目组织实施工作,促进西部地区相关产业发展。会同科技部等11部委共同开展"科技列车西藏行"活动。会同中国科协科普部继续开展"边境民族地区双语科普试点"工作。

(三)大力开展民族团结进步创建活动

向西部地区安排"民族团结进步创建工作补助"等民族工作经费1435万元。完成内蒙古自治区成立70周年大庆中央代表团筹备工作。组织全国少数民族参观团到北京、上海、浙江参观考察学习。对甘肃省甘南藏族自治州,青海省海南藏族自治州、海西蒙古族藏族自治州,四川省凉山彝族自治州开展"全国民族团结进步创建示范州"工作考核验收。

(四)加强西部民族地区人才队伍锻炼培训

一是调研和政策建议工作。针对少数民族人才队伍建设赴广西、云南等省区进行调研,并形成调研报告供中央有关部委参考。二是干部教育培训。举办西部地区少数民族团干部培训班、少数民族和民族地区干部能力建设系列培训班、对口援藏援疆系列培训班等班次,培训西部地区干部近1万人次。三是干部挂职锻炼。会同中央组织部、中央统战部选派西部少数民族地区干部到中央国家机关、国有企业以及东部发达地区挂职锻炼。选派1名干部到广西担任驻村第一书记、2名干部对口援疆、5名专业技术人才参加博士服务团,接收8名西部地区干部到委机关锻炼。从委系统择优选派77名司处级干部,派驻武陵山片区担任第六批联络员。四是人才培养。协助做好"西部之光"等项目的服务工作,2017年,分别从西藏选派120名、新疆选派200名少数民族科技骨干到国内著名高校、科研院所学习研修。

(五)拓宽民族地区对外交流渠道

安排美国密苏里州立大学代表团访问四川的西南民族大学和湖北的中南民族大学。安排越南民族事务委员会副主任丁桂海率代表团访问宁夏。组派"多彩中华"西南地区少数民族非遗文化展团赴西班牙访问。支持北方民大开办第三期中亚国家青年汉语培训班。组织推荐西藏自治区民贸民品企业组团赴澳门参加第22届澳门国际贸易投资展览会"中国民族文化工艺展区"。

二、2018 年工作设想

(一)贯彻落实民族工作专项规划,监督少数民族发展资金管理使用,促进西部民族地区经济发展

以贯彻落实《“十三五”促进民族地区和人口较少民族发展规划》《兴边富民行动“十三五”规划》的为契机,积极推进西部民族地区经济社会事业全面发展。进一步加大少数民族发展资金向西部地区、特别是“三区三州”深度贫困民族地区的投入,通过督查调研少数民族发展资金管理使用情况,总结经验、发现问题,规范和完善少数民族发展资金管理使用机制,保证资金安全规范有效使用,有效推进西部民族地区脱贫攻坚进程。

会同国务院有关部门,按照规划分工指导边境各省区推进兴边富民行动,推进人口较少民族整族整村精准脱贫和率先小康,推动武陵山片区旅游协同发展,继续支持西部地区少数民族特色村镇的保护和发展工作。

(二)推进西部民族地区文化教育事业发展

持续丰富西部少数民族地区群众的文化生活。推进文化基本公共服务均等化,促进区域协调发展。努力实现民族文化产业精准扶贫的目标。

推动民族地区职业教育服务脱贫攻坚和特色发展。结合深度贫困地区脱贫攻坚工作,筹备召开“四省藏区职业教育发展经验交流会”。指导办好内地西藏班、新疆班。推动各地进一步做好少数民族进城务工人员语言文化政策教育服务工作。指导委属高校在安排各类招生计划向西部地区倾斜,会同教育部执行“少数民族高层次骨干人才培养计划”。指导委属高校做好面向西部地区产业发展的各类国家科技计划专项项目的申报工作。

(三)积极开展民族团结创建活动

在全国民族团结进步创建活动示范区(单位)的命名上给予西部地区倾斜。根据中央要求及民族工作经费增长情况对西部地区给予适当支持。做好宁夏、广西两个自治区成立60 周年大庆中央代表团筹备工作。

(四)进一步加强少数民族干部人才队伍建设

一是加强调研工作。结合当前西部地区少数民族干部队伍建设和人力资源开发的实际情况,提出政策建议。二是做好干部挂职锻炼工作。会同中央组织部、中央统战部做好选派西部少数民族地区干部到中央、国家机关和经济相对发达地区挂职锻炼工作。开展好派驻武陵山片区联络员工作。三是加强干部教育培训工作。制定实施《国家民委 2018 年干部教育培训计划》,重点办好涉及西部少数民族干部、高技能人才和双语人才的培训。会同有关部门组织实施“西部之光”人才培养计划,扎实做好西藏、新疆等省区的特培工作。

第八章　公安部

一、2017 年工作情况

(一)大力加强维护国家安全和社会稳定工作，进一步增强了西部地区人民群众安全感

一是统筹推进反渗透反颠覆反分裂反邪教斗争。始终把维护政治安全置于首位，坚持下先手棋、打主动仗，统筹推进维护国家政治安全各项工作，持续深化打击整治专项行动，大力推进非法宗教活动综合治理，确保了西部地区社会政治稳定。二是深入开展反恐怖斗争。认真贯彻落实《反恐怖主义法》，深入推进严打暴恐活动、打击整治暴恐音视频、涉恐隐患排查整治等专项行动，全面强化反恐怖工作各项措施，保持了反恐怖斗争的良好态势。三是严厉打击各类违法犯罪活动。牢固树立以人民为中心的发展思想，坚持集中攻坚、重点整治，持续加大对黄赌毒、黑拐骗等突出犯罪和电信网络诈骗等新型犯罪的打击力度，进一步创新完善立体化、信息化社会治安防控体系，圆满完成了党的十九大、内蒙古自治区成立 70 周年、中国—阿拉伯国家博览会、丝绸之路(敦煌)国际文化博览会、中国—东盟博览会等一系列重大安保任务。四是积极化解防控各类风险。紧紧围绕影响社会稳定的重点领域和利益诉求群体，坚持关口前移、源头化解，会同有关部门深入开展矛盾纠纷排查化解，全面落实防范管控措施，及时消除了一批不安定因素，有效维护了西部地区社会大局持续稳定。

(二)积极推进公安行政管理服务改革创新，进一步提升了西部地区人民群众满意度

一是加强和改进户籍管理工作。加快调整完善户口迁移政策，普遍放宽农业转移人口和其他常住人口进城落户条件，四川、贵州、青海、宁夏四省区除省会城市外全部放开城市落户限制，有效满足了广大农业转移人口落户需求。二是加强和改进边防管理工作。深入实施爱民固边战略，扎实推进立体化边境管控体系建设，进一步巩固深化边防国际执法合作，推动出台了外国人过境免签、旅游团免签等配套对接措施和备案外国籍机动车辆驾驶员免填登记卡等便民利民举措，确保了边防管理规范有序和口岸通关顺畅安全。三是加强和改进出入境管理工作。在重庆、四川、陕西等省市推广服务外籍高层次人才、华人、留学生和长期在华工作人员等重点群体的 7 项出入境便利政策，报请国务院审批在内蒙古鄂尔多斯伊金霍洛口岸开展口岸签证工作，在陆地边境口岸为载运鲜活产品车辆开设“绿色通道”，进一步简化人员、车辆查验手续，营造了安全便捷的出入境环境。四是加强和改进消防管理工作。深化推进基层消防网格化管理，持续加大少数民族村寨等重点场所火灾隐患排查整治力度，积极组织开展消防宣传活动和逃生自救演练，进一步巩固扩大省、市、县三级综合应急救援队伍建设成效，各类专业救援队伍达到近 500 个、消防搜救犬队 65 个，有力提升了应急防范和抢险救援能力，切实维护了西部地区人民群众生命财产安全。

(三)持续加大政策措施支持力度,进一步提高了西部地区公安机关战斗力

一是加大警力支持力度。着力缓解警力编制紧张现状,为西部地区公安机关申请增加政法专项编制 470 名,招录各类急需紧缺特殊专门人才 1200 余名。协调公安院校招录培养向西部地区倾斜,部属公安院校面向西部地区招生 4997 人。二是加大资金支持力度。积极争取中央和有关部门支持,协调中央财政投入西部地区公安机关转移支付资金 104.3 亿元,投入西部地区公安机关基础设施建设资金 50.7 亿元。三是加大培训支持力度。东部地区派出 681 名业务骨干赴西部地区帮助工作,接受西部地区 656 名业务骨干跟班学习,组织派出近 7000 名教官送教上门,为西部地区培训业务骨干 8000 余名。

二、2018 年工作设想

(一)扎实抓好维护国家安全和社会稳定工作,努力为西部地区营造安定有序的社会环境

牢固树立总体国家安全观,严密防范和依法打击各类渗透颠覆破坏、民族分裂、宗教极端等犯罪活动,坚决捍卫国家政治安全。牢牢绷紧反恐怖斗争这根弦,全力以赴抓好各项反恐怖工作措施的落实,继续保持反恐怖斗争良好态势。深入开展矛盾风险排查化解管控工作,及时发现化解各类风险隐患,确保社会和谐稳定。集中打击整治影响西部地区人民群众安全感和满意度的突出治安问题,坚决把犯罪分子的嚣张气焰打下去,在更高水平上推进平安中国建设。

(二)扎实抓好公安执法规范化建设工作,努力为西部大开发营造公平正义的法治环境

紧紧围绕西部大开发进程中遇到的违法犯罪新情况、新问题,大力加强法律政策研究,进一步完善执法制度机制,切实提高公安机关法治化水平。积极回应人民群众对法治、公平、正义、安全等方面日益增长的新期待,持续深化公安执法规范化建设,大力加强对公安民警的执法培训,进一步提升执法主体依法履职能力,确保严格规范公正文明执法。

(三)扎实抓好公安行政管理服务工作,努力为西部大开发营造优质高效的服务环境

加快推进户籍制度改革和农业转移人口市民化,最大限度放开放宽落户限制,进一步激发西部地区社会创新创造活力。持续深化边防出入境管理服务改革创新,不断推出新的便民利民惠民措施,着力提高边检科技信息化应用水平,切实服务好"一带一路"倡议和沿边开发开放等国家战略。大力加强消防队伍建设、火灾防控和灭火救援准备工作,持续推进城乡消防基础建设,确保西部地区公共消防安全。

(四)扎实抓好人财物保障工作,努力为西部地区公安工作营造良好的发展环境

继续在机构编制、人才招录、院校招生等方面向西部地区倾斜,持续深化素质强警交流合作,着力强化反恐维稳能力建设,切实提升公安民警整体素质和战斗力。继续争取中央财政支持,加大对西部地区公安机关经费投入、装备保障和基础设施建设倾斜力度,全面提升警务保障能力水平,进一步夯实西部地区公安事业发展基础。

第九章　民政部

一、2017 年工作情况

(一)主要工作开展情况

一是指导开展社会救助工作。督促指导西部地区努力调整财政支出结构，加大社会救助资金投入，提高社会救助标准和水平，加强农村低保与扶贫开发政策的有效衔接，健全和实施特困人员救助供养制度，高效实施临时救助和医疗救助制度。指导西部省份推动大病保险落实对困难群众倾斜性支付政策，健全医疗保险和医疗救助费用结算信息共享机制，发挥“保险＋救助”综合保障合力，在缓解困难群众因病致贫、因病返贫压力方面取得阶段性成效。

二是不断推进基层政权建设。会同相关部门推动西部地区县乡(镇)之间、县级职能部门之间信息共享、互联互通和业务协同，构建面向公众的一体化在线公共服务体系，并为贫困乡镇建立线上线下互动的信息化综合服务点，支撑医疗、教育、就业、社会救助等政策落地。举办基层社会治理培训班、全国乡镇(街道)建设示范培训班、西部地区城乡基层治理人才队伍能力建设培训班等。积极吸纳西部省份的民政干部和城乡社区工作者参加，进一步提高西部地区干部队伍素质和开展公共服务、社会治理的能力，增强基层干部热爱基层、坚守基层、奉献基层的事业心和责任感。

三是支持做好防灾减灾救灾工作。指导西部地区加强综合减灾能力建设，对防灾减灾宣传教育活动进行重点指导。支持西部地区开展全国综合减灾示范社区创建活动，指导西部省份新增创建全国综合减灾示范社区 349 个。调拨 2.6 万顶帐篷、11.6 万件衣被、2.8 万条睡袋、6.56 万张折叠床、3000 套折叠桌椅等中央救灾储备物资，帮助灾区做好受灾转移群众基本生活安置工作。支持广西、云南、西藏、青海、新疆等西部省份开展灾害信息员联合培训项目，指导西部省份加强灾害信息员队伍管理，实现了所有灾害信息员的信息化管理。

四是着力推动未成年人保护工作。会同有关部门推进“合力监护、相伴成长”专项行动，全面落实家庭监护责任和政府保护责任，强化家庭监护干预，强化控辍保学，依法登记户口，依法打击遗弃行为，专项行动取得显著成效。督促各地制定困境儿童保障实施意见，进一步细化政策措施和保障条件。组织开发农村留守儿童和困境儿童信息管理系统，为建立农村留守儿童、困境儿童等基础信息台账，开展数据更新、比对核实、组合查询、定期通报、实时报送等提供了可靠的平台支撑，实现了对农村留守儿童、困境儿童的动态管理和精准关爱、精准帮扶、精准保护。

五是积极开展各类试点工作。联合发展改革委遴选 34 家西部地区公办养老机构开展第二批公办养老机构改革试点，鼓励和引导社会力量参与公办养老机构改革。支持四川省攀枝花市和遂宁市、重庆市九龙坡区、青海省西宁市、宁夏回族自治区石嘴山市等5个西部城市开展第二批居家和社区养老服务改革试点。遴选内蒙古自治区呼和浩特市、四川省攀枝花市、甘肃省兰州市（兰州新区）等3个西部城市开展国家康复辅助器具产业综合创新试点工作，促进西部地区康复辅助器具产业发展。在四川、贵州、云南等省试点开展县域自然灾害综合风险与减灾能力调查评估，摸底排查自然灾害综合风险隐患。

（二）多措并举推进西部开发工作

一是以制度引导西部开发工作。制定印发了《关于进一步加强农村最低生活保障制度与扶贫开发政策有效衔接的通知》（民发〔2017〕152号）、《关于积极推行政府购买服务　加强基层社会救助经办服务能力的意见》（民发〔2017〕153号）和《关于进一步加强医疗救助与城乡居民大病保险有效衔接的通知》（民发〔2017〕12号），在保障对象、支付政策、经办服务、监督管理等方面不断加强制度衔接。推动出台了《中共中央　国务院关于加强和完善城乡社区治理的意见》，为各地包括西部地区加强社区治理体系建设提供了重要支撑。指导西部地区多数省份以省政府办公厅名义印发了省级综合防灾减灾“十三五”规划，多数省份根据新修订的国家预案完成了本级预案修订工作，进一步夯实西部地区防灾减灾救灾政策制度基础。

二是以资金支持西部开发工作。2017年，中央财政对西部地区共安排困难群众基本生活救助补助资金（含最低生活保障、特困人员救助供养、临时救助补助资金）612.2亿元，医疗救助补助资金76.3亿元，分别占全国资金总量的46.0%和49.2%。支持西部地区落实孤儿最低养育标准，中央财政补贴孤儿基本生活费的80%，按照每人每月400元标准补贴。2017年，中央财政补贴西部地区孤儿基本生活费89368.32万元，逐步提高孤儿生活水平。针对西部地区发生的重特大自然灾害启动国家救灾应急响应16次，安排中央自然灾害生活补助资金21.9866亿元，占全国救灾资金总量的96%，有效保障了受灾群众基本生活。部本级留存彩票公益金支持西部省份（含新疆生产建设兵团）10.5231亿元，主要用于老年人福利、残疾人福利、儿童福利和社会公益等四个方面，促进了西部地区社会福利事业的发展。

三是以项目落实西部开发工作。认真落实“十三五”社会服务兜底工程实施方案，联合国家发展改革委做好2017年养老服务体系和社会福利服务体系中央预算内投资项目建设工作，共支持西部省份建设项目201个，支持资金26.1615亿元，其中：养老服务体系建设项目86个，支持资金19.8125亿元，社会福利服务体系建设项目115个，支持资金6.349亿元，进一步提升了西部地区民政公共服务设施的保障能力和服务水平。积极协商国家发展改革委在“十三五”期间推动实施全国自然灾害救助物资储备体系建设工程项目，重点支持中西部地区多灾易灾地市和县级救灾物资储备库建设，支持西部大开发相关省份共60个地市级和391个县级救灾物资储备库新建和改扩建项目，其中2017年度支持西部大开发相关省份5个地市级和95个县级储备库项目。

（三）取得的成效

截至2017年9月底，西部省份城市低保平均保障标准和补助水平分别达到485元/

人·月和337元/人·月，较上年同期提高13.6%和9.4%；农村低保平均保障标准和补助水平分别达到3590元/人·年和178元/人·月，较上年同期提高24.3%和18.7%；农村特困人员共149.9万人(其中集中供养人数34.1万人)，累计支出救助供养资金58.5亿元，较去年同期增长17.7%；实施临时救助193.1万人次(其中非本地户籍救助2.3万人次)，累计支出资金21.4亿元，临时救助水平为1105.7元/人次，高于全国平均救助水平975元/人次。

截至2017年三季度，全国共实施医疗救助5051.3万人次，其中，住院和门诊救助2464.3万人次，资助参加基本医疗保险2587万人。共支出医疗救助资金184.7亿元，其中住院和门诊救助支出150.3亿元，资助参加基本医疗保险支出34.4亿元。

截至2017年11月底，全国共帮助76万名农村留守儿童得到有效监护，为17.78万名无户籍农村留守儿童登记落户，帮助1.6万名农村留守儿童返校复学，批评教育失职父母90822人，治安管理处罚282人，依法追究失职父母刑事责任16人，依法撤销失职父母监护权案例17个。

二、2018年工作设想

(一)加强民政兜底保障体系建设

进一步加大对西部地区的业务指导和资金扶持力度，全力助推脱贫攻坚，做好兜底保障工作。指导西部地区进一步加强农村低保与扶贫开发在政策、标准、对象和管理上的衔接。全面落实特困人员救助供养制度，确保实现应救尽救、应养尽养。加大临时救助制度落实力度，科学制定救助标准，稳步提高救助水平。完善医疗救助制度，进一步加强医疗救助与基本医疗保险、城乡居民大病保险等有效衔接。健全完善困难群众基本生活保障工作协调机制，及时研究解决困难群众基本生活问题，通过政府购买服务等方式，加强基层社会救助经办能力建设。

(二)加强和创新社会治理

指导各地包括西部地区继续贯彻落实《中共中央　国务院关于加强和完善城乡社区治理的意见》《中共中央办公厅、国务院办公厅关于加强乡镇政府服务能力建设的意见》及民政部等16部门印发的《城乡社区服务体系建设规划(2016—2020年)》，完善社区治理体制机制，增强社区服务能力，不断加强社区治理体系建设。

第十章　财政部

一、2017 年工作情况

(一)对西部地区投入继续给予倾斜

一般公共预算。在分配转移支付时，继续对西部地区给予倾斜，支持逐步缩小西部地区人均财力与全国平均水平的差距，提高基本公共服务均等化水平。截至 2017 年 11 月底，下达西部地区各项转移支付 24888 亿元，占中央财政安排地方转移支付的 44.3%。其中，一般性转移支付主要包括：一是充分考虑西部地区经济社会基础、民族因素、地广人稀、自然条件恶劣等支出成本差异因素，继续完善均衡性转移支付分配办法，增加对西部地区的支持力度，保证重点民生需求，安排资金 5969 亿元，比上年增长 9.9%。二是支持提高县级财力保障水平，帮助保工资、保运转、保民生。安排县级财力保障机制奖补资金 893 亿元、阶段性财力补助资金 77 亿元，比上年增长 15.1%。三是安排民族地区转移支付 634 亿元，比上年增长 10%。

政府性基金及国有资本经营预算。截至 2017 年 11 月底，通过政府性基金和国有资本经营预算下达西部地区转移支付 527.6 亿元。主要包括：中央专项彩票公益金安排 32.1 亿元支持社会公益事业发展。中央国有资本经营预算向新疆生产建设兵团注资 10 亿元，支持其产业升级发展。安排资金 103 亿元支持国有企业职工家属区“三供一业”分离移交，切实减轻企业办社会负担等。

地方政府债务额度。在分配地方政府债务额度时，考虑西部地区特殊困难，继续给予倾斜支持。一是下达新增地方政府债务限额 4476 亿元，占全国比重 27.5%。由地方政府统筹使用，优先用于支持扶贫、棚户区改造等重大公益性项目支出。在经济下行压力加大、财政收入增幅放缓的情况下，新增地方政府债券资金及时弥补了重大项目建设资金需求缺口，有力支持了地方经济发展。二是下达置换债券额度 11749 亿元。通过发行置换债券，减轻了西部地区政府到期债务集中偿还压力，维护了政府信用，化解了举债不规范形成的许多矛盾和问题，增强投资潜力。

(二)扎实推进脱贫攻坚

一是继续加大财政扶贫投入力度。贯彻落实习近平总书记关于“扶贫开发投入，要同打赢脱贫攻坚战的要求相匹配”“中央财政专项扶贫资金，增长幅度要体现加大脱贫攻坚力度的要求”等重要指示精神，积极优化支出结构，继续大幅增加财政专项扶贫资金规模。安排扶贫资金 560.36 亿元，比上年增长 26.9%。其中，安排西藏、四省藏区和新疆南疆专门扶持资金 35.6 亿元，比上年增长 137.3%。二是大力开展贫困县涉农资金统筹整合。包括西部地区在内的全国832个贫困县全面开展贫困县涉农资金统筹整合，通过整合资金，将不同渠道、不同用途的涉农资金归集捆绑、统筹使用，解决了资金安排“碎片化”的问题，缓解了财政资金沉淀和滞留；将统筹整合资金、项目审批权限下放给处于脱贫攻坚第一线的贫困县，由贫困县围绕突出问题，因地制宜安排、使用整合资金，提高资金使用效益和精准度。三是支持做好易地扶贫搬迁工作。安排易地扶贫搬迁贷款贴息资金51.2亿元，占全国此项资金总额的70.6%。四是稳步推进资产收益扶贫工作。会同农业部、国务院扶贫办印发《关于做好财政支农资金支持资产收益扶贫工作的通知》，进一步明确可用于开展资产收益扶贫的资产范围，要求各地立足当地优势产业选好项目，严格相关标准选择好实施主体，切实保障贫困户收益。

(三)推进农业生产发展及农业生态保护

一是安排重点生态功能区转移支付354.93亿元，比上年增长10.8%，高于全国平均水平。二是安排林业专项资金491.6亿元，支持加强天然林资源保护和湿地生态保护体系建设，实施退耕还林还草，推进林业改革发展等。三是安排农业资源及生态保护补助、农业生产发展、土地确权、动物防疫、渔民减船转产等资金773.57亿元，支持实施新一轮草原生态保护补助奖励，大力发展多种形式适度规模经营，推进建立以绿色生态为导向的农业补贴改革制度，稳步推动一、二、三产业融合发展，积极开展水生生物资源增殖放流和耕地质量提升，扎实做好重大动物疫病防控和土地确权登记等。四是安排水利发展资金286.76亿元，比上年增长5.6%，由地方统筹用于农田水利建设、水土保持、中小河流治理、小型水库建设和除险加固、山洪灾害防治、水利工程维修养护以及推进农业水价综合改革等。五是安排发展农村新业态、助推美丽乡村建设资金22.62亿元，重点围绕休闲旅游、生态环保、文化传承、特色农业等方面，支持提升乡村功能、激发新动能、培育新活力，打造一批宜居、宜游、宜业的美丽乡村。六是安排农业综合开发资金129.35亿元，支持开展田园综合体试点项目建设，加强中低产田改造和高标准农田建设等。

(四)推进教育改革发展

一是安排基础教育有关转移支付资金950.5亿元，比上年增长7.2%，引导和支持坚持公办民办并举扩大普惠性学前教育资源，落实城乡统一、重在农村的义务教育经费保障机制，加强乡村教师队伍建设，改善贫困地区基础教育基本办学条件，健全学生资助制度，优先保障建档立卡等家庭经济困难学生顺利完成学业。二是安排现代职业教育质量提升计划专项资金61.1亿元，继续支持建立完善以改革和绩效为导向的中高等职业院校生均拨款制度，支持改善中职学校基本办学条件，加强“双师型”教师队伍建设。三是安排地方高校改革发展资金96.2亿元，改革完善地方高校预算拨款制度，逐步提高生均拨款水平；推进高校深化改革和内涵式发展；按照国家有关重大决策部署，推进一流大学和一流学科建设等。

(五)促进文化繁荣发展

一是通过文化部等部门预算安排资金，支持在西部开展各类文化交流活动。二是安排非物质文化遗产保护专项资金2.5亿元，支持列入国家级非物质文化遗产目录代表性项目及传承人传习活动。三是安排公共文化服务体系建设专项资金59.3亿元，支持实施重大文化工程，支持深度贫困地区提供基本公共文化服务，支持基层特别是贫困地区、民族自治县、边境县基层综合性文化服务中心建设。四是安排少数民族地区和边疆地区文化安全专项资金11.1亿元，支持新疆实施新闻出版东风工程等党中央、国务院确定的重点工程、项目等。

(六)加大科技创新支撑力度

一是通过中央财政科技计划(专项、基金等)安排564亿元，统筹支持符合条件的科研项目，支持科技发展。二是安排现代农业产业技术体系建设专项资金3.6亿元，对设立在西部地区的产业技术研发中心和综合试验站进行支持。三是安排基层科普行动计划专项资金1.8亿元，对有突出贡献的农村专业技术协会、农村科普带头人等先进集体和个人开展科普活动进行补助和奖励。四是安排中央引导地方科技发展专项资金3.9亿元，改善科研条件，加强科技创新支撑平台和服务体系建设，推动科技成果转移转化。

(七)提高人民健康水平

一是安排医疗服务能力建设补助资金61亿元，支持推进公立医院体制机制改革和卫生计生人才队伍建设。二是安排基层医疗卫生机构实施国家基本药物制度补助资金36亿元，支持推进基层体制机制综合改革，支持巩固完善基层运行新机制。三是支持开展公共卫生服务。2017年人均基本公共卫生服务经费补助标准由45元提高到50元，中央财政对西部地区按80%的最高比例予以补助，已补助资金147亿元；安排重大公共卫生服务补助资金87亿元，支持疾病预防控制、妇幼健康服务、食品药品监管等重大公共卫生服务项目。四是提高城乡居民基本医疗保险的补助标准。2017年各级财政对城乡居民基本医疗保险的补助标准提高到每人每年450元，其中中央财政对西部地区居民按324元的标准补助，中央财政的分担比例提高至72%，已补助资金1022.49亿元，对西部地区倾斜力度进一步加大。五是安排计划生育服务补助资金35亿元，支持开展农村部分计划生育家庭奖励扶持制度、计划生育家庭特别扶助制度等计划生育服务。

(八)提高就业和社会保障水平

一是加大就业资金投入。安排就业专项资金145亿元，用于向个人和单位发放各项就业扶持补贴、高技能人才培训基地建设项目补助等，有力地支持重点人群就业、公共就业服务、高技能人才培养等各项就业工作。二是安排企业职工养老保险补贴资金1589亿元，确保企业离退休人员基本养老金按时足额发放。三是安排补助资金157亿元，支持提高企业退休人员基本养老金水平。四是经国务院批准，自2014年7月1日起，将城乡居民基本养老保险基础养老金最低标准由每人每月55元提高至每人每月70元。为确保符合待遇领取条件的城乡居民基础养老金按时足额发放，2017年安排城乡居民基本养老保险补助资金356亿元。

(九)支持西部地区政法工作

一是分配中央政法转移支付资金时向西部地区倾斜，2017年，安排资金194.74亿元，占全国的44.1%，比上年增长1.85%。二是在考虑反恐维稳、安保等政法业务重点因素时，

重点加强对包括新疆、西藏和四省藏区等在内的西部地区的倾斜和支持。

（十）支持对外经贸发展

安排外经贸发展专项资金26.99亿元，支持优化对外贸易结构、促进外贸转型升级，扩大先进设备和技术、关键零部件进口，创新发展服务贸易，开展符合国家有关重点规划的重点领域对外承包工程及境外投资等。2017年3月，国务院批复设立了重庆、四川、陕西三个西部自由贸易试验区，财政部积极参与自由贸易试验区总体方案的制定，推进落实相关试点任务。

（十一）支持开展地质灾害防治和重特大自然灾害灾后恢复重建

一是拨付特大型地质灾害防治专项资金28.85亿元，由地方统筹用于地质灾害综合防治体系建设和地质灾害隐患治理项目等支出。二是拨付西藏尼泊尔地震西藏灾区灾后恢复重建资金6.12亿元，用于灾区灾后恢复重建工作。三是拨付新疆塔县地震灾后恢复重建补助资金10亿元（其中2亿元通过中央基建投资安排），由新疆维吾尔自治区用于“5.11”塔什库尔干塔吉克自治县地震灾后恢复重建工作。

（十二）充分利用国际资源支持西部地区发展

一是利用国际金融组织优惠资金和外国政府贷款支持西部地区重点项目建设。2017年，利用世界银行、亚洲开发银行、新开发银行、国际农发基金等国际金融组织贷赠款，以及外国政府贷款约30亿美元支持西部地区项目建设。二是积极引导国际金融组织技术援助与智力资源支持西部地区发展，为西部地区提供重点领域、重点行业发展的政策建议。三是利用区域合作机制支持经济社会发展和对外开放。以“一带一路”倡议为统领，引导推动西部相关省区深度参与大湄公河次区域（GMS）经济合作、中亚区域经济合作（CAREC）等区域合作机制，加强与周边国家互联互通，提升本地区对外开放水平。支持中亚学院实体化运行，推动中亚学院成为政府间国际组织并将总部落户新疆乌鲁木齐，助力我国与周边国家的发展政策研究和沟通。

二、2018年工作设想

2018年，财政部将认真贯彻落实党的十九大报告提出的“强化举措推进西部大开发形成新格局”等要求，以习近平新时代中国特色社会主义思想为指导，结合落实《西部大开发“十三五”规划》，与有关部门密切联系、协力合作，继续落实对西部地区的各项财税支持政策，加大对西部地区转移支付力度（截至目前已提前下达2018年转移支付2.02万亿元），积极支持西部地区加快发展。

第十一章 人力资源和社会保障部

一、2017 年工作情况

(一)落实完善就业创业政策

指导西部省份贯彻落实《国务院关于做好当前和今后一段时期就业创业工作的意见》(国发〔2017〕28 号)和《国务院办公厅关于支持农民工等人员返乡创业的意见》(国办发〔2015〕47 号),完善相关配套政策。支持西部地区加大政策落实力度,继续加大就业补助资金转移支付力度,2017 年共拨付西部 12 省区市就业补助资金 145 亿元。

(二)强化公共就业服务

建立健全覆盖城乡的公共就业服务体系,指导西部地区开展就业援助月、"春风行动"、民营企业招聘周、高校生服务月等就业专项活动,不断提高服务能力和水平,为广大劳动者免费提供政策咨询、岗位信息、职业指导、职业介绍等服务。

(三)促进农村贫困劳动力就业

指导西部省份落实《人力资源社会保障部财政部国务院扶贫办关于切实做好就业扶贫工作的指导意见》(人社部发〔2016〕119 号),指导东西部省市建立健全劳务协作机制,签订劳务协作协议,开展有组织劳务输出,促进西部地区农村贫困劳动力转移到东部地区就业。组织建设全国就业扶贫基地,遴选西部地区 551 家全国就业扶贫基地,支持贫困劳动力求职就业。召开推动农民工返乡创业电视电话会议,指导西部地区加强返乡创业支持力度,推动就地就近就业。

(四)推进人力资源市场建设

一是加强人力资源市场建设,健全人力资源市场运行机制,加强信息化建设,提升服务水平,更好地发挥市场在人力资源配置中的决定性和更好地发挥政府作用。实施"2017 年西部和东北地区人力资源市场建设援助计划",安排了 15 个项目支持西部和东北地区 15 个省份开展人力资源市场管理人员培训、赴东部省份对口交流、组织人力资源服务业从业人员研修,搭建高校毕业生供需对接平台等活动,推动解决西部和东部地区人力资源市场建设与发展不充分不平衡问题。二是指导有关地区大力发展人力资源服务业。鼓励发展各类人力资源服务机构,增强人力资源服务创新能力,批复设立中国西安人力资源服务产业园、中国长春人力资源服务产业园。三是促进区域人才合理流动与优化配置。指导京津冀、东北老工业基地等开展区域人才合作,为区域协调发展提供人才支持。指导举办东北三省人力资源合作交流大会、泛珠三角人力资源合作论坛、全国部分大中城市人才中心主任联席会议等活动。

(五)做好城乡居民基本养老保险工作

西部12省区市城乡居民养老保险参保扩面稳中有升。截至2017年9月底，参保人数达14788万人，较上年底增加59万人，其中领取待遇人数4412万人，较上年底增加69万人。内蒙古、青海和宁夏2017年提高了本地基础养老金，目前，内蒙古、西藏、青海、宁夏、新疆5省区基础养老金高于全国平均水平。陕西调整提高了缴费档次，并相应提高缴费补贴标准。2017年8月，人社部、财政部和国务院扶贫办印发社会保险扶贫工作文件，西部12省区市正在积极贯彻落实。

(六)做好城乡居民基本医疗保险工作

2017年，各级政府继续加大财政投入，提高城乡居民医保各级财政补助标准，中央财政对西部地区给予重点倾斜。2017年，人均财政补助标准由2016年的420元/年增至450元/年，中央财政对120元基数部分按照50%比例补助，对每年新增加部分按照80%比例给予补助，补助比例高于中东部地区。2017年，中央财政对西部地区按照人均324元予以补助(占当年各级财政人均补助标准的72%)。

(七)深入实施西部地区高层次人才援助计划

围绕西部地区经济社会发展和高层次人才队伍建设需求，确定12项重点示范项目，资助金额95万元，吸引各类高层次人才投身西部大开发，带动技术、信息、成果等创新要素向西部集聚，为西部大开发战略实施提供人才和智力支撑。

(八)加强西部地区专业技术人才队伍建设

2017年，将西部地区申报的57期高级研修项目纳入专业技术人才知识更新工程高级研修项目计划，计划培养高层次专业技术人才近4000人，有力加强了西部地区专业技术人才队伍建设。

(九)开展新疆、西藏特培工作

加大西部少数民族科技骨干培养力度，起草上报2017年特培工作计划，选拔520名新疆、西藏少数民族专业技术人才进行特殊培养和实践锻炼，计划组织4期(新疆3期、西藏1期)专家服务团赴新疆、西藏开展学术交流、技术合作等服务活动。

(十)高度重视对西部地区的智力帮扶工作

在2017年专家服务基层活动中，为西部地区遴选了23个重点示范项目(含19个自主项目和4个受援项目)。在2017年国家级专家服务基地工作中，为西部遴选了5个国家级专家服务基地。共资助资金387.5万元。引导专家深入西部地区开展形式多样的服务活动，助推当地经济技术发展，加强当地人才队伍建设，为西部地区提供人才和智力支撑。

（十一）在高层次留学人才回国资助、留学人员回国创业启动支持计划等留学人才引进项目中向西部地区倾斜

通过海外赤子为国服务行动计划，组织高层次海外留学人才赴西部地区为当地经济社会发展提供人才智力支撑。

（十二）组织实施高校毕业生“三支一扶”计划

2017 年，贯彻落实中央关于进一步引导和鼓励高校毕业生到基层工作的部署要求，继续会同有关部门组织实施高校毕业生“三支一扶”计划，选拔 2.8 万余名高校毕业生到基层从事支教、支农、支医和扶贫等服务，有针对性地为基层输送和培育青年人才，中央财政补助名额进一步向西部地区倾斜。

二、2018 年工作设想

加强对相关地区人力资源市场建设的支持力度，继续实施西部和东北地区人力资源市场援助项目，大力发展人力资源服务业，提升当地人力资源开发利用水平。

组织实施好“三支一扶”计划，加大对西部地区支持力度，引导更多高校毕业生到基层工作，为西部地区经济社会发展提供人才支持。

指导西部地区推进城乡居民养老保险参保扩面，全面落实社会保险扶贫政策，重点是做好为建档立卡未标注脱贫的贫困人口、低保对象、特困人员等困难群体代缴城乡居民养老保险费。指导西部地区落实城乡居民养老保险待遇确定与基础养老金标准正常调整机制文件，并按照中央部署做好统一提高城乡居民养老保险基础养老金标准的相关工作。

第十二章　国土资源部

一、2017 年工作情况

(一)切实保障西部地区合理用地需求

加大对西部地区用地计划指标倾斜。共下达西部 12 省市区省份用地计划指标 198.07 万亩。大力支持西部地区基础设施建设。截至 11 月 15 日，共批准西部 12 省区市报国务院审批单独选址项目 81 个，批准用地总面积 30.55 万亩，新增建设用地 27.46 万亩，有力保障了西部省份交通、能源、水利水电等重大基础设施项目用地需求。

(二)积极支持土地利用总体规划调整完善

根据《全国土地利用总体规划纲要(2006—2020 年)调整方案》下达的耕地保有量、基本农田保护面积、建设用地总规模等指标和布局优化要求，西部各省(区、市)于 2016 年底前陆续向国务院上报调整土地利用总体规划有关指标的请示。经国务院批准同意，国土资源部已将土地利用总体规划指标调整函复各省(区、市)人民政府。目前，正积极加强对西部地区省以下各级土地利用总体规划调整完善工作的指导和督促。

(三)指导全面完成永久基本农田划定工作

会同农业部组织指导西部各省份永久基本农田划定工作。截至 6 月 30 日，西部各省(区、市)已全面完成永久基本农田划定工作。

(四)大力支持高标准农田和土地整治重大工程建设

一是联合有关部门向西部 12 省区市分配中央分成的新增建设用地土地有偿使用费 49.77 亿元，用于支持开展高标准农田建设。二是会同财政部下达内蒙古、广西、重庆、四川、贵州、陕西、甘肃、青海、宁夏、新疆、西藏、云南等西部地区高标准农田年度补助资金 45.37 亿元。三是提前下达 2018 年高标准农田建设中央补助资金，其中西部 12 省区市下达资金 46.20 亿元，资金分配进一步向深度贫困地区倾斜。四是配合财政部下达甘肃东部土地整治重大工程 2017 年中央财政支持资金 5.16 亿元、陕西延安治沟造地土地整治重大工程 2018 年中央财政支持资金 5.39 亿元。

(五)安排工矿废弃地复垦利用试点

支持内蒙古、重庆、四川、贵州、陕西、甘肃、青海、宁夏等地开展工矿废弃地复垦利用试点，安排 8 省(区、市)2017 年复垦利用规模 15.8 万亩，鼓励将复垦利用指标更多用于贫困地区。

(六)超常规政策支持西部地区脱贫攻坚

在全国新增建设用地计划总量逐年下降情况下,对西部12省区市所有集中连片特困地区及其他国家扶贫开发重点县,每县专项安排新增建设用地计划指标600亩,合计34.62万亩,保障扶贫开发用地需求。下达增减挂钩指标40.16万亩,属于国家确定的11个集中连片特困地区和国家扶贫开发工作重点县、省级扶贫开发工作重点县,允许将增减挂钩节余指标在省域范围流转使用;属于国家确定的深度贫困地区,允许增减挂钩节余指标跨省域流转使用,在改善贫困地区生产生活条件的同时,进一步优化配置西部地区资金资源。

(七)规范指导矿产资源实施管理

一是加强对西部地区矿产资源规划编制实施的技术指导和政策支持力度。同时开展省级规划环境影响评价报告专家审查,完成各省矿产资源规划批复。二是指导贵州、新疆等试点省(区)开展矿业权出让制度改革试点工作。三是指导新疆做好自然保护区内矿业权清理和生态环境综合整治工作。指导新疆做好国家级自然保护区内矿业权清理工作,指导青海、甘肃做好祁连山自然保护区生态环境综合整治工作,两省保护区范围内的勘查开采活动均已停止。

(八)加强西部地区地质勘查开发支持力度

以南疆地区为重点,继续加大中央财政对西部地区地质勘查工作支持力度,积极开展基础性地质调查和前期矿产勘查工作,在西部地区安排项目907个,投入资金24.9亿元。同时,结合找矿突破战略行动实施,在西部地区共重点推进47个整装勘查项目区、4个矿集区的找矿工作。

(九)支持西部地区开展地质灾害防治

商财政部,对四川、甘肃、云南等3个地质灾害重点省份在资金上给予重点支持,下达资金24.2亿元;对广西、重庆、贵州、陕西、青海、新疆生产建设兵团下达地质灾害防治项目补助资金4.65亿元;对四川、贵州、陕西、甘肃、青海等发生特大地质灾害的省份下达地质灾害救灾资金6.05亿元。

(十)加大对西部地区智力支持力度

2017年,接收西部地区国土资源系统9名干部来部挂职锻炼。同时,根据中央组织部和部党组部署,派出5名干部到西部省份挂职,延长1名博士服务团西部挂职干部服务期。支持西部地区国土资源系统干部培训工作。一是举办专题培训班。举办西藏国土资源执法监察业务培训班,培训西藏国土资源系统执法监察工作人员共180人;12月份,组织青海、新疆市县级国土资源部门、新疆生产建设兵团国土资源部门近80名干部参加在浙江绍兴举办的西部国土资源管理干部培训班。二是采取“送教上门”形式,为新疆、西藏和青海国土资源主管部门举办的各类培训班选派优秀授课老师,讲授国土资源管理政策法规和任务要求,捐赠优秀教材,扩大少数民族干部培训覆盖面。三是通过适当增加名额、减免相关费用,积极支持西部地区国土资源干部参加国土资源部每年举办的全国市、县国土资源局长培训班和乡(镇)国土资源所所长示范班。

二、2018 年工作设想

(一)多措并举提供用地服务保障

一是充分发挥规划引导和管控作用。积极支持西部地区开展新一轮土地利用总体规划试点。二是新增建设用地计划指标继续向西部地区,尤其是其深度贫困地区倾斜,对西部地区城乡建设用地增减挂钩指标"应保尽保",推进其深度贫困地区增减挂钩节余指标跨省域流转使用,助力实施乡村振兴战略,促进西部地区经济社会持续发展。三是对西部大开发中需报国务院审批的单独选址建设项目特事特办,急事急办,确保项目尽快落地。对于符合规定条件的控制工期单体工程,以及因工期紧或受季节影响确需动工建设的重点建设项目,根据用地申请,及时办理先行用地。

(二)指导永久基本农田划定成果应用和保护

进一步指导西部地区认真做好永久基本农田划定成果管理和转化应用等工作,统筹协调划定成果与建设粮食生产功能区、重要农产品生产保护区以及规划编制之间的关系,为实现永久基本农田特殊保护奠定基础。同时,贯彻落实好"中发 4 号"文要求,在总结永久基本农田划定经验基础上,完善永久基本农田特殊保护政策措施,确保已划定的永久基本农田保住、管牢、守好。

(三)加大土地整治重大工程支持力度

与财政部协调沟通启动新一轮中央支持土地整治重大工程,重点向贫困地区、革命老区、民族地区、边疆地区和粮食主产区倾斜,重大工程由省级人民政府立项,中央财政以"奖补结合,先建后奖"方式予以支持。加大土地整治模式和机制创新工作力度,研究起草引入社会资本投入土地整治和高标准农田建设有关政策要求,积极拓展土地整治资金渠道,加快构建多元化投入机制。鼓励社会资金进入西部地区进行未利用地开发和土地复垦。

(四)支持开展工矿废弃地复垦利用

在完善修订《历史遗留工矿废弃地复垦利用试点管理办法》基础上,进一步研究完善矿山企业存量建设用地盘活利用的激励政策措施,支持西部各省份规范开展工矿废弃地复垦利用工作。

(五)指导矿产资源合理开发利用

坚持西部地区矿产开发与环境保护相协调原则,指导西部地区重点抓好国家规划矿区和对国民经济具有重要价值矿区的落实,选择资源条件好、环境承载力高的地区,加强勘查开发,有序承接中东部产业转移,促进资源优势转为经济优势。同时,指导各地建设完成省、市、县级矿产资源规划数据库,并建立动态更新机制,及时为矿产资源审批和监管提供依据。

（六）支持推进绿色矿山建设

鼓励和支持西部各省份开展省级绿色矿山建设工作，充分发挥企业、行业、政府联动作用，全方位推进矿业绿色转型发展，支持西部资源型城市打造绿色矿业发展示范区。

（七）加大地质调查工作支持力度

选择西部地区部分省会城市，优先开展城市地质调查示范，对城市地质资源、环境、空间、权属等进行全面调查，统筹城市地上地下建设，充分发挥地质工作在促进城市可持续发展中的新优势。严格按生态文明建设要求，继续加大西部地区地质调查工作力度，结合找矿突破战略行动实施，积极引入社会资金，加快矿产勘查进程，助力西部地区经济社会发展。

（八）深化农村土地制度改革

按照“产业兴旺、生态宜居、乡风文明、治理有效、生活富裕”的总要求深化农村土地制度改革，推进农村土地征收、集体经营性建设用地入市、宅基地制度改革三项改革试点全面覆盖和深度融合，增强三项试点的系统性、整体性、协同性，努力实现试点政策全覆盖，为实施西部地区乡村振兴战略提供制度支撑。

（九）加强西部地区人才培养

按照中央要求，根据西部地区需要，做好干部双向交流和博士服务团有关工作。继续开展西部地区国土资源干部培训和人才培养工作。继续通过采取在东部发达地区举办专题培训班、开展师资培训和“送教上门"等形式，不断提高西部地区国土资源干部管理能力和水平。

第十三章　环境保护部

一、2017 年工作情况

(一)支持加强源头预防

落实西部大开发战略环评成果,在规划环评审查中,构建与区域生态安全格局相协调的现代产业体系,共完成西部地区交通、能源、水利等领域 26 项规划环评审查。强化规划环评与项目环评联动,共审批交通、水利、水电、能源、化工等领域项目环评 15 项。指导西部地区开展生态保护红线划定工作,目前各省份划定工作已全部开展,重庆、四川、云南、贵州、宁夏生态保护红线划定方案已报送。加快排污许可制落地,召开 3 次西部省份排污许可现场片区会,开展培训 6 期共 1500 人次。完成造纸、火电行业排污许可证核发工作,年底前完成农药、制药等 12 个行业 2751 家企业排污许可证发放。

(二)支持开展环境治理

一是支持实施《大气污染防治行动计划》,2017 年,安排大气污染防治专项资金 4.68 亿元支持燃煤锅炉淘汰、散煤替代、机动车污染防治等,西部地区环境空气质量总体向好。二是支持实施《水污染防治行动计划》,安排水污染防治专项资金 27.8 亿元,支持流域治理、工业集聚区水污染治理及重点行业清洁化改造等,初步建立"流域一水生态控制区一水环境控制单元"流域水生态环境功能分区管理体系。安排中央专项资金 15.4 亿元完成 4600 多个建制村的环境综合整治。三是推进实施《土壤污染防治行动计划》,安排土壤污染防治专项资金 25 亿元,支持土壤污染状况详查和修复试点。编制广西河池、贵州铜仁等土壤污染综合防治先行区建设方案,支持新疆生产建设兵团在重盐碱地上开展盐碱地土壤改良试点。

(三)支持生态环境保护

联合发展改革委、水利部印发《长江经济带生态环境保护规划》,推进青海、西藏、四川、云南、重庆生态环境保护。安排专项资金 20 亿元支持青海省开展山水林田湖草重点生态保护修复工程试点,安排专项资金 2 亿元支持广西壮族自治区九洲江开展横向流域生态保护补偿。发布《中国自然生态系统外来入侵物种名单(第四批)》,指导西部地区开展外来入侵物种的管控工作。推进西部地区县域生物多样性调查评估和生物多样性观测网络建设工作,已建成生物多样性观测样区近 400 个,初步构建了生物多样性观测数据库和信息平台。

(四)支持督察执法和环境风险管控

一是完成对西部地区所有省(区、市)第一轮中央环保督察,解决一大批群众身边的环境问题,压实地方党委、政府及有关部门责任。二是做好突发环境事件应急工作,有效应对嘉陵江四川广元段铊污染等突发环境事件,以及四川九寨沟7.0级地震、新疆精河6.6级地震环境灾害。三是加强核与辐射安全监管。2017年,安排西部地区核与辐射安全监管项目资金2623万元,安排2244万元建设20个辐射环境自动监测站。

(五)支持加强能力建设

开展干部培训,举办1期西部地区党政领导干部环保专题培训班和一期防范与化解环境社会风险专题研究班,共培训99名县处级以上党政领导;举办全国环保局长岗位培训,共培训西部地区160余人。支持信息化建设,对西部地区环境信息化系统建设、网站管理、网络安全保障等予以指导,组织开展生态环境大数据、网站、网络安全等技术培训,为确保西部12省区市环保业务专网畅通提供保障。举办2期国家核技术利用辐射安全管理系统管理员培训班、2期核技术利用辐射安全执法培训班。中央财政安排739万元用于西部12省区市和兵团"国控重点污染源自动监控运行管理"。

(六)支持国际交流合作

推进"一带一路"生态环保合作。会同发展改革委、外交部、商务部共同发布《关于推进绿色"一带一路"建设的指导意见》,促进西部省份与上海合作组织成员国的交流。印发《"一带一路"生态环境保护合作规划》,在有条件的地方建立"一带一路"环境技术创新和转移基地。开展澜沧江—湄公河环境合作,筹建并启动澜沧江—湄公河环境合作中心,举办"澜沧江—湄公河工业废气排放标准与能力建设研讨活动"等系列活动。加强中哈环境合作,组织参加中哈环保合作委员会第六次会议等系列会议。

二、2018年工作设想

(一)加快推进绿色发展

一是坚持规划环评与项目环评联动,以环境质量改善为核心,加强规划环评管理,做好规划环评对西部地区的服务和支持,促进区域经济结构和国土空间开发结构优化调整,提高项目环评效能。二是推进西部地区实施环境污染强制责任保险,推动制定上市公司环境信息披露、发债企业环境信息披露管理办法,明确贷款人环境法律责任,加强环境信息共享及合作。三是支持西部地区创新环保投融资机制,进一步推进政府和社会资本合作,建立吸引社会资本投入生态环保的市场化机制,扩大绿色投资范围。

(二)着力解决突出环境问题

一是支持实施大气污染防治行动。整治"散乱污"企业,加快钢铁、冶炼等行业无组织排放治理,全面推进石化、涂装等行业挥发性有机物综合整治。继续推进燃煤电厂超低排放改造、燃煤小锅炉淘汰,强化农村秸秆焚烧监管。二是支持实施水污染防治行动。对标

《水污染防治行动计划》目标任务，开展水环境形势分析，筛选西部地区不达标水质断面，完善水污染防治综合督导机制。以优先控制单元为重点，强化重点流域生态保护，持续推进流域、区域水污染防治网格化、精细化管理。推进实施长江经济带大保护战略，推动长江经济带中不达标断面所在地方政府落实环保责任，加快综合治理。持续强化重点湖库管理，定期调度重点湖库生态环境保护工作进展情况。三是支持实施土壤污染防治行动计划。以基本管控建设用地和农用地土壤环境风险为目标，进一步摸清底数，完善政策法规标准规范，夯实工作基础，强化目标考核，推动各部门各地区深入实施《土壤污染防治行动计划》。

(三)加大生态系统保护力度

构建西部生态安全屏障。完成西部各省份生态保护红线划定，持续推动实施生物多样性保护行动计划，逐步开展国家级自然保护区及重要生态功能区的外来入侵物种普查，掌握外来入侵物种的种类、动态分布、扩散途径和危害程度等信息，推进外来入侵物种环境风险管理相关法律法规的制定。

(四)强化能力建设

支持新疆、西藏地区辐射安全监管能力建设、人才培养，加大辐射安全监管力度，保障西部地区核与辐射安全。推动历史遗留放射性废物的处理、处置工作，有针对性地指导包括新疆在内的核基地与核设施放射性污染治理工作。做好突发环境事件应急处置和调查工作，指导地方做好突发环境事件应急准备和风险防范，开展安全生产和环境保护专项督查。

第十四章　住房和城乡建设部

一、2017 年工作情况

(一)支持改善城乡居民居住条件

2017 年,会同有关部门继续加大对西部地区城镇棚户区改造的支持力度,下达中央补助资金 888 亿元,比 2016 年增加 43 亿元,占全国补助资金总量的 40%。西部地区计划开工改造棚户区 205 万套,截至 10 月底已开工 202 万套,开工率 99%。会同有关部门安排中央补助资金 171.42 亿元,支持西部地区 119.25 万贫困农户改造危房,占全国任务总量的 63%。截至 10 月底已全部开工,竣工率 79%。

(二)支持城乡规划编制实施

2017 年,报国务院批复包头市城市总体规划和拉萨、乌鲁木齐市城市总体规划修改方案。完成贵阳、桂林、西安城市总体规划审查并报国务院审批。同国家发展改革委共同编制关中平原城市群发展规划。将重庆等 8 个西部地区城市列为第二批城市设计试点城市。组织青海可可西里成功申报世界自然遗产。将内蒙古额尔古纳等 4 个西部景区列为国家级风景名胜区。

(三)指导支持城乡人居生态环境改善

2017 年,会同有关部门安排中央补助资金 30.5 亿元,支持南宁等 9 个西部地区城市开展海绵城市建设试点,截至目前,共建设海绵城市面积 155 平方公里。将包头等 11 个西部地区城市列为第三批生态修复城市修补试点城市。将西部地区 97 个镇公布为第二批全国特色小镇,111 个村庄公布为农村人居环境示范村。配合有关部门安排中央补助资金 7.83 亿元支持西部地区传统村落保护建设。同时,指导西部各地多措并举化解房地产库存。将贵阳等 6 个西部地区城市评为公共建筑能效提升重点城市。

二、2018 年工作设想

(一)因地制宜推进房地产库存化解工作

指导西部地区库存仍然较多的部分三、四线城市和县城,落实地方政府主体责任,结合推进以人为核心的新型城镇化,提高三、四线城市和县城的教育、医疗等公共服务水平,增强对农业转移人口的吸引力,支持农民工返乡创业安居,以不加杠杆为原则,有序推进房地产去库存。继续扩大西部地区职工住房公积金受益范围,增加资金积累。全面推行“手机公积金”,提升服务水平。

(二)促进新型城镇化发展

继续指导监督西部地区城乡规划制定实施工作,坚持新发展理念,坚持人与自然和谐共生,强化历史文化遗产保护,加大城市设计、生态修复城市修补工作支持力度。进一步加快西部地区城镇市政基础设施建设和升级改造。指导各地创新城市治理方式。加强建筑节能工作,积极推广绿色建筑。

(三)改善农村人居环境

指导西部地区特色小镇建设,支持小城镇环境综合整治。落实农村人居环境整治三年行动方案任务,指导支持西部地区农村生活污水、垃圾治理。加大传统村落和传统建筑保护力度。以建档立卡贫困户等四类重点人群为重点,继续支持农村贫困户危房改造。

(四)推进城镇棚户区改造

继续指导支持西部地区大力推进棚户区改造,进一步提升棚改安置住房规划建设水平,加强工程质量安全监管,完善配套基础设施,确保完成棚改年度目标任务。积极配合和协调相关部门和金融机构,落实好对西部地区的财政、金融等棚改支持政策。

第十五章　交通运输部

一、2017 年工作情况

(一)大力推进西部地区公路交通建设

继续把西部地区公路交通基础设施建设放在优先地位，在资金投入、项目安排等方面给予政策倾斜。一是加大年度投资支持力度，2017 年，安排西部地区车购税投资较上年增长 20%。二是积极推进高速公路及国省干线公路建设，完成仁怀至遵义国家高速公路、G219 都拉塔口岸至昭苏等 40 多个公路重点项目的工可行业审查，并指导地方加快推进项目审批。西部地区在建高速公路达 1.7 万公里，在建国省干线公路达 4 万公里，均超过中东部地区总和，西部地区公路网联通和畅达水平不断提高。三是不断推进西部地区农村公路发展。完善农村公路制度体系，组织修订了《农村公路建设管理办法》，重点解决村道建设管理职责不明确、建设标准低、安全质量问题突出、建设程序较烦琐、农村公路适用基本建设程序等一系列问题。西部地区全年新改建农村公路完成 16 万公里，新增通硬化路乡镇 94 个、建制村 1.1 万个。四是积极推广"双随机，一公开优""七公开"等农村公路建设监管宝贵经验，鼓励西部地区结合实际，探索和推广项目库管理模式，简化立项审批程序。同时，加强农村公路管理和技术指导，促进农村公路发展。

(二)加大支持西部地区内河水运和沿海港口建设

内河水运方面。2017 年，交通运输部加强顶层设计，研究印发了《珠江水运发展规划纲要》。安排约 10 亿元资金支持西江航运干线、岷江、嘉陵江、澜沧江、柳江等航道、船闸、航电枢纽工程。实施了西津水利枢纽二线船闸、柳江红花水利枢纽二线船闸工程、嘉陵江川境段航运配套工程二期工程、涪江干流潼南航电枢纽工程等重点项目；及时办理了重庆港永川港区、万州港区，南宁港隆安港区等一批港口深水岸线审批。

沿海港口方面。积极支持广西沿海港口发展和基础设施建设，与广西壮族自治区人民政府联合批复《防城港港口总体规划(2016—2030 年)》，更好地促进广西沿海港口优化布局和协调发展。结合《水运"十三五"发展规划》，将防城港 30 万吨级进港航道工程、企沙港区企沙南作业区航道一期工程、钦州港东航道扩建工程及北海港铁山港区航道疏浚二期扩建工程等 8 个港口公共基础设施建设项目纳入规划，按照西部地区资金补助标准支持广西沿海港口建设。

(三)大力提升西部地区综合运输服务能力

加快推进西部地区多式联运发展，不断提升西部地区物流服务水平，组织开展第二批多式联运示范工程建设，西部地区共有11个项目纳入了示范工程。组织召开了多式联运现场会，研究交流发展经验，深入推进多式联运发展。

深入推进西部地区国际道路运输发展。一是新亚欧大陆桥经济走廊方向，与俄罗斯举行了中俄总理定期会晤委员会交通合作分委会汽车运输和公路工作组会谈，举行了中俄国际道路运输事务级会谈，就中俄国际道路运输协定修订、中俄国际道路运输车辆动态监管等事宜开展深入磋商，形成一致意见。二是中国—中亚—西亚经济走廊方向，分别与乌兹别克斯坦、土耳其就中乌、中土双边国际道路运输协定达成一致，由交通运输部部长代表我国政府同外方签署。三是中国—中南半岛经济走廊方向，筹备参加了大湄公河次区域国家便利运输委员会联合委员会特别会议，率先签署了《关于实施〈大湄公河次区域便利货物及人员跨境运输协定〉"早期收获"的谅解备忘录》，与会各国就加快签署和启动实施《"早期收获"备忘录》及增加次区域跨境运输便利化运输线路和过境站点等问题进行磋商并达成一致。四是中蒙俄经济走廊方向，积极推进落实2016年签署的《关于沿亚洲公路网国际道路运输协定》。

(四)推动西部四省区取消政府还贷二级公路收费

指导内蒙古、甘肃、青海、宁夏四省区于5月31日前，全面取消政府还贷二级公路收费，共撤销收费站点243个、减少收费公路1.6万公里，预计全年可减少车辆通行费支出21.6亿元。积极协调发展改革委和财政部，将四省区纳入2018年中央专项补助资金安排范围。

(五)加强西部地区教育培训和人才支持

一是加强部省联动，重点面向西部地区开展教育培训支持。根据西部地区干部人才队伍的实际情况和培训需求，开展面授培训、远程网络培训、交通运输名师讲师团"送教上门"等多样化培训，举办培训项目45项，培训管理干部和专业技术人员12600人次，提升了西部地区交通运输干部人才素质能力。二是健全人才交流体系，选优配强挂职人选，2017年共选派13名干部参加扶贫支援工作。同时，创新六盘山片区干部人才扶贫方式，研究成立六盘山片区扶贫工作联络组，对片区四省区选派处级干部、中高级专业技术人员集中统一派出，加强领导，形成工作合力。

二、2018年工作设想

(一)构建顺畅高效的综合交通运输体系

深入组织实施《西部大开发"十三五"规划》《"十三五"现代综合交通运输体系发展规划》等，做好"十三五"规划中期评估，在与各省市充分沟通的基础上，进一步完善规划方案。持续推进西部地区综合交通运输体系协调发展，逐步完善综合交通运输通道、枢纽和网络布局。提升铁路路网密度和干线等级，加快以普通铁路、高速铁路、周边互联互通铁路境内段等为重点的铁路建设。提升公路网络联通和畅达水平，推进实施国家高速公路未贯通路段建设、国省道低等级公路升级改造，扎实推进"四好农村路"建设发展，重点推进剩余具备条件的乡镇和建制村通硬化路建设，有序推进一定人口规模的撤并建制村(自然村)通硬化路建设，加强农村公路安全生命防护工程建设和危桥改造，积极支持具有资源路、旅游路、产业开发路性质的公路改造。继续推进内河航道建设，实施西江航运干线扩能工程，加快推进澜沧江航道建设，实施部分库区、湖区航运建设工程；以重庆港、泸州港、南宁港、贵港港、梧州港等主要港口为重点，加强集装箱、大宗散货等专业化泊位建设，加快形成一批规模化、专业化港区。继续对西部地区沿海港口公共基础设施建设项目进行支持，统筹北部湾三港协调发展，提升重点港区规模化、专业化水平，完善港口集疏运通道布局。以两批多式联运示范工程为依托，加快推进西部地区多式联运发展，创新运输组织模式，优化集疏运网络，不断提升多式联运发展水平。

(二)持续推进“三去一降一补”

进一步推进物流降本增效，推进高速公路差异化收费，完善高速公路通行费增值电子发票开具工作。持续提升物流效率。大力发展多式联运、铁水联运。聚焦交通基础设施薄弱环节和瓶颈制约，逐步推动基础设施联网优化，继续推进国家高速公路主通道拥挤路段扩容改造，加强普通国道待贯通路段建设和低等级路段升级改造，推动国省道城镇过境段、城市出入口改造，扎实推进西部地区“四好农村路”建设，推动西部地区各省份争创“四好农村公路”示范县。加快内河高等级航道建设，进一步提升长江、珠江黄金水道通过能力。

(三)推进军民融合深度发展

贯彻落实习近平军民融合发展重大战略思想，推进国防交通基础设施建设，加快推进重点方向国边防公路建设。积极推动北斗导航系统在国际道路运输领域“走出去”。

(四)“一带一路”建设为重点，优化区域开放布局

支持西部地区深度参与和融入“一带一路”建设，聚焦重大项目和重点工程，推动基础设施“硬联通”和标准规则“软联通”。推动制定《中国—东盟交通合作战略规划行动计划》，加强与联合国亚太经社会、欧经委关于“欧亚运输走廊”项目合作。构建国际道路运输协定体系，推动同老挝、俄罗斯等双边运输协定或议定书修订、签署，重点解决过境运输问题。加快推动已签署的上合组织国际道路运输便利化协定、关于沿亚洲公路网国际道路运输协定的落实，畅通骨干运输通道。对内开放，对接长江经济带、京津冀协同发展等国家战略，统筹国内、国际“两个市场，两种资源”，提升区域间互动合作水平。

(五)支持深度贫困地区加快建成小康社会

打好交通扶贫脱贫攻坚战，实施交通扶贫脱贫攻坚三年决胜行动，优先支持西部地区特别是深度扶贫地区交通发展，推动交通扶贫政策措施向深度贫困地区倾斜，支持西藏自治区、南疆四地州、四省藏区和四川凉山、云南怒江、甘肃临夏等民族自治州加快建成全面小康社会。

(六)推进绿色发展

推进西部地区绿色公路建设，加强对西部地区绿色公路典型示范工程的督促和指导，适时开展技术交流，确保示范效果。

第十六章　水利部

一、2017 年工作情况

(一)坚持统筹科学规划

一是印发《全国水资源保护规划》,对包括西部地区在内的各省区水资源保护作出全面具体安排。二是批复南盘江、北盘江流域综合规划,会同环境保护部完成湟水、洮河、北洛河、贺江等流域综合规划环境影响报告书技术审查,柳江、赤水河等流域综合规划正在征求相关部委意见。三是会同环境保护部、发展改革委编制完成《长江经济带生态环境保护规划》,指导包括重庆、四川、云南、贵州等西部省份在内的长江流域相关省份开展生态环境保护工作。

(二)加大中央水利投资力度

2017 年,中央水利建设投资继续向西部地区倾斜,共安排西部地区 12 个省区市和新疆生产建设兵团中央水利建设投资 736.55 亿元,占全国中央水利投资总规模的 47.3%。其中,用于重大水利工程建设 306.86 亿元,比 2016 年增加 14%;小型农田水利设施建设资金 113.9 亿元,比 2016 年增加 15.3%;大型灌区续建配套与节水改造、大型灌排泵站更新改造、水土保持等项目,安排西部地区中央投资均超过该项目中央投资总规模的 50%。

(三)大力推进重大水利工程建设

一是加快在建重大水利工程建设进度。西江大藤峡、西藏拉洛、贵州马岭等一批在建工程建设加快实施,青海引大济湟总干渠、新疆卡拉贝利等一批工程完成主体工程,开始逐步发挥效益。二是积极推进重大水利工程前期工作。陕西东庄、青海那棱格勒河、西藏湘河水利枢纽和内蒙古引绰济辽、云南滇中引水等工程可行性研究报告已经你委批复;其中,青海那棱格勒河、内蒙古引绰济辽、云南滇中引水等项目已开工建设。四川大桥灌区二期、向家坝灌区北总干渠一期、云南麻栗坝灌区、新疆大石峡和奎屯河引水等工程可行性研究报告审查意见已报送发展改革委。黄河古贤、黑山峡河段开发、甘肃引哈济党等工程前期论证工作积极推进。

(四)加快推进民生水利发展

农村水利方面,实施农村饮水安全巩固提升工程,解决西部地区 1167 万人饮水安全问题,其中建档立卡贫困人口 128 万人;在重点实施高效节水灌溉工程建设的同时,因地制宜开展田间渠系配套、“五小水利”等小型农田水利建设,加快解决农田灌溉“最后一公里”问题,2017 年,新增高效节水灌溉面积 992 万亩,占年度目标任务的 101.3%;顺利实施 61 处大型灌区续建配套与节水改造、15 处大型灌排泵站更新改造。防洪减灾方面,全面启动实施灾后水利薄弱环节建设,加快西部地区大江大河及其主要支流治理,大力推进中小河流治理、小型病险水库除险加固。开展 965 个县山洪灾害群测群防体系建设。水土流失综合治理方面,继续实施坡耕地水土流失综合治理等工程,新增水土流失综合治理面积 9937 平方公里,治理坡耕地 68.52 万亩,除险加固骨干淤地坝 296 座,黄土高原塬面治理保护不断加强,石漠化地区水生态环境不断改善。水利扶贫方面,聚焦建档立卡贫困人口,以农村饮水安全巩固提升、农田水利、防洪减灾等民生水利建设为重点,全力做好水利行业扶贫、定点扶贫、滇桂黔石漠化片区联系、革命老区、对口支援等水利扶贫工作,以及水利援藏、援疆、援青等工作。近期,水利部定点扶贫的重庆市丰都县、武隆区顺利通过贫困县退出国家专项评估检查,经重庆市人民政府批准同意退出国家扶贫开发工作重点县。

(五)全面深化水利改革

西部地区省份省级河长已全部明确,省、市级河长办全部设立,省、市级工作方案全部印发实施,全面推行河长制各项工作加快推进,取得重要阶段性成果。稳步推进社会资本参与重大水利工程建设运营试点,西部地区 6 个试点中重庆观景口水库、贵州马岭水利枢纽 2 个 PPP 项目已成功落地实施。深入落实节水优先方针,西部地区各省份均已出台水资源消耗总量和强度双控行动落实方案,并将"十三五"用水强度控制指标分解到市级行政区。加强水资源配置调度,包括西部地区在内的 18 条跨省江河流域水量分配方案拟近期批复。稳步推进水权试点工作,宁夏、内蒙古、甘肃试点任务已基本完成,陕西、新疆启动实施。

(六)加大人才科技支持

2017 年,向西部地区选派挂职水利干部 51 名,完成面向西部地区的水利干部培训 1160 余人次。通过西部之光、博士服务团、水利专业人才订单式培养、组团式技术帮扶等,增强西部地区水利技术和管理能力。与科技部联合启动建设国家节水型社会创新试点,将宁夏回族自治区中卫市列为候选城市。指导西部地区加强水利科技创新,在国家重点研发计划"水资源高效开发利用"等涉水专项中,立项开展西部地区河源区及干旱区降雨径流挖潜与高效利用技术等 4 项重点专项研究。

二、2018 年工作设想

(一)继续加强规划和前期工作

积极协调有关部门,加快推进在编流域综合规划审批工作。指导有关地方加快推进广西百色水库灌区、四川江家口、四川大桥二期、新疆玉龙喀什等重大水利工程前期工作,争取尽早开工建设。

(二)不断完善水利基础设施网络

围绕供给侧结构性改革,加快西部地区在建重大水利工程建设进度。大力实施灾后水利薄弱环节建设,抓好大江大河大湖治理,加快中小河流治理、小型病险水库除险加固项目建设进度。围绕实施乡村振兴战略，切实加强农田水利基本建设，继续大力发展高效节水灌溉，加快实施大中型灌区续建配套和灌排泵站更新改造，持之以恒地开展小型农田水利建设，巩固提升农村饮水安全工程建设成果，抓好农村水系与河塘治理。指导地方继续加大水土流失综合治理力度，稳步推进江河湖库水系连通、大中型病险水库水闸除险加固、农村小水电扶贫、中小型水源等工程建设。精准对接贫困地区尤其是深度贫困地区水利需求，妥善解决好贫困人口饮水、灌溉、防洪等最迫切需要的民生问题，为打赢脱贫攻坚战提供坚实有力的水利支撑和保障。

(三)继续深化水利改革创新

积极推进全面推行河长制各项工作，在湖泊实施湖长制，严格河湖管理保护。实施国家节水行动，创新完善水资源和水域岸线等生态空间管理保护体制机制，加强水权水市场改革。全面推进农业水价综合改革、小型水利工程产权制度改革等农田水利改革，深入推进水利投融资机制创新，加快完成水流产权确权试点任务，不断把重点领域水利改革工作推向深入。

第十七章　农业部

一、2017年工作情况

(一)强化发展指导

农业部等7部门联合印发《支持西藏农牧业转方式调结构促增收重要举措实施方案》。围绕南疆农业结构调整,开展10多个专题调研,调研报告得到中央领导同志肯定。组织编制了《南疆农业发展规划》《西藏"十三五"农牧业发展规划》等,会同国家发展改革委共同编制了《特色农产品优势区建设规划纲要》。

(二)加强农业基础设施建设

一是启动现代农业产业园创建工作。西部省份14个现代农业产业园成功获取创建国家现代农业产业园。二是积极推进粮棉油糖生产能力建设。安排中央财政资金25.7亿元支持西部省份新增千亿斤粮食田间工程,2.5亿元支持西部省份杂交水稻和玉米制种基地建设,1.5亿元支持西部省份国家现代农业示范区标准农田建设,2亿元支持西部省份油料生产基地建设,5亿元西部省份支持糖料蔗核心基地建设。三是强化畜牧水产生产能力建设。安排资金11.3亿元支持西部省份畜禽种业发展和基础母畜养殖,6.4亿元支持西部省份畜禽良种繁育体系建设,5.2亿元支持西部省份发展标准化规模养殖及配套粪污处理。在甘肃等地安排资金2300万元,提升优质牧草供种能力。安排资金0.56亿元支持西部省份水产种业发展,1.3亿元支持西部省份渔港航标等公共基础设施建设,安排资金支持西部省份水产健康养殖示范场创建。

(三)发展绿色、有机农产品

积极支持西部省份发展绿色有机农产品。一是安排资金支持开展粮食绿色高产高效创建。支持西部省份共创建84个粮食绿色高产高效示范县和12个油料绿色高产高效示范县。二是支持开展园艺作物绿色高产高效创建。支持西部省份创建18个园艺作物绿色高产高效示范县,创建6个糖料绿色高产高效示范县,创建4个棉花绿色高产高效示范县。三是实施果菜茶有机肥替代化肥示范。支持西部省份创建26个果菜茶有机肥替代化肥示范县,促进经济作物绿色生产、提质增效。四是支持绿色发展。西部省份新认证绿色食品企业802家,产品1752个,减免认证费用43.5万元。截至2017年10月31日,西部省份认证有机农产品986个,绿色食品产品15375个,登记农产品地理标志900个。

(四)提升农业科技与装备水平

一是完善现代农业产业技术体系。支持西部省份聘用642位专家参与现代农业产业技术体系研发，投入3.6亿元支持专家开展工作。二是提升农业机械化水平。2017年，安排中央资金40.5亿元，支持西部省份实施农机购置补贴，在西藏启动实施差别化农机购置补贴试点，在新疆南疆地区开展差别化农机购置补贴试点和农机新产品补贴试点。

(五)完善现代农业服务体系

一是推进基层农技推广体系改革。在四川省凉山州等7个贫困地区开展农技推广服务特聘计划试点。二是加强西部农村人才培养。安排5.7亿元支持西部省份新型职业农民培育，培训新型职业农民20万人。在西部省份培训7000多名种养大户、合作社负责人、村"两委"成员、大学生村官等。在西部省份加强执业兽医队伍建设，提升兽医社会化服务水平。选派16名博士服务团成员、19名干部赴西部省份服务锻炼，接收西部省份14名干部到农业部挂职锻炼。三是完善西部省份动物防疫基础设施。2017年，安排9835万元支持西部省份建设兽药质量和兽药残留检测实验室、陆生动物疫病病原学监测区域中心，配置动物防疫专用设施。

(六)促进西部地区农村一、二、三产业融合

一是加大产业融合资金支持力度。2017年，与财政部共同开展农村产业融合发展支出项目，拨付资金13.2亿元支持西部省份建设农产品产地初加工设施，整县制推进农村一、二、三产业融合发展。向中国农业发展银行推荐农村产业融合发展项目，为西部省份86个项目实施主体争取予以资金低息贷款支持。二是积极培育新型经营主体。安排4.6亿元专项资金支持西部省份农民合作社示范社加强自身能力建设。安排1147万元，支持西部省份有关农业产业化国家重点龙头企业为农户提供贷款担保，完善龙头企业与农户利益联结关系，提升农业产业化水平。三是引导农产品加工业提档升级。在西部省份遴选推介棉籽副产物生产棉蛋白、棉酚综合利用等4个全国农产品及加工副产物综合利用典型模式，进行宣传推介，供西部省份学习借鉴和推广。四是加强农产品产地市场体系建设。加强西部省份国家级市场建设和培育，支持田头市场建设，促进产销对接，完善农产品流通基础设施和市场体系。安排专项经费支持西部省份拓宽农产品流通渠道，促进产销衔接。五是引导休闲农业发展。在西部省份开展示范创建与推介活动，截至2017年10月，共创建52个中国最美休闲乡村，10个中国重要农业文化遗产。六是支持农村创业创新。通过建立创业园区和实训基地、开展返乡创业系列行动，培训返乡创业人员等措施，促进西部省份农村人才返乡创业。

(七)加强农业生态环境保护

一是支持草原生态保护建设。在西部省份安排资金234.3亿元，实施草原禁牧、草畜平衡、退牧还草、草原鼠虫害防治、草原防火基础设施建设等。二是稳步推进农业面源污染防治。在西部省份启动建设100个地膜治理示范县，将地膜回收工作列入中央财政农业生产发展资金任务内容并明确指标要求，落实绩效责任。三是开展水生生物养护工作。安排

0.72 亿元用于支持西部省份开展水生生物增殖放流。积极支持西部省份开展水产种质资源保护区创建。四是支持农村能源建设。安排 8.7 亿元支持西部省份建设实施农村沼气工程。五是拨付 5 亿元治理西部省份农业环境突出问题。

(八)加强垦区建设

一是加快推进西部垦区改革。推进西部垦区集团化、农场企业化改革,完善公司法人治理结构和内部管控制度。为西部垦区下拨补助资金 3.97 亿元,推动加快国有农场办社会职能改革和农垦国有土地使用权确权登记发证工作。二是加快推进现代农业发展。安排专项资金支持西部垦区开展农业标准化生产、节水、粮棉油糖绿色高效、畜牧业高产攻关、农机标准化等方面的产业技术研究与示范推广。三切实保障和改善民生。投资 1.1 亿元支持西部垦区改造危房 1 万余户,投资 0.6 亿元完善西部垦区排水、排污、供暖等基础设施。四是积极推进扶贫开发。协调安排中央扶贫资金 2.2 亿元,加快培育西部贫困垦区主导产业。

(九)提升沿边开发开放水平

一是依托"一带一路"促进西部发展。通过农业组织创新与产业融合发展项目支持新疆开展"一带一路"倡议下新疆与亚欧农产品贸易合作。二是搭建交流平台。通过搭建中国国际薯业博览会等平台,促进优势特色农产品出口,助力产业健康发展。

二、2018 年工作设想

(一)支持深度贫困地区加快建设小康社会

一是开展全产业链技术帮扶。组建产业专家组,遴选一批特聘农技员,建设国家农业科学实验站,搭建农技推广信息化服务平台。二是强化深度贫困地区人才支撑。选派优秀干部到深度贫困地区挂职锻炼帮扶,加强新型职业农民和脱贫带头人培训。选派高层次人才作为博士服务团成员到西部地区服务锻炼。做好"西部之光"访问学者和特培学员的培养工作。三是加快带贫龙头培育。支持深度贫困地区探索完善利益联结机制,组织农业企业赴深度贫困地区开展合作对接,促进贫困牧民稳定增收。四是推进营销对接和品牌打造。支持采购商、经销商以及电商平台与深度贫困地区的新型农业经营主体对接,带动贫困农户发展农业生产。鼓励支持贫困地区创建绿色食品、有机食品原料标准化生产基地,开展特色农产品推介、品牌推选活动。五是强化农业信息服务。建设村级益农信息社。通过各种渠道为深度贫困地区提供三农信息服务。六是加大特色农业发展投入力度。项目资金向深度贫困地区倾斜。推进深度贫困地区创建国家现代农业产业园和中国美丽休闲乡村,发展农产品产地初加工业和乡村旅游业。七是发挥典型引路作用。总结一批深度贫困地区农业产业扶贫范例,加强现场观摩培训。

(二)加强西部省份基础设施建设

加强农业综合生产能力、农业科技创新能力、农业公共服务能力条件、农业资源保护与利用条件、其他农业农村基础设施等的建设,为推进传统农业向现代农业转变提供有力支撑。一是支持西部省份种业发展。实施现代种业提升工程，加快国家级制种基地建设，落实制种大县奖励政策，支持种子生产基地发展。组织开展种植业重大问题调研。强化培训服务和技术指导。完善畜牧良种规划，对西部省份实施良种补贴。支持开展水产种质资源保护区创建。二是支持发展优势特色产业。支持西部省份创建特色农产品优势区，申请创建国家现代农业产业园，扩大数字农业试点实施范围，推进农业全产业链开发，探索区域现代农业建设模式，助力西部农业转型升级。积极支持西部省份奶牛标准化规模养殖、苜蓿产业发展。支持特色奶源基地建设，推动地方特色奶业发展。推广经济高效的畜禽粪污资源化利用模式。扩大粮改饲试点范围，带动区域种植结构优化调整，加快建立完善粮经饲统筹的新型农牧业结构。推动西部省份开展水产健康养殖示范创建工作。三是加大对西部省份农机化发展扶持力度。实施农机购置补贴资政策，持续改善各省区农机装备条件。加强农机服务体系建设，继续开展主要农作物生产全程机械化示范推广，创建农作物生产全程机械化示范县，引导西部省份农机合作社参与示范创建，不断提升农机社会化服务提档升级。四是加强垦区建设。推动垦区优势产业联合，指导西部垦区开展专项试点和综合示范，推进管理体制和经营机制改革。加大垦区社会公益性基础设施建设力度，统筹推进现代农业和社会事业建设。

（三）构建现代农业产业体系，促进农村一、二、三产业融合发展

一是支持农民合作社规范化建设。加大对农民合作社指导服务力度，强化示范社自身能力建设、人才培养，引导合作社拓宽销售渠道，推动农民合作社更好发展。二是支持开展农产品加工和休闲农业。农村一、二、三产业融合发展支出项目向西部省份倾斜，支持西部地区休闲农业和乡村旅游的发展。三是深化基层农技推广体系改革。组织现代农业产业技术体系专家，围绕西部省份农业发展需求，开展产业关键技术研发、集成和示范推广，解决产业发展中遇到的难题。四是支持国家级专业市场建设。引导和支持西部省份开展田头市场示范，支持营销促销和产销衔接，提升优质农产品的市场流通基础条件。五是支持西部省份实施农产品品牌战略。夯实品牌基础，强化顶层设计，加大推介力度，重点打造一批国家级农产品区域公用品牌、特色农产品品牌、国家级农业企业品牌，推进西部地区农业品牌建设再上新台阶。

（四）加大生态系统保护力度

继续扎实推进草原生态保护建设，指导各省区实施好新一轮草原补奖政策，确保补奖资金发放到草场牧户，提高广大牧民保护草原的积极性。坚持重点突破与面上治理相结合、工程措施与自然修复相结合，继续组织实施退牧还草、京津风沙源草原治理、岩溶地区石漠化综合治理、农牧交错带已垦草原治理等重大工程项目，全面推进草原生态保护建设。协调启动内蒙古及周边牧区草原畜牧业提质增效示范工程、新疆牧区草原畜牧业转型示范工程和青藏高原牧区特色畜牧业发展示范工程，引导示范发展现代草原畜牧业，提升草原畜牧业综合生产能力。加强草原执法机构队伍建设，举办培训班，支持西部地区提升草原执法能力和水平，依法严厉打击各种破坏草原的行为，切实保护草原建设成果。

（五）推进绿色发展

面向“三区三州”贫困村、贫困户招录草原管护员。将西藏、四省藏区、南疆等深度贫困

地区牧业半牧业县(农场)基本纳入草原生态保护补助奖励政策实施范围,促进草畜平衡和牧民增收。实施退牧还草工程,根据农牧民需求适当增加舍饲棚圈和人工饲草地规模,力争2019年前深度贫困地区全部完成本轮任务。支持南疆推广地膜覆盖、水肥一体化等旱作节水农业技术。积极开展水生生物增殖放流,发展生态净水渔业,支持大水面增殖业发展。继续推动100个地膜治理示范县建设工作,开展现场督导检查,总结推广经验。

第十八章　商务部

一、2017 年工作情况

(一)加强顶层设计，完善工作机制

2017 年，商务部围绕《商务发展第十三个五年规划纲要》落实，加强对外开放与西部大开发工作的统筹，协同推进沿边、内陆、沿海开放。在具体工作层面，进一步完善与西部地区的部省合作机制和相关地方联系机制，形成服务西部地区商务工作发展的合力。

(二)提高吸收利用外资水平

一是与发展改革委共同牵头完成《中西部地区外商投资优势产业目录》修订工作，扩大中西部地区鼓励外商投资范围，在 2013 年版本基础上新增 137 条鼓励发展的条目，支持中西部地区扩大吸收外资规模、优化外资结构。二是报请国务院印发《关于扩大对外开放积极利用外资若干措施的通知》(国发〔2017〕5 号)、《关于促进外资增长若干措施的通知》(国发〔2017〕39 号)，加快一般制造业和服务业等领域对外开放，营造良好的投资环境，支持中西部地区承接产业转移。

(三)强化开发开放平台建设

一是支持西部地区自由贸易试验区建设和复制推广自贸试验区改革试点经验。会同重庆、四川、陕西 3 省市及各有关部门研究提出了 3 个西部地区自由贸易试验区(以下简称自贸试验区)的总体方案，推进上述 3 个自贸试验区挂牌运行。积极推动自贸试验区梳理总结改革试点经验，形成了新一批 5 项改革试点经验及 4 个最佳实践案例，在全国范围推广。

二是积极支持边境经济合作区(以下简称边合区)建设。广泛深入调研，了解西部边合区发展情况，推动相关支持政策的贯彻落实。编发边合区年度发展报告，支撑管理决策；组织跨国企业开展专题投资考察；协调将边合区纳入外经贸发展专项资金支持范围，支持边合区提升政府治理和公共服务能力。

三是稳步发展跨境经济合作区(以下简称跨合区)。持续推进中哈霍尔果斯国际边境合作中心、中老磨憨—磨丁经济合作区建设工作，会同相关部委研究支持举措。与尼泊尔、缅甸相关部门分别签署关于跨合区建设的部门间谅解备忘录，并纳入“一带一路”国际合作高峰论坛成果。与越南工贸部签署《关于加快推进中越跨境经济合作区建设框架协议谈判进程的谅解备忘录》，并相应组织了实地调研与政策研究工作。

四是搭建互动平台，促进结对共建。成立长江经济带国家级经济技术开发区(以下简称国家级经开区)协同发展联盟，并于 2017 年 10 月在上海漕河泾召开首届联盟年度峰会。

推动西部国家级经开区、边合区与沿海发达地区的国家级经开区之间加强结对共建工作，并将园区结对共建工作列入国家级经开区考核评价指标。举办国家级开发区交流对接活动，为沿边地区承接产业转移搭建平台。

五是开展园区建设的国际合作。牵头主办中新项目联合协调事会会议，研究出台支持项目发展创新政策，指导项目发展战略规划编制；统筹有关省区市，探讨推进"南向通道"建设。与广西和马来西亚保持沟通，协调推进中马"两国双园"建设发展。

（四）加快贸易优化升级

一是支持西部地区承接加工贸易梯度转移。经国务院批准，在2017年外经贸发展专项资金中安排专门资金，重点支持中西部地区及加工贸易重点承接地承接加工贸易梯度转移。

二是在进出口商品管理方面适当予以倾斜。如在粮食边贸出口配额、供港澳活畜禽出口配额、羊毛进口关税配额安排上均给予有关西部省区积极支持。

三是加快推进西部服务贸易创新发展试点和服务外包示范城市建设。积极推动西部地区的成都市、两江新区、贵安新区、西咸新区开展服务贸易创新发展试点工作，推动南宁、重庆、成都、西安、乌鲁木齐等市加快建设服务外包示范城市，给予中央财政专项资金、技术先进型服务企业税收优惠等支持政策。2017年，中央财政拨付西部地区服务外包示范城市公共服务平台资金共计1757万元。

四是打造会展平台。支持西部贫困地区企业参加广交会。自2017年第122届广交会起，对来自国务院扶贫办公布的西部地区贫困片区县重点县的广交会参展企业，免收展位费；同时，增设"贫困地区特色产品展区"，99家西部地区企业参展，展位总数115个，并取消参展企业最低出口额等资格要求。此外，与西部地区联合举办了中国·东盟博览会、中国—阿拉伯国家博览会等一系列重要展会，为西部地区开展多双边经贸交流、发展外贸创造条件。

五是加大对西部地区进口贴息资金支持。2017年，商财政部安排西部12省区市外经贸发展专项资金26.99亿元，支持西部地区外经贸稳增长调结构、服务贸易创新发展以及重点领域的对外投资合作。拨付西部大开发所涉省区市进口贴息资金共计2.36亿元人民币，用于支持其进口先进技术、重要装备和关键零部件。

六是经营者备案登记工作下放。为支持西部省区市外贸发展，2017年1—11月，商务部将对外贸易经营者备案登记工作下放到四川省等西部地区77个县级商务主管部门。

（五）继续推进援外和对外交流合作工作

一是支持西部地区有关企业参与援外工作。截至2017年10月底，西部12省区市共有72家企业获得援外项目实施企业资格。西部地区企业在实施的援外成套、物资、技术合作项目和设计、施工监理任务近100个。

二是推广部区合作援助模式，支持西部地区承担毗邻国家援外工作。2017年以来，商务部与西藏自治区、云南省人民政府签署关于合作加强对毗邻国家援助的备忘录，逐步建立商务部与部分沿边省区对毗邻国家援助项目"代建制"制度性安排。目前，正与新疆维吾尔自治区商务厅、兵团商务局商签部省（区）合作框架协议。

三是推进“一带一路”互联互通基础设施建设，打通西部边境地区对外开放通道。实施巴基斯坦瓜达尔新国际机场、尼泊尔沙拉公路修复改善等50余个重大互联互通项目。

四是发挥西部地区区位优势，通过援外培训促进人员交流和国际合作。依托陕西省中国旱作农业技术援外培训基地，举办援外培训班13期，为有关国家培训457名官员和技术人员。依托云南省援外培训基地，举办援外培训班19期，培训492名官员和技术人员，促进了有关省区与东南亚、南亚等地区各领域交流合作。2017年，西部地区有关单位共承办援外培训班92期，为发展中国家培训2540名官员和技术人员。

五是加强西部地区对外投资合作。2017年，西部12省区市实现非金融类对外直接投资87.4亿美元；完成对外承包工程营业额106.9亿美元，新签对外承包工程合同额120.8亿美元；外派各类劳务人员2.45万人。

六是深入开展国际减贫交流合作。与联合国驻华系统在青海省开展综合扶贫项目，进一步提高了有关地区扶贫能力建设；与联合国儿童基金会开展“有条件现金转移支付”项目，有效地促进了项目地区提高妇幼卫生服务能力、改善妇女儿童健康水平。

（六）支持内贸流通发展

一是会同有关部门印发《商贸物流发展“十三五”规划》，将重庆、成都、贵阳、昆明、拉萨、西安、兰州等市纳入区域性商贸物流节点城市，构建多层次商贸物流网络。将重庆、成都、西安等市纳入供应链体系建设试点范围，分别拨付中央财政资金1.3亿元、8000万元、8000万元予以支持。

二是会同财政部安排中央财政资金支持青海、四川、新疆等西部省区发展冷链物流，推动解决“冷链不冷”和“断链”等问题。

三是支持电商发展。2017年，会同财政部、国务院扶贫办开展电子商务进农村综合示范，安排中央专项资金23.1亿元，支持154个县开展综合示范，其中包括147个国家级贫困县。组织阿里、京东、苏宁等17家大型电商企业开设电商扶贫频道，现已对接西部地区150个国家级贫困县。开展电子商务示范企业遴选工作，西部12省区市共有50户企业入选，建设国家级电子商务示范基地25个。

四是商财政部安排西部12省区市中央财政服务业发展专项资金32.13亿元，支持西部地区发展现代商品流通、促进现代服务业公共服务体系建设。

五是不断优化储备布局和结构，在新疆、西藏、宁夏、青海、甘肃、内蒙古、四川、云南等西部省区安排中央储备牛羊肉计划9300吨，中央边销茶储备计划37万担(1.85万吨)。

（七）支持人才队伍建设

根据中央组织部统一安排，2017年，选派6名干部到西部地区挂职，接收5名西部地区干部到商务部挂职锻炼，借调38名西部干部到驻外使(领)馆经商机构工作，通过干部双向交流锻炼支持西部地区发展。同时，在陕西、四川等省举办了2期全国贫困县商务扶贫政策培训班，214人参加培训。

二、2018年工作设想

围绕“一带一路"和“长江经济带建设”等重大战略部署，进一步发挥规划引导和政策协调作用，推动西部地区开发开放平台载体的建设和发展，提高西部地区利用外资的质量和水平，不断拓展对外贸易，深化国际产能与装备制造合作。

保持内外贸专项资金政策的连续稳定，并考虑西部地区相关省（区、市）的实际情况，争取加大资金支持力度。研究完善产业、项目支持政策，推动西部地区大力发展内贸流通和现代服务业，做大做强特色优势产业，增强内生动力，夯实发展基础。

继续发挥运用好部省合作机制和地方联系机制作用，进一步推动干部交流和人才培训工作，为西部地区开放开发提供智力支持。

第十九章　文化部

一、2017 年工作情况

（一）从文化建设的政策制定和资金投入方面给予支持

《中华人民共和国公共文化服务保障法》《中华人民共和国公共图书馆法》先后出台，2017 年，文化部还制定印发了《文化部“十三五”时期文化发展改革规划》《“十三五”时期繁荣群众文艺发展规划》《文化部“十三五”时期公共数字文化建设规划》《文化部“十三五”时期文化产业发展规划》等相关规划，这些制度设计对西部地区文化建设提出了明确要求。2016 年至 2017 年，安排补助资金 2.2 亿元，为贫困地区县级文化馆配送流动文化车，着重向西部地区贫困县倾斜。采取政府购买服务的方式，为西部地区贫困县所辖乡镇每两个月配送一场地方戏为主的演出，每场演出补助 3000 元。2017 年，累计投入经费 4757 万元，用于推进西部地区国家级文化生态保护实验区工作。中央财政累计投入资金 24249 万元，用于西部地区文化人才建设。

（二）从现代公共文化服务体系建设和文化艺术发展方面给予支持

对西部贫困地区公共文化服务体系建设进行专项调研督查，督促落实文化部、国家发展改革委、财政部等 7 部委印发的《“十三五”时期贫困地区公共文化服务体系建设规划纲要》。支持西部地区国家公共文化服务体系示范区和示范项目创建工作，推进县级文化馆、图书馆总分馆制。联合中宣部等部门实施“贫困地区百县万村综合文化服务中心示范工程”和“贫困地区民族自治县、边境县村综合文化服务中心覆盖工程”，支持贫困地区建设约 3 万个村文化活动室。实施“边疆万里数字文化长廊建设”项目、数字图书馆推广工程、少数民族语言资源建设项目。开展“春雨工程”“大地情深”“阳光工程”3 项文化志愿服务示范活动，动员各地广泛开展 9 个主题的基层文化志愿服务活动。在重大文化惠民工程项目、重大文艺活动中扶持西部大开发题材作品。引导广大文艺工作者深入生活，创作出更多反映西部大开发的优秀作品。

（三）从文化产业和文化市场发展方面给予支持

将昆明市、张掖市、乌鲁木齐市、石河子市确定为第一批第二次国家文化消费试点城市。加大对藏羌彝文化产业走廊建设的支持力度。加强对西部地区国家级文化产业示范园区和国家级文化产业试验园区的指导、扶持和服务。支持西部地区文化文物单位推进文化创意产品开发工作。推动西部地区文化领域大众创业万众创新纵深发展。支持西部地区文化市场转型升级工作。指导西部重点地区建立文化市场综合执法协作机制。

(四)从人才队伍建设方面给予支持

继续加大与西部地区干部双向挂职锻炼工作力度。推进"三区"人才支持计划文化工作者专项工作,截至2017年,共选派超过1万名优秀文化工作者开展文化服务,培养超过1200名急需紧缺的基层文化人才。在地市文化局局长、高技能人才、青年公务员等培训项目中采取扩大参训名额等方式对西部地区予以支持。深入实施中国非物质文化遗产传承人群研修研习培训计划,截至2017年10月,支持举办各类研修、研习、培训22期,培训学员1000人次。支持拥有较强设计能力的企业、高校、机构在西部地区设立传统工艺工作站。

(五)从对外文化交流方面给予支持

贯彻落实《文化部"一带一路"文化发展行动计划(2016—2020年)》,健全文化交流合作机制。推动丝绸之路国际剧院联盟等五大联盟成立与发展。举办第二届丝绸之路(敦煌)国际文化博览会、第六届中国成都国际非物质文化遗产节等品牌项目。

二、2018年工作设想

继续推动《中华人民共和国公共文化服务保障法》《中华人民共和国公共图书馆法》《"十三五"时期贫困地区公共文化服务体系建设规划纲要》等法律政策在西部地区的贯彻落实,督促西部地区制定相关配套措施。

在实施文化建设专项规划和各项文化惠民工程时,继续对西部地区给予倾斜和支持。积极与中宣部、国家发展改革委、财政部等部门沟通,进一步加大对西部地区村文化活动室建设以及西部地区县级公共文化服务设施建设的支持力度。

继续支持西部地区国家公共文化服务体系示范区和示范项目创建工作,完善西部地区基层公共文化设施网络。推动国家公共文化云在西部地区推广应用,建设一批"文化共享扶贫超市"。开展"春雨工程""大地情深""阳光工程",加大西部地区文化志愿服务活动支持力度。

继续实施西部及民族地区艺术创作提升计划,改进完善工作方法,发挥更大的作用。在重大工程项目、重大活动中支持西部地区艺术创作发展。

继续指导西部地区特色文化产业发展,推进扩大文化消费试点工作。加强对重点文化产业项目建设的支持。加强对西部地区国家级文化产业园区的指导和扶持,推动西部地区文化文物单位文化创意产品开发。进一步加强对西部地区文化文物单位文化创意产品开发工作的指导和支持。

继续支持适合的西部地区项目纳入国家传统工艺振兴目录。支持云南、西藏、贵州等地建设传统工艺工作站和开展传统工艺工作站系统建设试点工作。实施中国非遗传承人群研修研习培训计划。支持生态区内非遗综合性传习中心、传习所向西部地区倾斜。支持西部地区举办非遗文化活动。

继续推进西部地区文化市场转型升级,不断完善西部重点地区文化市场综合执法协作机制。举办全国文化市场综合执法片区巡讲活动和全国文化市场培训班。加强西部地区的文化市场综合执法信息化建设。

继续做好挂职锻炼干部选派接收及"三区"人才支持计划文化工作者专项工作。加大对西部地区文化干部培训，增加西藏文化系统组工干部培训班、少数民族文化管理干部培训班等班次。

继续推动丝绸之路国际图书馆联盟和丝绸之路国际美术馆联盟建立及各联盟间的交流合作，推动丝绸之路沿线国家地区组织和重点国家逐步建立城际文化交流合作机制。举办第三届丝绸之路（敦煌）国际文化博览会。实施“丝绸之路文化之旅”“丝绸之路文化使者”计划。

第二十章　卫生和计划生育委员会

一、2017 年工作情况

(一)推进实施健康扶贫工程

深入贯彻党中央、国务院脱贫攻坚决策部署，会同国务院扶贫办等有关部门深入实施健康扶贫工程，按照“大病集中救治一批、慢病签约服务管理一批、重病兜底保障一批”的工作思路，因地因人因病施策，努力让农村贫困人口“看得起病、看得好病、方便看病、少生病”，推动解决因病致贫返贫问题。一是城乡居民基本医保(新农合)政策范围内住院费用报销比例提高 5 个百分点以上，大病保险对贫困人口在起付线、报销比例等方面给予重点倾斜，实行县域内住院先诊疗后付费和“一站式”即时结算，切实减轻贫困人口医疗费用负担。二是在逐户、逐人、逐病核实因病致贫返贫情况的基础上，组织对患有大病和慢性病贫困患者实行分类救治，通过“定临床路径、定救治医院、定单病种费用，加强医疗质量、加强责任落实”等措施，对费用负担重、诊疗效果明确的儿童白血病、儿童先天性心脏病、终末期肾病等 9 种大病患者实施集中救治，家庭医生签约服务优先覆盖农村贫困人口，针对慢性病患者提供公共卫生、慢病管理等综合服务。三是组织三级医院对口帮扶所有贫困县县级医院，选派医生团队进行蹲点帮扶，加强专科建设和带教培训，变“输血”为“造血”。初步建成从三级医院到县医院到乡镇卫生院互联互通的远程医疗网络。四是贯彻落实党中央、国务院深度贫困地区脱贫攻坚决策部署，结合深度贫困地区实际，研究起草了《关于坚决完成深度贫困地区健康扶贫攻坚任务的实施方案》，现正在工作层面征求部门意见。针对“三区三州”，正在指导地方按照“一地一策”原则，针对主要疾病防控和健康事业发展短板，制定“三区三州”健康扶贫工作攻坚行动方案，“三区三州”医疗卫生服务体系专项建设规划，进一步加大医疗卫生人才培养支持力度，推动“三区三州”努力打赢健康扶贫攻坚战。

(二)加强医疗卫生服务能力建设

2017 年，中央共安排专项投资 117.8 亿元支持西部 12 省区市 606 个卫生计生基础设施项目建设。实施国家基本药物制度专项补助项目，2017 年，启动基层医疗卫生服务能力提升年活动。推进实施住院医师规范化培训工作，2017 年在西部地区认定了 71 家培训基地。加大全科医生培训力度，实施西部人才培养项目，加快建设全民健康信息网络体系，为持续优化医疗资源配置、助力健康扶贫提供信息技术支撑。坚持示范引领、加强调研指导、加大资金支持，促进西部地区重点医改政策落地实施。组织开展大型义诊周活动，把优质医疗服务送到群众家门口。实施“组团式”支援西藏采供血工作，切实保障了西藏自治区血液安全。

(三)加强公共卫生工作

利用中央财政支持西部地区开展流感、手足口病、布鲁氏菌病、狂犬病、出血热、登革热等传染病防治工作。联合四川省启动凉山州艾滋病防治和健康扶贫攻坚行动,印发《凉山州艾滋病防治和健康扶贫攻坚第一阶段行动方案(2017—2020 年)》,将艾滋病防治作为健康扶贫的主攻方向,推进各项工作措施。成立西藏自治区、四川藏区和青海玉树及果洛州包虫病综合防治工作领导小组和国家包虫病疾控专家组,指导川藏青建立三省区包虫病联防联控工作机制,制定联防联控工作方案。"十三五"时期,继续将妇幼健康服务体系建设纳入中央投资建设支持范围。目前,第一批项目建设资金已下达,投资规模显著提高,市级机构由 1000 万元提高到 2500 万元,县级机构由 500 万元提高到 1200 万元。深入实施妇幼重大公共卫生服务项目、儿童营养改善项目、免费孕前优生健康检查项目等,2017 年,中央财政共投入 4849 万元支持支持西部广西、重庆、四川、贵州、云南等 5 个省(区、市)66 个县(市、区)开展地贫防控试点工作。实施西部地区计划生育家庭奖励和扶助制度,切实保障西部地区计划生育家庭的合法权益。

二、2018 年工作设想

(一)按照"三个一批"思路深入推进西部地区健康扶贫工作

会同有关部门制定出台《关于加强综合保障进一步提高农村贫困人口医疗保障水平的指导意见》,对经城乡居民医疗保险和城乡居民大病保险、城乡医疗救助补助后的个人自付医疗费用再次给予报销,将农村贫困人口住院医疗费用个人自付比例控制在 10%以内,门诊医疗费用个人自付比例控制在 20%以内,持续提升西部地区贫困人口医疗保障水平。全面开展对罹患食管癌、胃癌、结肠癌、直肠癌、终末期肾病、儿童白血病和儿童先天性心脏病的农村贫困人口的集中救治工作,逐步扩大集中救治病种范围。对患有慢病的贫困人口全面落实家庭医生签约服务,提供有针对性的慢病管理。

(二)努力提升西部地区医疗卫生服务能力

医疗卫生领域中央新增资金、新增项目、新增政策主要向"三区三州"等深度贫困地区倾斜。加快推进西部地区县乡村医疗卫生机构标准化建设。深化三级医院对口帮扶贫困县医院工作,建立长效机制。继续以新疆、西藏为重点,协调东部地区开展对口支援工作,组织国家医疗队赴有关地方开展义诊活动。进一步推动少数西部地区远程医疗建设和发展。继续在人才政策方面予以倾斜,加大项目支持力度,促进西部地区基层卫生人才队伍发展。

(三)实施西部地区疾病防控攻坚行动

全面实施传染病、地方病、重点寄生虫病防治规划。针对地方突出的重大疾病和公共卫生问题,在西藏和四省藏区突出做好包虫病综合防治,在南疆四地州着力加强结核病、艾滋病综合防治和计划生育工作,在凉山州全面推进艾滋病防治,在怒江州着力加强肺结核和艾滋病综合防治,在临夏州重点控制结核病,采取针对性措施,集中攻坚,有效解决重大疾病危害。

第二十一章　人民银行

一、2017 年工作情况

(一)综合运用多种货币政策工具,增强金融机构支持西部大开发能力

一是运用信贷政策支持再贷款、再贴现政策工具,支持西部地区金融机构增加“三农”、扶贫、小微企业的信贷投放,引导降低西部地区融资成本。2017 年以来,人民银行加强再贷款、再贴现管理,加大向西部地区的倾斜力度。截至 2017 年 10 月末,西部地区(包括陕西、甘肃、青海、宁夏、新疆、内蒙古、西藏、广西、云南、贵州、四川和重庆,下同)支农、扶贫再贷款余额分别为 1159 亿元、881 亿元,年累放额分别为 1027 亿元、733 亿元;支小再贷款余额 255 亿元,年累放额为 192 亿元。再贴现余额 480 亿元,年累放额为 927 亿元。二是运用抵押补充贷款政策工具,引导开发性金融和政策性金融加大对西部大开发的金融支持力度。截至 2017 年 10 月末,国家开发银行、中国进出口银行、中国农业发展银行用于西部地区的抵押补充贷款共 8233 亿元,主要投向西部地区的棚户区改造、重大水利工程、农村公路、“一带一路”、人民币“走出去”项目等。三是运用贷款优惠利率政策工具,促进西藏金融发展。继续对在藏银行业金融机构的人民币贷款利率执行比全国各档次贷款基准利率水平低 2 个百分点的优惠贷款利率政策,西藏扶贫贴息贷款利率继续执行比全国扶贫贴息贷款利率(现为 3%)低约 2 个百分点的优惠贷款利率(1.08%)政策。四是适当发挥宏观审慎政策工具的结构引导作用,引导金融机构信贷资源向西部适度倾斜,在 MPA 评估参数的设置方面,对西部地区给予倾斜支持。2017 年以来,西部地区人民币贷款增长较快。2017 年前 10 个月,西部地区人民币各项贷款新增 2.43 万亿元,同比多增 3431 亿元。10 月末,西部地区人民币各项贷款余额 24 万亿元,同比增长 13.4%,较全国人民币各项贷款余额同比增速高 0.4 个百分点。

(二)加强信贷政策指导,加大对西部地区发展的信贷支持力度

一是加强信贷政策与区域政策、产业政策协调配合,做好化解过剩产能和重点行业转型升级的金融服务,对西部地区承接产业转移提供信贷支持。二是创新金融产品和服务,支持西部地区现代农业发展。鼓励金融机构探索开展大型农机具、农业生产设施抵押、动产质押等业务,积极推进林权抵押贷款业务,稳妥开展“两权”抵押贷款试点,有效拓宽农村抵押担保物范围,支持农业适度规模经营,促进西部地区农业现代化加快发展。截至 2017 年 10 月末,西部地区涉农贷款余额 8 万亿元,同比增长 13.81%。三是加大扶贫开发金融支持力度,助推西部贫困地区脱贫攻坚。管好用好扶贫再贷款,引导西部地区地方法人金融机构切实降低贫困地区涉农贷款利率水平。支持国家开发银行、农业发展银行通过发行

金融债筹措信贷资金，促进西部地区易地扶贫搬迁顺利开展。加强金融精准扶贫政策效果评估结果的运用，督促和引导金融机构不断提升精准扶贫金融服务水平。截至2017年9月末，西部12省区市金融精准扶贫贷款余额2万亿元。四是做好就业、助学、少数民族等薄弱领域金融服务，提高西部地区民生金融服务水平。加大创业担保贷款实施力度，推动财政部适度放宽对创业担保贷款贴息申请人有关商业贷款记录的限制条件，支持西部地区群众就业创业。认真落实国家助学贷款政策，积极推动助学贷款业务开展，让助学贷款惠及更多西部贫困学生。继续对民族贸易和民族特需商品生产贷款实行优惠利率政策，促进民族地区经济健康发展。截至2017年9月末，西部地区创业担保贷款余额387亿元。

(三)积极推进金融改革，充分释放西部地区金融发展动力

一是人民银行持续跟踪监测农业银行三农金融事业部改革进展，研究指导其进一步完善体制机制，推动其继续深化内部改革，加大向县事业部传导扶持政策优惠的力度，不断提升"三农"金融服务水平。二是促进西部地区跨境贸易人民币结算业务进展顺利，各项跨境人民币业务平稳运行。2017年前10个月，西部地区累计办理跨境人民币结算额4046.7亿元人民币，在全国的占比为5.9%。其中，跨境货物贸易人民币结算金额2119.9亿元，占比7.8%；直接投资人民币结算业务576.1亿元，占比5.3%。三是推动全口径跨境融资宏观审慎管理在西部地区实施。推动落实全口径跨境融资宏观审慎管理政策，进一步扩大西部地区企业、金融机构跨境融资空间，便利其充分利用境外低成本资金，降低实体经济融资成本，从而进一步扩大人民币跨境使用，服务西部地区参与"一带一路"经济建设。

(四)推进西部地区支付体系建设，优化西部地区支付环境

一是推广银行卡助农取款服务，通过布设POS机或电话支付终端等，延伸了银行机构在不发达地区的服务，满足了西部地区尤其是不发达地区的各项支农补贴现金、日常小额提现、余额查询等基本金融需要，优化西部地区农村支付服务环境。截至2017年9月末，西部地区共设立助农取款服务点297489个，行政村覆盖率达95.64%；2017年前三季度，共发生取款业务5959.89万笔，金额369.51亿元。二是支持西部地区符合条件的银行机构通过人民银行大、小额支付系统和网上支付跨行清算系统办理业务，鼓励其他银行机构通过中国银联银行卡跨行交易清算系统、城市商业银行资金清算中心支付清算系统、农信银资金清算中心支付清算系统办理业务，提高资金支付效率和清算服务质量，有力推动西部地区经济社会高效发展。截至2017年9月末，西部地区人民银行支付系统的银行机构直接参与者为55家，间接参与者为33323家。绝大部分农村中小金融机构网点都可以通过农信银资金清算中心支付清算系统办理业务，进一步畅通了农村地区支付结算汇路。三是指导市场主体在合理的风控管理下，依法合规推广包括云闪付、二维码支付等在内的移动支付产品。要求中国银联、商业银行、非银行支付机构等持续推进银行卡非接受理环境改造，加大市场营销力度，满足西部地区对非现金支付工具的诉求，促进当地经济发展。

(五)积极开展西部地区发展政策研究和人才建设等支持工作

一是2017年6月14日，国务院常务会议决定，在新疆、贵州等5省(区)选择部分地方建设绿色金融改革创新试验区。目前，新疆、贵州绿色金融创新改革试验区建设有序起步，

基本建立了改革创新试验区工作机制，重点在构建绿色金融组织体系、加大绿色金融产品创新、提升绿色金融服务水平、有序建设绿色金融市场、探索完善绿色金融相关制度、加强绿色金融政策保障等六个方面进行探索实践。二是继续推动云南广西沿边金融综合改革试验区建设。以跨境金融业务创新为主线，提高贸易投资便利化水平，促进与周边国家建立更紧密的经贸金融合作关系，逐步增强人民币在东盟和南亚国家的竞争力、影响力和辐射力。三是积极为西部地区提供人才智力支持。通过援疆、援青、博士服务团、定点扶贫、村第一书记等项目与西部地区省份开展互派挂职工作，着力为西部地区培养储备金融专业人才；进一步加大人民银行系统内东西部干部交流工作，为西部地区金融事业改革发展带去好的经验和新的思路；行员录用适度向西部地区倾斜，重点是西藏、新疆等地区；持续加强对西部地区的培训倾斜力度，举办专门面向西部地区分支行的集中面授培训班，并利用远程网络培训平台将优质培训资源投放至西部地区，积极为西部地区培养经济金融方面的人才。

二、2018 年工作设想

2018 年，人民银行将认真贯彻落实党的十九大精神和党中央、国务院关于西部大开发战略、区域协调发展战略的重大部署，进一步引导金融机构加大对西部地区金融服务力度，改进金融服务水平，促进西部地区加快发展和民生改善；加强信贷政策指导，强化农村金融产品和服务方式创新，完善扶贫开发金融服务机制，引导金融机构加大对西部大开发的信贷支持力度；继续督促指导农业银行进一步做实三农金融事业部体制机制，引导农业银行加大支农力度，为推进西部大开发战略实施提供切实有效的金融支持；继续以服务实体经济为导向，进一步优化和完善现有跨境人民币政策框架，稳步推进地方金融创新和改革试点，继续完善跨境人民币监管体系；进一步指导西部农村地区支付服务环境的建设和改善，支持西部地区银行机构通过各类支付系统办理业务，在西部地区加大非现金支付工具推广力度；继续加大与西部地区的干部交流力度，将培训资源向西部地区倾斜，并坚持行员录用向西部地区适度倾斜，多措并举帮助西部地区培养高层次金融人才，为西部大开发提供智力支持和人才保障。

第二十二章　国资委

一、2017 年工作情况

(一)积极推动中央企业与西部地区开展央地合作

推动中央企业与内蒙古自治区合作。2017 年 2 月,国家电网、中国大唐、神华集团、中国诚通等中央企业赴内蒙古自治区开展央地合作,分别与内蒙古自治区签订了有关协议。中央企业已成为内蒙古能源、煤化工、有色金属、装备制造、云计算、大数据等支柱产业的重要组成部分,并积极参与内蒙古民生改善工程,全力推动扶贫攻坚,大力支持公益事业,为区域经济发展和民族团结做了大量的工作。

推动中央企业与四川省合作。2017 年 3 月,国家电网、中国旅游集团、中国中铁、国药集团、保利集团等 5 家企业赴四川省开展央地合作,分别与四川省签订了有关协议。中央企业已成为四川省新能源、新材料、航空航天、电子信息、装备制造等支柱产业的重要组成部分,并积极履行社会责任,在扶贫攻坚、民生改善、促进民族团结等方面做了大量工作。

推动中央企业与山西省合作。2017 年 5 月,兵器工业集团、中国电科、中国电信、保利集团等 4 家中央企业赴山西省开展央地合作,分别与山西省签订了央地合作有关协议。中央企业已成为山西省装备制造、新能源、新材料、电子信息、医药、节能环保等支柱产业的重要组成部分,有力促进了山西省产业结构调整和转型升级。

(二)持续推进供给侧结构性改革

2017 年,国资委坚持稳中求进工作总基调,引导中央企业积极瘦身健体提质增效,深入推进供给侧结构性改革。加大对中央企业"三去一降一补"考核力度,对钢铁、煤炭企业设置去产能指标,纳入年度考核;对企业按照规定开展的去产能、分离办社会职能、治理僵尸特困企业、处置低效无效资产、人员分流安置等支出的改革成本,在业绩考核中予以适当考虑。引导企业有效"去杠杆",对债务风险较高的 20 家企业,设置资产负债率分类指标,强化考核约束。引导企业强化创新驱动发展,加快增长动力转换,设置科技创新类相关考核指标,将技术投入比率纳入业绩考核计分体系,对取得重大科技创新成果的企业加大奖励加分力度。鼓励企业积极培育战略性新兴产业、承担国家重大专项任务,加快实施战略转型、推进重大结构调整和重组整合等,对考核目标产生重大影响的,给予实事求是考虑。同时,截至 2017 年 10 月底,已在国有资本经营预算中向中央企业拨付"僵尸企业"处置补助 80 亿元、装备供采合作资金 20 亿元、棚户区改造补助 7 亿元,其中包括西电集团和东方电气,以及大量的西部地区中央企业子企业。

2017 年,西部地区中央企业钢铁去产能 460 万吨,涉及四川、新疆 2 个省(区),鞍钢、中国宝武 2 家中央企业；煤炭去产能 968 万吨，涉及内蒙古、四川、贵州、甘肃、宁夏、新疆等 6 个省（区），国家电网、中国华能、中国华电、中国国电、国家电投、神华集团、中国铝业等 7 家中央企业。

（三）深入实施援疆援藏援青和扶贫工作

继续深入推进中央企业援疆工作。积极协助新疆维吾尔自治区、新疆生产建设兵团与中央企业开展产业合作，向中央企业发函推介产业项目，协助新疆生产建设兵团在京召开项目推介会，支持中央企业积极与新疆和新疆生产建设兵团特别是南疆师团开展项目对接合作，加大对南疆地区经济社会发展支持力度。会同新疆和新疆生产建设兵团筹备中央企业暨 19 援疆省市国有企业产业援疆专题活动。

继续扎实推动中央企业援藏工作。6 月 13 日，和西藏自治区政府在拉萨市共同举办“央企助力富民兴藏”活动，贯彻落实习近平总书记关于西藏工作系列重要讲话精神，双方签订了《合作备忘录》，并共同举办了中央企业在藏成就展，召开了中央企业援藏干部暨西藏区属企业到中央企业挂职干部座谈会。此外，国资委还持续推进了中央企业对口援藏以及产业支援、就业支援等方面的工作。

持续推进中央企业援青工作。6 月 12 日，国资委与青海省政府在西宁市共同召开央企助力青海持续健康发展座谈会。此外，还持续推动开展了中央企业对口援青以及产业支援、就业支援等方面的工作。

开展了中央企业在西部地区定点扶贫工作。在国家西部大开发涉及的重庆、四川、陕西、甘肃、青海、云南、贵州、广西、内蒙古、宁夏、新疆、西藏等 12 个省（区、市）中，除中央企业各对口支援 16 个县（区、行委）的西藏、青海外，中央企业在其他 10 个省（区、市）结对帮扶了 161 个国家扶贫开发工作重点县，占中央企业结对帮扶 239 个国家扶贫开发工作重点县的 67.4％。2017 年，中央企业在这些定点扶贫地区投入了大量定点扶贫资金，实施了大量援助帮扶项目。

二、2018 年工作设想

将继续结合中央企业发展需要，鼓励和支持中央企业积极参与西部大开发相关工作，与西部地区有关政府和企业密切对接合作，签订战略合作协议和合作项目，支持西部地区传统产业转型升级，大力发展特色优势产业，促进战略性新兴产业发展，助力西部大开发战略实施。

将继续支持西部地区各级中央企业推进供给侧结构性改革，加快解决企业历史遗留问题和推进处僵治困工作。2018 年，西部地区中央企业无钢铁去产能任务，煤炭去产能初步计划 160 万吨。

将继续做好援疆援藏援青和扶贫工作。一是围绕党中央、国务院关于援疆、援藏、援青工作的有关新指示、新要求，组织召开相关会议，开展好中央企业暨 19 援疆省市国有企业产业援疆专题活动，并持续开展产业支援、人才支援、对口援藏、对口援青等工作。二是扎实开展中央企业扶贫开发工作。组织召开中央企业扶贫开发工作会议，对中央企业年度扶贫工作作出全面部署。指导中央企业贫困地区产业投资基金更好地开展项目投放，支持贫困地区产业发展，增强贫困地区的造血功能和内生动力。在 2017 年中央企业定点扶贫试考核基础上，认真做好 2018 年中央企业定点扶贫考核工作。

第二十三章　海关总署

一、2017 年工作情况

（一）推动海关总署与西部地区有关地方政府的合作机制

认真贯彻西部大开发“十三五”规划等总体战略，与新疆签署新一轮合作备忘录，支持新疆“一带一路”核心区建设，打造向西开放高地。

（二）支持西部地区口岸开放、建设和发展

一是积极推进西部地区国际贸易“单一窗口”建设。在前期试点建设的基础上，加强顶层设计，完善工作机制。建成“单一窗口”标准版货物申报、舱单申报、运输工具申报、许可证件申领、原产地证书申领、企业资质办理和查询统计等七大基本功能建设、对外提供服务事项 129 项，基本覆盖大通关主要流程业务办理，并在全国 31 个省区市试点推广，每日申报业务量近 6 万单，累计注册用户数超 3.3 万家。实现了“单一窗口”基本功能在中西部地区口岸的全覆盖，使此前未建成电子口岸平台的西部地区也能感受到“单一窗口”带来的贸易便利化红利，有力促进西部地区经济和贸易新业态发展。

二是加快西部地区口岸开放的审理进度。截至 2017 年 11 月中下旬，国务院先后批准中越边境峒中和硕龙公路口岸对外开放、友谊关和东兴公路口岸扩大开放新通道，中蒙边境阿日哈沙特、额布都格公路口岸扩大对常年开放口岸等西部地区口岸开放或扩大开放。

三是组织国家有关部门完成西部地区 4 个口岸验收工作。具体为：中尼边境西藏吉隆公路口岸扩大开放、中越边境云南都龙公路口岸对外开放、中蒙边境新疆老爷庙公路口岸扩大开放、广西北海水运口岸扩大开放。

四是积极支持西部地区符合条件的地区设立汽车整车进口口岸。牵头完成了“一带一路”沿线的陕西省和宁夏回族自治区有关汽车整车进口口岸的审核报批工作，并已获国务院批准设立。

（三）为西部地区进出口企业提供优质高效的通关服务

一是加大在西部重点边境口岸的监管查验设备配备力度。2017 年，为乌鲁木齐、拉萨等西部地区海关重点敏感口岸配备多台集装箱/车辆检查设备，改善了西部地区重点口岸通关环境，进一步提升监管通关效能。

二是提升中欧班列通关便利化水平，助推中欧班列提速发展。海关主动加强国际合作，创新监管合作机制，提出“海关—铁路运营商推动中欧班列安全和快速通关伙伴合作计划”（简称“关铁通 CTOP”倡议）并不断完善，成功开展了“关铁通”中哈测试。

三是积极支持西部地区会展经济健康发展。海关大力支持在西部地区举办的国际大型会展活动，主动与组委会等联系配合，建立协调运行机制，采取措施为参加会展活动的进出境人员、物资提供通关便利。做好展览品监管工作，对进出境展览品实行 24 小时预约通关制度，实施提前申报措施，加快货物通关速度。在海关指定场所或者海关派专人监管的场所举办展览会的，免予向海关提交担保。对外积极提供咨询服务，接受社会监督，为西部会展业发展提供保障。

四是推进与“一带一路”重要节点国家的“经认证的经营者”(AEO)互认合作取得较大进展，提升贸易便利化水平。2017 年 11 月，签署中国以色列 AEO 互认合作安排；与马来西亚的 AEO 互认合作已基本完成制度比对、联合互访观摩、项目评估等重点工作，正在进行最终的协议文本磋商。

(四)支持西部地区海关特殊监管区域、保税监管场所建设和加工贸易发展

一是继续支持重庆加工贸易边角料平台共管机制建设。

二是根据西部地区产业转移的需要，牵头完成了对重庆江津综合保税区、内蒙古鄂尔多斯综合保税区和贵州遵义综合保税区的审核报批工作，并已获国务院批准设立。

三是积极支持西部地区符合条件的地区设立保税物流中心(B 型)，2017 年，西部地区新设巴彦淖尔市和包头 2 家保税物流中心(B 型)，并为提出需求的四川省、重庆市和内蒙古自治区各增加了 1 个保税物流中心(B 型)设立指标。

(五)认真执行有关进口税收优惠政策

认真落实国家进口税收优惠政策，指导西部地区海关为当地企业在国家鼓励类投资项目项下进口自用设备及配套件等，办理减免税手续，支持西部地区重点企业、重大项目发展。同时，加强相关税收政策的宣传，确保企业用好税收优惠政策。

(六)严厉打击侵权假冒，开展知识产权保护“龙腾”专项行动，切实维护西部地区企业的合法权益

一是深入开展“清风”行动。全国海关以出口“一带一路”沿线国家和地区的机电产品、手机类电子产品、医疗器械、药品等货物为重点，注重对侵权假冒行为的源头打击和综合治理，切实维护“中国制造”声誉。据初步统计，截至 2017 年 11 月 30 日，全国海关在“清风”行动中查获侵权货物 1.36 万批，涉及货物数量 3104 万件，案值 1.33 亿元。全面推进两法衔接工作，向公安机关通报案件线索近百宗，与公安部开展 3 起系列案件联合督办。

二是实施出口知识产权优势企业培塑计划。下发《“龙腾”行动工作方案》，制定 13 个方面的 31 项针对性工作措施，以 150 家我国出口企业的 2000 多项知识产权为工作重点(其中西部地区有 8 家企业)，开展知识产权保护专项执法。据初步统计，在行动时间 2017 年 9 月 1 日到 11 月 30 日内，全国海关共扣留涉嫌侵犯我国内企业自主知识产权商品近 900 批次，涉及商品数量约 200 万件，案值 1200 万元，其中侵犯“龙腾”行动重点企业知识产权的近 120 批次，涉及货物数量约 200 万件。

(七)加大走私打击力度，维护边境稳定和进出口贸易秩序

一是与国家发展改革委、国家边海防办等有关部门组成联合调研组，分别于 2017 年 1

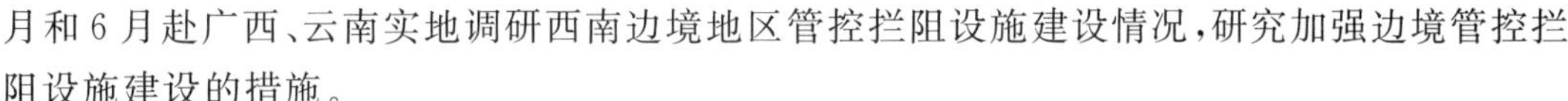

月和6月赴广西、云南实地调研西南边境地区管控拦阻设施建设情况,研究加强边境管控拦阻设施建设的措施。

二是指导西部沿边省区学习借鉴广东湛江等重点地区基层反走私综合治理的先进经验和做法,开展创建"无走私村庄"建设工作等工作,基层反走私社会环境逐步改善,深入推进反走私综合治理基层治理。

二、2018年工作设想

(一)继续支持西部地区口岸建设

一是认真贯彻落实党的十九大报告精神,根据《国家口岸发展"十三五"规划》,继续加大力度支持西部地区口岸开放支持,为提升西部地区对外开放水平作出应有贡献。

二是对标国际最高标准,制定国际贸易"单一窗口"深化建设方案,将"单一窗口"功能拓展至服务贸易、加工贸易、跨境电子商务等贸易业态,为西部地区营造更加具有竞争力的、便利高效安全的口岸与贸易新环境。

(二)落实和完善促进西部地区发展的相关进出口税收政策

继续认真执行现行促进西部地区经济社会发展的相关进出口税收优惠政策,加强政策宣传和解释,加强政策绩效评估。积极配合有关部门做好相关税收政策的研究制定和调整完善工作。

(三)协同推进有关加工贸易业务改革措施在西部地区生根落地

继续贯彻落实中央关于西部大开发的区域发展战略,积极支持西部符合条件的地区设立海关特殊监管区域,继续支持符合条件、确有需求的西部地区设立保税物流中心(B型)。

(四)重点开展与"一带一路"沿线国家的AEO互认

贯彻国家"一带一路"倡议,重点开展与马来西亚、土耳其、哈萨克斯坦、蒙古、俄罗斯等国家的AEO互认合作。计划在2020年之前,努力完成"一带一路"沿线国家中所有建立AEO制度并有意愿与我合作的国家的AEO互认工作,进一步支持国家西部大开发战略。

(五)加大知识产权海关保护力度

加大知识产权海关保护宣传力度,鼓励并支持更多的西部地区企业向海关总署进行备案;开展"龙腾"行动专项知识产权保护工作,吸纳更多西部地区企业为"龙腾"行动重点企业;强化知识产权区域执法联动,研究建立西部地区海关执法协作机制,加强东西部海关执法交流,促进西部海关执法水平提升。

(六)严厉打击西部省(区)边境非设关地偷运走私活动

深入贯彻落实重点地区打击走私工作座谈会各项部署,继续加大打击力度,尽快遏制重点领域走私猖獗的势头,坚持综合治理,加快形成齐抓共管的工作机制,维护边境稳定和进出口贸易秩序,促进西部地区经济社会健康稳定发展。

第二十四章　税务总局

一、2017 年工作情况

2017 年，按照国务院统一部署，总局会同相关部门出台了一系列减税降费政策措施。推进营改增试点，将增值税由四档税率简并至三档，将享受减半征收所得税优惠的小微企业年应纳税所得额上限由 30 万元提高到 50 万元，将科技型中小企业研发费用加计扣除比例由 50％提高到 75％，放宽创业投资税收优惠条件，将商业健康保险个人所得税税前扣除试点政策推广至全国，延续 2016 年底到期的新疆国际大巴扎项目免征增值税等 6 项优惠措施。2017 年 10 月，发文明确继续对月销售额 2 万元（含本数）至 3 万元的增值税小规模纳税人免征增值税政策。为支持小微企业融资，规定自 2017 年 12 月 1 日至 2019 年 12 月 31 日，对金融机构向农户、小型企业、微型企业及个体工商户发放 100 万元以下的小额贷款取得的利息收入，免征增值税。自 2018 年 1 月 1 日至 2020 年 12 月 31 日，对金融机构与小型企业、微型企业签订的借款合同继续免征印花税。同时，继续落实西部地区鼓励类产业减按 15％税率征收企业所得税优惠政策，落实公共基础设施项目、环境保护、节能节水项目企业所得税优惠政策，推进资源税改革。上述税收优惠政策的落实，有力促进了包括西部地区在内的企业转型升级、激发市场活力、经济社会协调发展。

二、2018 年工作设想

2018 年，总局将从三个方面做好西部大开发税收优惠政策的落实工作：一是继续配合发展改革委做好《西部地区鼓励类产业目录》的细化和解释工作。二是做好政策宣传工作。通过税务报刊、税务网站、办税服务厅、税务总局微博及微信公众号等媒体，确保企业及时准确掌握政策口径。三是坚持简政放权、放管结合、优化服务，为企业享受西部大开发税收优惠政策营造良好税收环境。

第二十五章　新闻出版广电总局

一、2017年工作情况

（一）积极扶持西部地区优秀文化作品创作生产

推动相关工作写入行业规划。将实施全民阅读工程、实体书店建设扶持工程、少数民族新闻出版东风工程、丝路书香工程、丝绸之路影视桥工程、中国当代作品翻译工程、新闻出版广播影视公共服务体系建设、提升藏区广播电视节目覆盖能力建设等西部相关工作写入《新闻出版广播影视"十三五"发展规划》并推动落实，让西部地区人民群众共享新闻出版广播影视发展的文化成果。

扶持西部地区优秀国产影片。采取多种措施支持西部地区优秀国产影片的创作、宣传和发行，2017年电影精品专项资金对西部地区优秀国产影片和电影放映活动给予了1700万元资金支持，较有影响力的作品包括天山电影制片厂摄制的《塔克拉玛干的鼓声》《天牧》，描绘西藏的纪录影片《冈仁波齐》《皮绳上的魂》《七十七天》《金珠玛米》等。《塔克拉玛干的鼓声》荣获第十四届精神文明建设"五个一工程"优秀作品奖，《冈仁波齐》获得第7届中国电影导演协会年度评委会特别表彰奖，《金珠玛米》获得第7届北京国际电影节民族电影展最佳导演奖。

提高西部地区精品出版能力。2017年8月，总局公布了"十三五"国家重点图书、音像、电子出版物出版规划调整情况，其中安排了提高西部地区精品出版能力、服务西部大开发的有关项目，如西南交通大学出版社《高速铁路绿色发展丛书》、甘肃科学技术出版社《青藏高原植物志》、宁夏人民出版社《"一带一路"沿线国家民族志丛书》等。通过国家出版基金、"原动力"中国原创动漫出版扶持计划等，支持了一大批弘扬社会主义核心价值观、保护传承优秀少数民族文化、向世界展示少数民族文化魅力的出版物出版。

（二）推动西部地区新闻出版广播影视产业发展

加大中央文产资金的扶持力度。对西部12省区市的新闻出版广播影视产业给予发展专项资金扶持约28081万元，用于实体书店、融合发展、文化创意、影视产业等方面的重大项目发展，通过项目带动作用，增强了西部地区新闻出版广播影视产业的发展后劲。

支持西部地区播出机构、广播电视节目制作经营机构和电视剧制作机构建设发展。2017年，总局共批准西藏自治区68个县、青海省7个县、甘肃省甘南州6个县设立县级广播电视台，基本解决了上述藏区县级广播电视播出机构"空白点"问题。2017年，全国共有《广播电视节目制作经营许可证》机构14389家，其中西部地2191家。全国113家《电视剧制作许可证（甲种）》机构中，西部地区7家。

大力扶持西部地区网络视听节目发展。截至2017年10月,共批准西部12省区市的102家机构开办互联网视听节目服务,其中包括10家省级网络广播电视台;共批准15家机构开办移动互联网视听服务。

扶持西部地区广播电视公益广告。在2017年举办的广播电视公益广告专项资金扶持项目评审中,对西部地区送评的广播电视作品给予政策倾斜,广播类作品获奖8个,占广播类获奖作品总数的16%。电视类作品获奖6个,占电视类获奖作品总数的9%。上述奖项共获得总局公益广告扶持资金266万元,有效调动了西部地区公益广告制作播出的积极性。

对新闻出版资源配置方面给予支持。支持创办《拉萨日报》《拉萨日报(藏文)》2种报纸,《党员之友(维吾尔文)》《贵州全域旅游》等16种期刊,设立四川教育出版社有限公司等17家网络出版服务单位,批准重庆新华传媒有限公司等7家单位从事中小学教科书发行业务。

支持西部地区版权工作。在侵犯著作权案件查处经费补贴和年度查处侵权盗版案件有功集体和有功个人的奖励上对西部地区适当予以倾斜。在青海等西部地区举办版权行政执法、软件正版化的专题培训班,加强对西部地区基层版权执法人员的指导。确定宁夏盐池县、贵州黔西县为国家级国产软件应用试点县,开展国产软件应用试点工作。

推进西部地区新闻出版业数字化转型升级。2017年5月,联合财政部印发了《关于深化新闻出版业数字化转型升级工作的通知》,为西部地区新闻出版单位优化软硬件装备、开展数据共享与应用、探索知识服务模式和技术创新等方面指明了方向和路径。研究制定了《少数民族文化数字出版促进工程实施方案》,将新疆、西藏区域内的少数民族文字出版内容加工转换、制作和传播作为支持重点,新疆经济报社和新疆音像电子社被确定为全国“数字出版转型示范单位”。

(三)推动新闻出版广播影视业公共文化服务体系建设

继续加强公共文化设施建设。一是继续实施贫困地区新闻出版广播电视基础设施建设工程。2017年2月,和国家发展改革委等8部委联合印发了《“十三五”时期文化旅游提升工程实施方案》(发改社会〔2017〕245号),明确对贫困地区县级广播电视播出机构制播能力建设、广播电视无线发射台站基础设施建设和少数民族新闻出版东风工程予以支持,对西部地区中央投资补助比例为80%。2017年,安排西部中央预算内投资8.61亿元。二是继续推进中央广播电视节目无线数字化覆盖工程。为西部33172座台站配备6344套地面数字电视发射系统,254座台站配备254套数字音频广播发射系统,用于转播12套中央电视节目和3套中央广播节目。2017年,中央财政落实西部运维经费3.23亿元。三是推进直播卫星公共服务。2017年,中央财政补助广西、四川、青海3省(区)99.25万农户9925万元。

加大文化产品和惠民服务的帮扶力度。一是大力实施农村电影数字化放映工程。根据一村一月放映一场电影的目标,对农村电影公益放映场次按西部80%比例给予补助。2017年,落实西部地区中央财政补助资金3.35亿元。培育发展多种所有制形式的农村电影院线公司和农村电影放映队,截至2017年,西部已组建农村电影院线公司102条,电影放映队2万余支,有效订购场次272万余场。二是举办专项电影放映活动。2017年在内蒙古举办了为期一个月“庆祝内蒙古自治区成立70周年”的专题电影放映活动,放映了《遵义会议》《北燕南鸣》等多部重大历史革命、扶贫攻坚题材影片。中国成都金砖国家电影节上为观众展映了33部影片，组织了200多场观影活动。三是大力推动西部电影少数民族语译制工作。2017年以来，组织影视剧制作单位向少数民族地区捐赠2000集电视剧、18000分钟电视动画片，推荐94部影片作为少数民族语待译制片目并提供译制素材。译制完成少数民族影片942部，可订购影片721部。落实西部地区中央财政补助资金2.77亿元。四是配合实施贫困地区百县万村综合文化服务中心示范工程。2017年，落实中央财政补助资金2.42亿元，对西部地区1.21万个村配置广播器材予以补助。

开展全民阅读重大工程。一是落实东风工程补助资金1.43亿元，向新疆广大农牧民群众赠阅喜欢看、用得上的出版物，向基层兵团战士赠阅手机报，向西藏及四省藏区赠阅《人民日报》(藏文版)和寺庙书屋补充更新等项目。二是加大西部地区优秀少儿报刊的推荐力度。在全国优秀少儿报刊评选活动和“少儿报刊阅读季”活动中对西部地区优秀少儿报刊予以重点推荐，并组织开展向西部贫困地区的学校捐赠少儿报刊公益活动。

提升民文地区民文出版能力。一是加强民文出版基地建设。目前，已批准新疆、内蒙古、吉林相继建立了国家民文出版基地。积极督促有关单位建立和完善民文出版基地体制机，组织编制基地建设的总体规划和重点出版物出版规划。二是落实民族文字出版资金1.29亿元，重点补贴少数民族文字出版物出版、少数民族文字出版编译人才培养，以及少数民族文字出版物版权合作和交流。

(四)加强新闻出版广播影视业的国际传播能力建设

推动广播影视“走出去”。一是支持广西、云南、新疆等通过《电视中国剧场》等形式推动影视节目走出去。二是支持云数传媒公司推动数字地面电视技术标准在南亚东南亚国家的建设和运营。三是支持四川积极搭建对外交流合作平台，2017年6月和11月在成都举办金砖国家国际电影节和2017年亚洲广播大会等活动。四是支持推动西藏电视台和四川电视台对尼泊尔、印度等国家“走出去”。五是积极参与“丝绸之路影视桥工程”，促进边境省区与周边国家的影视合作、技术标准运用、媒体合作运营等产业合作。

推动新闻出版“走出去”。一是经典中国国际出版工程2017年资助陕西太白文艺版社《太阳官》(英文版)、陕西人民出版社《中国神话哲学》(英文版)、四川美术出版社《雪域精工——藏族手工艺全集》(英文版)翻译出版，资助金额共计21万元。二是“丝路书香工程”资助四川、云南、西藏、新疆等重点翻译资助项目7个，资助金额473万元；三是2017年图书版权输出奖励计划(二期)对陕西、四川、重庆、广西、西藏、新疆等78种图书版权输出进行了奖励，奖励金额37.2万元。支持宁夏黄河出版集团举办“一带一路”图书版权贸易展，给予补贴18万元。

(五)加强西部地区人才队伍建设

做好干部挂职工作。做好总局第八批援藏6名同志、第三批援青2名同志、赴四川甘孜扶贫1名同志的服务管理工作。继续选派政治素质好、工作能力强、作风扎实的6名局处级干部，作为第九批援疆人选赴新疆挂职，并完成第八批援疆干部的挂职期满考核工作。根据安排，接收4名西部地区干部到总局机关挂职，

大力支持西部地区新闻出版广播影视人才培训工作。将西部地区新闻出版广播影视人才培训项目纳入年度培训计划，并在人才专项中划拨专款支持此项目，确保工作全面实

施。2017年，面向西部地区安排举办广播影视培训班26期，培训人员1700余人次，支持经费359.44万元。拨付专项资金100.43万元支持新疆、西藏、四川新闻出版广电局举办新闻出版业务骨干专题培训班。此外，2012年以来，与中国传媒大学联合实施广电专业远程学历教育，对西部地区市县专业技术人员给予学费资助，已确定资助907人；其中，2017年毕业102人，总局资助学费54.5万元。

二、2018年工作设想

（一）加快推进基本公共文化服务标准化、均等化

积极推动西部地区新闻出版广播影视重点公共服务工程落地实施，全面提升公共服务水平和质量。围绕《关于加快构建现代公共文化服务体系的意见》中关于“读书看报、收听广播、观看电视、观赏电影”等方面要求，提高西部地区新闻出版广播影视公共产品和服务供给能力。促进全民阅读活动。

（二）继续推动西部地区新闻出版广播影视产业发展

推进和支持西部地区、少数民族地区版权行政执法、作品著作权登记等工作。加大西部地区出版物影视作品的创作生产和播出扶持力度，发挥中央文化产业发展专项资金等奖励扶持的作用。支持西部地区传统媒体和其他单位发展网络视听新媒体业务，推动媒体融合。

（三）积极发挥西部地区的文化传播作用

支持西部省份利用地缘优势，推动与周边国家开展广播影视内容和技术方面的合作。鼓励西部地区广播影视走出去机构积极参与“丝绸之路影视桥”“当代作品翻译工程”等各项译配工程项目。协调支持周边国家及地区的影视剧发行版权，培养观众收视习惯、涵养市场，提升我国影视文化的影响力。推动新闻出版广播影视事业在“一带一路”沿线国家的传播发展。

（四）维护西部边疆地区意识形态安全和文化安全

组织实施“固边”专项行动，严厉打击涉及“三股势力”“藏独”等反动出版物和宣传品及有害信息。加强“天山工程”“珠峰工程”建设，强化区域专项治理，巩固边疆查堵屏障，形成有效抵御境外渗透与遏制境内传播的“扫黄打非”日常监督网络和快速反应机制。

（五）大力支持西部地区新闻出版广播影视人才建设

开展双向交流工作，继续选派总局优秀干部援疆、援青、赴四川甘孜扶贫，继续接收西部和其他少数民族地区到总局挂职锻炼。拨付专项资金，支持西部地区举办业务能力提升培训班重点培训班，加强对培训班的指导和扶持。继续在广电专业远程学历教育中给予技术人员学费资助。加大西部地区高层次人才遴选、培养力度。选派优秀新闻出版人才出国培训。积极开展“送教上门”活动。通过干部人才交流培养，提高从业队伍素质，促进西部地区新闻出版广播影视事业产业发展。

第二十六章　林业局

一、2017 年工作情况

2017 年，共安排西部地区中央林业投资 604.8 亿元，重点用于天然林保护、退耕还林、防护林体系工程、野生动植物保护及自然保护区建设、湿地保护、防沙治沙、石漠化综合治理等生态建设工程和森林生态效益补偿等。截至 10 月底，西部地区共完成造林 4761 万亩，占全国总任务量的 84.7%。

（一）推进西部地区林业生态保护和建设

一是全面保护天然林，国有、集体和个人所有的天然林停止商业性采伐，中央财政对重点国有林区安排了停伐补助，对天保工程区外国有林场安排了停伐补助和管护补助，对集体和个人所有天然林较为集中的部分省区安排了管护补助。

二是将国有林管护费和国有国家级公益林生态效益补偿标准由每年每亩 8 元提高到每年每亩 10 元，将天保工程区社会保险补助补缴基数由 2011 年当地社会平均工资的 80%提高到 2013 年的 80%。

三是创新模式拓宽林业投融资渠道。2016 年至 2017 年 10 月末，利用开发性政策性贷款开展了 47 个国家储备林、国有林场改革转产、林业扶贫等重点领域项目建设，发放贷款 167 亿元。

四是积极扩大新一轮退耕还林规模。按照《新一轮退耕还林还草总体方案》确定的 4240 万亩任务的要求，2017 年，安排西部大开发有关工程省区 1055.2 万亩，占年度计划任务总量的 85.79%。联合国家发展改革委等部门向国务院上报了扩规请示，建议核减云南等 18 个省区 3700 万亩陡坡耕地基本农田用于退耕还林还草，得到了国务院的批准，从而使新一轮退耕还林总规模扩大了近一倍，有效破解了制约退耕还林健康发展的关键难题。截至目前，西部地区共报送陡坡耕地梯田、重要水源地 15～25 度坡耕地及严重污染耕地退耕还林需求 1935 万亩。

五是加大西部地区防沙治沙工作力度。在西部地区共布设全国防沙治沙综合示范区 32 个，占全国示范区总数的 62.7%。2017 年，中央财政拨付补助资金 3 亿元，全部用于西部地区的内蒙古、西藏、甘肃、青海、新疆等 5 省区沙化土地封禁保护区试点建设，目前已建设沙化土地封禁保护区 91 个。推动国家沙漠公园建设，完成西部地区 7 个省区和新疆生产建设兵团的 28 个沙漠公园的初审工作。

六是加强湿地保护和恢复。联合国家发展改革委、财政部印发了《全国湿地保护“十三五”实施规划》，将西部地区的重要湿地纳入规划范围。2017 年在西部地区开展退耕还湿 9 万亩，湿地生态效益补偿试点 10 处，实施湿地保护修复重点工程 7 个。

(二)推进林业精准扶贫精准脱贫

一是继续开展建档立卡贫困人口生态护林员的选聘工作,2017 年安排西部生态护林员资金 30.1 亿元,其中新增资金 4.1 亿元,占国家新增投入的 82%,并将管护范围扩大到湿地和沙化土地。截至目前,在西部地区共选聘生态护林员 19 万人,精准带动 73.8 万贫困人口稳定增收和脱贫,实现了生态保护与精准脱贫双赢。二是通过退耕还林、造林补贴等林业重点工程,以及农业综合开发等财政资金,积极支持西部地区的林业特色产业发展,2017 年,安排农业综合开发林业项目资金 3.7 亿元,发展木本油料林、国家储备林等林业特色产业 25.39 万亩,通过打造规范化、标准化样板基地,示范带动西部地区林业特色产业的发展,助推脱贫攻坚。

(三)加强林业基础设施建设

继续加大森林公安和森林防火、自然保护区、林业工作站、生态系统定位观测站等基础设施建设。启动实施了近 56 个森林重点火险区综合治理、森林防火通信、森林防火信息指挥系统等建设项目,有效提升了西部地区森林火灾综合防控能力。开展 187 个林业站建设标准化试点建设,在国家级自然保护区积极开展本底资源调查、科研监测、设备维护等工作。

(四)加大科技人才支持力度

一是在西部地区共安排科技推广示范资金 1.8 亿元,推广了枸杞、香梨、红枣、核桃等经济林树种优良品种培育技术和胡杨、油松等特色树种高效栽培技术,在生态脆弱地区开展了困难立地造林、荒漠化防治、防沙治沙等生态恢复技术的研究应用。二是依托新疆林业科学研究院组建了绿洲林业工程技术研究中心,组建了由 12 位专家组成的林业科技援疆专家组,并在阿克苏举办了南疆特色林果业技术培训班。三是认真做好干部人才援派工作,共选派 24 名干部到西部有关省区挂职锻炼,选派 2 名博士服务团成员赴云南和新疆锻炼服务。四是根据中组部、教育部、科技部和中国科学院等 4 部门做好“西部之光”访问学者选派工作的要求,共接收 9 名专业技术人员来林业局进行研修。组织实施援疆林业青年科技英才培养计划,接收 7 名新疆林业青年科技英才来林业局研修。

二、2018 年工作设想

(一)继续深入实施林业重点生态工程

继续支持西部地区生态保护和建设,争取加大中央林业资金的投入力度,继续向西部地区倾斜。稳步推进天然林资源保护二期工程实施,制定出台《天然林保护条例》《关于进一步加强天然林保护工作的指导意见》等相关政策。积极协调有关部门,建立巩固退耕还林成果的长效机制,扩大西部地区退耕还林的范围。积极协调推进沙化土地封禁保护区建设试点工作,加强防沙治沙综合示范区建设。进一步扩大中央财政造林补贴和森林抚育补贴规模,建立长期、稳定、普惠的中央财政造林补贴制度,抓好良种繁育、能源林培育和绿色能源示范县建设,继续加大对西部地区防护林体系建设的扶持力度。加大西部地区湿地保

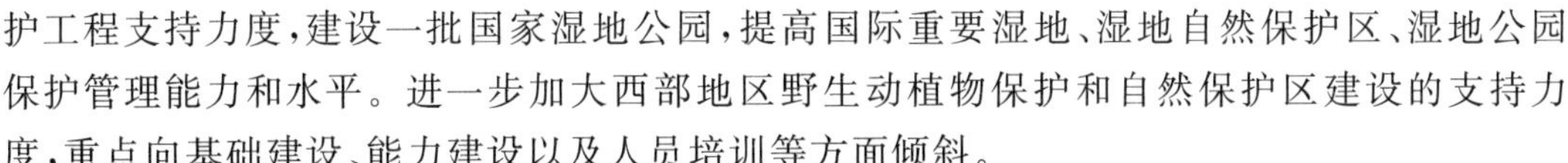

护工程支持力度，建设一批国家湿地公园，提高国际重要湿地、湿地自然保护区、湿地公园保护管理能力和水平。进一步加大西部地区野生动植物保护和自然保护区建设的支持力度，重点向基础建设、能力建设以及人员培训等方面倾斜。

(二)继续加强林业产业建设

继续利用林业贴息贷款、农业综合开发等产业项目资金，加大对西部地区林业产业化龙头企业的扶持力度，建设林业产业基地，大力支持西部地区经济林产业、油茶产业、沙产业、林业生物质能源产业、林下经济和森林旅游业发展，调整林业产业结构，促进农民增收致富。同时，加强技术指导、业务培训和项目管理。

(三)进一步加强基础设施建设

加强西部地区森林公安和森林防火基础设施建设，提高森林公安机关综合保障能力和森林火灾综合防控水平。加强林木种苗基地建设，保护林木种质资源，丰富造林树种，提高种苗科技含量。协调有关部门加大防控资金投入，加快监测预报、检疫御灾、应急防治和服务保障四大体系建设。搞好林业信息化建设，强化西部地区森林资源保护和管理。加大对各级林业主管部门和乡镇林业站及木材检查站基础设施建设投入，提高人员素质，充分发挥基层林业工作站、木材检查站在林业建设中的基础保障作用。

(四)进一步强化科技智力支持

继续加强西部地区林业科学研究工作，加快林业科技成果转化和推广应用，进一步提高基层林业科技推广机构基础设施水平、技术装备水平和推广服务能力，加大林业标准制修订、标准化示范区建设、林产品质检机构建设的工作力度，为加快西部大开发发挥科技支撑作用。做好西部地区干部援派和人才培养工作，积极开展林业系统管理干部的援助培训工作。

第二十七章　知识产权局

一、2017 年工作情况

(一)深入实施知识产权战略,加快推进知识产权强国建设

推进西部地区知识产权战略深入实施。指导西部地区绝大部分省(区、市)印发贯彻落实《国务院关于新形势下加快知识产权强国建设的若干意见》政策文件。指导重庆、广西、四川、甘肃、陕西印发知识产权强省建设方案或实施意见,支持成都市成为国家知识产权强市创建市。支持内蒙古等西部 10 省区市编制出台知识产权"十三五"规划,其中,内蒙古、四川、宁夏知识产权"十三五"规划纳入省重点专项规划。指导和支持广西、陕西、新疆等西部省区建设"一带一路"地方知识产权支点。指导广西、重庆深入开展知识产权区域布局试点工作,探索形成以知识产权资源为核心的资源配置机制。对四川、重庆、宁夏等 8 个西部省区市开展有效专利调查。为四川、陕西等西部省份提供知识产权密集型产业统计工作指导和数据支持。选取四川省成都高新区开展园区产业经济统计分析试点工作。在宁夏开展区域新能源产业专利统计分析与环境价值评价工作。

促进西部地区专利战略深入实施。在知识产权强省强市建设和有关试点示范工作中强化专利质量评价和引导。建立各级专利资助和奖励工作台账,全面梳理资助政策落实情况,强化质量导向,促进专利质量全面提升。截至 2017 年 10 月底,西部地区共拥有发明专利 15.0 万件,较 2016 年底增长 18.1%,增速与全国平均水平持平,占全国总量的比重达到 11.5%。拥有三种专利合计 69.0 万件,较 2016 年底增长 9.7%。

探索西部地区知识产权管理改革。指导四川省成都市郫都区开展知识产权综合管理改革,率先在全国开展商标、专利、著作权"三合一"行政管理和执法。完成 5 项联合执法流程制定,建立 3 条联络专线,参与查处、调解各类知识产权案件 110 余起,运用知识产权综合服务平台,2017 年以来共办理各类知识产权业务 300 余件。

(二)加强知识产权保护,促进知识产权运用

加强对西部地区立法工作提供指导的针对性。2017 年,选取内蒙古作为重点指导对象,加强与地方立法机关沟通,对地方专利立法项目予以指导。在拉萨市举办遗传资源和传统知识保护研讨会,交流国际和国家层面工作进展情况,了解地方保护实践和产业发展中问题和需求,为后续研究提供指引。

加大知识产权行政保护力度。印发《〈关于严格专利保护的若干意见〉任务分工和工作进度方案》(国知办发管字〔2017〕27 号)。统一部署,督导各地方局积极开展"雷霆"专项行动。深化跨地区执法协作机制,建立长江经济带 11 省市、丝绸之路经济带 9 省市、西部 12

省区市等联合执法协作机制。加快广西、内蒙古、甘肃等地设立知识产权维权援助分中心、工作站等分支机构建设。2017年1—10月，西部12省区市专利行政执法办案总量5816件，同比增长31.8%。在甘肃省、重庆市、石河子市等西部省市开展仲裁调解试点，成功调解案件40余起。确定7家重点市场开展第四批知识产权保护规范化市场培育工作。在四川召开2017年度巡回审理庭管理工作会议，在西宁市举办西北地区专利侵权判定培训班，在内蒙古、四川、云南等地开展巡回口审，在新疆乌鲁木齐召开巡回审理庭使用培训。

促进西部地区提升知识产权运用能力。推动西部地区的专利导航产业发展实验区建立工作机制，确定设立国家专利导航项目（重庆）研究和推广中心，继续支持宝鸡高新区推动钛产业运营平台建设。将西安、成都纳入重点城市知识产权运营服务体系建设工作并予以专项资金支持。支持和指导西安建设军民融合知识产权运营试点平台。指导四川、陕西、重庆、兰州等省市组建重点产业知识产权运营基金。在甘肃兰州召开全国专利质押融资工作交流会，组织四川等省份进一步完善专利权质押融资风险补偿机制，鼓励西部各省设立质押融资风险补偿资金，同时指导各地复制推广贷款、保险、财政风险补偿捆绑的专利权融资模式。组织陕西、四川、贵州、内蒙古、广西等省区在创新型企业聚集区有针对性地开展需求调查，根据需求情况召开银企对接活动。2017年1—10月，西部12省区市专利权质押融资金额超过78亿元。积极推行《企业知识产权管理规范》国家标准，截至2017年10月底，西部地区共有252家企业通过认证，累计405家企业通过认证，新培育国家知识产权示范企业17家，国家知识产权优势企业196家。

（三）夯实知识产权工作基础，提高知识产权服务能力

加大西部地区知识产权人才培养力度。加强知识产权局与西部地区知识产权人才交流，2017年向西部12省区市共选派挂职干部10人，支持西部地区开展人才相关理论研究。支持西部地区设立的4家国家知识产权培训基地经费近100万元，在西部地区共举办各级各类培训约40期。开展全国专利信息实务人才选拔，在西部地区选拔确定168名实务人才。在西部地区建立18个公益讲座远程教室，培养3680人次。深入开展全国中小学知识产权教育试点示范工作，2017年实现了对西部地区的全覆盖。

支持和指导西部地区知识产权服务体系建设。选取陕西作为重大经济科技活动知识产权评议示范单位，在陕西、四川、内蒙古开展知识产权评议示范机构创建工作。支持和指导广西知识产权服务业集聚发展。指导成都和西安高新区建设国家知识产权服务业集聚发展试验区。在重庆举办全国知识产权服务机构“牵手重庆　服务强市”行动，在成都开展“知识产权走基层　服务经济万里行”活动。为专利审查协作（四川）中心提供业务指导，促进其与地方政府部门和司法机关开展战略合作，为西部创新主体提供知识产权服务。在四川、重庆开展专利代理改革试点。2017年，西部地区（四川、重庆、陕西）共135人取得可在本地执业的专利代理人资格证，设立享受试点专利代理机构34家。根据需求拓展西部地区代办处业务职能，加大代办处补贴倾斜力度。

加强知识产权信息服务工作。在西部省份选拔确定44家专利文献服务网点。在贵州、甘肃、青海、宁夏、西藏、新疆和新疆生产建设兵团等7个省区继续开展专利信息利用帮扶工作。在广西、陕西开展专利信息筛选及主动推送试点。在重庆开展专利信息助力创新创业试点。在重庆、四川开展企业专利信息能力建设试点。在四川、重庆实施了专利信息传播

利用基地基础建设项目。在陕西、广西、甘肃实施了地方专利信息传播利用能力培育试点项目。在内蒙古实施了全国专利文献服务网点能力提升项目。在重庆、云南实施了专利信息人才项目。

加强知识产权交流合作。推进西部地区知识产权国际合作基地建设。在成都举办中国—维斯格拉德集团知识产权联合研讨会、第十届两岸专利论坛。与世界知识产权组织在重庆联合举办亚洲国家知识产权管理和商业化培训班。支持成都市举办2017年成都全球创新创业交易会及知识产权与城市创新发展国际研讨会。

二、2018年工作设想

(一)实施严格的知识产权保护制度,选择有条件的地方开展知识产权综合改革试点

持续开展执法维权"雷霆"专项行动。积极开展跨地区执法案件与办案人员调度工作,深化"一带一路"、西部12省区市等区域的联合执法协作机制,确保跨区域协助调查、送达、执行的渠道畅通。充分发挥知识产权举报投诉与维权援助平台作用,整合各类举报投诉端口,完善工作流程,规范举报投诉案件的受理、答复、移交、反馈与跟踪工作。积极入驻大型展会并设立举报投诉工作站,开展知识产权维权援助工作。在四川省建设多媒体审理庭全网管理系统,在西部地区持续开展专利无效巡回口审。

加快推进知识产权系统社会信用体系建设工作。健全与社会信用体系建设部际联席会议各成员单位间的信用信息共享交换机制,加快推动建立有关知识产权信用联合惩戒和激励机制,对信用记录优良者加大支持和激励力度,对不良信用记录较多者实施严格的限制和惩戒政策。继续开展知识产权保护规范化市场培育认定工作。推广"专业市场知识产权保护信息管理系统"在相关培育市场的应用,推动市场实现知识产权保护管理信息化。推进西部地区知识产权仲裁调解试点工作。

(二)发展知识产权交易平台,畅通科技成果转化渠道

继续支持西部地区知识产权区域布局试点工作和产业专利导航工作。在现有试点期满考核基础上,扩大区域布局试点范围,研究进一步推动西部地区专利导航产业发展的政策措施,引导创新资源配置和知识产权布局向西部地区倾斜,助推西部地区产业提质增效升级。

继续推动西部地区知识产权运营服务试点工作。将西部地区有条件的城市纳入试点范围,不断完善西部地区知识产权运营服务体系,带动知识产权运营业态蓬勃发展,为知识产权转移转化和产业创新发展提供支撑。继续指导西部各省份持续加强知识产权质押融资工作推进机制建设,积极引导银行业提供信贷支持,进一步完善风险分担及补偿机制。

开展全国知识产权服务品牌机构牵手区域经济发展行动,指导西部相关地区知识产权服务能力建设。加快推进成都高新区、西安高新区国家知识产权服务业集聚区建设,促进知识产权服务与园区产业融合发展。鼓励西部地区开展省级集聚区培育工作,形成各具特色的集聚区建设模式,助推西部发展。继续加强西部地区企业知识产权工作力度。推行实施《企业知识产权管理规范》国家标准,指导支持西部地区的国家知识产权优势企业和示范企业,优化企业知识产权管理体系,提高企业知识产权管理水平,提升西部地区企业核心竞争力。

第二十八章　旅游局

一、2017 年工作情况

(一)召开全国旅游援藏工作会议

2017 年 9 月 8 日，国家旅游局在西藏林芝召开全国旅游援藏工作会议，总结全国旅游系统援藏工作成果，安排部署新时期旅游援藏工作。会议期间发布了《国家旅游局旅游援藏工作行动方案》和《国家旅游局关于加强旅游援藏工作支持西藏旅游业加快发展的指导意见》，行动方案明确了国家旅游局下一阶段做好援藏工作要重点抓好的 6 方面 39 件实事；指导意见对全国旅游系统做好援藏工作提出了总体要求和主要任务，共 8 方面 41 项具体措施。

(二)加强西部旅游人才培养和智力支持

一是人才援助，2017 年继续组织开展了全国第十五批导游援藏，全队 49 名导游员共接待团队 1470 个，接待游客总数 16464 人，同时继续选派 2 名干部执行援疆任务。二是人才培训，2017 年举办西藏旅游经济发展研讨班及旅游从业人员培训班 1 期，培训西藏旅游管理人员 60 余名；举办青海、甘肃、四川、云南四省藏区旅游经济发展研讨班 1 期，培训分管旅游的党政干部或旅游系统领导干部 80 余名；举办新疆旅游人才培训班 4 期，培训旅游管理人员 260 余名，同时还根据新疆地区实际需求，从国家级导游师资库中派遣"名导"参与新疆导游培训，并对旅游专项培训实施送教上门；在广西百色和青海海北州分别举办红色旅游扶贫专题培训班和区域性红色旅游管理人员培训班，对民族地区红色旅游从业人员进行培训，提升素质。

(三)组织推动西部地区旅游规划编制和旅游品牌建设

在政策引领方面，一是 2017 年 1 月，正式印发《四省藏区旅游业协同发展规划》，以推动旅游业全域化发展为主要方向，促进西部四省藏区旅游业协同发展；二是 2017 年 6 月，正式发布《全域旅游示范区创建工作导则》，为西部各省(区、市)全域旅游示范区创建工作提供行动指南；三是进一步修改完善《丝绸之路经济带与海上丝绸之路旅游合作发展战略规划》。

在品牌建设方面，一是内蒙古阿尔山—柴河旅游景区、广西桂林市两江四湖—象山景区等 9 家西部景区成功创建 5A 级旅游景区，二是积极支持西部地区的广西巴马县、四川凉山州、贵州安顺市、云南腾冲市和大理市、陕西西安市、宁夏中卫市等 17 个市县(区)建设国家级旅游业改革创新先行区。三是继续支持西部地区开展"全国研学旅游示范基地""中国国际特色旅游目的地”和“中医药健康旅游示范区(基地、项目)”等品牌创建工作。

(四)支持西部旅游基础设施建设和旅游扶贫工作

一是加大项目支持力度,将西部大开发地区276个旅游重点项目纳入2017全国优选旅游项目名录,占全部项目数的41%,要求各地旅游和金融部门支持项目的招商和融资,确保项目顺利推进。二是推进乡村旅游和旅游扶贫工作,按照旅游局会同发展改革委、扶贫办等12个部门联合印发的《关于印发乡村旅游扶贫工程行动方案的通知》(旅发〔2016〕121号)要求,已把西部地区具备旅游业发展条件的12202个贫困村纳入全国乡村旅游扶贫工作重点村,并将在乡村旅游基础设施建设、规划引导、宣传推广、人才培训等方面给予重点支持。三是持续推动“厕所革命”工作。发布《全国旅游厕所建设管理新三年行动计划(2018—2020)》,将厕所作为重点支持项目纳入旅游援藏、援疆计划中,实现中西部“欠账”地区的突破。截至2017年10月底,西部省份共建设旅游厕所5321座,其中新建4250座,改建1071座。

(五)支持西部旅游宣传推广和市场开发工作

一是组织邀请西部省份旅游部门、旅游企业参加2017年柏林、纽约等海外旅游展,以及赴中东、东南亚、欧美等主要客源市场的“美丽中国”联合推广活动,支持西部省份持续开拓入境旅游客源市场。二是与四川省人民政府联合承办联合国世界旅游组织第22届全体大会,举办西部地区旅游推介会。三是指导、支持新疆等省区借助2017哈萨克斯坦“中国旅游年”契机,加强对哈旅游文化交流。四是指导甘肃、青海、西藏、云南、内蒙古等省份加强丝绸之路旅游推广联盟、青藏铁路旅游推广联盟、“万里茶道”旅游推广联盟、冰雪旅游推广联盟等机制建设,促进西部省份旅游产品线路和客源市场联合开发。五是支持西部省份成功举办2017年四川国际文化旅游节、青海文化旅游节等地方旅游节展活动。

(六)大力推进西部地区红色旅游工作

一是支持西部地区红色旅游景区建设,将西部地区92个景区列入全国红色旅游经典景区名录,协调国家相关部门对入围景区的基础设施建设给予积极扶持。二是加强西部地区红色旅游宣传推广。2017年5月在贵州省遵义市举行“不忘初心途、重走长征路”红色旅游线路合作推广仪式,6月至9月组织陕西、内蒙古等西部省份参加红色旅游校园行和中俄红色旅游大型交流活动——千人自驾赴俄游活动,组织编制《“重走长征路”红色旅游精品线路方案》,对宣传西部红色旅游资源,提升红色旅游品牌影响力起到积极作用。

二、2018年工作设想

(一)进一步完善西部地区旅游产品体系建设

以《中共中央国务院关于深入实施西部大开发战略的若干意见》为指导,深入实施《“十三五”全国旅游业发展规划》,以全域旅游发展理念为引领,以旅游品牌创建为抓手,充分发挥西部地区的民族、民俗、历史、生态、红色、乡村等旅游资源优势,推动规划带动、区域联合、产业联动、市场互动等,发展以观光旅游、民俗体验和生态旅游为核心,以度假休闲、红色旅游、宗教旅游、节庆旅游以及避暑旅游等为补充的旅游产品体系。

(二)进一步推动西部地区“厕所革命”建设

2018年，国家旅游局将在巩固提升上一轮“厕所革命”成果基础上，大力推动厕所建设标准化、设施现代化、运营专业化、管理规范化、服务人性化、监督社会化、使用文明化，全面提升厕所建设质量与管理服务质量，注重厕所建设向有旅游资源的建档立卡贫困村倾斜，支持西部省份未来三年建设2.2万座厕所，其中新建1.6万座，改扩建0.6万座。

(三)进一步推进西部地区对外交流合作

一是统筹推进西部大开发与“一带一路”建设，设计好旅游外交和宣传推广各项活动，不断提升西部地区旅游市场开发建设能力。二是用好旅游年平台，支持西部地区加强对欧洲、加拿大旅游交流合作。利用举办旅游年开闭幕式和系列活动契机，指导西部省份与欧、加扩大旅游交流合作，不断提升西部地区旅游产品线路的国际影响力。三是大力提振入境旅游市场，组织好西部省份旅游部门、旅游企业赴海外参展、推广活动，指导并协助西部地区办好品牌性旅游节庆、会展活动。

(四)继续支持西部地区旅游人才工作

进一步加大对西藏、新疆地区支持、扶持力度，侧重以全国优秀资源培养民族地区本地人才，继续开展导游援藏、人才援藏和干部援疆工作。一是努力完成第二个十年(2013—2022)导游援藏计划，继续根据西藏实际需要，每年安排外语导游员进藏工作，提升西藏导游服务水平。二是继续加强旅游人才培养，组织开展西藏、新疆旅游行政管理人员轮训、举办培训班和各类旅游从业人员培训以及“送教上门”等工作。

第二十九章　中科院

一、2017 年工作情况

(一)签署战略合作协议，全面推进科技合作工作

巩固完善合作体制机制。2017 年，与青海、云南、西藏等省区签署科技合作协议。巩固了中科院与相关地方政府的战略合作关系，也为中科院“十三五”时期在相关区域科技促进发展工作奠定了基础框架。同时，继续落实与西部地区签署的院地合作协议，稳步推进科技合作工作开展。

继续支持区域特色试验区建设发展。继续支持丝绸之路经济带创新驱动发展试验区建设，四川省、西安市全面创新改革试验区建设以及兰白科技创新改革试验区建设等工作。继续支持新疆科洽会、绵阳科博会等大型科技展会。

部署实施科研项目。2017 年，通过部署实施科研项目的形式，不断加强对西部地区的科技供给，有力推动了西部地区企业发展转型及地方产业升级。以 STS(科技服务网络计划)区域重点项目为例，2017 年共启动 14 项，支持经费 7070 万元，2017 年新立项 23 项，拟支持经费 5700 万元。

继续加强创新平台建设。与昆明市共同推动国家植物博物馆建设，项目选址等工作基本完成；与贵州省共建药用植物功效与利用国家重点实验室正式启动运行；不断加强西部地区院级非法人单元建设，并以其为依托，组织全院科技成果向西部地区转移转化。

稳步推进精准科技扶贫工作。继续开展对澜沧、水城、勐腊等扶贫点的精准科技扶贫工作，研编完成了《科技支撑水城县乡镇精准扶贫建议报告》，在澜沧派驻第一书记 1 名，在云南开展了普洱茶生产工艺改良与品质提升、食用菌复合生态栽培示范推广、咖啡发酵工艺推广应用、中药材种植技术推广及示范基地建设等工作。

(二)推动科技成果转化，服务区域经济社会发展

清洁能源领域。大连化物所在陕西实施的全球首套 10 万吨/年合成气制乙醇一次投产成功，对于缓解我国石油供应不足、石油化工原料替代、油品清洁化、煤炭清洁利用以及促进国家粮食安全具有战略意义；过程所“二次资源清洁综合利用产业化示范”项目，已在云南建成年产 40 吨碘单质生产线，产出单质碘 20 余吨，价值约 400 万元；与甘肃省政府签署了钍基熔盐堆核能系统(TMSR)战略性先导科技专项战略合作框架协议，预计在 2020 年建成 TMSR 实验堆；部署实施一批科技项目，推动青海湖锂资源的高效开发及利用。

先进制造领域。半导体所“6 英寸 VGF 法锗单晶片研发及产业化”项目在云南昆明建成了国内第一条年产 10 万片 6 英寸 VGF 法锗单晶片产业化生产线，建成了我国半导体材

料锗系列新产品生产和研发基地；西安光机所“智能超快激光微加工装备研发及产业化”项目，瞄准航空、航天等战略领域对超精密极端制造装备重大需求，开展工业化智能超快激光微加工装备集成，在陕西西安建立了中试线，多项技术国内首创、性能国际领先，销售额已达 6868 万元。

生物技术领域。微生物所的“尼龙 5X 盐关键生产技术及产业化”项目已获高纯度低成本戊二胺具有自主知识产权的小试工艺，并在宁夏银川完成了万吨尼龙 5X 盐工艺包设计，全套生产技术作价 1.2 亿元人民币，已转让给宁夏伊品生物科技股份有限公司；力学所“无标记光学蛋白质芯片全自动免疫分析仪及其配套芯片”项目已在贵州贵阳开展临床验证实验；兰化所“黑果枸杞花青素提取纯化与产品开发”项目正在青海稳步推进。

资源环境领域。启动第二次青藏高原综合科学考察研究，将对青藏高原的水、生态、人类活动等环境问题进行考察研究，分析青藏高原环境变化对人类社会发展的影响，提出青藏高原生态安全屏障功能保护和第三极国家公园建设方案；对三江源国家公园进行了大规模的综合科学考察工作，将系统性地建立三江源地区的科学数据库，为三江源地区的生物多样性保护与生态环境变化提供新的科学认识与技术支撑；对祁连山生态保护开展研究及政策咨询；顺利完成了“世界自然遗产提名地可可西里地区生物资源考察报告”等申遗研究报告，为可可西里申遗成功作出科技支撑。

农业科技领域。水保所在陕北地区开展的“山地红枣生态经济林增效关键技术研究与示范”，通过无灌溉旱作枣林丰产技术、随水施肥技术及抗裂鲜枣品种筛选等研究，初步构建山地红枣经济林综合丰产技术体系，2017 年示范推广面积 2430 亩，使冬枣种植北移 400 公里，填补陕北种植的空白。

（三）加强人才培养交流，发挥科技人才服务能力

继续实施“西部之光”人才计划。加大支持力度，自 2017 年起，“十三五”期间每年在原有预算基础上新增 1000 万经费投入；与宁夏、四川、甘肃、青海就共同推进“西部之光”计划签署院地深化合作协议，扩大院外项目资助规模，将原先每年资助 20 个院外项目提升至资助 44 个项目，年度新增支持经费 90 万元；2017 年，“西部之光”共计支持各类项目 255 项，支持经费共计 7470 万元。

强化各类人才项目政策倾斜支持。整体扩增院青促会项目对西部研究所的支持规模，在国家公派留学项目、境外培训项目、“支持率先行动联合资助”优秀博士后项目等其他相关院级人才项目的项目申报、遴选评审等方面，给予西部研究所更多的倾斜支持。

继续向西部地区派任科技副职。2017 年，共有 61 位科技副职在西部地区挂职开展工作。科技副职立足岗位新要求，充分结合西部地区在科技创新发展方面的实际需要，积极促进我院科技成果向西部地区转移转化，为推动地方经济社会发展发挥了积极作用。

继续举办少数民族干部培训班。截至 2017 年，“中国科学院少数民族高层次骨干人才计划新疆博士研究生班”已经举办 9 期，有 145 名学员进入国科大深造，已毕业 72 名。学员中有 12 人提拔为副厅级干部，5 人提拔为正厅级。目前有厅级干部 20 名（正厅级 3 名）。来自乌鲁木齐、伊犁、昌吉、哈密、吐鲁番、阿勒泰等地市州的各级党委、政府的有关部门和厅局、高校、企业等 80 个单位。

(四)开展战略咨询研究,发挥科技智库支撑能力

继续组织开展院士咨询研究。包括周卫健院士牵头的"我国北方雾霾的成因、发展趋势、环境影响与应对",陈发虎院士牵头的"亚洲中部环境变迁与丝路文明兴衰的战略研究",崔鹏院士牵头的"西藏自然灾害及其减灾对策",孙鸿烈院士牵头的"黄河上游龙羊峡至黑山峡段生态保护与治理",孙鸿烈、叶大年等院士牵头的"在青藏高原国家重点生态功能区甘南藏族自治州开展绿色现代化建设试点",为西部地区的生态环境保护与治理、雾霾改善等问题提供智力支撑。

持续开展院士专家行等系列品牌活动。通过开展"天山南北院士行"、院士专家西部行、院士专家巡讲等活动,向西部地区普及科学知识、传播科学思想、倡导科学方法、弘扬科学精神。如与新疆科协、新疆党校共同组织"科学思维与决策"科普讲坛和院士面对面活动,在贵州贞丰举办"科学与中国"报告会等。

二、2018 工作设想

(一)全面推进与西部地区科技合作工作

深入落实与西部地区科技合作协议,继续支持区域特色创新改革试验区的建设工作,紧密围绕西部地区在科技创新能力提升、产业转型升级、特色资源开发及生态文明建设的实际需求,在科技成果转化、科技战略咨询、科学技术普及、人才交流培养等方面全面加强交流合作,切实提升西部地区科技创新能力,助力区域创新发展。

(二)进一步加强对西部地区人才的支持力度

进一步优化"西部之光"项目设置,提升人才引进支持力度,增设"西部之光"交叉团队项目,加大力度支持"一带一路"团队,强化与发达地区人才智力共享机制。进一步加大人才项目对西部地区研究所的政策支持,更好的激励西部青年科学家。根据发改委、人社部的要求,做好"科研人员激励计划"试点相关工作。加大对西部研究所国家公派留学项目和境外培训项目的支持,深入推进"中国科学院科技支撑'一带一路'培训计划"。

(三)继续促进科技成果在西部地区落地转化

坚持问题导向、需求牵引,紧紧围绕西部地区重点产业发展的重大科技需求和事关经济社会发展的关键问题,组织优势力量开展联合技术攻关和应用示范,力争形成一批在建成创新型国家中具有标志性意义的重大原创成果,形成一批具有引领带动作用的重大战略性技术与产品,发展一批具有显著经济社会效益的重大示范转化工程,加快带动区域产业转型升级和重点产业发展,为促进西部地区创新驱动、转型发展提供坚实的技术支撑,与西部地区共同探索走出一条依靠科技创新驱动内生增长的新道路。

第三十章　工程院

一、2017 年工作情况

（一）按照国家战略布局围绕关系西部大开发的重大工程科技战略问题开展战略咨询研究

中国工程院2017年新立项的重点咨询研究项目“提高进藏高速公路和铁路桥隧抗灾能力的深化战略研究”项目正式启动，并组织了相关调研活动。项目下设的5个课题，分别是“进藏高速公路与铁路沿线工程地质灾害环境及减灾研究”“进藏高速公路在勘察、设计、施工阶段提高桥隧抗灾害能力的战略研究”“进藏铁路在勘察、设计、施工阶段围绕提高桥隧灾害能力的战略研究”“进藏高速公路与铁路的桥梁工程适应性研究及抗风研究”“进藏高速公路和铁路桥隧工程的全寿命管理、监控监测、运营保障研究”。

工程院开展的重大咨询项目“秦巴山区绿色循环发展战略研究”（二期）涉及陕西、甘肃、四川、重庆等西部省区市，项目以创新搭建秦巴山脉地区跨区域、跨领域、跨行业的复合性绿色循环系统为核心研究任务，针对生态资源、产业体系、智慧城乡、中央公园、协同发展等方面开展深入研究。一是全面评估秦巴山脉生态价值，二是研究创建秦巴山脉国家中央公园体系的路径，三是研究实现地区协同发展和绿色循环发展的路径，以期为秦巴山脉区域绿色循环发展提供进一步的政策建议与思路。在对重点问题进行聚焦时，不仅对每个领域自身的问题提出解决方案，还重点统筹不同系统、不同区域之间的绿色循环发展综合关联。

经过近两年的研究，“羌塘高原国家生态文明建设区可持续发展战略研究”项目已结题。这是应西藏自治区请求开展的重点咨询研究项目，是深化院区合作的具体任务。工程院组织院士专家先后三次进入羌塘高原进行实地调研，提出了羌塘高原生态建设与生物多样性保护、特色生态产业提升与发展、新型城镇化与特色游牧文化传承以及应对气候变化与防灾减灾等方面的发展思路，明确了羌塘高原生态承载力和生态红线，从生态环境保护、加快草地畜牧业发展、切实解决民生问题等角度提供了战略性咨询报告，从国家层面积极推动了羌塘高原生态文明区建设，为羌塘高原国家生态文明建设及社会经济可持续发展提供了智力支撑。

已结题的重点咨询项目“干旱半干旱地区多种农业水资源合理配置及有效利用战略研究”通过对干旱半干旱地区水资源安全形势的科学分析及判断，确定了开源节流、节水养水、多水联用、时空治水的理论，为新时期干旱半干旱地区治水兴水养水奠定了科学基础，提供了我国干旱半干旱地区农业水资源的全面战略布局和指南。

工程院开展的重大咨询项目“工程科技支撑‘一带一路’建设战略研究”吸纳国开行、亚投行、行业协会、企业参与，要求研究成果既要能够支持党中央国务院的决策，也要为地方和企业服务，包括为西部各省区创新发展和战略决策提供实实在在的服务和建议。

此外，工程院开展的“矿产资源强国战略研究”“中国野生动物养殖产业可持续发展战略研究”“我国地膜覆盖及残留污染防控战略研究”“中国大型油气田勘探的有利领域和方向研究”“中国牛羊肉产业发展战略研究”等项目针对西部地区的产业发展、生态文明、资源开发，为西部地区可持续发展提供了参考和借鉴。

(二)通过组织开展院士行活动，推动西部地区创新发展

中国工程院赴四川、重庆、陕西开展了科技合作专题调研。围绕全面创新改革和军民融合深度发展、重大科研平台和实验室建设、重点产业培育发展以及装备制造、电子信息、能源化工、航空航天等方面合作，助力成都、重庆、西安加快建设全面体现新发展理念的国家中心城市。

“云南生物医药和大健康产业发展战略及措施研究”咨询项目是工程院 2017 年紧急立项的重点项目，旨在为云南省生物医药和大健康产业发展发挥院士、专家的作用，以科学咨询支持科学决策，以科学决策引领科学发展，为云南省委、省政府的科学决策提供支持和服务，引领云南省生物医药和大健康产业的发展。工程院作为云南省澜沧县、会泽县对口扶贫单位，按照中央的要求，发挥科技人才的优势，推动科技扶贫、扶贫攻坚、定点开发战略举措的实施，组织院士专家及时为云南生物医药和大健康产业发展问诊把脉，献计献策，推动了云南省生物医药和大健康产业的快速发展。院士专家指出，云南发展生物医药及大健康产业自然条件得天独厚，迎来了“天时、地利、人和”的大好时机，各方应通力协作，鼎力支持，共同助推云南发展生物医药及大健康产业。但同时要做好顶层设计及基础研究，重视本土高等院校、科研机构在云南生物医药及大健康产业发展中的积极作用，引进、培养、留住、用好人才，发挥企业主体和市场导向的作用，运用好互联网、大数据，定位云南特色和大品种，做大做强，把中医药与大健康进行全链条的关联，推动产业化发展，注重产业链的融合，构建中医药健康服务体系，结合“一带一路”倡议，促进云南特色医药的国际化进程。

此外，工程院进一步加大了对云南澜沧、会泽的精准扶贫力度，积极为绿水青山变为金山银山作出应有贡献。院士专家深入到澜沧县竹塘乡东主村和云山村蒿枝坝村民小组进行特色基地调研考察，实地参观了林下三七等项目示范基地，了解科技扶贫开展情况。在参观林下三七项目示范基地时，医药卫生学部院士结合大健康产业链条，指出应继续扩大林下三七试验示范规模，坚持生态有机种植中医药材，创出优质中医药药材品牌，协助当地政府“牵线搭桥”国内相关中医药企业，定点收购有机三七，开发相关产品。院士们到澜沧县第一人民医院，调研了澜沧县第一人民医院急诊科、检验科、眼耳鼻喉科、中医科和重症监护室等科室。院士专家指出，澜沧县地处云南边境地区，贫困程度较深，应大力加强卫生计生人才队伍建设，开展以“派出去学，请进来教、引进来培养”为主要模式的人才培养战略；同时，要继续加强医院改革和管理工作，要科学配置县级医疗资源，完善地域医疗卫生服务体系规划，落实支持和引导社会资本办医政策，形成多元办医格局；澜沧县民族传统医疗文化积淀深厚，要继续深入挖掘民族医药，形成具有云南民族特色的中医药事业；要通过对口帮扶支援、远程会诊和大数据共享等多种途径整合优势资源形成以专科特色为单位的“医联体”，切实提升澜沧县医疗卫生服务水平。

为进一步落实中国工程院与重庆市政府签订的战略合作协议，助推重庆市医药产业创

新发展，加快建成千亿级医药支柱产业，工程院举行了“医药院士重庆行”活动。院士专家分为三路，分别前往重庆市中医院、重庆麻柳医药产业园、重庆华森制药公司和重庆药友制药公司等单位展开调研。院士专家结合自己的工作实践，围绕医院未来发展和加强中医药应用及临床研究等方面提出了意见和建议。

（三）组织开展高水平学术交流，促进西部地区产学研用深度融合

工程院联合农业部等单位在石河子市召开了“残膜回收与秸秆还田现场演示暨学术研讨会”。院士专家汇报了残膜回收、秸秆还田科研项目的成果，围绕生物炭产业、绿色植保、地膜污染防控和残膜回收作了大会报告。针对残膜的历史存量，陈学庚院士团队还专门研发了新式回收机械，可以将翻耕后的农田整个筛一遍，将残存的地膜筛出来。

工程院在鄂尔多斯市召开了2017“西部大型煤炭基地地表生态修复”暨“第十三届全国菌根”学术研讨会。研讨会聚焦煤炭绿色开发，对于矿区生态环境保护具有重要意义。院士专家分别作报告并赴神华集团神东矿区进行了现场考察。

工程院在昆明举办了“生物炭产业化与作物健康栽培前沿技术科技论坛”。在院士的帮助和指导下，2016年昆明学院和云南威鑫投资控股集团共同建设的昆明生物炭与作物健康栽培领域院士工作站正式在昆明学院揭牌。院士专家指导云南多家高校和科研院所开展了生物炭相关研究，其中威鑫农业在昆明安宁建设了年产5万吨的产业化基地和院士工作站，联合沈阳农大、云南农大、云南省农科院、昆明学院等单位斥巨资建成了生物炭及环境友好型开发实验室、中试基地，在生物炭肥料化应用及农业面源污染防控领域取得了众多成果。院士专家在生物炭与高原特色农业可持续发展论坛上，围绕生物炭与有机肥在耕地质量提升中的地位及作用，生物炭对土壤修复、连作障碍、肥料利用率、水污染防控的作用及潜力，高原特色农产品的生产经营和品牌竞争力等议题进行了学术交流，并现场解答参会代表提问。

（四）支持西部地区举办科技会展，为科技成果转移转化搭建良好平台

工程院支持西安市举办了2017全球硬科技创新大会，中国工程院杨士莪、卢秉恒、杨裕生、李鸿志、魏子卿、张生勇、邱志明、徐德民、谭建荣、唐长红、向巧、段宝岩等院士出席相关活动。此外，还支持举办了2017成都全球创新创业交易会、西安欧亚经济论坛、第9届中国包头·稀土产业论坛，促进技术创新与产业化对接，促进产学研用深度合作。

二、2018年工作设想

贯彻国家“一带一路”等重大战略总局，根据西部地区重大需求开展战略咨询研究。结合西部地区产业升级、生态文明与创新发展等方面，结合项目研究进展，举办高端学术交流。面向西部地区，组织院士专家针对重要区域、关键行业、重点产业开展院士行活动。支持西部地区重点区域智库与科技会展平台建设，积极支持西部地区举办重庆高交会、青洽会等活动。

第三十一章　银监会

一、2017 年工作情况

2017 年，银监会采取多项措施，引导银行业持续加大对西部大开发的金融服务。2017 年初，印发了《关于提升银行业服务实体经济质效的指导意见》(银监发〔2017〕4 号)，明确要求银行业金融机构根据西部开发等区域发展总体战略，为西部地区经济社会发展提供优质高效的金融支撑。

截至 2017 年 10 月末，西部 12 个省区市各项贷款余额为 24.47 万亿元，比年初增加 2.43 万亿元，同比增长 13.24%，高于全国水平 0.80 个百分点。

(一)不断完善银行业金融机构服务体系

积极引导各类银行业金融机构到西部地区设立分支机构、支持农信社改制农商行、大力发展村镇银行、推动组建非银行金融机构，着力丰富市场主体、促进同业竞争，推动西部地区形成分工合理、相互补充的银行业机构体系。

截至 2017 年上半年末，西部 12 省区市银行业金融机构法人共 1389 家，较年初增幅为 20.57%，类型包括城市商业银行、农村信用社、农村商业银行、农村合作银行、村镇银行、非银行金融机构等。

(二)着力支持西部地区重大基础设施建设、现代农业和民生领域

督促银行业金融机构围绕西部大开发、“一带一路”倡议和国家创新试点建设，加大对配套基础设施建设的支持力度。引导机构紧抓政策机遇，深入研究地方农业特色，开发“三农”特色产品，积极支持现代农业发展。同时，不断加大对教育、文化、养老、医疗等领域的支持。

截至 2017 年三季度末，西部 12 省区市“电力、燃气及水的生产和供应业”“交通运输、仓储和邮政业”“水利、环境和公共设施管理业”贷款余额合计为 6.36 万亿元，同比增长 28.60%，“农林牧渔业”贷款余额为 1.52 万亿元，同比增长 11.84%，“教育”“卫生和社会工作”贷款余额合计为 2797 亿元，同比增长 30.27%。

(三)促进西部地区化解过剩产能和传统产业转型升级

督促银行业金融机构落实《国务院关于钢铁行业、煤炭行业化解过剩产能实现脱困发展的意见》(国发〔2016〕6、7 号)和《关于支持钢铁煤炭行业化解过剩产能实现脱困发展的意见》(银发〔2016〕118 号)相关要求，从满足企业合理资金需求、稳妥有序退出过剩产能、妥善处置企业债务、拓宽企业兼并重组融资渠道等方面，有保有控促进西部地区钢铁、煤炭行业

实现脱困升级。

(四)提升对西部地区小微企业和“三农”领域的金融服务水平

要求银行业金融机构制定完善符合小微企业授信特点的内部尽职免责制度办法，创新服务方式和推进专业网点建设等，助力小微企业发展。同时，推进西部地区建立多层次、广覆盖、可持续的“三农”金融服务体系，鼓励创新信贷产品和服务手段，提升“三农”金融服务的针对性和有效性。截至 2017 年 10 月末，西部 12 省区市小微企业贷款余额合计为 6.11 万亿元，同比增长 19.04%，高于全国平均水平 3.68 个百分点；涉农贷款余额合计 8.05 万亿元，比年初增加 8678 亿元，同比增长 13.81%，高于全国平均水平 3.05 个百分点。

(五)提升西部边远地区金融服务便利性

针对西部偏远地区特点，鼓励银行业金融机构灵活运用流动网点、电子机具等方式促进基础金融服务触角进一步延伸，并积极开展农村服务渠道产品创新。同时，鼓励银行业金融机构深入民间普及金融知识，开办金融知识讲堂，提升西部边远地区人民获取金融服务的能力。

二、2018 年工作设想

(一)继续努力提升服务实体经济质效

一是继续鼓励西部地区银行业金融机构合理安排信贷投放，积极支持重点领域重大项目建设。二是继续加强政策引领和监管督导，确保西部地区小微企业金融服务水平不断提升，鼓励银行业金融机构总结推广先进经验，继续做好小微企业金融服务工作。三是继续丰富服务主体，提升农村金融竞争充分性和服务满足度，引导银行业金融机构进一步优化产品和服务模式，促进农村金融服务质效持续提升。

(二)推进“三去一降一补”，促进西部地区经济结构优化

一是进一步完善区别对待、有保有控的差别化信贷政策。对于长期亏损、失去清偿能力和市场竞争力的“僵尸企业”，以及包括落后产能在内的所有不符合国家产业政策的产能，坚决压缩退出相关贷款，稳妥有序实现市场出清。对于产能过剩行业中技术设备先进、产品有竞争力、有市场、虽暂遇困难但经过深化改革和加强内部管理仍能恢复市场竞争力的优质骨干企业，继续给予信贷支持。二是继续督促银行业着力降低企业融资成本。持续推动银行业规范收费行为，不断完善考核体系，强化小微企业金融服务正向激励，降低小微企业融资成本。三是引导银行业金融机构围绕供给侧结构性改革，积极支持传统产业改造升级和战略性新兴产业发展，推动地区产业结构持续优化。提升绿色金融服务水平，引导信贷资金流向低碳环保产业和绿色改造项目，退出环保排放不达标、严重污染环境且整改无望的落后企业。

第三十二章　证监会

一、2017 年工作情况

(一)积极支持西部地区企业上市融资和并购重组

证监会继续执行西部地区企业发行上市优先审核政策,属于国家贫困地区企业首发上市享受"即报即审,审过即发"优惠政策。截至 2017 年 10 月,有 23 家西部地区企业实现首发上市,融资额合计 86.99 亿元,其中,西南五省 16 家,融资额 74.57 亿元;西北五省 7 家,融资额 12.42 亿元。16 家西部地区上市公司再融资金额合计 585.43 亿元。研究修订上市公司年度报告和半年度报告内容与格式规则,完善上市公司履行社会责任信息披露要求,推动上市公司更好地参与精准扶贫等工作。优先安排、加快审核涉及贫困地区的上市公司并购重组项目。截至 2017 年 10 月,证监会核准西部地区上市公司并购重组行政许可申请项目 18 单,交易金额 432.66 亿元,配套融资金额 108.71 亿元,合计 541.37 亿元;西部地区上市公司累计并购重组 267 单,交易金额 2062.48 亿元。

(二)积极支持符合条件的西部地区企业发行公司债券和资产证券化产品融资

截至 2017 年 10 月,西部地区企业发行公司债券 164 只,融资金额 1462 亿元;发行资产支持证券 152 只,融资金额 3411 亿元。积极支持西部地方政府发行地方政府债券融资,拓宽地方政府融资渠道。2017 年 1—10 月,陕西、四川、云南、广西、内蒙古等西部地方政府发行地方政府债券 51 只,融资金额 2889 亿元。

(三)积极支持西部地区企业利用新三板融资发展

新三板牢牢把握服务创新型、创业型、成长型中小微企业发展的定位,创新制度供给,简化审批程序,探索小额、快速、灵活、多元的市场化融资机制,拓展西部地区企业直接融资渠道,规范公司治理。截至 2017 年 10 月,西部地区新三板挂牌公司 1153 家,占挂牌企业总数 10%;2017 年以来,有 207 家西部地区企业完成发行 216 次,融资 123.23 亿元,融资金额占比 12%。

(四)积极推动期货市场支持新疆发展

一是将棉花期货基准交割地由内地调整至新疆,启用新疆棉花交割仓库,正式确立新疆棉花期货价格标杆作用,促进棉花产业向新疆转移,推动新疆经济社会稳定发展。二是成功上市棉纱期货。棉纱是新疆的支柱产业之一。国家实行棉花目标价格改革试点后,棉纱价格波动加大,棉纺织企业避险需求强烈。上市棉纱期货,有利于服务新疆棉纺织实体产业，服务国家西部大开发战略。三是稳步推进苹果、红枣等期货品种的上市研发工作。苹果和红枣种植是西部和新疆地区农户的重要收入来源。郑商所对上市苹果、红枣期货进行深入研究。目前，苹果期货已于12月22日上市。红枣期货的研发工作正在积极推进中。四是稳步推进西部地区“保险＋期货”和场外期权等创新试点。指导相关期货交易所联合相关期货公司、保险公司稳步开展“保险＋期货”试点，今年试点包括天然橡胶、玉米、大豆、棉花、白糖等5个品种，试点项目达到79个、涵盖新疆等12个省(区、市)，覆盖近40个国家级贫困县，各期货交易所支持资金总额预计达到1.23亿元。指导相关期货交易所支持会员单位在西部地区开展场外期权创新试点业务，进一步加大期货市场对西部地区经济社会发展的支持力度。坚持精准扶贫和期货行业专业帮扶相结合，引导41家期货公司与48个西部地区县签署了结对帮扶协议。

二、2018年工作设想

2018年，证监会将深入贯彻落实党的十九大精神和党中央、国务院关于西部大开发的一系列重大部署和方针政策，继续完善多层次资本市场建设，不断健全市场基础性制度，更好发挥资本市场服务实体经济功能，推动西部地区经济提质增效和健康稳定发展。

将继续积极支持符合条件企业通过上市融资和并购重组做优做强，积极支持西部地区企业、西部地方政府发行债券产品融资，进一步完善债券市场体制机制，推动债券产品创新，促进交易所债券市场规范发展。鼓励上市公司结对帮扶贫困县或贫困村，落实好上市公司对贫困地区并购重组的各项政策措施。

继续发挥新三板“苗圃”和“土壤”功能，释放市场积极效应，形成正向激励，支持更多符合条件的西部地区企业利用新三板挂牌融资发展。落实新三板改革要求，完善市场功能，提升服务能力。

指导各期货交易所深入研究上市具有西部地区特色的期货新品种，加快红枣期货上市工作步伐，支持期货交易所在西部地区增设期货交割仓库。推出原油期货，助推“一带一路”能源战略的实施。继续稳步开展“保险＋期货”试点工作，积极引导期货经营机构在西部地区开展业务，为当地产业企业提供风险管理专业服务。

第三十三章　保监会

一、2017 年工作情况

(一)有效发挥风险保障功能作用,助推西部脱贫攻坚

引导保险机构提高西部地区理赔服务能力,充分发挥“稳定器”功能,促进灾后重建和灾民安置各项工作开展。2017 年 1—10 月,西部地区农业保险共向 1128.8 万户次农户支付赔款 126.5 亿元,同比增长 26.7%。同时,保险业通过开发特色农业保险产品、降低保险费率等方式,支持西部地区尤其是深度贫困地区产业脱贫,如 2017 年四川凉山州烟叶种植遭受大面积冰雹、暴雨、泥石流灾害,保险业为 14206 户因灾受损烟叶种植农户支付赔款 1.2 亿元,户均赔款达 8588 元,有力地支持了当地烟叶特色产业发展,防止农户因灾致贫返贫现象的发生。

(二)提高西部地区农业保险覆盖面和保障水平

引导保险机构调整西部地区保险条款和费率水平,扩大保险责任范围,提高保障程度。2017 年 1—10 月,西部地区农业保险共实现保费收入 147.8 亿元,同比增长 13.4%;共向 5067 万农户提供风险保障 8659.9 亿元,同比增长 11.3%。其中,广西和青海同比增速分别达 55.4%和 48.4%,居全国前列。西部地区承保主要粮食作物 2.2 亿亩,占其播种面积的 41.4%。广西、西藏等省区农房保险实现了全覆盖。

(三)加强产品创新,促进西部农业发展

鼓励、指导保险机构针对西部地区农业生产特点和风险需求,因地制宜开发农险产品。2017 年 1—10 月,西部地区共备案农险产品 433 个,涉及地方特色优势品种近 204 个,其中青海、云南启动了蔬菜目标价格保险试点,新疆、宁夏、四川和贵州分别开发了肉牛、猕猴桃、茶叶等地方特色保险产品,有力地支持了西部地区特色支柱农业的发展。

(四)引导保险机构在西部地区开办农险业务

采取窗口指导等方式,引导符合条件的保险机构到西部地区开办农险业务。目前,西部地区除西藏外,均至少有两家以上的保险机构经营农险业务,为当地农户提供更加优质的农业保险服务。农业保险在配合实施西部大开发战略中发挥越来越重要的作用,取得了较好成效。但西部各省经济总量普遍较小,财政实力有限,保费财政补贴配套压力较大,客观上也制约了农业保险的发展。

(五)发挥保险资金优势,服务西部地区经济发展和产业结构转型升级

为更好引导保险资金服务实体经济,保监会先后印发《关于保险资金投资政府和社会资本合作项目有关事项的通知》《关于债权计划投资重大工程有关事项的通知》等系列配套文件。大力推进保险资金参与 PPP 项目和重大工程建设,积极推动政策落地和发挥积极效果。2017 年 1—10 月,保险资金通过债权投资计划投资西部地区的项目共计 33 项目,合计注册规模 839.35 亿元。

二、2018 年工作设想

(一)引导完善西部地区保险市场体系建设,提升保险服务供给能力

继续鼓励和支持有实力和经营规范的中外资保险公司到西部地区设立各类营业机构,充分发挥服务特长和优势,提高西部地区保险供给能力。鼓励和引导保险公司开发适合西部地区特点的保险产品,参与西部地区社会保障体系建设,进一步拓宽保险覆盖面,提升保险业服务能力。

(二)采取切实有效措施,继续推动西部地区农业保险发展

引导保险机构针对西部地区的“三农”需求积极研发保险产品,为农户提供更多更好的保险产品和服务。积极与有关部门对接沟通,加大对西部地区支持力度,完善补贴政策,充分调动各方积极性,切实将惠农政策落到实处。特别是加大中央财政对西部地区特别是产粮大县、生猪大县和国家级贫困县的支持力度,减少或取消县级保费补贴,解决因地方财力配套困难而制约农险发展的问题。

(三)协调配套政策和项目资源,推动保险资金支持西部地区发展

进一步抓好《关于保险业服务实体经济发展的指导意见》的具体落实工作,拓宽保险资金支持实体经济渠道,支援西部大开发。进一步配合引导保险业助推脱贫攻坚和民生改善的力度,开辟绿色通道鼓励保险资金参与扶贫工作。进一步完善保险资金服务实体经济的配套政策,用改革创新的办法疏通渠道,提高投资效率,减少投资链条,降低资金成本,引导更多保险资金服务国家重大发展战略,支援西部建设。

第三十四章　国防科工局

一、2017年工作情况

(一)推动西部有关省份军民融合工作

为推动国防科技工业创新发展和西部地区经济结构转型升级，实现军工经济与地方经济的有机融合、良性互动、优势互补，国防科工局先后与四川、陕西、贵州三省签订了局省战略协议。2017年国防科工局会同各军工集团公司、中国工程物理研究院等单位，赴四川、陕西开展对接，签订项目合作协议，推动军民融合产业落地，促进当地产业发展。

(二)助推全面创新改革试验经验推广

通过实地调研及座谈等方式，梳理了四川、陕西等地推进全面创新改革试验中需协调支持事项，结合两省落实局省合作协议和军民融合专项行动计划情况，提出了相关工作建议。

国务院第184次常务会议审议通过了推进全面创新改革试验工作中形成的拟在全国或8个改革试验区域内复制推广的13项举措事项，并以国务院办公厅名义印发了《关于推广支持创新相关改革举措的通知》(国办发〔2017〕80号)，要求各地对相关创新改革举措进行复制推广。其中由国防科工局牵头推广的举措有3项，分别是：军民大型国防科研仪器设备整合共享、以股权为纽带的军民两用技术联盟创新合作、民口企业配套核心军品的认定和准入标准。国防科工局就如何推广上述经验进行了研究，并提出了相关落实举措。

(三)支持西部地区军工单位核心能力建设

积极支持陕西、四川、广西、内蒙古、云南、贵州、重庆等省区市有关军工单位开展能力建设，截至2017年11月，安排国拨投资26.05亿元，对当地经济社会发展起到了一定带动效应。

(四)积极开展对口扶贫工作

局领导多次专程赴定点扶贫的陕西省宁强县、略阳县调研，实地考察两县脱贫攻坚情况和国防科工局帮扶工作进展。制定下发《2017年定点扶贫工作计划》，将定点扶贫工作责任落实到具体部门和局属事业单位。向宁强、略阳两县提供产业扶贫专项资金。选聘干部到当地挂职，进一步加强扶贫一线工作力量，推动局定点扶贫工作计划的实施。与国务院扶贫办紧密合作，发挥航天高科技优势，以卫星遥感、卫星通信为手段大力开展科技扶贫，通过高分辨率对地观测系统工程开展卫星遥感扶贫相关应用。

二、2018 年工作设想

(一)推进军民科技资源开放共享

鼓励和支持各省对政府投资建设的科研、试验设施设备制定共享使用办法，最大限度地提高设备设施使用效率。探索通过鼓励设备设施共享单位间股权合作、仪器操作人员绩效奖励、开放仪器设备使用率排名等多种方式，积极研究军民科技创新资源开放共享的激励机制。

(二)助推当地经济社会发展

国防科工局重大专项工程中心在西部各省区市都建立了高分辨率对地观测分中心，后续将积极利用好这一平台，加强与西部地区相关单位对接，加大对西部地区观测频次和数据提供力度，为各行业的应用提供服务和支持，助推当地经济社会发展。

(三)加强军民融合工作指导

积极推动与四川、陕西、贵州已签署战略协议的落实，加大对西部地区军民融合工作的指导，支持绵阳国家军民两用技术交易中心、西安科技大市场等平台为当地经济社会发展服务。积极与西部地区有关方面进行对接，探讨国防科技工业军民融合产业投资基金与西部地区合作机会。

第三十五章 能源局

一、2017 年工作情况

(一)推进电网建设

一是加快“西电东送”及跨省跨区重点输电通道规划建设。2017 年,共核准跨省、跨区电网工程 4 项、审批 2 项,正在办理核准 1 项。上述 7 项工程共新增投资 206 亿元,使用中央预算内资金 80 亿元。积极协调推进一批重点输电通道前期工作,重点包括四川水电外送第四回输电通道,陕北等地电力外送通道,以及白鹤滩、金沙江上游等水电站电力外送通道。高度重视大气污染防治重点输电通道建设工作,8 条通道已建成投运,新增西电东送能力约 5000 万千瓦。其中涉及西部地区的通道包括:榆横—潍坊、锡盟—山东、蒙西—天津南特高压交流工程,宁夏东—浙江绍兴、锡盟—泰州、山西晋北—江苏南京±800 千伏特高压直流工程等。2 条通道正在抓紧建设,分别是内蒙古上海庙—山东、滇西北—广东特高压直流工程。

二是加强西藏、西北等地区电网建设。核准西藏藏中和昌都联网等 2 项工程。组建青海电力外送工程协调推进工作组,加快青海送电河南输电通道论证和建设,促进青海省新能源开发利用。推进新疆电力外送通道及西北地区 750 千伏电网建设。

三是积极推进西部地区配电网建设和农网改造升级。着力解决配电网薄弱问题,推进实施配电网建设改造行动计划,建设经济适用配电网,推动西部地区农网改造升级,提高供电质量。农网改造升级工程共安排中央预算内计划总投资 421 亿元,其中西部地区 186.7 亿元,占全部投资的 44.3%;安排中央资金 90 亿元,其中西部地区中央资金 45.3 亿元,占全部中央资金的 50.3%,重点支持西部地区农网改造升级建设。

(二)推进煤炭安全高效开发利用

一是推动西部地区煤炭资源有序开发。按照煤炭去产能工作总体安排,进一步明确产能退出标准,指导地方对煤矿建设项目进行排查梳理,实施分类处置,淘汰落后产能煤矿。继续实施建设煤矿减量置换、增减挂钩,协调办理先进产能煤矿建设相关手续,积极开展优质产能煤矿生产能力核增工作。2017 年以来,累计核准西部地区 24 个煤炭开发项目,建设规模 1.34 亿吨/年,总投资 756 亿元。

二是加大煤矿安全改造。研究安排 2017 年煤矿安全改造中央预算内资金 57164 万元,支持西部地区煤矿安全改造和重大灾害治理示范工程建设项目,带动地方和企业投资 151580 万元。

三是推进矿区生态环境整治。推进青海木里矿区和祁连山自然保护区生态环境整治。

积极支持新疆煤田火区治理工作。2017 年，批复《新疆米泉三道坝煤田火区灭火工程初步设计(代可研)》。并先后批复了乌鲁木齐大泉湖、托克逊乌尊布拉克、米泉三道坝三个重点火区的灭火工程初步设计(代可研)，累计下达了中央预算内投资计划 12138 万元。

四是推进煤炭深加工产业发展。核准 2 个煤制油新建项目，分别是内蒙古伊泰 200 万吨/年煤炭间接液化示范项目、伊泰伊犁 100 万吨/年煤制油示范项目。核准 3 个煤制天然气新建项目，分别是苏新和丰 40 亿标准立方米/年天然气示范项目、伊犁新天 20 亿标准立方米/年煤制天然气示范项目、内蒙古北控京泰 40 亿标准立方米/年煤制天然气示范项目。组织完成神华煤直接液化示范项目(先期工程)后评估。

(三)推动油气资源开发和管道建设

一是推进重大油气管网工程建设。陕京四线工程、西三线中卫一靖边联络线、新疆煤制气外输管道一期工程(潜江一韶关段)、鄂尔多斯一安平一沧州输气管道工程、蒙西煤制天然气外输管道工程、南疆天然气利民工程、青藏天然气管道项目等。

二是加快页岩气勘探开发。四川长宁一威远、云南昭通页岩气示范区预计完成投资 25 亿元，新钻井 35 口，新建产能 15 亿方，页岩气年产量 33 亿方。重庆涪陵页岩气示范区预计完成投资 65 亿元，新钻井 149 口，新建产能 30 亿方，页岩气年产量 60 亿方。陕西延安页岩气示范区预计完成投资 7.5 亿元，完成钻井 20 口，建成页岩气产能区 1 个。

三是加快西部地区煤层气(煤矿瓦斯)开发利用。加快推动新疆准噶尔盆地南缘、贵州毕水兴等煤层气产业化基地和陕西彬长瓦斯零排放示范矿区建设，加快陕西韩城煤层气区块对外合作和自营开发项目产能建设。配合推进“大型油气田及煤层气开发”国家科技重大专项“十三五”实施计划，加大新疆、内蒙古等西部地区煤层气科技创新力度。

(四)积极发展可再生能源

一是加快推进水电项目建设。积极有序开发西部地区水电，推进大型水电基地建设。2017 年新核准开工澜沧江托巴、金沙江白鹤滩、巴塘 3 个大型水电工程，总规模 1815 万千瓦，工程总投资达 2064.4 亿元。积极配合开展贫困地区水电矿产资源开发资产收益扶贫改革试点。贯彻落实《中共中央关于进一步推进四川云南甘肃青海省藏区经济社会发展和长治久安的意见》，组织开展贫困地区水电开发利益共享机制研究，完善和落实大中型水电工程建设移民安置和补偿政策，创新水电开发体制机制。已编制完成《少数民族地区水电工程建设征地移民安置规划设计规定》，向社会正式征求意见并进行了修改完善，目前已报标准委员会按程序推进。编制形成《关于建立健全水电开发利益共享机制的意见》初稿。

二是加快发展风电。批复内蒙古自治区锡盟新能源基地，有序组织新疆准东、四川凉山州、新疆百里风区等一批重大风电项目建设。下达 2017—2020 年风电新增建设规模方案，其中西部地区合计 2352 万千瓦，甘肃、宁夏、内蒙古、新疆待弃风限电缓解后另行下达。截至 2017 年 10 月底，西部地区风电装机容量合计 8567 万千瓦。

三是推进光伏发电发展。2017 年安排西部地区光伏电站建设规模 440 万千瓦，并放开西藏、重庆“十三五”时期光伏电站建设规模。2017 年光伏发电领跑基地西部地区共 5 个基地入选，总规模为 250 万千瓦。截至 2017 年 10 月底，光伏发电西部地区总装机规模 0.5 亿千瓦，当年新增 873 万千瓦。在光伏扶贫方面，会同国务院扶贫办在宁夏、安徽、山西、河北、甘肃、青海6省区部署开展光伏扶贫试点工作，下达试点规模150万千瓦。截至2017年7月，全国并网光伏扶贫装机规模790万千瓦，其中西部地区60万千瓦。

二、2018年工作设想

(一)扎实推进大气污染防治重点输电通道建设

继续推进大气污染防治重点输电通道后续建设，确保项目按时投产。做好西电东送通道运行工作，谋划好送电通道运营机制，充分发挥市场机制作用，利用输电通道多输送绿色电力。

(二)推进西部地区配电网加强工程

加强西部无电地区及少数民族聚居地区电网尤其是配电网建设，加快农村电网改造升级，提高西藏、新疆、青海、四川、云南等偏远地区的供电能力和供电可靠性。

(三)加快煤电产业转型升级

进一步加大煤矿企业兼并重组和淘汰煤炭落后产能力度，在西部地区以大型煤炭企业集团为主体，提高产业集中度，促进煤炭资源连片开发，培育一批具有国际竞争力的大型企业集团。鼓励优势企业整合分散矿业权，提高资源勘查开发规模化、集约化程度。

(四)优化煤炭生产开发布局

按照煤炭产业政策、煤炭工业发展规划和矿区总体规划，合理配置煤炭资源。结合全国煤炭供需形势和宏观经济调控需要，严格规范煤炭开发秩序，依法依规做好西部地区煤矿项目核准工作，合理安排开发强度，促进西部地区煤炭资源科学有序开发利用。结合受电区域电力需求情况，有序推进煤电基地配套电源建设。同等条件下，优先支持北方民生供暖热电联产项目，改善区域环境质量。继续推进西部地区煤电机组超低排放和节能改造，促进煤电清洁高效发展。

(五)提升煤矿安全保障能力

继续安排中央预算内资金支持西部地区煤矿安全改造和重大灾害治理示范工程建设。加快推进新疆、四川、贵州、云南、内蒙古等省区煤层气勘探开发试验。在重庆、四川、贵州等省市重点矿区建设煤矿瓦斯规模化抽采利用示范工程。

(六)推进煤炭深加工产业发展

以技术升级示范为主线，以国家能源战略技术储备和产能储备为重点，加强煤炭深加工自主创新，加快先进技术产业化，推动西部地区煤制油、煤制天然气等重大示范项目核准、建设。

第三十六章 外专局

一、2017年工作情况

(一)专家引进方面

经济技术专家引进方面。2017年共批复项目251个,拟聘专家2199人次,资助经费4994.39万元。重点支持符合西部地区实际的新能源、新材料、生物医药等战略性新兴产业项目,如新疆金风科技股份有限公司"直驱永磁风电机组数字化车间新模式应用"项目、重庆畜牧科学院"人源化抗体转基因动物国际合作研究"项目;不断推动西部制造业产业迈向中高端水平,资助北奔重型汽车集团有限公司"北斗导航系统车载终端机车辆智能安全管理服务平台应用"项目。积极通过国家引智示范推广基地将相关成熟的引智成果向广大西部地区进行示范推广,取得良好效果。

教科文卫领域引智工作紧密结合西部地区高等教育优势和特色,以"千人计划"外专项目、高等学校学科创新引智计划、海外名师、高端外国专家项目等国家重点引智项目为引领,以高效重点音质平台建设为依托,引导支持西部地区高自傲引进高水平、高层次优质国外智力资源,推进西部地区经济社会发展。2017年共支持西部地区部属高校引智项目1500多项,聘请外国专家12000多人次。

2017年,经海外高层次人才引进工作小组同意,西部地区共有8人(含长期5人与短期3人)入选第七批"千人计划"外专项目。对西部地区申报的专家,在"千人转高端"(通过外专局平台评审,但最终未入选"千人计划"的专家)项目上,结合西部地区特点以及专家工作专业领域给予适度倾斜。同时进一步加大对西部地区申报评审工作指导力度,在专家顾问咨询把关环节,在推荐名额、专业领域上适度向西部地区倾斜。进一步做好西部地区专家政策落实工作。2017年,为西部地区入选"千人计划"外专项目的6位专家拨付科研经费1123.8万元,向4位"千人计划"外专项目专家及"千人转高端"专家拨付工薪补助147万元,在工作与生活上给予专家更多的支持与保障。

(二)出国(境)培训工作

始终围绕西部大开发战略指导并组织开展西部地区出国(境)培训工作,将支持重点放在发展现代农业、建设社会主义新农村、基础设施建设等方面,积极推动开展农业科技进步、自主创新能力建设、生态环境保护、人才队伍建设等方面出国(境)培训项目。2017年自接支持西部地区中央财政资助的出国(境)培训项目178项、1905人,资助经费2831万元。此外,西部地区自筹经费出国(境)培训项目立项236项、4083人。

(三)国际交流合作

推动驻外机构服务西部大开发工作。外专局驻外机构重视对西部地区工作的支持,利用驻外资源服务西部地区智力引进工作,特别是“一带一路”沿线区域范围内的俄罗斯、乌克兰、新加坡、以色列等驻外机构,围绕服务“一带一路”沿线国际人才交流合作,做好调研,主动更好地利用国内、国外两种资源。通过以色列希勒雅法医院、舍巴医院、哈大撒医院、本古里安大学护理学院等先后与新疆、四川等地医院开展各类人才交流活动。

为提高中西部中小学英语教师口语水平,与美国美中教育服务机构(ESEC)合作,共同开展中西部及贫困地区中小学英语教师全封闭英语口语培训(T. I. P)计划,自 2009 年 5 月实施以来,已资助中西部及贫困地区超过 1 万名中小学英语教师来京进行英语口语培训,取得了良好的培训效果,并获得当地教育主管部门和学校的一致好评。

二、2018 年工作设想

深入贯彻党的十九大精神,围绕西部大开发战略,进一步改善西部地区引进国外人才与智力的体制环境与管理机制。

继续实施“智力援疆”“智力援藏”等项目,在新材料、集成电路等重点领域进一步加大引进国外人才与智力经费投入力度,利用好项目、示范平台,推动高层次外国人才去西部地区工作、创业。

进一步加大对西部地区高校引智工作支持力度;发挥政府导向作用,积极引导西部地区高校与东部发达地区高校联合开展引智工作,实现资源共享。

出国(境)培训工作中进一步突出重点,优化结构,不断强化出国(境)培训的质量和效益,加大对西部地区出国培训工作的支持力度。

推动西部地区国际人才交流市场平台建设工作,在中西部地区围绕“一带一路”建设中国国际人才市场的分市场,发挥好已建成的人才市场的作用。

第三十七章　铁路局

一、2017 年工作情况

一是编制并发布《铁路"十三五"发展规划》，突出中西部地区铁路重要地位，提升中西部地区铁路网规模、覆盖率、电气化率和复线率。例如：将川藏、成格、库格、昭攀丽、西宁至成都、贵阳至南宁、罗(布泊)至若(羌)、兰州至张掖、兰州至银川、定西至平凉、天水至哈达铺等纳入规划项目。二是积极推进西部地区铁路建设。目前正在加快建设西安至成都、成昆复线、银西、郑万、敦煌至格尔木、格尔木至库尔勒、兰州至合作等铁路，实施一批既有铁路扩能改造。三是组织开展滇中城市群、广西等区域铁路网规划评审，出具行业意见。先后就《丝绸之路经济带核心区综合交通发展规划》《促进民族地区和人口较少民族发展规划任务分工》及四川等省市城镇体系规划研究提出与铁路规划衔接平衡的行业意见。四是列专项课题进行研究。例如，将"中西部铁路发展政策研究""广西区域国际铁路通道布局方案"等列为 2017 年课题，深化研究西部地区区域铁路网发展规划方案。五是加强与周边互联互通铁路通道衔接，积极推进中老、中泰、中巴、中尼等铁路项目规划建设。通过近年来大规模建设，西部地区路网结构逐渐完善，铁路通达度和覆盖面逐渐扩大，服务的舒适性和便捷性增强，应对自然灾害和突发事件的能力逐渐提高，对于促进西部大开发支撑作用日益明显。

二、2018 年工作设想

一是宣贯铁路"十三五"发展规划，明确发展目标，落实建设任务，继续向中西部地区倾斜。二是加快推进《中长期铁路网规划》呼南通道、京昆通道、包(银)海通道、兰(西)广通道、京兰通道、陆桥通道等建设；积极推进川藏等区际联系通道等重大项目前期工作，争取尽快开工建设。三是统筹做好周边互联互通铁路通道的规划，加快国际大通道境内段和铁路口岸的规划建设，积极推进中老、中泰、中巴、中尼等铁路项目规划建设。四是按照《关于进一步鼓励和扩大社会资本投资建设铁路的实施意见》(发改基础〔2015〕1610 号)要求，积极引导社会资本投向西部铁路，鼓励社会资本建设、运营、管理资源开发性铁路。

第三十八章　民航局

一、2017 年工作情况

截至 2017 年 10 月，西部地区民用运输机场数量达到 112 个，占全国运输机场总数的 48.9%。各机场共完成旅客吞吐量 2.8 亿人次、货邮吞吐量 199 万吨、飞机起降 278.8 万架次，同比分别增长 12.4%、7.3%和 11.6%。

(一)加强规划指导和政策落地

积极落实国家支持西部大开发有关政策要求，结合《中国民用航空发展第十三个五年规划》及相关专项规划实施，推动西部地区民航健康持续发展。按照民航局《关于提升枢纽机场集散功能工作方案》，为进一步提升昆明机场国际枢纽功能，联合云南省人民政府于 2017 年 9 月共同印发《昆明国际航空枢纽战略规划》，以“效率优先”为原则，指导昆明机场打造辐射南亚、东南亚的国际航空枢纽，建设西南地区对外开放的现代综合交通枢纽，努力成为促进区域经济社会发展的新动力源。

(二)加快西部地区机场建设

西部地区机场建设稳步推进。2017 年以来，新建霍林郭勒、澜沧、莎车机场和扩建重庆、银川、二连浩特、铜仁、兴义、芒市等机场工程建成投产，贵阳、拉萨等机场扩建工程以及成都新、仁怀、巴中、陇南、祁连、图木舒克等新建机场工程建设稳步推进。上述项目的实施，将进一步提高西部地区机场覆盖范围，提高机场综合保障能力。

(三)积极推动通用航空发展

积极支持西部地区通用航空发展。一是按照“放管结合、以放为主、分级分类管理”的思路，对通航的管理实施有别于运输航空管理，减少通航企业发展制度约束。二是积极推进通用航空试点工作，先后批复西北和新疆 2 个地区通航试点项目，包括低空空域监视与服务、“通航＋旅游”等内容，目前通用航空游览示范工程稳步推进。

(四)加大资金支持力度

截至 2017 年 10 月，民航局对西部地区机场、航线等共安排民航发展基金 119.6 亿元，其中：民航机场基础设施项目 95.4 亿元，中小机场运营补贴 8.5 亿元，支线航空补贴 8 亿元，国际航线补贴 4.5 亿元，贷款贴息安排 2.6 亿元，通航补贴 0.6 亿元。

(五)稳步推进空管设施建设

在加快西部地区机场设施建设的同时,民航局以加快ADS-B等新技术推广应用,完善西部地区航线网络,增强空管区域保障能力,优化西部地区空域结构为目标,积极推进呼和浩特新机场、乌鲁木齐机场改扩建、西安机场改扩建配套空管工程前期工作,开工建设成都新机场配套空管工程,推动西部地区ADS-B工程项目实施;实施沪兰大通道空域调整方案,标志着空中"丝绸之路"工程全面告捷,完成沪昆大通道建设方案;优化繁忙地区空域结构,实施陕甘青、黔桂等空域优化方案。

(六)大力推动西部航空运输发展

积极支持西部地区完善航线网络,提高航空网络通达性。一是为便于各运输企业新开或加密至西部地区机场的航线,将涉及西部的国内航线列为登记航线,按航空公司运输需求实施航线登记,充分发挥了市场在优化航线网络中的作用。二是引导各航空公司新开"一带一路"沿线国家航线,支持"一带一路"建设。2017—2018年冬春航季,国内航空公司计划新开"一带一路"沿线国家国际航线95条,其中客运航线88条、货运航线7条。

扩大航权开放,推动西部地区与周边其他国家互联互通。2017年,我国共与俄罗斯、法国、东盟等24个国家或地区举行了双边航空会谈或书面磋商,商签或修订航空运输协定,并根据我国需要适度扩大双边航权安排。在与上述各国磋商航权安排时,注意重点推进我国西部地区与"一带一路"沿线国家互联互通,促进西部城市面向中亚、西亚和南亚国家航空运输市场发展,鼓励我国与各国空运企业在经营中培育西部航空运输市场,协调解决我国空运企业开通国际航线和经营中遇到的障碍。

二、2018年工作设想

(一)进一步加强规划指导

2018年,将开展《中国民用航空发展第十三个五年规划》中期调整工作,将充分考虑西部地区民航发展实际和需要,进一步加大对西部地区民航发展规划指导力度。

(二)加快西部地区基础设施建设

按照"放管服"改革和深化民航改革工作要求,将继续协调推动机场建设项目审批效率,加快工程建设步伐。2018年,预计新建巴中、陇南、祁连、若羌、图木舒克等机场项目,黔江、芒市、阿勒泰、塔城等机场改扩建项目竣工投产;乌鲁木齐、昆明、西安等机场改扩建工程争取开工建设。进一步完善空管设施,推动新技术应用和研究工作,继续做好重点区域空域优化,全面推进民航通信网,以及成都新机场、贵阳机场三期扩建空管工程建设,加快推进呼和浩特新机场和昆明、西安、兰州、西宁等机场改扩建空管工程前期工作。

(三)促进西部地区通用航空发展

继续深入贯彻国务院办公厅《关于促进通用航空业发展的指导意见》,按照民航局第三次通用航空领导小组会议要求,解放思想,坚持"分类管理、放管结合、以放为主"的管理思路，推进通用航空在“热起来”的基础上真正“飞起来”。及时总结试点经验，研究出台规章及相关政策，尽快形成可复制推广的成果；进一步简政放权，取消非经营性通航登记审批，简化特殊通航飞行任务审批；积极拓展通航服务领域。

(四)继续增加西部地区航线航班

引导航空公司深耕支线市场，提升经营支线航线积极性，加大老少边穷地区航空运输供给；鼓励航空公司围绕区域枢纽提供干支结合的中转产品，实现“干线带动支线、支线促进干线”良性循环；完善现有支线航空补贴方案，提升支线补贴精准性和力度。推进青海省基本航空服务计划试点工作。引导航空公司开拓至中东、中东欧、非洲、南美等地区航线，拓展“一带一路”沿线国家互联互通。

(五)继续推动西部地区航权开放

将根据规划并结合西部地区民航发展实际需要，继续推动我国西部地区城市面向中亚、西亚和南亚地区发展国际航空运输市场，继续推动西部地区节点城市与“一带一路”沿线国家国际航空运输自由化和便利化，特别是西安、乌鲁木齐对中亚地区国家开放、昆明对南亚地区国家开放、银川对阿拉伯地区国家开放，鼓励相关国家空运企业开辟至西部城市的航线航班。

第三十九章　邮政局

一、2017 年工作情况

2017 年，西部地区邮政业继续保持快速增长态势。截至 2017 年 10 月底，西部地区邮政行业业务总量和业务收入分别达到 645.7 亿元和 602.5 亿元，同比增长 30.6% 和 22.6%。其中，快递业务量达到 22.9 亿件，同比增长 32.6%。

（一）强化邮政业基础设施建设

为贯彻落实国家西部大开发战略和"十三五"规划纲要，缩小区域间和城乡邮政普遍服务水平差距，全面提升邮政普遍服务设施水平，2017 年，国家邮政局配合国家发展改革委针对西部地区加大投资力度，共下达中央预算内投资约 2.4 亿元，带动项目总投资近 6 亿元，对西部 12 省区市的 2234 处邮政普遍服务网点、91 处县级邮政局房进行改造，购置更新普遍服务车辆 5503 辆。项目的实施有效提升了西部地区邮政基础设施水平，增强西部地区邮政普遍服务能力，改善西部群众用邮条件。

（二）提升邮政普遍服务水平

贯彻《邮政普遍服务》标准，提高邮政普通包裹时效，推动投递入户，邮件全程时限稳步提升，查询投诉答复时限基本达标。提升县级城市党政机关党报当日见报率。推动邮政业服务农村电商，开展"一市一品"农产品进城活动。发挥邮政综合服务平台作用，强化邮政服务"三农"作用，助力精准扶贫。指导邮政企业不断完善"自营网点＋便民服务站点"管理体系，构建"五不出村"综合便民服务平台。

（三）优化快递服务发展环境

国务院印发《关于促进快递业发展的若干意见》后，各地邮政管理部门积极落实《意见》各项重点任务，出台具体配套措施。西部 12 省区市政府出台了具体实施意见，西部地区快递业发展政策省级覆盖率达到 100%。国家邮政局深入贯彻落实《意见》，加强顶层设计，加快立法立标，深化审批改革，规范市场环境。实施放心消费工程，强化快递"不着地、不抛件、不摆地摊"治理，提升快递服务质量。稳步提升快递末端投递服务水平，推进"快递入区"工程，推广使用智能快件箱投递，解决快递"最后一百米"难题。甘肃邮政管理局积极推动快递服务功能加载进入城市便捷服务圈。陕西省邮政管理局与省教育厅联合出台文件，推动校园快递服务工作加快推动快递高校服务规范化。重庆市邮政管理局为"快递下乡"工程争取地方配套资金 905 万元。

(四)扎实开展规划工作

国家邮政局加强对省局规划工作的指导,西部 12 省区市及各市(地、州)已完成本省(区、市)、市(地、州)邮政业发展"十三五"规划编制发布工作。规划与地方"十三五"经济社会发展规划纲要、综合交通运输等重要规划进行了紧密衔接,对于发挥规划引导统筹作用,凝聚共识、形成合力,促进邮政业与地方经济和社会发展紧密融合具有重要作用。目前,规划进入实施阶段,各项工作取得良好进展。

二、2018 年工作设想

2018 年,国家邮政局将坚决贯彻党的十九大精神,落实《中共中央国务院关于深入实施西部大开发战略的若干意见》《国务院关于促进快递业发展的若干意见》等相关战略部署,以建成与小康社会相适应的现代邮政业为目标,以有效落实行业"十三五"规划为主线,加强西部地区邮政基础设施建设,完善快递网络布局,强化寄递渠道安全监管,推动完善配套扶持政策,进一步优化行业发展环境,继续推进建制村直接通邮,深入贯彻落实《邮政普遍服务》标准,大力推动快递"向西、向下"工程,助力西部地区经济和社会又好又快发展,努力满足西部地区人民群众用邮需求。

第四十章　国务院扶贫办

2017 年工作情况

(一)加强贫困人口精准识别

2017 年 6 月 13 日,国务院扶贫办印发《关于开展贫困人口动态调整的通知》,在包括西部省区市在内的各省区市开展贫困人口"应纳尽纳"动态调整工作。通过此次动态调整,新纳入一批贫困人口,清退一批识别不准人口,贫困识别精准度进一步提高,为精准施策、确保西部地区同步打赢脱贫攻坚战奠定了坚实基础。

(二)进一步加大扶贫资金投入力度

2017 年,中央进一步加大扶贫资金投入力度,继续向西部地区倾斜,安排西部 12 省区市中央财政专项扶贫资金 556 亿元,占资金总量的 64.6%。同时,进一步加大对西藏、四省藏区、新疆南疆四地州和凉山、怒江、临夏自治州等深度贫困地区的支持力度,专项安排资金 49.2 亿元。贫困县涉农资金整合工作扩大到全部片区县和国家扶贫开发重点县,督促省级分配给试点贫困县的资金增幅不得低于该项资金的平均增幅。安排西部地区中央专项彩票公益金 6.6 亿元,占资金总量的 36.7%。比 2016 年增加 1 亿元,增幅 17.86%。

(三)指导制定深度贫困地区脱贫攻坚实施方案

为贯彻落实习近平总书记在深度贫困地区脱贫攻坚座谈会上的重要讲话精神,2017 年 9 月 25 日经党中央、国务院审定,中办国办印发了《关于支持深度贫困地区脱贫攻坚的实施意见》。9 月 28 日,国务院扶贫开发领导小组召开深度贫困地区脱贫攻坚电视电话会议。11 月,汪洋副总理听取了 6 省区关于"三区三州"脱贫攻坚实施方案的专题汇报,并作出重要指示。扶贫办加大对各地制定深度贫困地区脱贫攻坚实施方案的指导,两次召开"三区三州"所在 6 省区扶贫办主任座谈会,听取"三区三州"脱贫攻坚实施方案的编制情况汇报并作指导。

(四)全力推进产业扶贫和金融扶贫

一是会同人民银行出台相关支持性政策,对直接在建档立卡贫困村建立基地和吸纳贫困群众就业的龙头企业和专业合作社,给予期限较长、利率优惠的再贷款。对发展产业增收的贫困户,给予免抵押、免担保、三年期、五万元以下、基准利率、财政贴息的扶贫小额信贷支持。二是不断探索资产收益扶贫。财政专项扶贫资金和其他涉农资金投入设施农业、养殖、光伏、乡村旅游等项目形成的资产,具备条件的可折股量化给贫困村和贫困户,特别是丧失劳动能力的贫困户。三是建立健全收益分配机制，确保收益及时回馈持股贫困户。支持农民合作社和其他经营主体通过土地经营权入股等方式，带动贫困户增收。四是加强雨露计划和贫困村创业致富带头人培训工作对西部地区的支持力度，提升贫困户劳动技能。

（五）扎实推进健康扶贫工程

为进一步明确部门责任，细化落实《关于实施健康扶贫工程的指导意见》的任务分工，与国家卫生计生委联合印发了《贯彻落实实施健康扶贫工程指导意见重要政策措施分工方案》，会同国家卫生计生委等部门制定了《健康扶贫工程"三个一批"行动计划》。调整完善三级医院对口帮扶贫困县县级医院关系，西部 12 省区市所有国家贫困县全覆盖，进一步推动优质医疗资源向西部贫困县下沉。联合国家卫生计生委等部门对以陕西、甘肃等西部省份为主的 8 省开展农村贫困人口医疗兜底保障调研。对 22 省健康扶贫工作开展摸底调查，覆盖西部全部省份。

（六）继续深化推进东西部扶贫协作

8 月 29 日，国务院扶贫开发领导小组在北京召开东西部扶贫协作经验交流会，李克强总理作出重要批示，汪洋副总理出席会议并作重要讲话，交流会总结回顾银川会议一年来东西部扶贫协作进展及成效，进一步推动东西部扶贫协作提质增效。国务院扶贫开发领导小组印发《东西部扶贫协作考核办法（试行）》。扶贫办起草的《2017 年东西部扶贫协作和对口支援考核工作方案》经领导小组第 21 次会议审议通过并印发，于 2017 年开始试考核，进一步压实协作双方责任。和中组部、人社部联合印发了《关于进一步加强和完善东西部扶贫协作干部人才选派管理工作的通知》，进一步规范了东西扶贫协作挂职干部选派工作。

据初步统计，2017 年东部各省市投入扶贫协作地区财政援助资金达到 49 亿元，比 2016 年增长 67%。选派挂职干部 995 名，较上年增长 95.9%。截至目前，参与帮扶的东部市县区从 2016 年的 267 个增加到 316 个，被帮扶的西部贫困县从 2016 年底的 390 个增加到目前的 488 个。

（七）不断加强定点扶贫

2017 年 3 月，中办、国办印发了《关于进一步加强中央单位定点扶贫工作的指导意见》，提出六项主要任务和四项工作要求，明确提出建立考评机制。8 月，国务院扶贫开发领导小组印发了《中央单位定点扶贫工作考核办法（试行）》，2017 年至 2020 年，每年对中央单位开展考核，进一步压实中央单位的帮扶责任，推动加大帮扶力度向深度贫困地区倾斜。11 月，经国务院扶贫开发领导小组同意，国务院扶贫办印发《2017 年中央单位定点扶贫工作考核实施方案》，正式启动考核工作。

（八）加强对西部地区干部的培训

与中组部联合在中国浦东干部学院举办了首期"对口帮扶携手奔小康专题培训班"，对参与携手奔小康的西部 20 个县（市、区）的党政主要负责同志进行培训。与中组部联合在国家行政学院举办厅局级产业精准扶贫专题研讨班，对西部贫困地区的党政干部进行培训。

与国家公务员局对西部地区公务员进行精准扶贫培训。与中央编办合作在对西部有关县编办主任的培训中纳入脱贫攻坚专题。

(九)严格考核评估

一是从严从实开展西部地区2016年省级党委和政府扶贫开发工作成效考核。2017年初,根据《省级党委和政府扶贫开发工作成效考核办法》,国务院扶贫开发领导小组组织对中西部22个省区市党委和政府2016年扶贫开发工作成效进行了考核。从减贫成效、精准识别、精准帮扶和扶贫资金等四个方面,对各地脱贫攻坚年度工作成效进行了全面检验。根据考核结果,西部地区四川、广西、重庆、甘肃、贵州、西藏等6省区市综合评价较好,在2017年财政专项扶贫资金分配中予以奖励。7月上旬,国务院扶贫开发领导小组44个成员单位由部门负责同志带队,邀请8个民主党派中央派员参加,深入中西部22省区市对整改情况进行了督查巡查。通过考核督查巡查,"省负总责"得到强化,市县抓落实的主体责任更加细化实化,攻坚责任进一步压实。二是严把退出关口,推进西部地区贫困县合理有序摘帽。2017年1—5月,全国先后有9个省区市的28个贫困县通过省级核查验收,申请退出。其中包括重庆、四川、贵州、西藏、青海、新疆等西部6省区市的21个贫困县(市、区)。7—8月,国务院扶贫开发领导小组组织第三方机构对申请退出贫困县进行了退出专项评估检查。检查结果显示,西部地区21个贫困县均达到了脱贫退出条件,已经省级人民政府批准正式宣布退出,在全国范围内产生了良好的示范效应。

(十)加大对西部地区扶贫工作的宣传力度

协调中央主要媒体大力宣传报道西部地区扶贫工作进展成就、先进典型事迹和经验做法等。在全国征集贫困村创业致富带头人典型经验推荐案例,选取10个优秀案例编撰成册,向在京各大媒体推荐,进行广泛宣传推广。其中闽甘宁"1+11"创业致富带头人培育模式、粤桂协作创业致富带头人"双培育"模式、宁夏回族自治区固原市农村"两个带头人"培育工程、重庆市本土人才回引工程、重庆市黔江区贫困户王贞六养蜂创业扶贫等都是来自西部扶贫开发工作中的先进典型。

第四十一章　国家开发银行

一、2017 年工作情况

(一)坚持规划先行,融资融智破解投融资难题

一是与国家发展改革委等部委开展西部大开发相关规划合作。完成与国家发展改革委《以促进就业为导向的新疆劳动密集型产业发展路径及政策研究》课题合作,启动与国家发展改革委地区司《呼包鄂榆城市群规划研究》课题合作,研讨西部地区新型城镇化和特色产业发展路径,为国家出台相关规划和政策提供支撑。二是推动分行与地方政府开展规划合作。共同开展了《拉萨山南一体化发展规划》《四川省集成电路产业专项研究》等 10 余项规划研究,助推重点区域、战略性新兴产业发展。三是组织分行编写系统性融资规划。以西部 12 省区市"十三五"时期相关规划为上位规划,编写了《甘肃省"十三五"交通融资规划》《新疆维吾尔自治区城镇保障性安居工程配套基础设施 2017—2020 年融资规划》《川陕革命老区振兴融资规划》等融资规划,研究提出开行支持重点和开发性金融综合服务方案。

(二)积极对接和融入"一带一路"建设,助力西部开发开放

紧密围绕"五通"和"三个共同体"目标,融资、融智、融情并举,着力构建稳定、可持续、风险可控的金融保障体系。习近平总书记在"一带一路"论坛中宣布开发银行将提供 2500 亿元等值人民币专项贷款,论坛期间签约的项目涉及高铁、港口、电力、石化、冶金、金融等领域,融资金额合计约 140 亿美元。2017 年,会同国家发展改革委承办"2017 • 丝绸之路经济带核心区建设项目对接会",实现项目签约 233 亿元,从源头上积极介入核心区建设优先推进项目融资工作,促进以基础设施互联互通、贸易畅通等为重点,进一步加快丝绸之路经济带核心区建设。

(三)完善制度建设,加大资源倾斜和人事保障力度

完善制度建设。根据 2017 年中央一号文件精神,响应国家扶贫攻坚的号召,出台《关于支持深度贫困地区脱贫攻坚业务评审的指导意见》(开行规章〔2017〕0111 号);进一步支持三农,完善统筹运用财政涉农资金使用规范,发布《关于进一步完善统筹运用财政涉农资金支持农村基础设施等扶贫业务的通知》(开行发〔2017〕0077 号)。

实施评审优惠政策。针对西部地区的实际情况,结合自身以中长期贷款为主的业务特点,在监管允许的范围内,提供了包括执行国家规定的资本金最低比例、延长贷款期限、下浮贷款利率等多项优惠措施。如考虑到前期贷款和周转贷款在我行支持西藏发展中发挥

了重要作用,针对两类贷款在实际操作中遇到的问题,在去年差异化授信政策的基础上进行了调整;根据新疆地区的业务特点,在全疆范围内对符合有关条件的重点项目开展差异化授信政策,有效支持了新疆地区及丝绸之路经济带核心区的发展。

继续加大规模资源倾斜力度。2017 年 1—10 月,开发银行总行贷委会累计向西部地区承诺 5708 亿元人民币,占承诺总额的 29.2%,继续保持了较高水平;向西部地区发放人民币贷款 7449 亿元,占全年贷款发放的 33.6%,比 2016 年同期多发放 1804 亿元,上升 3 个百分点。截至 2017 年 10 月末,西部地区人民币贷款余额 30337 亿元,占全部人民币贷款余额的 35%,比 2016 年同期上升 3 个百分点;当年余额新增 3446 亿元,占全行的 47.2%,重点支持了棚户区改造、扶贫、公路、电力、轨道交通、水利等领域。

加大机构和人才队伍建设力度。一是进一步明确伊犁、喀什分行等二级分行的职能定位,健全二级分行管理和运行机制,充分发挥二级分行支持当地经济社会发展的作用。二是为西部 12 家分行普增 1 个客户处,明确了棚改、扶贫、专项建设基金的牵头处室,并将各分行营运处单设。三是充实西部分行领导班子、中层及后备干部,完善干部梯队建设。2017 年共充实 4 名局级干部任西部分行高管,选拔产生处级干部 88 人。针对西藏分行干部队伍人员短缺、力量薄弱的情况,组织开展西藏分行处级干部公开选拔工作,有力支持西藏分行干部队伍建设。四是认真贯彻落实中央关于扶贫开发的战略部署,发挥开发银行专家和专业优势,分批向西部贫困地区派驻 84 名扶贫开发金融服务专员,建立政府、银行和扶贫开发项目之间的桥梁纽带,为全面打赢扶贫攻坚战提供有力支撑。五是继续开展驻村帮扶工作,由新疆分行、西藏分行选派干部赴南疆工作组、加吾村工作队开展定点帮扶,同时建立激励保障机制,为驻村干部发放维稳生活补助,加大安全保卫力度,确保派驻干部人身安全和生活需要。六是 2017 年西部分行共引进人才 157 名,均为国内外优秀毕业生,占全部分行毕业生总人数的 35%。

(四)聚焦战略重点,主动担当作为

开发银行积极贯彻党中央、国务院关于打赢脱贫攻坚战的工作部署。按照“融制、融资、融智”的“三融”扶贫策略和“易地扶贫搬迁到省、基础设施到县、产业发展到村(户)、教育资助到户(人)”的“四到”工作思路,不断创新模式方法,持续加大工作力度,有力支持了西部贫困地区经济社会发展和贫困群众脱贫致富。

大力实施东西部扶贫协作行动。召开开发性金融支持东西部扶贫协作座谈会,进一步完善东西部分行的联系机制。发挥龙头企业带动作用,帮助西部贫困地区引进能够促进产业发展带动脱贫的东部企业,已通过在四川凉山、甘肃临夏举办项目对接会,建立项目信息共享机制等方式,吸引包括 3 家全国 500 强企业、4 家上市公司等 20 余家企业到西部开展调研和项目洽谈。

深入推进深度贫困地区脱贫攻坚行动。在累计向“三区三州”发放精准扶贫贷款 1534 亿元的基础上,发布《开发性金融支持深度贫困地区脱贫攻坚行动计划》,按照“信贷政策最优、贷款定价最优、审批流程最优、资源配置最优、服务方式最优”的“五个最优”工作原则,未来三年计划向“三区三州”等深度贫困地区发放精准扶贫贷款不低于 3000 亿元。此外,发挥融智优势,在四川凉山、甘肃临夏举办深度贫困地区地方干部培训班,为 27 个深度贫困县 260 余名地方干部举办培训,进一步加大了面向西部贫困地区的脱贫攻坚和精准脱贫地方

干部培训力度，覆盖了西部地区 415 个贫困区县，同比增加 53.1%，培训地方领导干部约 721 人，同比增长 149%。

破解西部贫困地区发展瓶颈制约。截至 2017 年 10 月底，开发银行累计发放精准扶贫贷款 7623 亿元，其中本年发放精准扶贫贷款 2314 亿元，贷款余额 6557 亿元。易地扶贫搬迁方面，向西部地区承诺贷款 2977 亿元，累计发放 529 亿元，其中本年新增发放 321 亿元，审批专项建设基金 144 亿元，投放 138 亿元，惠及 656 万贫困人口。基础设施方面，向西部地区累计发放基础设施贷款 6623 亿元，其中支持农村基础设施累计发放 1775 亿元，本年新增发放 1088 亿元，可以支持建设村组道路 20 万公里、校安工程 2490 个、农村危旧房改造 7.1 万套、农村医疗工程 930 个，解决 978 万人的安全饮水和 13785 个建档立卡贫困村的环境整治问题，共惠及 338 个贫困县、23743 个贫困村、1156 万贫困人口。产业扶贫方面，向 150 个县累计发放产业扶贫贷款 470 亿元，本年新增发放 233 亿元，惠及 6.7 万贫困人口。教育扶贫方面，累计发放助学贷款 675 亿元，使 1113 万人次家庭经济困难学生圆梦大学，其中本年新增发放 132 亿元，惠及家庭困难学生 193 万人。

加大棚改工作力度。开发银行为西部地区棚改建设提供了持续、稳定的低成本资金支持。截至 2017 年 10 月底，累计向西部地区发放棚改贷款 10863 亿元（含过桥贷款 578 亿元），其中当年发放 2849 亿元（含过桥贷款 62 亿元），贷款余额 9166 亿元，实现西部 12 省区市全覆盖，为帮助西部地区百姓实现安居梦、促进西部经济社会发展提供了有力支持。一是持续加大授信评审和贷款发放力度。截至 10 月底，当年对西部地区评审承诺棚改贷款 2331 亿元。持续保障资金规模倾斜力度，西部地区发放贷款全行占比 37%，与上年比例保持稳定。二是严格执行政策要求，确保把西部地区棚改的好事办好。根据财政部 50 号文和 87 号文有关精神，结合棚改业务实际，及时完善政府购买模式评审授信制度，修订棚改项目授信评审指导意见等。三是对西部地区施行差异化支持政策。根据当年货币政策环境及棚改业务实际，调整棚改资金使用政策及标准，制定棚改 PSL 资金对接政策完善方案，指导西部地区分行用足用好 PSL 资金，全力保障棚改用款需求。对西部地区发放的棚改软贷款额度最高可达项目资本金的 50%（该比例东部地区为不超过 25%，中部地区为不超过 35%），期限最长可达 9 年（东部地区贷款期限为不超过 5 年，中部地区不超过 7 年）。四是优先支持西部地区重点领域棚改项目。优先支持安全隐患严重、住房条件困难、群众要求迫切的棚改项目，将西部地区的国有工矿、林区、垦区、资源枯竭型城市和三线企业集中地区棚改项目列为重中之重，全额保障贷款需求。五是帮助西部地区因地制宜确定棚改安置方式。做好因城施策去库存工作，细化选择安置方式的标准，做好棚改安置与存量商品房衔接，依规依法推进货币化安置和新建安置工作。六是积极探索符合西部地区特点的购租并举制度安排。购租并举是住房制度改革的主要方向，开行深入探索西部地区住房租赁市场的特点和融资需求，赴四川、西藏等西部地区调研产业结构、流动人口等情况，摸清底数，做好项目储备，积极推动成都等西部城市住房租赁试点项目。

支持西部地区农业、水利、林业发展。一是充分发挥开发性金融独特作用和中长期投融资优势，不断加大对西部地区现代农业的支持力度。推动农业基础设施、特色产业发展，促进农业产业结构调整，同时带动西部贫困地区农户脱贫致富。重点推动了甘肃省张掖市甘州区、临泽县 30 万亩高标准农田建设，内蒙古亿利集团治沙扶贫等农业项目开发评审。截至 2017 年 10 月底，累计向西部地区发放现代农业贷款 870 亿元，贷款余额 256 亿元，本年发放96亿元。二是继续加大水利行业融资支持力度，着重推进西部地区重点水利工程及民生水利项目建设。持续加大对西部地区农田水利建设、安全饮水工程、防洪抗旱减灾、病险水库加固等水利薄弱环节的融资支持力度。重点推动西部地区重大水利工程的融资工作。截至2017年10月底，已完成广西大藤峡水利枢纽工程、新疆阿尔塔什水利枢纽工程、陕西引汉济渭工程、贵州夹岩水利枢纽工程、云南德厚水库工程等36项重大水利工程贷款承诺，共承诺贷款963亿元，累计投放资金251亿元，贷款余额179亿元。此外，积极参与重大水利工程前期工作，主动为云南滇中引水、黄河古贤水库等重大项目提供投融资咨询建议。累计向西部地区发放表内外水利贷款2090亿元，贷款余额1201亿元，本年发放219亿元。三是大力推进国家储备林基地建设。认真贯彻落实与国家林业局高层联席会议精神，共同制定国家储备林规划与实施方案，以广西等地为试点，通过机制创新、整合资源、政策保障等方式，构建行业主管部门、地方政府与开发银行全流程联动机制，全面推动储备林的标准化建设与贷款资金的安全使用，有力破解了林业建设资金瓶颈。其中，对广西等地国家储备林建设项目已实现300亿元贷款承诺。同时，积极发挥林业在精准扶贫中的独特作用，立足贫困地区实际情况，提高建档立卡贫困人口的参与度和受益度，搭建产业扶贫新机制。通过支持广西国家储备林项目，直接带动易地扶贫搬迁贫困人口后续脱贫，努力找到一条脱贫致富与生态建设并举的路径。截至2017年10月底，累计向西部地区发放林业贷款308亿元，贷款余额144亿元。

推动基础设施建设。一是继续支持现代化交通综合体系建设，包括铁路、公路、机场、轨道交通等重大基础设施项目，积聚发展动能。铁路方面，本年内先后支持了银川至西安铁路、贵阳至南宁高速铁路、叙永至镇雄铁路等5个西部重点铁路项目，覆盖西部7个省区，合计承诺人民币中长期贷款425.5亿元；公路方面，承诺的新疆维吾尔自治区G0711线乌鲁木齐至尉犁段高速公路等5个PPP项目，建设里程合计1309公里，对于推动“一带一路”倡议实施、建设“丝绸之路经济带”核心区、打通进出南北疆快速通道、促进南北疆社会经济高速发展具有重要意义；轨道交通方面，支持重庆、成都、乌鲁木齐等三大城市的9个城市轨道交通项目，建设总里程192公里，总投资1396亿元，我行融资1022亿元。我行还向西安市提交了《西安地铁第三轮规划项目投融资建议》，获得当地政府的高度认可，该建议已作为西安市新一轮轨道交通建设规划实施的重要参考。二是优化能源基础设施布局。以西南水电项目及抽水蓄能项目为重点，推动大渡河、雅砻江、金沙江上游、澜沧江上游、黄河上游、雅鲁藏布江等流域水电基地建设，重点向贫困地区项目倾斜，加大产业扶贫力度。推动以水电建设带动藏区经济发展，承诺贷款292亿元，并开发储备了一批藏区水电项目，为我行支持西藏跨越式发展打下基础。

推进产业结构调整、转型升级。一是支持能源资源精深加工。如支持神华宁煤400万吨/年间接液化项目，该项目是目前我国最大的煤炭液化项目，也是宁夏回族自治区和神华集团重点建设的“一号工程”，习近平总书记先后两次对项目作出重要批示。截至2017年10月底，该项目累计发放建设项目短期贷款33亿元。二是推动旅游业向做大做精方向发展。如推动云南省旅游资源整合和深度开发，支持华侨城集团全资子公司华侨城（云南）投资有限公司收购云南世博旅游集团股权，支持云南建设旅游强省。

推动提高基本公共服务水平。一是支持脱贫攻坚与特色小城镇建设相互促进、协同发展，在新疆南疆，推动“十三五”特色小城镇脱贫攻坚项目落地，完成500亿元评审承诺，支持南疆四地州50个特色小城镇建设。在西藏，发放贷款12亿元重点支持林芝市139个边境小康村贷款项目、阿里地区“十三五”时期边境小康示范村项目等。二是推动教育资源优化和基础设施建设。截至10月底，支持西部地区教育行业贷款余额187.46亿元，当年发放贷款合计约117.83亿元，如云南省现代职业教育扶贫工程(2016—2018)(第一期)、喀什地区2017年学前双语幼儿园建设二期项目等。三是服务生态文明建设，融资支持水污染防治及水生态修复项目，如新疆库尔勒纺织服装印染园污水收集管网及中水回用管网工程；城镇生态环保项目，如贵州丹寨县农村环境整治工程；清洁能源项目，如西藏澜沧江扎曲果多水电站建设。截至2017年10月底，支持西部环保行业贷款余额3998.99亿元；当年发放贷款合计596.56亿元。四是密切跟踪全国灾情发展情况，保障西部地区地方政府及时完成抢险救灾工作。截至2017年10月底，累计发放应急贷款190.5亿元，本年发放10.3亿元，有力支持了四川、云南、陕西、新疆等地的灾区建设。

加大创新支持力度，引导社会资金参与西部开发建设。一是发挥境内首家获批投资牌照银行的优势，稳妥有序推动投贷联动工作。加强与西安高新区、陕西省科技厅等部门的合作，大力支持西安国家自主创新示范区的科创企业发展。目前已支持支持华达科技、达盛隔震、科讯机械、全谱红外、万德能源等5个项目，投贷金额1.59亿元。二是开辟多元化融资渠道。为西部12省区市承销共51只489.5亿元银行间市场信用债券产品，占全行总承销金额的15%，其中超短期融资券17只、短期融资券9只、中期票据22只、私募债券3只，金额分别为223亿元、62.5亿元、180亿元、24亿元。2017年，国开行牵头主承发行的马来亚银行债券成为国内首单“债券通”熊猫债，圆满落实了“一带一路”国际合作高峰论坛资金融通类成果。三是以综合金融服务方式，通过银团、资产证券化、票据、委贷等金融产品引导580亿元社会资金支持西部地区建设。当年发行理财产品120只，募集资金485.75亿元支持西部地区建设。

防范风险，维护金融生态稳定。一是配合做好地方政府债务置换工作。2017年1—10月，西部地区分行合计完成定向债置换1742亿元。二是扎实做好风险防控及管理，动态监测各项风险指标。强化内控合规管理，认真落实内外部各项监管要求，积极配合内外部现场检查，多层次、多形式、多渠道地向内外部监管部门做好汇报沟通。

二、2018年工作设想

(一)发挥开发性金融规划先行和融资推动优势，继续深化与国家部委及地方政府的规划合作

一是进一步深化与国家发展改革委、住建部等部门的规划合作，加强与西部地方政府规划合作，结合国家“西部大开发”“一带一路”“长江经济带”战略实施，研究落实支持政策，促进规划落地实施。二是进一步支持推进西部地区重大区域规划和扶贫专项规划编制，探索创新融资运作机制和融资模式。三是以规划为切入点，梳理一批西部地区薄弱环节和重点建设领域的重大项目，推动项目开发和培育。

(二)以打赢脱贫攻坚战为重点，加大对西部地区的支持力度

一是深入推进“东西部扶贫协作行动”。东西部结对帮扶地区在签署合作协议的基础

上，明确工作重点，细化支持举措，为西部地区脱贫攻坚提供全方位支持和服务。二是聚焦产业扶贫，注入可持续脱贫动力。促进西部地区特色优势产业升级、产业链延伸，以产业发展促进贫困人口创业就业增收。推动西部地区通过设立风险补偿基金、政策性担保公司等方式，发挥财政扶贫资金作用，为金融支持产业发展提供增信支持。三是推动乡村振兴。按照党的十九大报告关于实施乡村振兴战略的新部署新要求，推动乡村振兴和脱贫攻坚两大战略紧密结合、互促共进。加大对农村基本生活条件和公共服务设施的融资支持力度，围绕提升村组道路、危房改造、农村供水供电、通网通信、垃圾污水处理等基础设施条件，不断改善农村生活条件。

(三)继续做好棚改工作

一是积极谋划2018年棚改工作。充分发挥棚改协调机制作用，按照住建部要求，继续严格执行棚改标准，扎实做好2018年计划项目对接。进一步优化完善评审政策，对符合条件的2018年棚改计划内项目，尽早启动评审。二是加强棚改项目合规性管理，指导西部地区市县扎实做好棚改项目前期工作，实施差异化信贷政策，提高棚改资金使用效率。协助西部地区完善配套制度，严控棚改项目标准，坚决防止棚改资金用于棚改以外的工程建设，不支持补偿面积过大、改造成本过高、非住宅类建筑超标的棚改项目。三是做好融资规划与政策研究。继续深化与住建部等主管部门的合作，加强形势研判，合理做好融资安排。加强投融资模式创新和产品创新，积极拓展资金来源，促进业务可持续发展。

(四)支持“两基一支”等领域重大项目建设

一是继续支持现代化交通综合体系建设，包括铁路、公路、机场、轨道交通等重大基础设施项目，积聚发展动能。二是支持新型城镇化建设，完善城市功能。围绕城市综合交通网络建设、地下管网改造工程、海绵城市建设及特色小城镇等重点，为西部地区城镇化筑牢发展基础。三是支持水利基础设施，推进重点生态工程建设。通过提供优惠利率、创新投融资模式等方式，满足节水供水重大水利工程及中小型水利项目融资需求。

(五)积极推进国际业务

一是围绕服务国家“一带一路”建设、国际产能和装备制造合作等重点领域工作，紧密对接“西部大开发”战略实施。二是加大海外市场开发，抓住“一带一路”周边基础设施互联互通、国际产能和装备制造合作等领域的新契机，充分发掘优势产能，拓展国际业务。

(六)加强分支机构和人才队伍建设，增强组织保障能力

一是继续充实西部分行领导班子、中层及后备干部，完善干部梯队建设。二是把东西扶贫协作作为培养锻炼干部的重要平台，加大从东部分行选派德才兼备的业务骨干到西部对口帮扶地区开展东西扶贫协作相关工作力度；加强对扶贫金融专员的管理使用，为扶贫攻坚提供人才保障。

第三篇/地方篇

第一章　重庆市

一、2017 年工作情况

2017 年 1—10 月，全市经济运行在合理区间，固定资产投资增长 10%，规模以上工业增加值同比增长 9.6%，社会消费品零售总额增长 10.8%。前三季度地区生产总值增长 10%，居全国第三位。

(一)抢抓重大战略机遇，加快打造内陆开放高地

紧紧抓住国家推进“一带一路”建设和长江经济带发展战略机遇，统筹开放平台功能要素配置，促使口岸、通关、信息等开放功能，以及金融、创新、人才等开放发展要素科学布局，加快推进开放型经济发展。

一是加快建设中国(重庆)自由贸易试验区。深化实施“放管服”“多证合一”“大部门制”等改革，设立“重庆两江国际仲裁院”，积极营造良好营商环境。2017 年 1—10 月中国(重庆)自由贸易试验区新增企业注册 1 万余户，落户重大项目 533 个，投资总额 2516 亿元。

二是持续推进中新(重庆)战略性互联互通示范项目。果园港“1+1”多式联运示范项目、机场商业合作等一批重点项目落地，累计签约投资 196 亿美元。开行“渝黔桂新”南向铁海联运通道常态运行班列，至东盟主要港口时间缩短至 7—10 天。

三是不断加强内外合作。积极搭建“一带一路”国际合作平台，开通重庆至洛杉矶、莫斯科、纽约等国际航线。中欧(重庆)班列新增意大利、俄罗斯、匈牙利分拨点。积极开展中欧区域政策合作对话机制下国际城镇合作项目示范城市建设，与德国曼海姆市正式签约建立结对关系。推动签署渝桂黔陇四地《合作共建南向通道框架协议》和《关检合作备忘录》。组织召开渝西川东经济社会发展协作会、重庆经济协作区第十九次市长联席会。成功举办首届长江上游地区省际协商合作联席会议，推动渝川滇黔四省生态环境联防联控、基础设施互联互通、公共服务共建共享。

(二)加快基础设施建设，全面提升互联互通水平

大力推进交通、水利、能源等基础设施建设，2017 年 1—10 月全市基础设施投资完成 4213 亿元、增长 15.6%。

一是加快交通基础设施建设。快速推进铁路建设，渝贵铁路、成渝高铁沙坪坝段进入联调联试阶段，西部地区最大客运枢纽重庆西站一期和沙坪坝站进入内部装饰阶段。郑万高铁和枢纽东环线进入全面建设阶段。加快推进高速公路建设，渝广、南道高速通车，万利、九永高速进入扫尾阶段，高速公路总里程将迈上 3000 公里新台阶。稳步推进水运建设，龙头港投入运行，果园港铁水联运接驳改造以及珞璜港、新田港一期工程加快建设。扎实

推进民航建设，江北机场成为中西部首个拥有三座航站楼、实现三条跑道同时运行的国际航空枢纽。五是务实推进国省道和农村公路建设。2017 年 1—10 月完成普通国省道改造 694 公里、农村公路建设 6897 公里。

二是抓好重点水利工程。观景口水库大坝填筑封顶，完成投资 8.5 亿元。长江防洪工程二期建设有序推进，开州跳蹬、云阳向阳水库均已完成工程方案设计报告，前期工作正加快推进。

三是推进能源基础设施建设。页岩气勘探开发已形成以涪陵页岩气田为示范，南川、綦江、渝西积极跟进的"1＋N"多点发力态势。

（三）大力发展实体经济，加快培育现代产业体系

一是传统支柱产业集群化发展。电子制造业高端品牌加速集聚，2017 年 1—10 月笔记本电脑产量 5011 万台，手机产量 2.57 亿部，电子产业增加值增长 26.1％。汽车新产品投放量不断提升，汽车产量达到 248 万辆，汽车产业增加值增长 6.7％。装备、化医、材料、消费品行业增加值分别增长 10.8％、12.4％、6.9％和 8.8％。各类支柱产业加快实施智能制造、技术改造、质量品牌等工程，市场竞争力不断增强。

二是战略性新兴制造业保持快速增长。制定《重庆市推动战略性新兴产业发展实施方案》，推动京东方 AMOLED 面板、SK 海力士二期等项目签约，东康新能源、天骄航空发动机等项目开工，慧科液晶面板、康宁玻璃基板等项目投产，产业链条进一步完善。2017 年 1—10 月战略性新兴制造业保持快速增长，增加值增长 30％。

三是战略性新兴服务业加速发展。加快建设国内重要功能性金融中心，金融业服务实体经济能力进一步提升，2017 年 1—10 月实现增加值 1278 亿元，同比增长 8.3％。

四是坚决去除过剩产能。全面完成 20 户"地条钢"企业取缔，去除产能 289 万吨；完善处置"僵尸企业"市级部门联席会议制度，截至目前已处置市属国有"僵尸企业"102 户、非市属国有"僵尸企业"34 户。

（四）统筹推进新型城镇化建设，促进产城融合发展

一是推进成渝城市群建设。根据《成渝经济区区域规划》和《成渝城市群发展规划》，完成《川渝合作示范区（潼南片区）建设工作方案》，务实推动基础设施、生态环保、产业发展等领域合作。

二是着力推进智慧小区建设。编制《智慧小区建设技术要点》和《智慧小区评价标准》，制定《智慧城乡建设方案》，推进建设 17 个智慧小区示范项目。

三是加快发展一批特色小镇。重点打造纳入全国百座特色小城镇的武隆仙女山、江津四屏、江北寸滩等 7 个小镇。

（五）加强生态环境保护，筑牢国家生态安全屏障

一是深入实施"蓝天行动"，坚持全民共治、源头防治，截至 10 月，全市空气质量优良天数 264 天，比上年同期增加 7 天。

二是加强河流污染综合治理。认真落实"河长制"和"水十条"，加大三峡库区污染治理力度，2017 年 1—10 月长江干流重庆段水质为优，长江支流水质总体良好。

三是加强三峡库区消落区治理和植被恢复。采取生态修复、保留保护、库岸环境综合整治等方式实施消落带生态环境治理。加大库区生态屏障区造林绿化。截止10月，完成造林绿化265.6万亩，库周生态保护带造林1.1万亩。

四是加大水土流失治理力度。2017年安排水利资金1.6亿元，实施秦巴山区、武陵山区、三峡库区水土流失治理384.5平方公里。

(六)加强社会事业建设，着力保障和改善民生

切实抓好惠民生、保稳定、促和谐各项工作，着力增强人民群众获得感，社会民生持续改善，人民福祉不断增加。

一是深入推进精准脱贫。扎实推进“十大扶贫行动”和“六个一批”精准帮扶举措，实施贫困村提升工程。2017年1—10月，完成易地扶贫搬迁8.51万人，新增困难人员就业9.96万人。

二是促进区域城乡基本公共服务均等化。重点民生实事进展顺利。推进教育文化和医药卫生体制改革，优化教育、医疗、文化等公共服务设施布局。就业形势好于预期，城镇新增就业63.65万人，完成全年目标任务的106.08%，城镇登记失业率3.4%，比控制目标低1.1个百分点。

二、2018年工作设想

(一)完善基础设施网络

大力实施基础设施建设提升战略行动计划。加快推进郑万高铁、渝湘高铁建设，开工建设渝昆高铁。建成江津至习水等高速公路。加强长江干线航道整治，加快长江上游航运中心建设。着力打造西部地区航空枢纽，加快巫山、武隆机场建设和万州、黔江机场改扩建。

(二)加快开放平台打造

加快临空经济示范区、重庆市环都市区产业转型升级示范区建设。促进重庆国际物流港发展。推动中国(重庆)自由贸易试验区和中新(重庆)战略性互联互通示范项目建设。

(三)加强区域合作

加强西部大开发与长江经济带、“一带一路”建设融合，推进对外务实合作。促进西部地区产业联动和大通关合作，推动重庆与成都、西安、贵阳、昆明等西部地区中心城市经济协作，重点推进成渝城市群建设。

(四)实施创新驱动发展战略

实施以智能化引领的创新驱动发展战略行动计划，加快构建智能经济体系。大力培育多层次的企业研发创新中心、技术中心，建设由大型企业领军的行业创新中心。

(五)加大生态环境保护力度

加大三峡库区生态环境保护力度,推动生态补偿机制试点工作。继续实施新一轮退耕还林还草、自然保护区建设,推进石漠化、水土保持等重点生态工程。

(六)推进新型城镇化

实施《成渝城市群发展规划》,打造西部地区经济增长重要引擎。培育和打造一批特色小城镇,推动产城融合发展。

(七)加快社会民生事业发展

扎实推进一批重点民生实事。加快教育、卫生、文化等社会事业发展。做好贫困人口低保兜底保障和重点群体就业工作,坚决如期高质量打赢脱贫攻坚战。

第二章　四川省

一、2017 年工作情况

(一)经济运行保持“总体稳定、稳中有进、稳中向好”良好态势

2017 年前三季度全省实现地区生产总值 27297.19 亿元，同比增长 8.1%，增速比全国平均水平高 1.2 个百分点。其中，一、二、三产业增加值分别为 3370.95 亿元、10557.27 亿元、13368.97 亿元，分别增长 3.8%、7.5%、9.8%。城镇、农村居民人均可支配收入分别增长 8.4%、9.3%，高于 GDP 增速 0.3 和 1.2 个百分点。2017 年 1—10 月，国家核定四川省固定资产投资增长 10.6%，比全国平均水平高 3.3 个百分点；完成全社会固定资产投资 26903.2 亿元，同比增长 10.2%，高于年初预期目标 0.2 个百分点。全省居民消费价格指数(CPI)上涨 1.4%，控制在全年 3%左右的预期调控目标内。

(二)全面创新改革“一号工程”系统推进

率先与国家国防科工局、十二大中央军工集团和中物院签署战略合作协议，与科技部和中央军委科技委签署联合推进科技军民融合发展战略合作框架协议。开工建设航空发动机研发中心、集成电路研发基地、电子科技集团大数据服务公司等一大批军民融合重大项目。截至 2017 年 9 月底，十大军民融合产业基地完成投资 423.8 亿元，150 项军民融合技改升级项目完成投资 284.5 亿元。省级科技计划已支持共性关键技术研究 101 个，100 项高校院所重大成果清单中 58 项成果与企业实现成功对接，20 家在川高校、科研院所职务科技成果混合所有制改革试点扎实推进。

(三)“三去一降一补”持续深化

扎实开展淘汰落后产能、违法违规建设项目和联合执法三大专项行动，彻底取缔“地条钢”，全面核查钢铁行业冶炼装备和产能，积极推进煤炭行业化解过剩产能。通过推动规模以上企业对接资本市场，加快天府股权交易中心改革发展，有序推进市场化债转股，全省规上工业企业资产负债率降至 57.85%，较去年同期下降 1.65 个百分点。通过减税降费、降低制度性交易成本、融资成本和物流成本等多措并举，截至 2017 年 9 月底，为企业减负 530.8 亿元。安排扶贫资金 610 亿元，实施 22 个扶贫专项实施方案。已扶持贫困人口 98.12 万人脱贫，成功召开全国易地搬迁现场会，易地扶贫搬迁住房建成率达 99.5%，搬迁入住率达 74.9%。

(四)农业供给侧结构性改革加快推进

着力调整农业产品结构,促进农村一、二、三产业融合发展。建成高标准农田410万亩,粮油绿色高产高效示范区160个,建设粮改饲示范区20个,建设现代经作产业标准化基地150万亩。发展稻田养鱼460万亩,居全国第一位。建设现代农业产业融合示范园区153个。休闲农业与乡村旅游综合经营性收入990亿元,同比增长16%,累计培育涉农电商企业1138家,发展"三品一标"农产品4951个。新培育家庭农场840家、农民合作社1680家,新认定省级示范场300家、示范社200个,发展新型职业农民2万余人。

(五)融入"一带一路"建设务实推进

积极推动"一带一路"国际合作高峰论坛成果落地,协同推进中蒙俄、中哈、中捷等国别规划(纲要)落实。以建设四川内陆自由贸易试验区为引领,着力打造"一带一路"建设新平台新支撑。天府新区、绵阳科技城等正逐渐成为集聚优质企业、资本、技术、人才的新高地。规划建设中德、中法、中韩创新创业园等近20个国际合作园区,四川"一带一路"经济联络基地与国外65家机构和企业达成入驻意向,美国卡耐基梅隆大学成都研究院等重大项目成功落户。深入实施"蓉欧+"战略,已联通波兰罗兹、荷兰蒂尔堡、德国纽伦堡等欧洲城市,初步形成"北、中、南"三线并行格局。2017年1—11月,开行班列763列,全年预计将开行1000列,领跑全国各城市。不断拓展经贸产能合作,有序推进企业布局海外,2017年1—9月新增境外投资企业73户,"走出去"企业累计突破920家,全省新设外商投资企业406家,累计超过1.1万家,落户四川的世界500强企业达331家。

(六)奋力抗击重大自然灾害

在党中央国务院的坚强领导下,省委、省政府迅速响应、科学调度、果断处置,及时有序安全转移和妥善安置受灾群众,最大限度减少了人员伤亡,夺取了"8·8"九寨沟地震抗震救灾和"6·24"茂县特大山体滑坡抢险救援的重大胜利,灾后恢复重建工作扎实有序推进。"6·24"茂县特大山体滑坡灾后恢复重建项目25个,估算总投资4.12亿元,目前已开工项目5个,年底前将再开工项目7个。"8·8"九寨沟地震灾后恢复重建项目222个,估算总投资118亿元,重建工作已全面启动。

二、2018年工作设想

(一)强化重大问题研究

准确把握宏观调控的方向、时机和力度,密切跟踪国际国内经济形势,及时跟进掌握国家层面的政策取向,不断加强全省经济形势预研预判。深入研究涉及全省发展大局的重大问题,加大对供给侧结构性改革、创新驱动发展战略、区域协调发展战略、乡村振兴战略等重大问题的研究力度。

(二)抓好项目投资促进

充分发挥投资对优化供给结构的关键作用,继续实施"项目年"活动,保持投资持续稳定增长。突出抓好2018年全省重点项目及省级重点推进项目的实施，根据国家产业政策和投向，筛选储备一批对经济社会长远发展和结构调整具有重要影响的项目。

（三）全面推进改革开放

切实抓好全面创新改革“一号工程”，确保九张清单落地见效，实施智能制造装备等15项科技成果转化专项行动，加快推进十大军民融合高技术产业基地建设，深入推进职务科技成果混合所有制改革。深度融入“一带一路”建设，深化西向开放，加大南向开放力度。深化对外管理体制改革，推进四川制造、四川服务双轮开放，推动境外经贸合作区建设，促进国际产能合作。全面落实自贸试验区建设实施方案，联动抓好外资外贸外经工作。

（四）纵深推进区域发展

积极推动区域协调联动发展，强化省领导联系指导市（州）和五大经济区工作机制。支持成都建设新发展理念的国家中心城市，着力打造天府新区、川南经济区、川东北经济区、攀西经济区等新兴增长极，推动五大经济区特色化、联动化发展。推动革命老区、民族地区、地震灾区等特殊类型地区跨越振兴，补齐区域发展短板。

（五）大力实施乡村振兴

坚持农业农村优先发展，编制实施乡村振兴战略规划，建立健全城乡融合发展体制机制和政策体系，加快农业农村现代化。深化农业供给侧结构性改革，加快构建现代农业产业、生产、经营体系，促进农村三产融合发展。继续深化农村土地制度改革和幸福美丽乡村建设。建设一支高素质“三农”工作队伍，强化乡村振兴的人才保障。

（六）深入推进脱贫攻坚

深入推进基础设施建设、住房建设、异地扶贫搬迁、特色产业培育、教育医疗扶贫等重点工作，推进群众稳定脱贫。加大省内对口帮扶力度和东西部协作扶贫力度，引导帮扶资源聚焦民生和贫困地区。继续深入实施藏区“六项民生工程计划”，统筹抓好藏区新居建设。实施“飞地园区”能力提升计划，为民族地区经济发展提供支撑。

（七）扎实推进灾后重建

坚持和发展以地方为主体的灾后恢复重建新路，坚持规划引领、突出重点关键、积极探索创新、强化监督检查，扎实有序推进灾后恢复重建各项工作。2018年，实现茂县特大山体滑坡灾后恢复重建项目全面开工，完成九寨沟地震城乡住房重建，全面开工公共服务设施重建。

第三章　贵州省

一、2017 年工作情况

（一）狠抓大扶贫战略行动，全力打响脱贫攻坚战

一是产业扶贫更加精准推进。组织了以产业扶贫和易地搬迁扶贫为主题的项目观摩会，成立蔬菜种植、家禽养殖、产销对接、蔬菜保险、校农对接 5 个工作专班，精准推进产业扶贫。二是易地搬迁扶贫更加精准实施。坚持以城镇化集中安置为主，积极推进跨县、跨市州安置，2017 年项目开工 251 个、开工率 100%。三是民生社会扶贫更加精准发力。全面落实建档立卡贫困户子女上高中大学免除学杂费政策。组织 1 万多名医务人员在 66 个贫困县开展巡回义诊，对 9 种大病进行集中免费救治。结对帮扶、集团帮扶等力度加大，"千企帮千村"帮扶贫困人口 53.7 万人。2017 年全省已有 6 个贫困县、60 个贫困乡镇摘帽，1500 个贫困村退出。

（二）狠抓大生态持久战，筑牢国家生态安全屏障

省第十二次党代会将大生态上升为三大战略行动之一。国家生态文明试验区（贵州）实施方案获批实施，成功召开生态文明试验区贵阳国际研讨会。一是生态建设力度加大。省市县乡村五级干部 21 万人春节后上班第一天上山植树。上半年营造林 473 万亩，治理石漠化面积 1012 平方公里、水土流失面积 1500 平方公里。全面推进流域治理，开展了以"保护母亲河·河长大巡河"为主题的"贵州生态日"系列活动，全面推行省市县乡村五级河长制。二是环境保护力度加大。十大污染源、十大行业治污减排有力推进。生态环境质量持续向好，9 个中心城市、88 个县级城市空气质量指数优良天数达 96%以上。集中式饮用水源地水质达标率稳定在 100%，79 条河流 151 个省控断面水质优良比例为 94%以上。单位地区生产总值能耗持续下降，主要污染物排放控制在国家下达范围内。三是生态制度体系不断完善。生态文明体制机制改革不断深化，制定实施生态保护红线管理暂行办法、健全生态保护补偿机制的实施意见、生态文明建设目标评价考核办法，强化资源环境生态红线管控、自然资源资产产权和用途管制。

（三）狠抓民生实事，增加公共服务供给

坚持以人民为中心的发展思想，全力保障和改善民生。一是教育事业加快发展。第三期学前教育行动计划、"全面改薄"等项目加快实施。9 所高校入驻花溪大学城，19 所职业院校入驻清镇职教城。学前教育儿童营养改善计划实现 66 个贫困县农村学前教育机构全覆盖，义务教育阶段学生营养改善计划实现全省农村义务教育学校全覆盖，营养改善计划

惠及农村学生448.6万人。二是社会保障体系加快完善。出台整合城乡居民基本医疗保险制度实施方案，城乡居民基本医保政府补助标准由420元提高到450元，城镇和农村低保标准分别增长10%和18.2%。大病救助、灾害救助等民生保障扎实推进。新开工城镇保障性安居工程23.63万套、农村危房改造20万户。三是医疗卫生服务能力不断提升。建成县级以上公立医院统一预约挂号平台。国内三甲中医医院对口帮扶贵州省所有中医医院实现全覆盖。省级公立医院、城市公立医院和县级公立医院综合改革实现全覆盖。省内异地就医即时结算实现全覆盖，83家医院开通跨省异地就医全国联网结算服务。四是就业创业力度加大。深入实施“雁归兴贵”“双百工程”，着力抓好大学生、返乡农民工等重点群体就业创业。城镇新增就业50余万人，城镇登记失业率控制在3.28%。五是社会保持和谐稳定。有力有效抓好安全生产、防汛度汛、抢险救灾等工作，安全生产事故起数、死亡人数继续实现双降。加快完善立体化、信息化社会治安防控体系，依法严厉打击各类违法犯罪活动，人民群众安全感不断提升。

（四）狠抓改革开放，促进创新驱动发展

全力深化供给侧结构性改革，重点领域改革有序推进，内陆开放型经济试验区加快建设，创新驱动发展能力进一步增强。一是供给侧结构性改革成效持续显现。制定实施2017年供给侧结构性改革十大行动47项重点任务，“三去一降一补”重点任务有力有效落实，为实体经济企业降低用电、融资、物流、税费、制度性交易“五大成本”，贵州省已成为全国电价最低的省份之一，极大地促进了招商引资和实体经济发展。出台煤炭工业淘汰落后产能加快转型升级的意见，培育先进产能315万吨，关闭煤矿50处、淘汰落后产能700万吨。167万吨地条钢全部关停。二是重点领域改革不断深化。农村“三变”改革全面推开。出台深化投融资体制改革的实施意见，发布政府核准的投资项目目录(贵州省2017年本)。省直机关项行政许可由295项调整减少为272项，企业设立后经营许可由237项减少为160项。“双随机一公开”监管全面推行，被列为国家市场准入负面清单改革试点，企业“五证合一、一照一码”登记改革全面推进。率先在全国开展新经济统计试点。财税、国企、社会信用、价格等改革持续深化，空间性规划“多规合一”试点加快推进，大数据助力贵州司法体制改革不断深化。三是内陆开放型经济试验区建设加快推进。制定实施内陆开放型经济试验区建设规划和重点任务清单，“数字丝路”跨境数据枢纽港、国际邮件互换局等项目加速推进。贵安新区获国务院批准建设国家绿色金融改革创新试验区，安顺高新区升级为国家级高新技术产业开发区，遵义综合保税区获国务院批复，贵阳临空经济示范区获国家批准建设，瑞士(贵州)产业示范园落户贵阳综保区。贵广高铁经济带发展规划印发实施。2017年1—10月，实际利用外资增长13.6%，进出口总额增长38%。四是科技创新能力不断提升。大力推动大众创业万众创新，加快打造创业创新平台，新增贵阳高新技术产业开发区、遵义市汇川区2个国家级双创示范基地，前三季度高新技术产业产值增长26.8%。

（五）狠抓扩大投资，努力完善基础设施网络

千方百计抓项目扩投资，实施基础设施建设“成网”工程，夯实发展基础。一是贵阳至重庆高速铁路预计年底建成通车，贵阳至成都、贵阳至南宁高速铁路等建设项目加快推进。二是加快实施1万公里高速公路网加密规划，息烽至黔西、白腊坎至黔西、花溪至安顺等高

速公路建成通车，贵阳至遵义高速公路复线预计年底建成通车，公路投资占基础设施投资的30%以上。三是仁怀机场建成通航，贵阳龙洞堡机场三期、荔波机场改扩建工程等进展顺利。四是夹岩、马岭、黄家湾等大型水利枢纽工程加快建设，全年开工建设60座骨干水源工程，中型水库投运的县达到70座。五是实施新一轮农村电网改造升级工程，全年新建或改造35千伏及以上变电站99座，新建35千伏及以上线路367.8公里，完成电网投资120亿元。六是深入实施“光网贵州”“光网城市”“满格贵州”工程，贵阳·贵安国家级互联网骨干直联点建成开通，互联网出省带宽达到6220Gbps，光缆线路达到85.6万公里，光纤入户超过2000万户。

(六)狠抓绿色产业发展，构建现代产业体系

一是数字经济蓬勃发展。出台实施全国首个省级数字经济发展规划和数字经济发展意见，成功举办2017中国国际大数据产业博览会，全国首个大数据国家工程实验室、中科院上海生科院贵安新区生物医学大数据中心、贵安超算中心正式成立，苹果iCloud数据中心落户贵州，华为全球私有云数据中心、腾讯贵安七星数据中心开工建设，“云上贵州”数据共享交换体系整体接入国家平台，建成贵阳和贵安新区2个大数据清洗加工基地。二是绿色经济加快发展。大力发展绿色经济“四型”产业，编制实施绿色经济倍增计划、绿色制造三年行动计划，着力推动绿色制造新技术新工艺在传统制造业中的应用，重点实施一批重大技术改造项目和示范工程，绿色经济工程包上半年开工项目225个、完成投资446.9亿元，一批绿色经济“四型”产业龙头示范企业逐步形成。三是旅游经济迅猛发展。编制实施全省和县城山地全域旅游发展规划，推进4A、5A级景区旅游标准应用示范建设，成功举行“山地公园省·多彩贵州风”2017中国·贵州全球旅游推介会，推动旅游景区建立现代企业管理制度，经济推进旅游资源所有权、管理权、经营权“三权分离”改革，设立旅游产业发展基金，高标准建成或正在建设一批精品旅游线路、重点旅游景区和乡村旅游点，新增花溪青岩古镇国家5A级旅游景区。2017年1—10月，全省旅游总人数、旅游总收入分别增长39.2%和41.4%。四是县域经济不断壮大。深入实施城镇化带动战略，黔中城市群不断发展壮大，国家新型城镇化综合试点工作有序推进，促进区域交通、产业等一体化发展。强化对四类县域经济的分类指导，精准推进以县为单位同步小康创建活动，城乡基础设施网络体系加快完善，县域特色产业逐步做大做强。

二、2018年工作设想

(一)打赢脱贫攻坚战

通过实施产业扶持脱贫、易地搬迁脱贫、教育支持脱贫、转移就业脱贫、社保兜底脱贫、生态保护脱贫工程，创新对口帮扶方式，在脱贫攻坚上取得重大成绩。

(二)筑牢国家生态安全屏障

通过实施重大生态工程、完善生态保护补偿机制、加大生态环境保护力度、完善防灾减灾救灾体系、促进资源节约集约循环利用、健全绿色发展机制，在生态文明建设上取得突出成效。

(三)增加公共服务供给

通过提升国民教育质量、健全社会保障制度、提高群众健康水平、丰富群众文化体育生活、创新社会治理机制,明显提升公共服务水平。

(四)促进创新驱动发展

通过拓展大数据等创新领域、培育壮大创新主体、搭建创新平台体系、构建创新体制机制、推动大众创业万众创新,为经济社会发展提供强大动力。

(五)坚持开放引领发展

通过积极参与和融入"一带一路"建设、全面提升内陆开放水平、提升区域间互动合作水平、培育多层次开放合作机制,打造全面开放新格局。

(六)完善基础设施网络

通过提升铁路路网密度和干线等级、提升公路网络联通和畅达水平、加快民用航空发展、加强河流航道建设、改造提升水利基础设施、优化能源基础设施布局、扩展提升信息基础设施,提升基础保障能力和服务水平。

(七)培育现代产业体系

通过增强产业发展的要素支撑、推动传统产业转型升级、促进战略性新兴产业突破发展、引导现代服务业有序发展,构建资源优势突出、创新能力较强、产业链条齐备、生态承载合理的现代产业发展体系。

(八)大力发展特色优势农业

通过完善农业基础设施、优化特色农业产业结构、加强农产品质量体系建设、完善现代农业服务体系、推动农业经营方式创新,加快形成资源利用高效、生态系统稳定、产地环境良好、产品质量安全、地域特色突出的农业发展新格局,促进农民持续增收。

(九)推进新型城镇化

通过促进农业转移人口市民化、加快构建城镇空间格局、加强城镇基础设施建设、建设绿色文明宜居乡村,提升城镇吸纳人口的综合承载能力。

第四章　云南省

一、2017 年工作情况

2017 年 1—9 月全省地区生产总值 10646.65 亿元，比上年同期增长 9.0%，增速高于全国水平 2.1 个百分点。1—10 月，全省规模以上工业实现增加值 2959.03 亿元，同比增长 9.0%；完成固定资产投资(不含农户)14612.09 亿元，同比增长 17.4%，地方一般公共预算收入完成 1555.04 亿元，同比增长 10.7%；外贸进出口总额完成 1232.97 亿元，同比增长 21.0%。

(一)供给侧结构性改革成效明显

化解钢铁煤炭等重点领域过剩产能任务顺利完成，商品房库存消化周期处于合理水平，超额完成 700 亿元的年度降成本目标，国有企业降杠杆成效显著，资产负债率降低 3 个百分点，211 个教育卫生补短板项目开工 147 个。

(二)以综合交通为重点的路网、航空网、能源保障网、水网、互联网等五大基础设施网络建设快速推进

启动 125 个县(市、区)高速公路"能通全通"工程，全年建成并通车高速公路 7 条，全省高速公路通车总里程突破 5000 公里。丽香、大瑞、玉磨、大临等 8 条铁路续建工程建设取得较大进展，昆明至广通达速改造、昆明地铁 9 号线开工建设。澜沧机场建成通航，蒙自、怒江、元阳、宣威、丘北等机场新建和昭通机场迁建项目前期工作加快推进。新开国际航线 12 条，实现开通东南亚国家首都航线全覆盖。德厚水库、阿岗水库、柴石滩水库灌区、车马碧水库等重点水利工程顺利推进。乌东德、白鹤滩水电站正在开展大坝土建施工，±800 千伏滇西北特高压直流工程建成投产。中缅天然气干支管道沿线 8 个州市全部实现通气用气，中缅原油管道、中石油云南 1300 万吨/年炼油项目、炼油配套的成品油管道建设投产。互联网骨干网和城域网改造提升工程、昆明国际通信枢纽工程快速推进。

(三)重点产业和新兴产业加快发展

八大重点产业全面由布局规划阶段转入落地实施阶段，建立了重点产业项目库，绘制了生物医药和大健康、信息、先进装备制造业、新材料 4 个重点产业发展"施工图"，省级重点工业项目、20 个智能制造项目和"3 个 100"工业转型升级重点项目建设加快推进。出台旅游市场秩序整治工作"22 条"措施，重拳整治各类旅游乱象，旅游市场秩序明显好转。

（四）民生保障持续加强

扎实开展脱贫攻坚"找问题、补短板、促攻坚"专项行动，全省17896个党政机关、企事业单位和59万名干部对所有贫困县、贫困村、贫困户帮扶全覆盖，重点实施了发展生产脱贫一批、易地扶贫搬迁脱贫一批、生态补偿脱贫一批、发展教育脱贫一批、社会保障兜底一批五大脱贫攻坚行动。社会事业全面发展，投入"全面改薄"项目资金303亿元，43个县（市、区）通过义务教育基本均衡国家验收，云南大学被教育部列入"一流大学"建设高校。全省医药卫生体制改革工作稳步推进，分级诊疗在全省有序开展，县域内就诊率达81%。全省城乡居民基本医疗保险政策实现统一，参保（合）率持续稳定在95%以上。鲁甸地震灾后恢复重建任务基本完成。

（五）开放合作迈上新台阶

云南省被列为国际贸易"单一窗口"标准版第三批试点省份，昆明高新、腾俊国际陆港2个保税物流中心通过国家验收，跨境经济合作区、边境经济合作区、海关特殊监管区等开放平台建设有序推进。互联互通水平持续提升，泛亚铁路东线境内段建成通车，中越红河水运、中缅伊洛瓦底江陆水联运项目加快推进，中老国际光缆跨境段传输系统扩容建设工程完工。中国—东盟国际区域旅游合作、澜沧江—湄公河次区域环境合作、生物多样性保护廊道建设等合作项目加快推进。

（六）经济体制改革取得重要进展

企业登记全程电子化改革、"多证合一"改革全面推行，企业创设平均时间从改革前的2—3个月缩短到3—5天。云南白药控股建立了市场化的治理结构，成为全国国有企业混合所有制改革的"突破性样本"。电力体制改革顺利推开，5012家市场主体完成市场准入，省内电力市场化交易成交电量大幅增长，电价市场化改革经验在全国推广。

（七）生态文明建设迈出新步伐

比全国提前1年全面推行"河长制"，实现所有河湖库渠推行"河长制"全覆盖，六大水系、牛栏江及九大高原湖泊设省级河长。生态环境损害赔偿制度改革试点工作走在全国前列，国家生态文明示范区创建工作实现零突破，西双版纳州、石林县成为"国家生态文明示范市县"。在全国率先发布2017版生物物种红色名录。实现了省对州市环保督察全覆盖。

二、2018年工作设想

（一）着力深化供给侧结构性改革

以去产能带动行业转型升级，巩固煤炭、钢铁行业去产能成果的同时，再压减粗钢产能，用市场化法治化的手段推进煤电等领域过剩产能化解，坚决淘汰不达标的落后产能，严控过剩行业新上产能。以去库存促进行业健康发展，支持合理自住购房，推动重点县市加快房地产去库存步伐，健全住房租赁补贴制度，加快公租房分配入住。以去杠杆防范经济发展风险，完善政府债务管理体系，鼓励和引导企业盘活存量资产，推进资产证券化，强化对民间借贷的有效监管,确保不发生系统性、区域性金融风险。以降成本支持实体经济发展。全面落实"营改增"政策,进一步清理规范行政审批前置中介服务事项、行政事业性收费、经营服务性收费,继续适当降低"五险一金"有关缴费比例,抓好降成本"75条"政策措施落实和完善,引导实体企业通过节本降耗、改进工艺、技术创新等措施挖潜降本增效。以补短板增强经济发展后劲,加大对基础设施、新兴产业、科技创新、质量强省、公共服务、生态环境、脱贫攻坚等薄弱环节建设发展的政策扶持和资金投入力度,提高补短板的综合效应,加快教育卫生补短板项目建设。

(二)着力挖掘释放需求潜力

全力扩大有效投资,深入推进工业转型升级"三个一百"和新一轮工业技术改造1000个项目计划,推动工业投资实现恢复性增长。加快推进PPP项目实施,再拿出一批有现金流、有稳定回报预期、吸引力较强的项目向社会集中推介,扩大企业债券、公司债券等发行规模,运作好省重点项目投资基金、重点产业发展基金各类政府出资设立的产业投资基金。积极推进消费提档升级,加快构建现代化冷链物流体系,差别化提供健康养老、幼教培训等供给,支持各地加快城市路网改造、停车服务和新能源汽车充电桩建设,大力发展大数据、云计算和"分享经济",推进智慧城市、宽带乡村等试点工程,促进电商消费和信息消费,鼓励零售企业利用互联网技术打造智慧商场,深入开展旅游特色城市、旅游强县、旅游名镇名村、旅游农庄创建,抓好全域旅游和"旅游+"发展。促进外贸进出口稳定增长,积极扩大农产品、机电产品、电子产品、纺织服装等重点商品出口,鼓励扩大先进技术、关键装备及零部件、紧缺资源性产品的进口,适度扩大水果、粮食、肉类、海产品、天然气、原油、矿石等商品和原材料物资消费品进口,争创国家级加工贸易梯度转移示范区,努力提高加工贸易进出口占比。

(三)着力加强基础设施网络建设

路网建设方面,继续抓好计划"十三五"期间开工建设的剩余67个高速公路项目,新开工一批高速公路联网项目,确保昆明东南绕城等5个项目175公里高速公路建成通车。继续抓好大瑞铁路、丽香铁路、玉磨铁路、大临铁路等8个续建项目建设,确保广大扩能、昆明至广通达速改造建成通车,新开工建设渝昆高铁、弥蒙高铁等项目。加快推进攀大(丽)铁路、蒙自至文山铁路等项目前期工作。航空网建设方面,新开工红河蒙自机场等5个机场项目,抓好大理机场改扩建等7个改扩建机场项目,推进陇川等5个通用机场建设,争取兰坪通用机场建成通航,加快推进怒江机场等机场建设项目前期工作。水网建设方面,继续推进滇中引水、德厚水库、阿岗水库、车马碧水库、柴石滩灌区等5件重大水利工程、47件中型水库工程和132件小型水库工程,新开工50件重点水网工程,建成山区"五小水利"工程30万件。能源保障网建设方面,继续推进±800千伏滇西北特高压直流工程、500千伏版纳输变电工程等一批重点项目,新开工建设乌东德电站送电广东广西输电工程、500千伏白邑输变电工程、500千伏吕合输变电二期工程,争取玉溪—普洱支线一期等3条天然气支线2018年投产,新开工建设开远—蒙自支线、迪庆支线等4条天然气支线。互联网建设方面,完成中移动中缅中老跨境段传输系统建设,实现与对端电信运营商互联互通。实施"宽带中国——千兆到户"FTTH建设项目和农村宽带网络覆盖延伸工程,加快基于全网覆盖的窄带物联网建设，推动物联网发展和规模普及。物流基础设施建设方面，继续推进昆明综合保税区空港片区、腾骏国际陆港、河口边境合作区北山跨境物流园、云南东盟国际冷链物流中心二期、祥云水目山公铁联运物流园等九大类176项物流基础设施建设项目。

(四)着力推动产业优化升级

以“互联网＋”技术创新和体制改革为动力，重振烟草、水电、有色等3个传统优势工业的辉煌。加快钢铁产业转型升级，巩固提升磷肥在全国的优势地位，力争千亿级绿色低碳水电铝材一体化重点产业园区建设取得突破，加快发展水电硅，努力延伸铜、铅锌、锡产业链条。推动重点产业和新兴产业加快发展，正式发布生物医药、大健康、信息、先进装备制造、新材料等产业发展“施工图”，进一步明晰重点产业的发展方向和发展路径，落实到产业链、产品、企业和项目。深入实施“中国制造2025”云南行动计划，集中力量打造一批新兴产业园区及基地，加快推进20个智能制造示范项目，再谋划布局一批生命健康、信息技术和智能制造等战略性新兴产业项目。大力推动现代服务业创新发展，推动现代物流、现代金融、研发设计等生产性服务业向专业化和价值链高端延伸。引导民间资本进入健康养老、文化创意、科技服务、服务贸易等新兴领域，推动生活性服务业向精细化和高品质转变。

(五)持续深化重点领域和关键改革

纵深推进“放管服”改革“10条”落地，再取消、下放一批可以由市场决定、由地方承接的审批事项和审批权限。深化投融资体制改革，加快落实以新型核准制度为核心的投资审批制度。继续打好国企改革攻坚战，加快重点领域混合所有制改革试点。加快推进输配电价改革试点，放开售电市场，力争电力市场化交易规模达全社会用电量的40%。持续深化财税金融、产权保护、教育卫生、社会保障、社会信用等其他领域改革，统筹抓好沿边金融综合改革试验区、国家重点开发开放试验区以及“多规合一”等各级各类改革试点工作，更好地发挥经济体制改革的牵引作用。

(六)积极构建全方位开放合作新格局

主动对接落实“一带一路”国际合作高峰论坛成果清单中涉及云南的重大事项，积极参与中国—中南半岛、孟中印缅经济走廊建设，推动澜沧江—湄公河、大湄公河次区域交流合作，深化与南亚东南亚国家在基础设施建设、农业开发、跨境旅游、跨境物流、人文交流等各领域的合作。以500强企业和行业龙头企业为主攻方向，分层分类、定向定点精准招商，力争全年实际利用外资和引进省外资金分别增长8%、11%以上。支持企业积极承接“一带一路”沿线国家和南亚东南亚地区的基础设施建设项目，到境外投资农业、电力、装备制造、冶金、化工等产业。

(七)着力加强生态环境保护

继续推进低碳试点省、城市(镇)、社区建设，积极组织符合条件的重点企业单位参与好全国碳排放权交易。加强长江、珠江以及滇池、洱海、抚仙湖等九大高原湖泊重点流域水环境综合治理工程建设。持续推进退耕还林、天然林保护、防护林体系建设和石漠化治理等生态建设重点工程。加强湿地保护与修复工作，加强生物多样性保护，深入推进自然保护区、森林公园、国家公园等保护地建设管理，筑牢国家西南生态安全屏障。

（八）着力保障和改善民生

以脱贫攻坚统领经济社会发展，深入推进精准扶贫精准脱贫，力争实现“不少于30个贫困县摘帽、1000个贫困村出列、100万贫困人口脱贫”的年度目标。加大产业扶贫力度，强化教育、健康扶贫，做好贫困户技能培训和转移就业。全面实施全民参保计划，推进法定人员参保全覆盖，确保建档立卡贫困户100％参加基本养老、医疗保险，实现22个县（市、区）义务教育基本均衡，以医联体和家庭医生签约服务为抓手，加快推进分级诊疗制度建设。加强基层医疗卫生机构能力建设，引导城市优质医疗卫生资源向基层、农村流动。

第五章　西藏自治区

一、2017年工作情况

2017年1—9月，全区地区生产总值完成939.51亿元，同比增长10.1%；1—10月，全社会固定资产投资完成1750.97亿元，同比增长22.9%；社会消费品零售总额433.50亿元，同比增长13.8%；完成地方财政收入196.32亿元，同比增长32.4%。地方财政支出1392.22亿元，同比增长7.3%。10月末全区金融机构人民币各项存款余额5006.93亿元，同比增长14.5%；人民币各项贷款余额3839.09亿元，同比增长26.1%。

(一)扎实推进重点项目建设

中央政府投资到位501亿元，达到"十三五"规划投资年均水平，同比增加62亿元。全区200个重点项目加快推进，2017年1—10月完成投资1326亿元，占全社会固定资产投资的75.7%。交通、能源、水利等重点项目加快推进，拉林高等级公路(二期)、贡嘎机场至泽当、日喀则市至日喀则机场高等级公路基本建成。叶巴滩、苏洼龙等水电站进展顺利，藏中和昌都电网联网工程、拉林铁路供电工程加快建设。拉洛等重点水利工程进展顺利。"厕所革命"、城镇地下综合管廊等项目加快推进。

(二)促进产业优化发展

一是农业持续丰收，粮食产量继续保持在100万吨以上，肉、奶产量分别为15.22万吨、34.26万吨，同比增长2.4%、16.6%。二是工业提质增效效果明显，全区实现规模以上工业增加值同比增长14%。包装饮用水产量达到43.03万吨，同比增长35.1%。并网电站累计发电量48.36亿千瓦时，区外送入6.25亿千瓦时，区内送出8.66亿千瓦时，全社会用电量45.95亿千瓦时。三是旅游消费持续繁荣，全区接待国内外游客2519.85万人次，同比增长11.2%；实现旅游总收入371.45亿元，同比增长17.2%。

(三)全力推进脱贫攻坚

截至2017年10月底，易地扶贫搬迁工程安置区(点)完工322个、在建444个，完成投资112.7亿元。开工建设边境地区小康村153个，完成投资21.6亿元。到位产业扶贫项目资金184.32亿元，完成投资131.28亿元，带动4.67万人脱贫。强化援藏扶贫，召开深化对口援藏扶贫工作会议，签约项目21个，签约资金117.67亿元。

(四)保障水平显著提高

全区各类保险参保人数达到342.78万人次。城乡养老保险基础养老金提高到150元，城镇居民基本医疗保险政府补助标准提高到460元。社保信息系统建设取得突破,发放首批社会保障卡,跨省异地就医结算已与国家平台正式接通,10家医院正式接入异地就医直接结算平台。城镇低保、农村低保、五保标准分别提高到人均700元/月、3311元/年、4940元/年。

(五)公共服务全面提升

启动第三期学前教育行动计划和高中阶段教育普及攻坚计划,加快推进寄宿制学校标准化建设,实施高海拔地区学校风雨操场和新建(改扩建)普通高中学校等项目。全面取消药品加成,包虫病综合筛查全面推进,包虫病筛查率达到95.2%,手术救治包虫病患者428名。加快乡村公共数字文化提档升级工程建设,“百场演出送基层、文化文艺进万家”活动深入开展。自治区体育健儿在第13届全运会上取得1金6铜的优异成绩。

(六)促进就业成效显著

制定出台促进高校毕业生就业创业的若干意见,加快推进“双创”基地建设,5000多名高校毕业生实现自主创业、自主择业。对口援藏省市、中央企业落实就业岗位11000多个。新增城镇就业4.5万人,城镇登记失业率控制在2.5%以内。转移农牧区富余劳动力98.09万人次。

(七)改革开放不断深化

一是加快农村土地确权颁证,深化农村集体产权制度改革。不断优化国有资本布局和结构,深化医药卫生体制改革和商事制度改革。“营改增”改革取得预期成效,企业税负明显下降。推进国有林场和集体林权制度改革。二是完成进出口贸易总额47.28亿元,同比增长22.1%。积极参加“一带一路”国际合作高峰论坛,现场签约中尼友谊工业园、尼泊尔·中国西藏文化产业园两个项目。组织优质特色产品企业参加“广交会”“丝博会”“商洽会”等重点展会,签订销售合同550多万元,签约投资项目10个,总投资达32.49亿元。召开“央企助力富民兴藏”会议,签约项目347个,协议资金达1.3万亿元。

(八)生态环境持续良好

强化中央环保督察整改落实。第二次青藏高原综合科考全面启动,完成10个国家级自然保护区984处人类活动遥感监测结果地面核查。全面开展机动车尾气污染专项整治,大力推进全面植树种草。落实各类林业保护与建设资金34.13亿元,完成植树造林108万亩。

二、2018年工作设想

(一)加快推进重点项目建设

加快推进重点项目建设,强化资金保障。争取2018年开工G317线昌都至德格(川藏界)段、G318线拉萨至日喀则机场、G216线新藏公路东线民丰至改则、G318线林芝至竹巴笼段重点路段升级改造工程、拉萨至墨竹工卡铁路、昌都邦达机场航站区扩建工程、米林机场飞行区平行滑行道建设工程、农网升级改造工程、阿青水电站、巴塘水电站、拉哇水电站、

电网网架完善工程、青藏天然气管道干线、昌都市宗通卡水利枢纽等项目。

(二)加快产业发展步伐

一是加快农牧业现代化步伐，做精做细做优高原特色农产品加工业，确保农牧业产业化经营率提高1个百分点。深入推进青稞增产、牦牛育肥，增加农牧民群众收入。二是加快绿色工业发展步伐，积极培育能源产业、矿产资源、天然饮用水、高原特色农产品等特色资源。三是加快旅游文化产业升级步伐，强化旅游基础设施建设，加快旅游产品开发，推进旅游精品化试点，努力打造"世界第三极"西藏旅游新名片。四是加快现代服务业转型步伐，落实优惠金融政策，积极发展新业态，创新金融产品和服务模式，加强对绿色经济、科技创新、中小微企业和贫困地区的金融服务。

(三)着力改善民生

一是打好脱贫攻坚战，坚持"六个精准"，大力实施"五个一批"和"十项提升工程"，做到"八个到位"，实施整体脱贫攻坚行动，着力解决区域性整体贫困问题，巩固完善"五位一体"大扶贫格局。加快深度贫困地区脱贫攻坚规划编制工作。二是狠抓边境地区小康村建设，稳妥有序推进高海拔等特殊区域农牧民搬迁，着力改善搬迁群众生产条件，完善居住环境，提高生活水平。三是强化就业服务，深入实施高校毕业生就业创业促进计划，拓宽就业渠道。鼓励高校毕业生市场就业、自主创业，到企业就业、区外就业。加快推进柳梧新区"双创"示范基地建设，大力开展创业就业培训，搭建创业资源共享平台，以创业带动就业。四是强化民生保障，继续推进义务教育标准化建设和薄弱学校改造，推动城乡义务教育均衡发展。深入推进医疗人才"组团式"援藏，指导督促"1+7"医院重点学科专科建设。抓好包虫病等地方病防治。全面完成全民参保登记工作。继续推进因灾倒损民房恢复重建，确保按时完成恢复重建任务，加强救灾资金物资保障。

(四)加强生态环境保护建设

一是抓好生态屏障建设，做好中央环保督察问题整改落实，稳步推进全区生态环境功能区划编制和生态保护红线划定，深入开展生态文明建设示范区创建，做好国家级自然保护区确界工作。二是深入开展节能减排，严格执行环境保护"一票否决"制度，严禁"三高"项目和落后产能进入西藏。加快污水垃圾处理设施建设，积极开展高原污水垃圾处理技术工艺研究论证，进一步提高全区污水垃圾处理率。

第六章　陕西省

一、2017 年工作情况

(一)狠抓重点项目,进一步完善基础设施网络

积极开展“追赶超越 2017 重点项目建设年”活动,新开工 10 亿元以上西部大开发重点项目 8 个,总投资 1074.56 亿元。其中,西安至法门寺环线城际铁路、靖边至神木铁路、合阳至铜川高速公路、西安 5 号线地铁二期等 6 个交通类项目基本全部开工,预计新建城际轨道交通线路 235 公里、铁路 232 公里、高速公路 300 公里;信义—南山—宝鸡 2 回 750kV 线路工程、陕西省无定河综合整治工程进展顺利。

(二)推进创新驱动发展战略,促进战略性新兴产业突破发展

发挥陕西省电子信息产业优势,加大产业聚集效应,建设完善国家科学中心等创新平台,在大数据、云计算、物联网等特色优势领域加紧创建一批省级工程研究中心,推进航空发动机等一批中试成果加快产业化进程,积极引导科技型中小企业创新发展。加快推动交大中国西部科技创新港、中兴米克智慧小镇等区域创新平台建设,优化科技成果转化环境。积极探索“大赛+项目”科技产业化项目改革,统筹推进区域、高校、科研院所双创工作,培育引进高水平创新创业人才。组建陕西省军民融合发展委员会工作机构,争取创建国家军民深度融合创新示范区。

(三)统筹协调区域发展,不断提升发展平衡性

组织召开陕北高端能源化工基地建设、陕南绿色循环发展、关中协同创新发展座谈会。制定支持榆林加快发展的若干意见,实施延安综合能源基地发展规划,推动陕北经济稳步回升;系统谋划和储备“十三五”中后期循环产业项目,下达循环发展专项资金项目投资计划,全面支持园区基础设施和重大循环产业、确保陕南经济领跑全省;推进大西安建设,编制完成关中平原城市群规划、推进富阎一体化政策意见,促进关中经济稳中向好。加快推进新型城镇化,全面聚焦特色小镇建设,柞水县营盘镇、华阴市罗浮镇、灞柳基金小镇等七类特色小镇建设有序推进,成果显著。

(四)全力打赢脱贫攻坚战,不断改善社会民生

落实关于加快深度贫困地区脱贫攻坚工作实施意见,推进 11 个贫困县、500 个贫困村脱贫工作。下达中省两级以工代赈资金 3.7 亿元,易地搬迁群众 28.26 万人,350 多个贫困村开展“三变”改革试点。扎实推进榆林、安康等地灾后恢复重建。统筹推进高校毕业生等

重点群体就业,稳步推进民生领域221个重大项目建设,19个县(区)纳入支持农民工等人员返乡创业试点县,预计全年城乡居民人均可支配收入分别增长8.5%和8.9%左右。

(五)聚力筑牢生态安全屏障,推动实现绿色发展

铁腕推进"治污降霾・保卫蓝天"行动计划,关中地区完成散煤削减547万吨,起草《丹江口库区及上游水污染防治和水土保持"十三五"规划实施意见》,开展秦岭生态环境保护和自然保护区联合督查,实施节能项目15个、城镇污水垃圾处理项目38个,万元GDP能耗下降4.7%,完成森林抚育补贴试点任务194.5万亩,保护恢复湿地23.7万亩。秦岭植物园如期开园,大熊猫、桥山国家公园筹建工作有序进行。

二、2018年工作设想

(一)深化供给侧结构性改革,提高供给体系质量

一是持续推进"三去一降一补"。完成2018年化解煤炭过剩产能443万吨,关闭煤矿11处工作任务。积极推动未核先建煤矿项目核准建设,争取新增产能4550万吨。继续高压打击取缔"地条钢",推进陕钢集团、汉钢集团健全补强产业链。打好清费治乱减负组合拳,力争全年降低企业成本310亿元。快实施民营促进、居民增收、服务升级等十大战略,努力补齐制约陕西省经济社会发展最关键的短板。二是推动创新驱动发展战略。建设完善国家科学中心等创新平台,在大数据、云计算、物联网等特色优势领域加紧创建一批省级工程研究中心,加快推动交大中国西部科技创新港、中兴米克智慧小镇等区域创新平台建设。积极探索"大赛+项目"科技产业化项目改革,统筹推进区域、高校、科研院所双创工作。组建陕西省军民融合发展委员会工作机构,争取创建国家军民深度融合创新示范区。三是增强金融服务实体经济能力。鼓励发展创业投资和私募基金,加强与大型保险公司战略合作,引导各类基金参与全省科技型中小企业孵化培育,加速形成高新技术企业和"瞪羚"企业集群。加快完善政府性融资担保体系,支持符合条件的企业通过发行非金融企业债务融资工具、公司债、企业债等方式,有效拓宽融资渠道。

(二)持续加大开放力度,打造内陆开放经济新高地

一是全力开创"一带一路"建设新局面。推进自贸区投资改革试点,制定支持自贸区建设的政策意见、自贸区投资体制改革工作实施方案和风险防控方案。制定省级国际产能和装备制造合作基金设立方案,引导企业抱团出海,打造境外产业园,拓展"海外陕西"发展空间。争取2019年"一带一路"国际合作高峰论坛落户陕西。二是全力抓好招商引资。紧盯世界500强企业开展精准对接、上门招商,继续发挥三星、美光、中兴等重大项目的带动效应,加快引进具有区域性、功能性、支撑性的重大项目,精准招商延伸产业链条,扩大陕文投、隆基硅等一批省内企业境外发债规模。

(三)进一步统筹区域城乡协调发展,优化区域布局

一是促进三大区域协调发展。加快关中平原城市群规划,推进大西安建设和西咸一体化发展,支持西安建设国家中心城市。支持陕北加快构建清洁能源供应体系和现代产业体

系，培育现代能源化工全产业链竞争优势，推动设立陕北国家级资源型地区经济转型改革试验区。深入推进陕南绿色循环发展，加快创建陕南国家级生态文明改革试验区，培育汉江上游区域新增长极，完善陕南融资平台建设。二是大力推进区域协作。推动开展陕苏高层互访活动，出台苏陕扶贫协作“十三五”规划。深入推进京陕、津陕战略合作，落实川陕革命老区振兴发展规划实施方案，稳步推进黄河金三角、汉江生态经济带、呼包鄂榆城市群等重大区域合作战略。三是狠抓县域经济发展。贯彻落实加快县域经济发展和城镇建设的若干意见，建立并完善县域经济发展和城镇建设联席会议制度，切实推进县域工业区和产业园区建设，推动县城扩容提质步伐，持续推进镇级小城市综合改革试点、重点示范镇、文化旅游名镇和特色小镇建设。

(四)着力实施民生工程，增强人民群众获得感

一是推进精准扶贫精准脱贫。贯彻加快深度贫困地区脱贫攻坚工作的实施意见，落实基础设施和公共服务设施建设三年滚动计划、深度贫困地区基础设施和公共服务设施建设专项规划。尽快下达2018年以工代赈计划，做好易地扶贫搬迁工作。以“三大行动”为抓手，积极开展革命老区、连片特困地区脱贫攻坚等工作，确保贫困县摘帽、贫困村退出时基础设施和公共服务设施率先达标。二是实施重大民生工程。加快推进教育、卫生、文化、民政四大类21个专项建设。加强公共职业技能实训基地建设，重点推进扩大政策性金融支持返乡创业、支持农民工等人员返乡创业、支持小微创业者激励计划三项试点。围绕“四个一流”要求，推进高水平大学建设。以健康陕西建设为引领，加强医疗卫生服务体系建设。继续推进32个省级重大文化项目建设，加快全域旅游示范省创建工作。加强对陕北革命旧址的保护利用，推动文化旅游融合发展。积极应对人口老龄化，吸引社会力量推进健康养老服务业发展。三是加强生态建设和环境保护。加强单位GDP能耗、能源消费总量指标监测，确保完成节能双控目标。加大大气污染防治、水污染防治、土壤污染防治治理力度，加快煤电超低排放改造工作，制定关中地区电源结构优化方案，落实南水北调中线水源地保护行动计划。加快构建资源循环型产业体系，深入开展循环经济产业链试点示范行动，推进神木锦界和铜川董家河工业园区循环化改造试点，抓好陕西再生产业园“城市矿产”示范基地建设。

第七章　甘肃省

一、2017 年工作情况

全省经济稳定较快发展。2017 年前三季度，全省完成生产总值 5641.46 亿元，同比增长 3.6%；固定资产投资 4565.68 亿元，同比下降 38.7%；社会消费品零售总额 2487.5 亿元，同比增长 8.4%；一般公共预算收入 588.9 亿元，同比增长 8.6%；全省城镇居民人均可支配收入 20670 元，同比增长 8.2%；农村居民人均可支配收入 5423 元，同比增长 8.1%。

（一）加快基础设施和生态环境建设，改善经济发展支撑条件

一是交通基础设施建设加快推进。宝兰客专、兰渝铁路开通运营，中兰客专开工建设，兰州轨道交通 1 号线、2 号线进展顺利；建成农村公路 7909 公里；兰州中川国际机场二期扩建、陇南机场和敦煌机场扩建全面建成投运。酒泉至湖南±800 千伏特高压直流输电工程成功投运。二是水利基础设施建设成效显著。引洮供水二期、黄河甘肃段防洪等项目进展顺利，引洮供水二期配套城乡供水工程正式开工建设。三是生态保护规划和重大项目取得新进展。国家生态安全屏障综合试验区建设稳步推进，国家批复了《祁连山国家公园体制试点方案》，敦煌水资源合理利用与生态保护、祁连山山水林田湖生态修复试点等重大生态保护工程加快实施，河长制全面推行。四是祁连山生态环境问题整改务实有效。印发了《祁连山自然保护区生态环境问题整改落实方案》和《甘肃省国家重点生态功能区产业准入负面清单（试行版）》。目前，保护区内 144 宗矿业权已停产停工 143 宗，42 座水电站中 2 座建成水电站先期退出，9 座在建水电站一律停建，25 个旅游项目已完成整改 21 个。五是退耕还林等生态工程进展顺利。生态文明示范工程试点工作有序推进，国家 2017 年新一轮退耕还林还草任务 59.2 万亩已下达，各县区正在组织开展项目实施方案和作业设计。

（二）推进产业结构调整和能源基地建设，经济发展后劲不断增强

一是深化供给侧结构性改革，发展质量效益逐步提升。全省关闭退出煤矿 10 处、产能 240 万吨，发现的 15 家“地条钢”企业已全部拆除。商品住宅去周期化降至 12.96 个月。通过组织直购电交易、输配电价改革和电价结构调整等降能组合措施，全年降低企业用能成本超过 50 亿元。落实国家收费优惠政策，降低非居民用气销售价格，全面停止政府还贷二级公路收费。二是加快发展壮大战略性新兴产业。全面推进兰白科技创新改革试验区建设，兰白国家自主创新示范区即将获批。兰州市城关区获批国家双创示范基地，创建国家级科技企业孵化器 2 家，认定专业化众创空间 15 家。三是促进风光电新能源和传统能源基地建设。截至 2017 年 9 月底，全省建成并网风电装机 1277 万千瓦，光伏发电装机 779 万千瓦，水电装机 868 万千瓦，生物质发电装机 8.8 万千瓦，新能源装机占全省发电总装机达到

41.8%，位居全国前列，可再生能源装机占发电总装机的59.4%。

（三）抢抓“一带一路”倡议机遇，充分发挥各地比较优势，促进区域合作发展

一是“丝绸之路经济带”甘肃段建设取得新进展。基础设施互联互通建设进一步加快。开通国际航线24条，“兰州号”“天马号”“嘉峪关号”中亚、中欧国际货运班列至今共发运437列，中亚班列运行密度全国第一。中新南向通道建设取得突破性进展，与重庆、广西、贵州四省区市签署了合作共建中新互联互通项目南向通道框架协议，组织开行货物列车30对，预计年均运送货物6000多万吨。开放平台取得新突破，兰州、天水、武威三大国际陆港规划均已获批并加快建设，兰州空运口岸、敦煌空运口岸、兰州铁路口岸获批对外开放。国际产能合作稳步向前推动，成功举办国际产能合作产业园区建设论坛，对白银集团投资认购南非斯班一配股等项目进行备案。人文交流合作不断达成共识，成功举办第二届丝绸之路（敦煌）国际文化博览会，51个国家、3个国际和地区组织的代表参加此次盛会。二是区域协同发展不断深入。制定《关于加快全省县域经济发展的意见》《关于促进开发区改革和创新发展的实施意见》《关于支持兰州新区加快发展的政策意见》，编制完成兰州—西宁、关中平原城市群规划。三是兰州新区建设积极推进。新区基础设施及公共服务配套建设，新建道路42.8公里，敷设给排水、供热、供气、通信等各类管网323.4公里。新区综保区进口肉类指定查验场、中川北站铁路口岸作业区建成并通过国家验收，跨境电商监管中心即将建成投运。2017年以来引进产业项目52个，投资总额309.88亿元，前三季度，完成地区生产总值110.1亿元，增长10.3%。

（四）狠抓精准扶贫措施落实，脱贫攻坚成效显著

一是易地扶贫搬迁扎实推进。开工建设易地扶贫搬迁集中安置点601个，建成安置区道路231公里，饮水管网177公里，住房1.7万套，搬迁入住2.75万人。二是农村基础设施条件明显改善。安排6.8亿元开展全省农村电网建设与改造，将贫困户和非贫困户D级危房补助标准分别提高到2万元和1.5万元，开工建设4.99万户。三是产业扶贫力度进一步加大。制定出台《关于进一步促进农产品加工业发展的意见》，落实农发行100亿元意向性信贷额度，贴息支持29个冷链物流项目建设，安排1亿元省预算内基建资金用于光伏扶贫项目建设。四是教育医疗扶贫有序开展。贫困地区农村幼儿园建设完工率达到93.8%，贫困县学前三年毛入园率达到86%。对建档立卡贫困人口慢病患者进行签约服务全覆盖，截至2017年9月底，全省享受50种大病救治政策10378人，报销费用5790.9万元，签约率82%。五是脱贫攻坚帮扶力度进一步加强。天津、甘肃发展改革委与甘南州政府签订《精准扶贫战略协作框架协议》，明确“十三五”期间援藏资金每年增长8%。六是陇南灾后恢复重建工作全面启动。印发实施《陇南“8·7”暴洪泥石流灾后恢复重建规划》，陇南市已于10月初全面启动灾后恢复重建，住房维修加固和集中安置点建设加快推进。

（五）谋实抓细各项惠民举措，人民生活不断改善

一是就业创业取得积极成效。截至2017年10月底，全省城镇新增就业和输转城乡富余劳动力已完成全年任务，创劳务收入970.3亿元，完成年计划的100%。新发放创业担保贷款13.9亿元。二是社会保障能力逐步提升。全省城镇五项社会保险参保1495.3万人

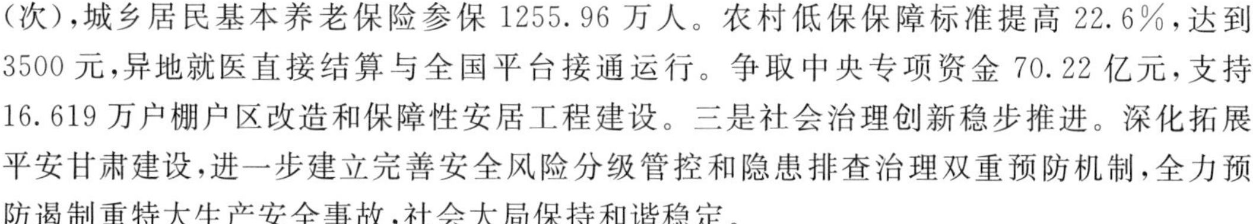

(次),城乡居民基本养老保险参保1255.96万人。农村低保保障标准提高22.6%,达到3500元,异地就医直接结算与全国平台接通运行。争取中央专项资金70.22亿元,支持16.619万户棚户区改造和保障性安居工程建设。三是社会治理创新稳步推进。深化拓展平安甘肃建设,进一步建立完善安全风险分级管控和隐患排查治理双重预防机制,全力预防遏制重特大生产安全事故,社会大局保持和谐稳定。

二、2018年工作设想

(一)加快基础设施和生态环境建设,努力缓解发展瓶颈制约

继续把基础设施建设和生态环境保护放在重要地位,重点建设一批事关当前和长远发展的基础设施项目。加快推进银西铁路、中兰客专、敦格铁路和渭武等高速公路建设,积极争取兰州至张掖三四线铁路、中川机场三期扩建及武都至九寨沟高速公路项目,打造兰州、天水、武威三大国际陆港。积极推进国家生态安全屏障综合试验区建设工作,坚决彻底抓好祁连山生态环境问题整改,扎实做好祁连山国家公园体制试点工作。继续争取国家启动实施祁连山、两江一水、渭河源综合治理等重大生态规划,加快引洮供水二期、黄河甘肃段防洪、民勤红崖山水库加高扩建等重点水利工程进度,做好白龙江引水工程、马莲河水利枢纽等重大项目前期工作。继续做好新一轮退耕还林、退牧还草工程的实施,进一步推进国家生态文明先行示范区建设,探索建立生态补偿机制,打造国家重要的生态安全屏障。

(二)加快产业结构调整,培育和发展壮大特色优势产业

一是扎实推进供给侧结构性改革,继续抓好“三去一降一补”五大任务。稳步推进煤炭钢铁火电行业化解过剩产能。继续加大电价降成本工作力度,进一步降低企业融资、用能、用地、物流、制度性交易等成本。二是大力发展战略性新兴产业。推进大众创业万众创新纵深发展,大力发展智能制造、数据信息等绿色新兴产业,落实相关扶持政策,加快形成一批有市场竞争力的创新性领军企业。积极推动新能源消纳示范工作,推动新能源弃风弃光问题得到有效解决。二是促进服务业加快发展。大力发展社区服务、信息咨询、科技研发、法律服务等新兴服务业,促进交通运输、商贸流通等传统服务业转型升级。四是积极承接东中部产业转移。四是加快兰白经济区承接产业转移示范区试点工作,做好与京津冀地区和长江经济带地区的产业对接转移工作。

(三)解决民生关注的热点问题,促进社会和谐发展

认真落实《甘肃省深度贫困地区脱贫攻坚实施方案》,着力实施产业扶贫、易地扶贫搬迁、生态扶贫等十大行动,解决深度贫困地区突出制约问题,推进全省扶贫脱贫工作由面上攻坚向纵深发展。积极推进教育均衡发展,加快基层医疗卫生服务体系、公共文化体育服务体系等建设步伐,缩小城乡、区域间公共服务体系差距。推进华夏文明传承创新示范区建设,大力发展文化产业和文化事业。继续加强东部城市对口支持西部地区人才培训工作,争取对全省经济社会发展培养急需紧缺人才工作给予更多支持。

(四)加快"丝绸之路经济带"甘肃段建设,进一步深化改革开放

进一步扩大对外开放,加快甘肃参与国家"一带一路"建设步伐,全面实施"13685"总体战略,继续办好丝绸之路(敦煌)国际文化博览会,落实好渝桂黔陇四省市区合作协议,开展中新南向通道规划编制工作,积极融入成渝经济区和长江经济带,形成陆海内外联动、西进南下双向互济的开放格局,为推进"一带一路"建设、实施西部大开发战略注入强大动力。抓实重点领域改革,继续深化国有企业改革和战略重组,推动省属企业与优势企业对接,积极推进金融体制改革,持续深化"放管服"改革。积极推进全民创业,完善落实非公经济和中小企业发展的政策措施。推进农村土地流转、集体林权和水权制度改革,继续深化农村综合配套改革。

(五)全面贯彻落实区域发展战略,促进区域合作发展

按照区域发展战略要求,继续深入实施多级突破行动,加快大兰白都市圈建设,促进河西走廊绿色经济区发展,推动兰白、酒嘉、金武区域一体化发展,努力形成布局合理、错位发展、多极支撑的新格局。加快兰州新区建设,实施兰州—西宁、关中平原城市群发展规划。加快推进关中—天水经济区发展和陕甘宁革命老区振兴发展。加快县域经济发展步伐,稳步推动扩权强县,积极构建"一县一业""一村一品"发展的产业体系。

第八章　青海省

一、2017 年工作情况

(一)出政策，抓措施

一是积极推进贯彻落实国家西部大开发“十三五”规划。以党的十九大精神特别是习近平新时代中国特色社会主义思想为指导，按照《西部大开发“十三五”规划》部署，结合青海省国民经济和社会发展第十三个五年规划，组织编写了《青海省贯彻落实西部大开发“十三五”规划实施方案》，由省政府办公厅印发实施。二是深化财税金融、投融资改革。出台优化全省财政支出结构实施意见、省级部门购买服务指导性目录，普惠金融试点走在全国前列；出台深化投融资体制改革实施意见，修订发布 2017 年版政府核准投资项目新目录，21 类项目核准权限下放，投资项目审批监管平台全面上线。三是强化关键领域改革。取消调整 44 项行政审批，报建审批事项调整为 33 项，同步实行企业“三十六证合一”和个体户“五证合一”，市场主体增长 7.4%，“双随机一公开”监管扎实推进，信用体系政策框架基本形成；国企国资方面的 10 项改革试点全部落实到 18 户省属出资企业，“三供一业”分离移交加快推进，国企办教育医疗分类处理启动。四是以改革促开放。制定落实国家自由贸易区战略实施意见，连续开行 2 趟中欧班列，成功举办“环湖赛”、旅游文化节等赛事展会，与央企签订 1925 亿元的合作项目，招商引资到位资金 561 亿元。支援帮扶工作成效显著，争取援青资金 14 亿元。

(二)抓落实，保发展

2017 年前三季度实现地区生产总值 1921.75 亿元，比上年同期增长 7.0%。一、二、三产业增加值分别增长 4.9%、6.0%、8.7%。农牧业生产有望再获丰收，2017 年 1—10 月，全省完成全社会固定资产投资 3425.37 亿元，比上年同期增长 7.1%。重点项目开复工率达到 94%，发挥了支撑作用。

(三)优供给，调结构

扎实推进供给侧改革，加快转型升级步伐，新动能孕育壮大，服务业贡献率提高，2017 年 1—10 月，第三产业固定资产投资同比增长 13.2%，占比 62.8%。工业结构优化，2017 年 1—10 月，规模以上工业中，轻工业比上年同期增长 26.1%，是近年来最高增速；高技术产业增加值增长 32.0%，比重同比提高 1.1 个百分点。新业态、新商业模式逐渐兴起。“三去一降一补”取得进展。年度 132 万吨煤炭去产能任务基本完成。2017 年 1—10 月，全省采矿业固定资产投资同比下降 3.9%。高耗能行业增加值增幅较上年同期回落 0.7 个百分点。商业营业用房销售快速增长。

(四)抓生态,促文明

全力推进三江源国家公园、祁连山国家公园体制试点工作;发布重点生态功能区产业准入负面清单;有序开展生态保护红线划定工作;河长制全面推行。重大生态工程稳步实施,三江源二期工程完成投资 7.3 亿元,为年度任务的 81%;山水林田湖生态保护修复工程全面启动;国土绿化行动掀起秋季造林新高潮;环境质量持续改善;GDP 能耗持续下降。

(五)惠民生,提水平

精准扶贫成效显著,落实扶贫资金 90 亿元,到户产业项目实现全覆盖;民生实事稳步推进,2017 年 1—10 月,惠民生固定资产投资完成 1635.80 亿元,比上年同期增长 12.7%;就业大局稳定,城镇新增就业 5.4 万人,城镇登记失业率 3%,高校毕业生就业率达 79.2%。2017 年前三季度,全省全体常住居民人均可支配收入 13559 元,同比增长 9.6%,扣除价格因素实际增长 8.3%。物价保持平稳,2017 年 1—10 月,全省居民消费价格比上年同期上涨 1.4%,涨幅较上年同期低 0.4 个百分点。

二、2018 年工作设想

(一)着力推进供给侧结构性改革

抓好政策落实,强化运行调度,全力稳住工业运行,支持企业抓住市场回升机遇,进一步扩大销售,增加效益。大力培育新经济增长点,坚持新建项目抓开工、续建项目抓投产、竣工项目抓达产,进一步加大特色优势产业培育力度。抓好农牧区各项制度性改革,加力推进农牧业供给侧结构性改革。

(二)力促投资有效增长

加强重点项目组织领导,推进重点项目建设,深度推进项目前期破冰工程。筛选一批成长性好、吸引力强的增长极、大项目,完善投资条件,集中推介对外招商。着力构建投融资新机制,出台企业投资项目核备办法,实行“负面清单+标准+承诺+备案+时限”制度,探索“多评合一”“多图联审”“联合验收”等新模式。深化落实国务院民间投资“新 10 条”和全省非公经济发展大会精神,着力优化民间投资发展环境,拓宽投融资渠道。

(三)抓好生态环保各项工作

深化生态文明体制改革,筹建祁连山国家公园试点工作管理机构,编制实施方案、总体规划、专项规划;完善重点生态功能区转移支付办法。推进环保机构监测执法垂直管理改革。继续组织好重大生态工程。强化综合环境治理。

(四)力促服务业多做贡献

提升服务业发展层次,落实好国家服务经济创新发展大纲,促进生产性服务业专业化发展、向价值链高端延伸,为制造业升级提供支撑;增强城乡消费活力,引导青海产品联合

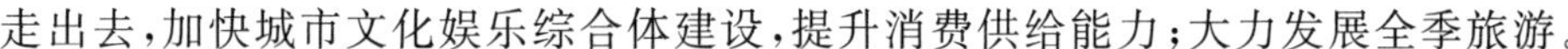

走出去，加快城市文化娱乐综合体建设，提升消费供给能力；大力发展全季旅游。

（五）加快改革开放步伐

深化“放管服”改革，推动实体服务大厅向网上延伸。深化混合所有制改革，推进产权保护制度改革，深化电力体制改革，创新清洁能源消纳机制。加快放开竞争性领域价格。积极拓展开放的广度和深度，最大限度释放对口援青机制的潜力，促进对外开放水平不断提升。改进招商引资方式方法，强化专业队伍建设，充实项目储备，加大对接力度，推动招商引资见实效。

（六）发挥好财政金融支撑作用

抓好组织收入，强化支出管理。加大金融服务实体经济力度，深入贯彻金融工作会议精神，有扶有控，支持传统动能改造和新动能培育，加大对重大基础设施、生态环保、民生等领域的投放。推动普惠金融服务延伸到县域和基层。

（七）持续保障和改善民生

落实深度贫困地区脱贫攻坚会议部署，集中力量推进深度贫困地区脱贫攻坚。全面兑现民生实事工程。持续抓好就业增收。确保社会和谐稳定。抓好安全生产督查问题整改，巩固安全生产良好形势。加强价格监测预警，确保价格平稳运行。

第九章　宁夏回族自治区

一、2017 年工作情况

2017 年宁夏经济运行总体稳定，1—10 月大部分指标运行符合预期，但投资波动较大。

（一）投资增速持续放缓

2017 年 1—10 月，全区完成固定资产投资 3187 亿元，增长 3.9%，较上年同期回落 5.1 个百分点。1—10 月，工业技改预计完成投资 377 亿元，增长 12.5%，高于前三季度 2.4 个百分点。预计房地产业完成投资 548 亿元，下降 9.7%，降幅较前三季度收窄 0.4 个百分点。一产、基础设施投资增速较高。1—10 月，一产完成投资 207 亿元，增长 70%。铁路运输业完成投资 113 亿元，增长 118%。

（二）工业运行保持平稳

1—10 月，规上工业增长 8.6%，增速较上年同期提高 1.1 个百分点。医药、机械行业延续较快增长态势。煤炭行业量价齐升，原煤产量达到 6370 万吨，增长 9%。有色、冶金行业在青铝宁东 350 系列电解槽复产，以及宁钢、申银满负荷生产拉动下，全区电解铝、钢材产量分别增长 9.5%和 36.5%。发电量、全社会用电量、外送电量分别同比增长 21.3%、12.4%和 50.5%。装备制造和纺织产业分化明显，轴承、机床生产形势持续向好，产量分别增长 91%和 40%，仪器仪表、电工电器行业市场低迷，产量分别下降 11%和 30%，羊绒行业受产品价格持续低迷影响，预计产值下降 6%。

（三）农业生产保持稳定

全年粮食总产 370 万吨。完成新建设施农业 3.12 万亩，建设永久性蔬菜生产基地 60 个，示范推广秸秆生物反应堆技术 1 万亩，建设水肥一体化示范基地 20 个。全区瓜菜生产面积达到 315.9 万亩，瓜菜上市总量 630 万吨，产值 95 亿元，瓜菜 70%的产品销往周边及南方省区。订单生产，合作共建基地等新型经营模式效应不断放大，蔬菜产值效益和农民增收不断提高。大米品牌优势已初显成效，新粮上市以来，各龙头加工企业已外销大米 6 万吨。

（四）服务业形势良好

2017 年 1—10 月，电信行业保持高速增长，累计完成电信业务总量 130.3 亿元，增长 98.7%。旅游业发展势头良好，前三季度，全区接待国内外游客 2503.74 万人次，实现旅游收入 228.49 亿元，分别增长 21.31%和 20.12%，其中，“十一、中秋”小长假期间，接待游客

292万人次，实现旅游收入21.1亿元。社会消费品零售总额规模不断扩大，粮油食品、日用消费品、通信器材、服装消费增加，住宿餐饮较快增长，社会消费品零售总额增长9.7%。

（五）财政金融运行平稳

2017年1—10月，地方一般公共预算收入同口径增长13.3%，其中，税收收入同口径增长21.7%，非税收入同口径下降0.8%，增值税、所得税、资源税等增长较快，支撑了税收增幅高于非税增幅的良好局面。财政支出较快增长，全区财政一般公共预算支出同口径增长11.4%。货币信贷运行平稳，全区存贷款规模稳步增长，10月末金融机构人民币各项存款余额增长10.4%，人民币各项贷款余额增长12.8%。

（六）支持石嘴山市加快产业转型发展

宁夏石嘴山市是因煤而设的城市，近年来煤炭资源逐渐枯竭，产业未能及时转型，经济发展遇到瓶颈。为支持石嘴山市加快转型发展，自治区参照和借鉴国家支持东北老工业基地做法，研究制定一揽子支持石嘴山加快转型升级的具体意见，重点从财税、产业、土地、投资、金融、生态环保、对外开放和科技创新等8个方面提出具体支持政策，目前，《自治区人民政府支持石嘴山市加快转型发展的若干意见》已提请政府常务会议研究，争取年内通过实施。同时，在国家发展改革委西部司的大力支持下，2017年4月宁夏石嘴山市国家资源型城市产业转型升级示范区获得批准，列入全国首批十二个资源型城市转型示范区，为石嘴山市进一步转型升级增加了责任，拓展了空间。

（七）认真执行西部大开发中央预算内资金项目

2017年，国家发展改革委继续安排宁夏新一轮退耕还林还草工程、退牧还草工程和城区老工业区搬迁改造、独立工矿区改造搬迁、新动能培育设施和平台专项等一批建设项目，共安排中央预算内资金1.72亿元，支持宁夏生态建设、经济转型和农民脱贫致富。目前，项目均按计划抓紧推进，其中：3万亩退耕还林建设任务已全部完成，有关县区正在开展项目自检，明年开展检查验收。退牧还草建设任务已完成人工饲草地建设任务1.39万亩，占年度计划的92%，完成舍饲棚圈建设任务1500户，占年度计划的30%，计划明年上半年全部完成建设任务。

2017年，国家发展改革委西部司下达西部大开发重点项目前期工作专项补助资金800万元，经过专家组评审甄选、委务会审定等程序，最终确定了12个项目。目前12个项目均已开展前期工作，计划2018年下半年结题。

（八）切实落实《西部大开发“十三五”规划》

为认真落实党中央、国务院决策部署，切实把《西部大开发“十三五”规划》落到实处，自治区人民政府办公厅印发《贯彻落实国家西部大开发“十三五”规划重大任务分工方案》（宁政办发〔2017〕120号），将其中涉及宁夏的重大政策、重大项目、重大工作分工细化为39项具体任务，明确了各项任务的牵头部门，要求各地、各部门结合实际，进一步明确工作目标、工作任务、主要措施、进度安排、完成时限，每半年将重点任务落实进展情况报自治区发展改革委汇总。

二、2018 年工作设想

(一)推进石嘴山产业转型升级

石嘴山市又要脱困又要在产业转型工作中做出示范,有矛盾有挑战,任务艰巨压力巨大,需要切实做好《自治区人民政府支持石嘴山市加快转型发展的若干意见》的协调督办和服务工作,努力促使自治区人民政府对石嘴山的各项支持政策落在实处。

(二)做好产业转型升级项目的申报工作

继续完善新动能设施和平台培育、城区老工业区搬迁改造、独立工矿区改造搬迁和采煤沉陷区综合治理等四类项目申报后续工作,突出规划的指导作用,增强项目的系统性,加强实地调研,提出更加符合石嘴山长远发展的项目,争取国家政策和资金支持。

(三)组织实施好退牧还草工程

结合实际推进多种方式种草,在兼顾生态效益的同时着重提高农民收入。进一步加强各级职能部门的沟通协调,更适应宁夏降雨条件的不确定性。

(四)努力扩大退耕还林还草范围

宁夏退耕还林还草工程目前最大的问题是在现行退耕还林还草政策下空间太小,与自治区生态立区战略的要求相距甚远。2018 年,要重点督促海原县完成 2016 年 2 万亩退耕还草任务,全面完成以前年度建设任务。同时,摸底查清六盘山地区重要水源地 15—25 度坡耕地和生态移民迁出区腾退耕地基本情况,提出准确可行的工程规模,为下阶段扩大宁夏退耕还林还草工程做好准备工作。

(五)提高西部大开发重点项目前期工作质量

贯彻落实党的十九大精神,紧扣西部大开发重点领域和自治区十二届党代会创新驱动、脱贫富民、生态立区战略部署,积极谋划更加符合宁夏实际的西部开发大项目、新项目,高水平开展《引黄灌区水生态平衡和农业综合节水工程》等一批重点项目前期工作。

第十章 新疆维吾尔自治区

一、2017 年工作情况

(一)中央对新疆重大政策资金项目给予支持

一是政策规划支持。国家层面先后出台《新疆哈密市、昌吉州和克拉玛依市建设绿色金融改革创新试验区总体方案》《关于深化棉花目标价格改革的通知》《现代煤化工产业创新发展布局方案》等政策文件，指导自治区编制《天山北坡城市群发展规划(2017—2030年)》等。二是资金项目支持。2017 年国家下达新疆中央预算内投资 307.73 亿元，比 2016 年增加 19.3 亿元，达到历史之最。水利、交通、能源等一大批关系全区发展的重大项目得到了国家层面的支持。三是开展督查评估。中央专门开展有关新疆工作重大决策部署落实情况调研检查工作，筹备召开了第六次全国对口支援新疆工作会议，开展了国务院第四次大督查、第六次中央环保督查等重大督查工作。国家发展改革委等相关部委先后开展了社会信用体系建设专项督查等相关督查，指导开展了喀什、霍尔果斯经济开发区中期评估、支持新疆纺织服装产业发展促进就业中期评估等相关评估工作。

(二)经济运行保持在合理区间

经济增速保持平稳，2017 年 1—9 月全区实现地区生产总值 7656.35 亿元，增长 7.6%左右。固定资产投资加速推进，1—10 月完成固定资产投资(不含农户)11802.6 亿元，增长 33.3%，增速位居全国第一。财政收入快速增长，1—10 月完成一般公共预算收入 1180.87 亿元，增长 26.7%。

(三)深化供给侧结构性改革，经济结构转型优化升级

全面取缔“地条钢”产能 500 万吨，主动退出钢铁产能 70 万吨。280 万吨违规电解铝产能全面关停。水泥行业压减产能 3000 万吨，淘汰产能 500 万吨。退出煤矿 114 处，退出煤炭产能 1163 万吨。着力全年降低企业用电成本 25.5 亿元，降低企业运输成本 21 亿元。纺织服装产业固定资产投资创历史新高，全年可望突破 600 亿元，增长率达 25%，新增纺织服装企业 531 家，实现新增就业超过 10 万人。现代农牧业加快发展，粮棉供给侧结构性改革试点、农业水价综合改革等向纵深推进。现代服务业加快发展，生产性服务业亮点呈现，全区大型石油钻井设备及油田服务首次实现向乌克兰出口。

(四)着力推进改革开放，实体经济活力进一步增强

能源改革取得新突破，新疆成为全国首个开展能源综合改革试点省区。积极推进石油

石化实行央企属地注册，全年新增央企属地注册 5 户。电力体制改革取得新进展，93 家售电公司已在新疆电力交易中心完成注册。统筹推进新型城镇化改革，阜康市等 2 个示范单位成功入选国家第一批产城融合建设示范区，10 个特色小镇纳入国家第二批特色小镇名录。

(五)丝绸之路经济带核心区建设扎实推进

2017 年 1—10 月开行西行班列 598 列，在新疆形成全国中亚班列集结中心。中哈霍尔果斯国际边境合作中心金融创新有序发展，累计开立人民币创新账户 282 户，办理跨境人民币融资业务余额 211.75 亿元。

(六)大力保障改善民生

坚持把本级财政支出的 70%以上用于保障改善民生，持续推进重点惠民工程。多渠道推动城乡富余劳动力转移就业，预计全年实现转移就业 260 万人次以上。新建和改扩建农村双语幼儿园 4408 所全部投入使用，提前完成“十三五”规划建设任务，使 117.62 万适龄幼儿“应入尽入”。持续开展全民免费健康体检，为全疆 90%的居民建立了健康档案。实施各类棚户区改造 32.05 万套。

(七)脱贫攻坚取得实效

自治区党委、政府实施脱贫攻坚“一把手”工程，建立领导小组“双组长”责任制，强力推进脱贫攻坚。将中央和自治区财政专项扶贫资金的 85%以上用于南疆四地州脱贫攻坚。加大易地扶贫搬迁工作力度，截至 2017 年 10 月底，开工建设住房 16275 套，竣工 7078 套，已搬迁入住 4096 户 16982 人。扎实开展深度贫困地区攻坚工作，确定 22 个县、221 个乡、2134 个村作为全区深度贫困攻坚对象。

(八)生态文明建设取得积极进展

配合做好中央环保督察各项工作，立查立改、边整边改，办理中央环保督察组交办群众信访举报件 24 批 2322 件，办结率 100%。编制了《严禁“三高”项目进新疆产业准入负面清单》，将 48 类产业列入清单。强化生态保护建设，健全生态保护补偿机制，全面落实主体功能区规划，严守生态保护底线。扎实推进水、大气等重点领域污染治理。加强节能减排和应对气候变化工作。

二、2018 年工作设想

(一)大力促进实体经济发展

加强科学规划，健全完善新疆现代产业体系。突出重点，培育发展特色优势产业。以吸纳就业为导向，推动纺织服装和中小企业发展。以旅游业为突破口，加快发展现代服务业。以做优做强为目标，推动国有企业改革发展。

(二)深入推进供给侧结构性改革

继续推进“三去一降一补”,调整优化产业结构。大力推进“电气化新疆”,推动新疆绿色发展。加快“两化”融合,推动产业转型升级。充分发挥科技创新引领作用,着力提升供给质量和效率。加快推进重点领域和关键环节改革,增强经济发展活力。

(三)坚定坚决实施乡村振兴战略

坚持以科学规划为引领,在顶层设计上实现新突破。坚持以农民增收为核心,在致富农民上实现新突破。坚持以市场效益为导向,在产业发展上实现新突破。

(四)继续加大基础设施建设力度

加快完善立体交通体系,强化进出疆运输通道建设、加快贯通南北疆运输走廊、积极推进综合交通枢纽建设。着力抓好水利基础设施建设,把控制性工程建设作为科学配置水资源的先决条件,把农业水利化作为推进农业现代化建设的首要任务。着力提升基础设施项目建设投融资能力。

(五)加快丝绸之路经济带核心区建设

健全核心区建设体制机制。扎实推进核心区建设重大项目。加快对外开放平台建设。积极拓展对外贸易,深化对外经贸合作。

(六)全力推进脱贫攻坚

以南疆四地州深度贫困地区为重中之重,强化定点扶贫,引导社会扶贫,推动金融扶贫,加大行业扶贫,推动精准扶贫精准脱贫各项措施精准落地。重点聚焦 22 个深度贫困县以及剩余的 189 万未脱贫人口,严格执行年度脱贫计划,确保如期完成脱贫任务。

(七)推动民生工程向更高质量、更高水平迈进

大力实施就业惠民、教育惠民、医疗惠民、社保惠民、安居惠民、暖心惠民、兴边惠民、安全惠民等重点惠民工程,不断满足各族人民日益增长的美好生活需要。

(八)加快建设美丽新疆

坚持绿色发展,严格执行规划和建设项目环境影响评价制度。解决突出环境问题,持续实施大气、水、土壤污染防治。加强生态系统保护,健全完善重点生态功能区保护制度,抓好国家主体功能区试点示范工作。推进生态环境监管体制改革。

(九)扎实做好援疆工作

多措并举推进援疆扶贫。紧贴民生加强援疆项目建设和管理。深入推进交往交流交融。

第十一章　内蒙古自治区

一、2017 年工作情况

(一)主要规划指标符合预期

2017 年,全区经济运行良好,主要经济指标增速平稳回升,处于合理区间。1—10 月,地区生产总值增长 5%,一般公共预算收入 1587 亿元,固定资产投资完成 13627.2 亿元,规模以上工业增加值增长 3.6%。社会就业稳定,物价控制在预期目标之内。居民收入稳步增加,前三季度,城镇常住居民人均可支配收入增长 8.2%,同比提高 0.3 个百分点,农村牧区常住居民人均可支配收入增长 8.1%,提高 0.4 个百分点;常住人口城镇化率达 61.03%。全区耕地保有量 1.37 亿亩,草原综合植被覆盖度 44%,森林覆盖率 21.03%,湿地保有量 9000 万亩。

(二)产业结构调整不断加快

基本完成 55 万吨钢铁和 810 万吨煤炭去产能任务,商品房待售面积 1307.5 万平方米,同比下降 7.8%。前三季度,服务业增长 8.7%,占生产总值比重达到 45.7%,同比提高 0.9 个百分点。农牧业结构持续优化,粮经饲比例由 2016 年的 75∶17∶8 调整为 73∶17∶10;畜牧业总体平稳,截至 2017 年 10 月底,猪、牛、羊出栏同比分别增长 13.3%、8%、2.8%。中天合创 360 万吨甲醇、杉杉新能源汽车等重大产业项目竣工投产。

(三)区域协调发展态势正在形成

启动和林格尔新区建设,成为引领呼和浩特和内蒙古加快发展的重要引擎。呼包鄂协同发展战略深入实施,东部地区加快发展,县域经济实力持续壮大,区域发展协调性不断增强。

(四)改革创新持续发力

深入推进“放管服”改革,公布自治区本级和盟市行政许可证明事项清单,出台“多证合一”登记制度改革实施方案,印发《2017—2018 年度自治区公共资源交易目录、政府核准的投资项目目录》。规范规范民间借贷试点有序推进,农村牧区“两权”抵押贷款试点取得阶段性成果。全面推开公立医院综合改革,所有公立医院全部取消药品加成。农村牧区改革积极推进,土地确权实测面积 7001 万亩,草原确权工作已完成整体任务的 80%;土地流转面积占家庭承包耕地面积 36.7%。深入实施创新驱动发展战略,推进工程研究中心、工程实验室、企业技术中心等各类创新平台建设。组织实施国家新兴产业培育三年滚动计划,

加大新能源、生物育种、生物制造、生物医药、云计算等特色产业集群项目扶持力度。推进大众创业万众创新，包头稀土高新区获批国家第二批双创示范基地。

（五）开放合作水平不断提升

召开全区“一带一路”建设暨对外开放工作会议，出台了《内蒙古自治区参与中蒙俄经济走廊建设实施方案》等一系列政策措施，着力构建北上南下、东进西出、内外联动、八面来风的对外开放新格局。组织参加“一带一路”国际合作高峰论坛，成功举办外交部内蒙古全球推介会、第二届中蒙博览会等展会活动。中欧班列实现常态化运行，招商引资规模进一步扩大。2017 年 1—10 月，全区进出口总额 787.3 亿元，增长 26.7%，同比提高 33 个百分点；实施总投资 500 万元以上招商引资项目 4057 项，引进国内（区外）资金到位 3700.15 亿元，同比增长 7.4%。

（六）基础设施建设稳步推进

2017 年全年铁路重点项目预计完成投资 190 亿元，年内建成呼张客专（内蒙古段）、呼准鄂铁路准鄂段、乌兰浩特至葛根庙铁路扩能提速改造、集通铁路增建二线、通辽至四平铁路电气化改造、滨洲线电气化改造等项目，全区铁路营业里程达到 1.4 万公里，继续保持全国第一。锡盟至江苏特高压锡盟换流站试运行，上海庙至山东特高压内蒙古段全线贯通，京新高速内蒙古段通车运行。引绰济辽工程开工建设。包银高铁项目可研已通过中铁总审查，呼和浩特新机场审批要件已齐备。

（七）生态保护建设成果巩固

出台节能降碳综合工作方案，制定生态文明建设目标评价考核办法，完善自然资源资产管理制度。继续实施重大生态保护工程，加强环境治理，主体功能区布局和生态安全屏障基本形成。2017 年 1—10 月共落实中央投资 211 亿元，完成营造林面积 1318.7 万亩、种草 3337 万亩、水土流失综合治理 929 万亩；开展公路、城镇、村屯、矿区园区、黄河两岸、大青山前坡六大重点区域绿化，完成绿化任务 188.6 万亩。全区 10.2 亿亩可利用草原全部纳入保护范围，下达年度草原生态补助奖励政策中央资金 45.7 亿元。

（八）民生保障切实加强

积极稳妥做好化解过剩产能职工安置工作，社会保障水平继续提高。社会事业加快发展，32 个旗县（市、区）通过国家义务教育发展基本均衡县评估验收认定，重点卫生项目进展顺利，重点文化工程积极推进，实现了全区全民健身路径全覆盖。脱贫攻坚取得实效，累计下达扶贫资金 60.2 亿元，发放金融扶贫富民工程贷款 338 亿元，开工建设易地扶贫搬迁集中安置点 638 个。

二、2018 年工作设想

（一）实施创新驱动战略

组织实施一批科技重大专项，在抗逆农作物新品种培育、新型风电储能材料、大数据应用的计算存储和处理分析、煤炭分级分质清洁高效转化利用等重点领域突破一批关键共性技术。促进科技成果转化。完善以科技大数据云平台为核心的科技成果转化服务体系，大力推进技术成果转化和产业化。培育壮大创新主体。继续加强创新平台建设，力争新增国家级创新平台 2 家以上，新增自治区级创新平台 30 家以上。

(二)推动区域协调发展

推进呼包鄂协同发展，促进东部盟市加快发展。推动和林格尔新区建设，争取国家批复和林格尔新区总体方案，大力发展高新产业，推进产城融合，提升新区产业集中和人口集聚能力，打造新的经济增长极。

(三)继续加强生态建设

出台《内蒙古自治区生态保护红线划定方案》。全面推进河长制，研究启动流域生态保护补偿机制。提升环境监察执法能力，推动绿色发展。推进重点生态工程建设，力争浑善达克规模化林场建设项目纳入国家试点。

(四)深度融入“丝绸之路经济带”建设

加快推动二连浩特-扎门乌德跨境经济合作区建设，启动自治区重点开发开放试验区建设。推动中俄蒙经济走廊中线铁路建设。推动中欧班列常态化运行，推进俄罗斯的乌兰乌德木材加工园区和蒙古国的内蒙古境外经贸园区建设。

(五)全力保障和改善民生

全年力争减少农村牧区贫困人口 20 万人，实现 5 个国贫旗县摘帽。实施更加积极的就业政策，着力解决就业结构性矛盾，争取全年实现城镇新增就业 25 万人。全面建成覆盖城乡居民的社会保障体系，基本实现法定人员全覆盖。完善教育、医疗、文化体育等公共服务体系，不断满足人民日益增长的美好生活需要，让改革发展成果更多更公平惠及各族人民群众。

第十二章　广西壮族自治区

一、2017 年工作情况

(一)构建区域发展新格局

实施更加积极主动开放带动战略,强化“四维支撑、四沿联动”开放发展,推动形成全方位、宽领域、多层次开放合作新格局。

大力发展珠江—西江经济带。列入西江经济带基础设施建设大会战项目共 200 项,截至 2016 年底已竣工投产 34 项。结转 2017 年继续推进的项目共 166 项,总投资 5835 亿元,年度计划投资 806.5 亿元。投资完成情况。2017 年 1—10 月,大会战项目完成投资 612.7 亿元,完成年度计划的 76%。南昆铁路南宁至百色段增建二线,大藤峡水利枢纽工程、河池至百色高速公路、西津水利枢纽二线船闸工程、南宁教育园区基础设施建设项目。桂林机场航站楼及站坪配套设施扩建工程等项目施工进展顺利。项目开工情况。玉林民用机场工程,大塘至浦北高速公路、融水至河池高速公路、南宁市江南区江西至杨美公路、贺州市信都至扶隆公路实现开工建设。项目竣工情况。2017 年 1—10 月,桂林北动车所、桂林西货运中心、贵港至合浦高速公路、桂林至三江高速公路、国道 321 阳朔至桂林段扩建工程等 11 个项目实现竣工投产。

打造沿边开放试验区。加强试验区组织领导和机制建设。成立了以自治区主席为组长的沿边开发开放试验区建设领导小组,开展东兴、凭祥试验区管理体制改革,印发实施了《东兴重点开发开放试验区管理体制改革总体方案》和《凭祥重点开发开放试验区管理体制总体方案》。加强规划和政策支持。印发实施凭祥试验区建设总体规划。加快推进广西凭祥重点开发开放试验区建设的若干政策。加强基础设施建设。公路方面,防城港至东兴高速公路已建成通车,崇左至水口高速公路加快推进;铁路方面,南宁至崇左城际铁路 2017 年开工建设,防城至东兴铁路前期工作基本完成;跨境桥梁方面,中越北仑河二桥竣工、水口二桥、横模大桥进展顺利;口岸方面,中越友谊关—友谊口岸、凭祥边境贸易货物物流中心、宁明爱店口岸 3 个国际货物运输通道于 2017 年投入使用。试验区内水、电、路、厂房等配套基础设施逐步完善。加强重点领域改革创新。东兴试验区,在全国率先启用边民互市“一指通”系统,边民互市贸易转型升级发展被国务院督查组推荐为全国典型经验做法。启动“六证台一、一照一码”登记制度改革,至 2017 年 6 月,东兴试验区共审批跨境劳务合作试点企业 15 家,批准聘用越南边民务工人数 3610 人。凭祥试验区,全国第一个国检试验区——凭祥(卡凤)国检试验区正式投入使用。通关便利化水平进一步提高,企业办理查验等候时间缩短 50%以上。崇左开展“四十九证合一”“三十一证联办”,成为全国整合证照数量最多的改革。边民互市贸易凸显沿边特色,试验区范圈内已成立 7 个边贸合作社,组建了 321 个互作组，社员超过 1 万人。按照现阶段边民互助组收入，贫困边民参加互助组当年即可实现脱贫。

左右江革命老区振兴规划稳步实施，支持全面小康攻坚区发展。2017 年，预计广西左右江革命老区实现地区生产总值超过 2800 亿元，同比增长 7.7%；地方公共预算财政收入超过 170 亿元，同比增长 8%以上；规模以上工业增加值增长 8%以上；固定资产投资完成超过 2650 亿元，同比增长 12%以上。互联互通取得突破进展。南昆铁路南宁至百色段增建二线累计完成投资超过 90%，部分路段已达到通车条件，南宁至崇左城际铁路、贵南高铁控制性工程都安澄江河特大桥正式开工建设。河池至百色高速公路全线开工建设，河池段年底前有望实现半幅贯通。靖西至龙邦高速公路征地工作基本完成，土建工程量完成 80%以上。重点产业项目加快建设。百色市广西华磊新材料有限公司热电项目开始设备安装，轻合金材料项目部分车间达到投产条件。河池市鑫锋公司新型铅蓄电池项目即将竣工投产；河池南方有色集团公司已经发展成为全区有色金属行业标杆企业，预计全年销售收入有望突破百亿元，成为河池首家百亿企业。老区脱贫攻坚进展顺利。2017 年，广西左右江革命老区获得自治区级财政专项产业扶贫资金 9.52 亿元，累计发放扶贫小额贷款 56 亿元，各有关市均能结合实际突破创新，推动脱贫攻坚工作深入推进。跨省协同合作亮点频出。2017 年以来，桂黔滇三省区成功形成了向国家发展改革委上报的老区建设发展联合报告，进一步增强了省区之间协调配合的合力。另外，抓紧推动老区跨省（区）合作园区建设工作，目前百色—文山经济合作产业园总体规划已获得广西区政府、云南省政府批复实施。

（二）筑牢生态安全屏障

水环境质量状况良好。国家“水十条”考核的 52 个地表水断面中，50 个断面达到考核目标要求，考核合格率 96.2%，水质优良比例为 96.2%，总体评定仍为优级。城市集中式饮用水水源水环境质量状况良好。设区城市的 40 个集中式饮用水水源地水源达标率为 90%，同比持平。县级城市的 139 个集中式饮用水水源地水源达标率为 85.5%，同比下降 4.5 个百分点。近岸海域海水水质状况良好。全区 23 个国控监测站位，13 项监测指标统计评价广西近岸海域水质状况级别为优，水质优良率（一、二类海水合计比例）为 91.3%，同比持平。城市环境空气质量总体良好。全区城市空气优良天数比例为 91.1%，空气质量总体保持良好永平。预计可以完成“大气十条”的年度任务。自然生态环境状况良好。目前，共建立各类自然保护区 78 处，其中国家级自然保护区 23 处，已建地质公园 21 个，其中世界地质公园 1 个、国家地质公园 10 个。南宁市那考河生态综合整治项目喜获“中国人居环境奖”范例奖。上林县荣获国家生态文明建设示范县称号。环境风险安全可控。发生各类突发环境事件 7 起，均为一般突发环境事件。事件的数量、级别与上年基本持平。

（三）增加公共服务供给

公共文化服务体系建设加快推进。2017 年，全区建设 2043 个村级公共服务中心（含贫困地区边境县、民族县村综合文化服务中心）。全区 1515 个博物馆、纪念馆，公共图书馆、美术馆、文化馆、乡镇综合文化站、城市社区（街道）文化中心实现零门槛开放和免费提供基本服务。全年共举办各类文化活动 3 万次，服务群众 2000 多万人次。出台关于进一步深化文化市场综合执法改革的实施意见，促进文化市场持续健康发展。来宾市探索创新“建得起、用得上、管得好、可持续”的村级公共服务中心建设管理模式，成为全国10个国家级基层综合性文化服务中心建设试点之一。

深化教育综合改革。出台关于中等职业学校布局调整和专业结构优化的指导意见，关于做好中小学生校内课后服务工作的指导意见等文件，广西深化医教协同进一步推进医学教育改革与发展实施方案深化医学教育管理体制机制改革。

提高群众健康水平。出台进一步推广深化医药卫生体制改革经验的实施方案、推进医疗联合体建设和发展的实施方案、推进家庭医生签约服务工作的实施意见、广西建立现代医院管理制度实施方案等改革方案。城市公立医院综合改革实现全覆盖，率先成为除国家综合医改试点省外实现全覆盖的5个省区之一。医疗联合体建设“三江特色”、县乡医疗服务一体化管理“融水经验”得到国家卫生计生委肯定。县乡医疗服务一体化管理“上林模式”得到国务院医改办认可。继续把妇幼健康、艾滋病防治，中医民族医药列入医改特色内容推进，截至2017年10月底免费婚检率达98.77%，居全国首位，出生缺陷发生率为92.5/万，孕产妇死亡率为12.47/10万，婴儿死亡率为3.61‰，妇幼健康主要指标继续保持优于全国平均水平，新发现艾滋病感染者和病人数、报告死亡数同比分别下降4.03%和7.02%。全区100%的社区卫生服务机构、99.84%的乡镇卫生院和82.77%的村卫生室能够提供中医药服务，走在全国前列。

(四)打赢脱贫攻坚战

实施产业扶持脱贫。组织科研机构开展生姜、茶叶、柑橘、猕猴桃等经济作物产业扶贫，派出科技人员指导技术成果生产应用，在龙胜、资源、乐业建立了猕猴桃标准化生产示范基地，推广猕猴桃种植面积已达6万余亩，受益人数3000人次。推进林业特色扶贫，54个贫困县新造油茶、核桃等特色经济林示范林2万多亩，实施低产林改造2万多亩。发挥企业带动作用。促进贫困农户稳步增收。充分发挥广西农村投资集团、广西投资集团、广西建工集团等区内龙头企业优势，通过投融资服务，建设新能源、村医培训工程等产业实现精准扶贫。

社保兜底脱贫。全区266万农村低保对象中有建档立卡贫困人口147万人，重合率55.26%，全区111个县区的农村低保标准已全部达到或超过国家扶贫标准2952元，其中列入2017年度脱贫摘帽的8个县(区)农村低保标准全部达到或超过3300元。筹措下达医疗救助资金8.06亿元，截至2017年10月底全区共支出4.96亿元医疗救助资金救助困难群众149.56万人次，有效防止困难群众因病返贫现象的发生。同时，对照国家关于贫困县、贫困村、贫困户的验收标准，对建档立卡贫困人员城乡居民养老保险参保率100%，城乡居民医疗保险参保率98%以上，参加城乡居民养老保险的60周岁以上老人领取待遇100%，建档立卡贫困户住院实际报销比例90%以上等四项指标，进行全面核查，确保达到国家和自治区的验收要求。

实施生态保护脱贫。2017年，广西共投入生态保护补偿资金67.86亿元，安排54个贫困县2017年中央和自治区涉林项目资金27.2亿元。同时，全区生态护林员中央补助资金1.5亿元，在33个滇桂黔石漠化片区县和国家扶贫开发重点县共选聘25621名生态护林员，带动6万名以上建档立卡贫困人口“家门口脱贫”。

扎实开展技能扶贫。在全区继续开展48所技工学校结对帮扶54个贫困县贫困家庭

"两后生"精准职业培训工作。对培训合格1名学生给予学校1.2万元的培训补贴，学生在校期间包吃、包住、包培训，培训合格后推荐就业。截至2017年10月底，2016年招收的6350名贫困家庭"两后生"已顺利完成培训，向他们提供了5万多个岗位供选择，95%以上的"两后生"都明确了就业意向，3772人实现了就业。2017年秋季新招收"两后生"学员4009人。

(五)促进创新驱动发展

产业科技创新取得重大突破。自治区主席院士顾问袁隆平院士领衔的超级稻高产攻关示范基地——灌阳县"超级稻＋再生稻"示范基地两季合计亩产总量1561.55公斤，再创世界高产纪录。玉柴机器股份有限公司成功研发的10多款国六发动机集成了当今世界最新内燃机技术成果，具有动力强劲、燃油耗出色、可靠耐用等优点，产品性能优于国际同类产品。

打造创新驱动发展"九张名片"。重点围绕打造传统优势产业、先进制造业，新一代信息技术、互联网经济、高性能新材料、生态环保产业，优势特色农业、海洋资源开发利用保护、大健康产业等九张在全国具有竞争力和影响力的创新发展名片，凝练重点科技项目，完善创新链条，推动更多优势创新资源向"九张名片"领域聚集，形成广西创新驱动发展的新优势。目前，已下达129个项目(课题)，涉及28个重大专项。26个重大项目，总投资58亿元，安排财政资助资金12.99亿元。

推动大众创业万众创新。设立自治区创新驱动发展专项资金，新增预算12亿元，支持事关广西经济社会发展的重大科学研究、重大科技攻关、重大新产品开发和国家级、自治区级创新平台等建设。下达资金7.02亿元，支持实施自治区本级财政五大科技计划，提升全区研发水平和创新能力。争取国家中小企业发展专项资金2.2亿元，支持柳州市国家小企业创业创新基地城市示范项目建设和中小企业科技创新。筹措就业补助资金11.32亿元，支持大众创业万众创新。

(六)坚持开放引领发展

积极参与和融入"一带一"建设。中新互联互通南向通道加快启动。重庆、广西、贵州、甘肃以及新加坡达成多个共识，四省区市签署合作共建南由通道框架协议。中国—东盟信息港加快建设。截至2017年10月，重点推进的106个项目和18条事项中，已建成或投入运营项目30个，在建项目42个。深入推进国际产能合作。中马"两国双园"方面，中马钦州产业园区建成燕窝加工贸易基地一期等项目；马中关丹产业园年产350万吨联合钢铁厂即将投产，将建成马来西亚最大钢铁基地。中马共同签署《马来西亚创新城建设暨中马钦州产业园建设合作谅解备忘录》，园区合作步入新阶段。中国·印尼经贸合作区方面，上汽通用五菱在印尼建设的12万辆整车制造试产，是中国在印尼投资额最大的制造业项目。此外，文莱—广西经济走廊、中泰(崇左)产业园、澳门—北海葡语系国家产业园、中国—东盟矿业产业园、援建的柬埔寨国家地质实验室等稳步推进。人文交流深入拓展。广西对东盟国家留学生奖学金规模扩大至2017年的2300万元，外国留学生超过1.5万人，其中东盟留学生占八成，中国—东盟联合大学等项目扎实推进。中国—东盟技术转移中心(一期)即将完工，中国—东盛知识产权大数据运营平台、广西—东盟食品药品安全检验检测中心加快建设，中国—东盟质量检验检测认证高技术服务集聚区一期的6个东盟中心项目加快施工，广西质监局与柬埔寨国家计量中心、香港标准及鉴定中心签署合作协议。广西与越南高平省商签了《合作保护和开发德天（板约）瀑布旅游资源省级联合协调委员会协议》。合浦汉文化博物馆展厅实现改造升级，与文化部启动共建河内中国文化中心。

沿边开发开放进一步加快。扩大沿边金融综合改革试点，广西跨境人民币累计结算总量连续7年保持中国西部和边境省区第一。东兴和凭祥试验区建设扎实推进，《加快凭祥试验区建设的若干政策》印发实施。中越跨境经济合作区完成共同总体方案的磋商，开展跨境劳务试点。凭祥（卡凤）国检试验区实现"三个一"通关模式，通关查验申报项目从原来的169项优化成92项，检测周期从原来的1—2天缩短为2小时。

培育多层次开放合作机制。成功举办第14届中国—东盟博览会、中国—东盟商务投资峰会。本届博览会以"共建21世纪海上丝绸之路，旅游助推区域经济一体化"为主题，9位中外国家领导人、前政要出席，230位部长级贵宾与会，共举办36场高层论坛，举办中国—东盟旅游台作对接会、文莱国家领导人与中国企业CEO圆桌对话会、中英共建"一带一路"商业合作机遇分享会等；首次举办面向东盟以外的高层双边论坛——首届中哈地方合作论坛；首次召开中越、中菲产能与投资合作论坛、澜湄国家产能合作圆桌会，继续召开中国—柬埔寨产能与投资台作论坛，搭建产能合作全新平台。本届博览会经贸促进成效显著，举办80多场经贸活动，签约国际合作项目52个、国内合作项目112个，其中中国与东盟国家合作项目数比上年增长8%。东博会进一步推进了"一带一路"有机衔接，助推中国—东盟自贸区升级版建设。

（七）完善基础设施网络

提升铁路网密度和干线等级。贵南高铁已实质性施工，合湛铁路、柳州站站房扩建工程等项目取得重要突破，黎湛电化、南百增建二线将在年底全线开通。同时，积极加快运输配套建设项目，2017年3月23日桂林动车所建成投产，9月12日柳州站西站投入使用，为动车大量开行，方便旅客出行提供有力保证。

提升公路网络联通和畅达水平。2017年1—10月，已建成贵港全合浦、桂林至三江2条高速公路，新增高速公路通车里程279公里，全区高速公路总里程达4882公里，县县通高速比例为86%。预计年内还将建成梧州至柳州等3条高速公路，全区高速公路总里程预计达5263公里，县县通高速公路比例达到88%。预计全年新增普通公路1888.9公里。1—10月完成新改建农村公路4500公里，超额完成2017年全国20万公里农村公路建设目标中广西4000公里的任务数，预计年内全区新改建农村公路达到4930公里。

加强水利基础设施建设。坚持"补短板、强基础"，加强中小河流治理和海堤工程建设，全年预计完成河堤及护岸工程建设150公里、标准海堤建设10公里。抓好水库防汛抢险道路建设，完成100公里水库进库道路提升改造。

（八）培育现代产业体系

增强产业发展的要素支撑。深化金融体制改革，引导金融机构更好地服务实体经济。扩大金融资源供给，提升服务能力。积极发挥银行信贷融资主渠道作用，通过向上争取、运用货币政策工具等措施，保持信贷稳定投放；通过推动企业上市（挂牌）、发展债券市场、推动基金投放等措施，扩大直接融资规模。优化信贷投向结构，提升服务质效。支持重点区域，重要产业和重大项目建设，交通、水利、电力等三大基础设施行业新增贷款952.98亿元，同比多增366.39亿元；支持转型升级，六大高耗能行业中长期贷款增速比平均增速低6.51个百分点。加强政银企对接，提升服务意识。通过召开座谈会、政银企项目对接洽谈会等，推动政银企互动交流，促成银行业金融机构与相关企来达成合作、签约落地项目12个，金额1048亿元。全面落实“新28条”，提升服务实效。全面落实《关于进一步降低实体经济企业成本的意见》，切实降低企业融资成本，优化企业投资和发展环境。

推动传统产业转型升级。广西充分发挥经济带通道和纽带作用，强化产业对接，推进供给侧结构性改革，力促产业转型升级。着力提升发展汽车、装备制造、食品、电子信息、石化工业、有色金属等特色、优势产业；大力培育发展生物、新一代信息技术、新材料、新能源汽车、轨道交通装备等战略性新兴产业；加快推进产业转移合作，取得了明显成效。柳州汽车整车产能产量已突破200万辆，成为名副其实的“汽车城”；北斗导航、物联网、云计算等新一代信息技术研发和产业化加快推动；依托桂东承接产业转移示范区，吸引到微软、阿里巴巴、万达、比亚迪等一批世界500强和中国500强企业的重大项目落户广西。

引导现代服务业有序发展。服务业集聚区建设力度加大。印发实施自治区现代服务业集聚区认定管理办法，开展首批集聚区认定工作，共认定38个自治区级现代服务业集聚区。目前，全区在建或运营的共有127个，其中正在集聚区建设的52个，建成营运的75个，涌现出南宁中盟科技产业园、研祥智谷、五象金融总部基地，桂林创意产业园，北海银河科技创业园等集聚效应突出、产业链完整、公共服务平台完善的集聚区，成为服务业新的增长点。截至2017年前三季度，全区服务业集聚区营业收入总额692亿元，入驻企业12440家，园区内第三方物流企业数达590家。服务业上规上限入统工作进度加快。2017年1—10月累计新增规模以上服务业企业79家，有望完成全年新增150家的目标。截至10月底，全区规模以上服务业企业共2257家，规上其他营利性企业809家。

(九)大力发展特色优势农业

完善农业基础设施。水利方面大力实施以“双高”糖料蔗基地水利化建设及现代特色农业示范区建设为重点的高效节水灌溉工程，截至2017年10月底，全区已完成建设80.9万亩，预计11月底全面完成国家下达的96万亩高效节水灌溉建设任务。强化冬春水利建设，2016—2017年度全区冬春农田水利建设完成投资168.66亿元，再创新高；新增渠道防渗7796公里，新增恢复灌溉面积131.2万亩，改善灌溉面积468万亩，实现投入和成效“九连增”。交通方面，预计年内完成建制村通(沥青)水泥路400公里，危桥改造项目40座，窄路基路面拓宽改造工程500公里，县乡道联网路提级改造工程350公里，实现全区具备条件的建制村通客车率达88%。农村公路安全防护工程加快推进，预计年内完成隐患路段治理1300公里。

以特色产业推动产业扶贫。做好方案。按照广西现代特色农业产业品种品质品牌“10＋3”提升行动要求，认真制定10个主导产业的具体实施方案，将具体目标任务分解落实到具体单位。大力发展富硒农业。印发了《2017年广西推进富硒农业开发工作方案》，明确工作目标、重点工作和保障措施；加大富硒农业产业的宣传力度，开展技术培训和指导服务。加快休闲农业发展。启动2017年度全区休闲农业与乡村旅游示范点创建工作，修订和完善

《广西休闲农业与乡村旅游示范点质量评定管理办法》等文件，组织参加2017年度全国休闲农业与乡村旅游示范县(市、区)创建和中国美丽休闲乡村推介活动、首届全国休闲农业和乡村旅游大会，推介广西休闲农业精品景点和重大项目。积极发展生态循环农业。依托4个自治区级试点("一干七支"生态农业产业带建设试点)，将示范区创建项目、农业标准化生产项目、农业绿色防控等项目向"一干七支"生态农业产业带集中，推进由点及面，示范带动生态循环农业发展。开展特色农产品优势区划定。组织水果蔬菜、蚕桑茶叶、食用菌、中药材等领域的专家研究广西优势产业发展情况，向农业部推荐特色农产品优势产业发展典型名单。

以示范区引领现代农业发展。出台政策文件。制定并印发了《关于推进广西现代特色农业示范区扩面提质增效工作的指导意见》《关于加快县域现代特色农业示范区建设的实施意见》。申请创建国家现代农业产业园。南宁市横县现代农业产业园入选农业部第一批创建国家现代农业产业园名单。来宾市现代农业产业目入选农业部第二批创建国家现代农业产业园名单。

(十)推进新型城镇化

新型城镇化建设进程加快推进。23个新型城镇化示范县项目完成投资34.35亿元，完成投资率为83.08%；第一、二批少数民族乡建设累计到位资金4.60亿元，完成投资5.25亿元。第一批百镇及民族乡年内完成第三方评估验收，自治区第二、三批共71个百镇建设项目完成投资9.64亿元，乡改镇完成投资2190.53万元。特色小镇建设培育全面启动，起草了《培育广西特色小镇的实施意见》等6个文件，初步建立培育广西特色小镇的政策框架体系。全区4个首批全国特色小镇建设计划投入资金167亿元，10个镇入选第二批全国特色小镇。沿边城镇带建设逐步启动，细化支持沿边开放开发政策，年内计划安排资金25亿元。自治区"6市1县1区"有序推进国家智慧城市试点工作，有效提升了政务服务质量和城市管理水平。南宁市17个试点项目超过半数已完成，柳州市电子政务云平台已建成并投入使用。

城镇基础设施进一步完善。围绕城市的宜居性，建立宜居城市建设厅际联席会议制度，制定"美丽广西·宜居城市"建设分工方案、考核实施办法、工作方案，设立宜居城市奖，积极开展"美丽广西·宜居城市"建设活动，着力推进市政基础设施建设。海绵城市建设卓有成效。南宁市国家海绵城市建设试点成为广西海绵城市建设的一张靓丽名片，海绵城市建设创新模式获得习近平总书记及住房城乡建设部的肯定，目前已完工项目113个，在建项目63个，前期项目27个；完成项目总投资87.4亿元，15亿元的中央海绵专项资金已完成拨付8.42亿元。城市地下综合管廊建设取得新进展。全区城市地下综合管廊在建项目共29个，累计建成廊体36.32公里，完成投资22.7亿元，其中，南宁市在建项目19个，累计建成廊体29.77公里，累计完成投资18.15亿元；已开工项目12个，共计36.54公里。乡镇污水垃圾处理设施建设全力推进。全区"十三五"首批313个乡镇污水处理设施项目中，已实现竣工试水或进入土建(管网)施工的项目为312个，占项目总数的99.7%，预计年底前可全部实现竣工试水目标。全区已建成城镇(县城及城市)污水处理设施116座，1—10月累计处理生活污水5.17亿吨，削减COD6.8万吨。全区建成镇级污水处理设施137座，生活污水日处理能力约34万吨；建设配套污水管网约800公里。城市黑臭水体整治稳步推进。

全区已完成黑臭水体整治项目36段，完成年度任务52段的67.3%，其中南宁市完成28段。柳州、桂林两市黑臭水体已全部消除，崇左市已提前完成年度任务。城市环卫保洁水平不断提升。1—10月累计处理生活垃圾420万吨。全区城镇环卫保洁政策法规体系不断完善机制不断创新，《广西城镇环卫保洁质量与评价标准》发布。桂林等6市开展城市市容环卫条例的相关立法工作，河池市开展建筑垃圾管理条例的相关立法，是广西第一部有关建筑垃圾管理的地方性法规。持续推进生活垃圾分类试点，全区新建、改建市政公厕累计完成数为1370座，开工在建数为446座。

建设绿色文明宜居乡村。“美丽广西”乡村建设提质升级，农村人居环境持续改善。开展“基础便民”活动，农村改厕改厨工程全面推进。广西作为全国首个全面推进改厨和第二个全面推进改厕的省区，明确各市、县任务量及改厕改厨补助标准，制定“美丽广西·宜居乡村”活动指导意见及三个配套文件，召开现场培训会，编制“基础便民”专项活动技术手册及专题片，指导各地开展建设。年内预计能全面完成改厨改厕各100万户的年度目标。农村垃圾治理两年攻坚项目建设顺利推进。基本完成520个垃圾片区处理中心、1000个村级垃圾收集设施建设，初步构建了县城周边农村生活垃圾“村收镇运县处理”、乡镇周边“村收镇运片区处理”、边远乡村“就近就地处理”的垃圾收运处理体系，全区农村生活垃圾治理工作顺利通过国家有关部门组织的农村生活垃圾专项治理第三方评估。推进乡土特色示范建设。完成共925公里的“环广西赛”沿线风貌整治，累计完成投资16.68亿元，完成房屋外立面改造5万户、屋顶整治3.17万户、40个景观节点村屯打造、6条风光带建设。推进550个乡土特色示范村建设，开展示范村设计方案市级审查。加强30条乡土示范带。实施26条乡土特色农村清水砖示范生产线建设，产能规模达7.8亿块标砖。统村落保护进展顺利。广西传统村落总量约622个，公布广西第三批传统村落名录199个，约300个村落申报第五批中国传统村落，12个村列为全国改善农村人居环境示范村，数量排名全国第五。广西第一至第三批中国传统村落保护发展项目累计完成投资2.85亿元。第四批26个中国传统村落启动建设前期工作。编制《广西传统村落保护与发展总体规划》。初步完成13个村落数字博物馆建设。39个村落获得中央补助资金1.17亿元。

(十一)强化规划实施保障

供给侧结构性改革不断深化。出台《关于进一步降低实体经济企业成本的意见》，主要围绕“降低投资成本、促进投资回升、稳定经济增长”根本任务，提出28条进一步降成本的“专业拳”。取消和停征8项经营服务收费、45项行政事业性收费，降低9项行政事业性收费标准。持续深化电力体制改革，2017年，电力市场化交易规模扩大一倍，预计全年为企业减负18.32亿元。关闭煤矿矿井23处，去产能246万吨/年。出台《关于积极稳妥降低企业杠杆率的实施意见》，重点推进兼并重组、优化债务结构、有序开展市场化银行债权转股权等工作。印发《进一步激发社会领域投资活力工作方案》，增加产品和服务供给，培育经济发展新动能。实施消费品培育升级专项行动，充分发挥新兴消费的引领作用，引导产业升级，推动产品创新，促进供给和需求两侧同时发力、有效对接。出台《广西推动实体零售创新转型发展实施方案》，进一步推进全区内贸流通供给侧结构性改革。

创新完善投融资体质。加大农村金改“田东模式”推广力度。截至2017年9月底，“两权”抵押贷款试点地区农村承包土地的经营权抵押贷款余额6.07亿元，同比增长119.2%；

农房抵押贷款余额952万元，同比增长30.77%。林权抵押贷款165.54亿元，同比增长18.88%。全区评定信用农户396万户、信用村4630个、信用乡(镇)354个，信用县4个，创建"三农金融服务室"9221个。全力推进政府性融资担保体系建设。成立自治区推进政府性融资担保体系建设厅际联席会议，实现政府性融资担保机构在全区市级全覆盖，形成区市县"三级联动"的融资担保组织体系。"广西模式"融资担保体系建设工作获得全国融资担保业务监管部际联席会议的高度评价，在全国处于领先地位。探索在融担行业实施外部评级和分类监管制度，在南宁，桂林，柳州试行开展了分类监管评级工作。探索设立互联网小贷。研究出台《广西壮族自治区小额贷款公司开展网络小额贷款业务监管指引(试行)》，推动小贷行业创新发展，目前已有多个投资者意向申请在广西设立网络小额贷款公司。

二、2018年工作设想

(一)着力抓好党的十九大精神的贯彻落实

要把学习宣传贯彻党的十九大精神作为当前和今后一个时期的首要政治任务，扎实开展集中宣讲、新闻宣传、网络宣传，着力营造学习宣传贯彻十九大精神的浓厚氛围。深刻学习领会中国特色社会主义进入新时代的新论断，深刻学习领会我国社会主要矛盾发生变化的新特点，深刻学习领会分两步走全面建设社会主义现代化国家的新目标，深刻学习领会党的建设的新要求，激励全区人民以实际行动贯彻落实党的十九大精神。

(二)深化供给侧结构性改革

必须把发展经济的着力点放在实体经济上，把提高供给体系质量作为主攻方向，显著增强经济质量优势。多措并举去产能。严格环评、能评、土地和安全生产审批，严禁钢铁、电解铝、水泥、平板玻璃、船舶等产能严重过剩行业建设新增产能项目。全面完成国家下达的化解煤炭过剩产能和淘汰落后产能任务，退出一批低端低效产能。研究设立"僵尸企业"处置专项资金。加强对职工安置工作的督查和指导。分类施策去库存。落实完善房地产去库存的各项政策措施，解决好非住宅商品房去库存问题。支持刚性和改善型住房需求，发挥好住房公积金支持住房消费作用，加大棚户区改造货币化安置力度。积极培育和发展住房租赁市场，鼓励住房租赁消费。加快研究建立符合区情、适应市场规律的基础性制度和长效机制，确保房地产市场平稳健康发展。加强企业债券风险防控，出台企业债权转股权实施方案，降低企业资产负债率。完善政府性债务管理体系，加快推进存量债务置换。着力防范化解金融风险，强化对民同借贷的有效监管，加大力度打击非法金融活动，确保不发生系统性、区域性金融风险。千方百计降成本。抓好降成本"41条""28条"政策措施落实和完善。实施好"营改增"及资源税改革政策，落实好研发费用加计扣除政策，扩大行政事业性收费免征范围，取消、减免一批政府性基金。加快推进输配电价改革试点。帮助企业解决融资难融资贵问题，降低贷款中间环节费用和企业财务成本。推进流通体制改革，降低各种物流费用。协调发展补短板。切实落实在关键领域和薄弱环节加大补短板工作力度实施方案，加大对基础设施、新兴产业、科技创新、公共服务、生态环境、脱贫攻坚，民生保障等薄弱环节建设发展的政策扶持力度。

（三）大力推动创新发展

把发展的基点放在创新上，深入实施创新驱动战略，加速发展动能转换。全面深化体制机制改革。以深化经济体制改革为重点，深化行政管理体制改革，统筹推进投融资、金融、财税、价格、流通、电力等改革，充分释放发展活力。打好产业转型升级攻坚战。加快推进供给侧结构性改革，提高供给体系质量和效率。深入落实"中国制造2025"，开展"互联网+"和产业转型升级专项行动，推动网络信息技术和实体经济深度融合，全面推进糖、铝、机械、冶金等传统优势产业"二次创业"，集中力量发展战略性新兴产业，积极培育分享经济、数字经济，创意经济等新业态新模式。加快建设现代服务业集聚区，大力发展现代服务业。深入实施质量强桂战略，推动"品质革命"和品牌创建，促进产业迈向中高端。大力推动科技创新。重点在云计算及大数据、北斗导航应用、石墨烯，机器人、3D打印、物联网等领域实施一批重大科技专项，加快形成一批科技创新成果。提升高新区创新能力，打造产业科技创新中心和新兴产业策源地，建设自主创新示范区。

（四）加强区域协调发展

着力推动区域协同、城乡一体，在协调发展中拓宽发展空间、增强发展后劲。深入推进沿海沿江沿边协调发展。倾力打造北部湾经济区、西江经济带两大核心增长极。加快北部湾经济区港口群、产业群、城市群集聚发展，培育壮大海洋经济，建设中国—东盟自贸区升级版的先行示范区。积极对接粤港澳台先进生产力，强化沿江重点城市产业分工合作，打造泛珠区域合作核心区和流域生态文明试验区。加快桂林大旅游圈建设。大力振兴左右江革命老区，继续加大老区重点项目建设推进力度，抓紧实施巴马长寿养生国际旅游区基础设施三年行动计划，老区跨省（区、市）合作项目常态化一站式服务机制，推动设立左右江革命老区振兴基金，定期组织老区项目银企对接会。抓紧谋划左右江革命老区专项支持政策。大力推进城乡发展一体化。积极稳妥构建以城镇群为主体形态的城镇体系。加强城市规划建设管理，加快城市新区建设，推进产城融合。发展壮大县域经济，培育特色小城镇，增强农村发展内生动力。全面推进基础设施建设攻坚战。加快推进各种运输方式有效衔接和多式联运发展，完善县乡村屯交通网络。建设一批重大水利工程，加强基本农田保护和农田水利体系建设，建成一批高标准农田。

（五）大力推进生态文明建设

深入实施绿色发展战略，着力健全完善的生态文明体系。大力发展生态经济。深入实施生态经济"十大工程"，培育发展生态工业、生态农业、生态服务业。加快传统产业和产业园区生态化改造，建设一批生态产业园区。推广绿色生活，推动生活方式向绿色低碳转变。加强生态城乡建设。持续推进宜居乡村、幸福乡村建设。全面开展美丽广西宜居城市建设，发展绿色建筑和低碳便捷的交通体系，建设完善地下综合管廊，给排水、污水垃圾处理等基础设施。加强生态环境保护治理。加快主体功能区建设，完善空间开发布局。严格划定生态红线，实施山水林田湖海湿地生态保护和修复工程，推进石漠化综合整治，提升自然生态系统稳定性。

(六)构建全面开放新格局

实施更加积极主动的开放带动战略,以开放的主动赢得发展的主动。狠抓"一带一路"建设,进一步完善领导小组及办公室工作机制,继续常态化召开项目专题协调会;发挥好广西"一带一路"项目管理平台作用,实施2018年广西"一带一路"重点项目推进计划,统筹推进三年滚动项目、国家库项目等共约100个项目。建设广西"一带一路"官方网站。推动设立国家"一带一路"大数据广西分中心,加快筹建广西"一带一路"丝路基金。研究广西"一带一路"专项支持政策。制定上报中国—中南半岛经济走廊建设南宁示范区实施方案,统筹推进中新互联互通南向通道、中马"两国双园"、中越跨境经济合作区、中国—东盟信息港、中国—东盟港口城市合作网络等重大标志性工程建设,争取早出成果。发展更高层次的开放型经济。以东盟国家为重点,加快优势产业"走出去",建设好以中马"两国双园"为代表的国际产业合作园区。实施新一轮"加工贸易倍增计划",推动加工贸易产业集群发展。完善保税物流体系,发展外向型产业集群。创新丰富开放合作平台。推动中国—东盟博览会、中国—东盟商务与投资峰会常办常新。务实参与中国—中南半岛经济走廊合作、泛北部湾经济合作,澜沧江—湄公河合作、中越"两廊一圈"合作。发挥广西沿边金融综合改革试验区、中国—东盟国检试验区和海关特殊监管区等平台作用,提升区域要素资源配置能力。

(七)大力保障和改善民生

保障和改善民生,让人民在共建共享中有更多收获感。坚决打赢农村全面脱贫攻坚战。坚持精准扶贫、精准脱贫基本方略,加大财政投入和金融支持,全力实施脱贫攻坚"八个一批""十大行动",切实做好贫困人口易地扶贫搬迁。发展是公平更高质量的教育。均衡发展义务教育,加快普及高中阶段教育,鼓励多元普惠性幼儿园发展。构建现代职业教育体系,培养技术技能型人才。加快建设南宁、桂林两个高等教育集聚区,实施"双一流"工程。千方百计扩大就业增如收入。实施更加积极的就业政策,健全覆盖城乡的公共就业创业服务体系。实施城乡居民收入倍增计划,扩大中等收入群体,缩小收入差距。稳步提升社会保障永平。整合城乡居民基本医疗保险制度。健全城乡居民最低生活保障机制,完善社会救助体系和社会福利制度。振兴发展中医药、壮瑶医药,加快养老保障服务体系建设,深化医药卫生体制改革。

第十三章　新疆生产建设兵团

一、2017 年工作总结

(一)经济运行调度调控更加有力

初步预计,全年实现生产总值 2320 亿元、增长 9%左右,其中第一产业 496 亿元、增长 6%,第二产业 1038 亿元、增长 7%,第三产业 786 亿元、增长 12%,三次产业结构由 2016 年的 21.9∶45.2∶32.9 调整为 2017 年的 21.4∶44.7∶33.9;累计完成固定资产投资 2000 亿元、增长 16%;实现社会消费品零售总额 708 亿元、增长 12%;地方居民人均可支配收入增长 8.3%,实现与经济同步增长。

(二)供给侧结构性改革深入推进

紧盯"三去一降一补"五大重点,提前完成 100 万吨水泥和 50 万吨煤炭去产能年度计划,积极开展打击"地条钢"、清理"电解铝"专项行动。因城因地施策消化商品房库存,180 万平方米商品房去库存任务有望提前完成。加大减税降费力度,简并增值税等政策得到全面落实,降低企业成本 20 亿元以上,引导企业加强管理、降本增效,国有及国有控股企业实现全行业盈利、利润总额同比增长近四成。

(三)改革创新不断深化

出台 60 余个改革工作方案,不断健全和转变行政职能,六师五家渠市推进团场综合配套改革整师试点、兵团国资国企改革十项试点和国企混改试点等工作进展顺利。建立兵团税收统筹协调工作机制,启动实施师市财政管理体制改革试点。自治区向兵团行政授权等工作取得阶段性成果。大力推进大众创业万众创新,新增"双创"基地 27 个、小微企业 2000 余家、个体工商户近万户,石河子高新区列入国家第二批"双创"示范基地。

(四)向南发展不断加快

持续加大向南发展力度,南疆兵团城镇基础设施和公共服务设施不断完善,225 团、37 团、38 团、莎车农场、红旗农场等新建扩建团场规划建设稳步推进,草湖纺织服装产业园等一批特色产业项目示范作用明显。积极接收喀什、和田城乡富余劳动力,前三季度共接收 1.05 万人。探索创新北疆师代管南疆团场(园区)机制,北疆 5 个师代管南疆 5 个团场(园区)进展良好,四师和十三师代管南疆师团工作启动实施,广东东莞市组团援建 41 团草湖镇有序推进。

(五)固定资产投资企稳回升

积极拓宽融资渠道,落实中央预算内资金104亿元,与国开行、农发行签订战略框架合作协议,全兵团系统贷款余额较年初增长14%以上。援疆项目进展良好,292个援疆项目全部开工建设,505个产业援疆项目总投资2488亿元,当年到位资金522亿元。招商引资成效显著,营商环境持续改善,招商小分队招商22461次、签订合作协议265个、签约投资金额1588亿元,1157个招商项目建成投产,提供就业岗位5.4万个。

(六)民生事业持续改善

"十件实事"完成投资401亿元,实施了85项实事,以兜住底线、广泛覆盖、就业增收、基础提升、区域协调为重点,统筹国家、兵师团、援疆和社会资金进一步改善职工群众生产生活条件。促进转移就业、组织劳务创收、加强技能和创业培训等"三大攻坚行动"实施有力。统筹推进养老保险各项工作,继续调整机关事业单位和企业退休人员基本养老金,全兵团同时接入国家异地就医直接结算平台。城镇和连队居民人均可支配收入分别达到36820元和17800元,分别增长8%和8.5%。认真落实打赢脱贫攻坚战的相关部署,开展了扶贫专项稽查工作,11个贫困团场摘帽、2.37万贫困人口脱贫年度目标预计能够完成。

(七)着力推进绿色循环低碳发展

扎实做好迎接中央环保督查,主动查找问题,认真进行整改。强化资源节约和环境保护治理,抓好能源和水资源消耗"双控",制定实施河长制工作方案。推动绿色低碳能源开发利用,加快阿拉尔等园区循环化改造试点和循环经济示范城市(县)创建。继续实施退耕还林还草、防沙治沙、天然林保护等重大生态工程,完成防沙治沙33万亩、森林抚育110万亩、退耕还林10万亩。加强农业环境突出问题治理,残膜污染治理成效明显。

二、2018年设想

(一)抓好兵团深化改革,夯实兵团现代化经济体系的基础

一是坚决打好团场综合配套改革攻坚战。二是坚决打好国资国企改革攻坚战。三是深入推进财政管理体制改革。

(二)抓好供给侧结构性改革,促进产业结构优化

一是深入推进"三去一降一补"五大任务。在巩固钢铁、煤炭、水泥去产能工作成果的基础上,指导建材、化工等行业以需求为导向调整产业结构。二是促进传统产业转型升级。三是培育发展战略性新兴产业。四是扎实推进农业供给侧结构性改革。五是提升服务业发展层次。

(三)抓好运行调控,推动经济持续健康发展

一是不断创新完善经济运行调控方式手段。二是建立工业为先的经济运行监测体系。三是继续深入开展"增品种、提品质、创品牌"专项行动,引导企业适应市场变化,加快产品

结构调整、产能更新换代、质量服务提升。四是加强园区经济监测考核。五是扎实开展“十三五”规划纲要中期评估工作。

(四)抓好精准有效投资,不断增强综合实力

一是抓好投资项目谋划。二是推进投资审批改革。三是要加大招商引资力度。四是谋划打造一批符合市场化运作模式的行业性投融资平台公司。五是扩大民间投资。

(五)抓好创新开放,激发内生动力

一是强化创新引领。二是大力支持科技创新。三是全面参与丝绸之路经济带核心区建设。四是加快“走出去”步伐。五是做好对口援疆工作。

(六)坚持以人为本,着力提高保障和改善民生水平

一是持续办好利民惠民实事。二是提高社会保障水平。三是切实抓好就业促进工作。四是扎实做好脱贫攻坚工作。确保 2018 年 6 个贫困团场、2.42 万贫困人口脱贫。积极支持地方脱贫工作,深化落实师帮扶地方贫困乡村工作,支持墨玉县脱贫工作。

(七)不断拓展方式途径,深化兵地融合

一是抓好兵地融合顶层设计。二是加强融合制度建设。三是创新基础设施和公共服务共建共享机制。四是认真落实开展“五共同一促进”“民族团结一家亲”活动,不断创新活动载体,推动活动不断取得新成效。

(八)抓好协调发展,增强发展的整体性

一是大力推进向南发展。二是认真贯彻落实天山北坡经济带引领跨越计划。三是优化人口资源结构。四是统筹城乡融合发展。

(九)抓好绿色发展,增强发展的可持续性

一是落实兵团主体功能区规划。推动形成生产空间集约高效、生活空间宜居适度、生态空间山清水秀的空间格局、产业结构、生产方式、生活方式。二是推进绿色、循环、低碳发展。三是着力解决突出环境问题。加强水、大气、土壤污染防治,突出抓好中央环保督察提出问题的整改落实,从源头上完善制度、堵塞漏洞。四是加大生态系统保护力度。强化湿地保护和恢复,继续实施退耕还林、退牧还草、退地建水等重点生态修复工程,努力建设天蓝、地绿、水清的美丽兵团。

第十四章　北京市

一、2017 年工作情况

(一)领导高度重视,精心谋划工作

一是市委书记蔡奇主持召开市支援合作工作领导小组会、市委常委会、全市对口支援工作表彰大会、市委全会,对助力受援地打赢脱贫攻坚战进行动员部署。二是市委、市政府主要领导及相关市领导先后与来京的拉萨等党政代表团座谈,并赴受援地内蒙古、新疆、西藏、青海等地考察交流。北京市委书记蔡奇,市委副书记、代市长陈吉宁,市人大常委会主任李伟,市政协主席吉林率党政代表团赴河北省学习调研,研究部署对口帮扶工作。三是召开北京市深化助力脱贫攻坚研讨会,交流经验做法,凝聚共识力量,形成工作合力,全力推进全市支援合作地区脱贫攻坚。四是制定并印发了《关于贯彻落实国务院"十三五"脱贫攻坚规划的通知》《关于开展携手奔小康行动助力打赢脱贫攻坚战的通知》《关于进一步动员社会力量助力受援地区打赢脱贫攻坚战的意见》等 8 个政策文件,出台了"十三五"时期支援帮扶协作和区域合作规划、京冀帮扶合作规划以及对口支援内蒙古等专项规划,进一步加大扶贫协作和对口支援政策支持力度。

(二)加大资金投入,助力脱贫攻坚

2017 年,北京市级共向西藏、新疆、青海、内蒙古、湖北巴东投入资金 37.4656 亿元,实施援助项日 382 个。其中,投入援藏资金 5.4381 亿元,实施各类新建、续建项目 73 个,帮助拉萨建档立卡户 2780 户 12440 名贫困人口脱贫,帮助 1672 户 17569 名贫困人口改善居住、生活条件,帮助解决 500 人上学和 270 人就业问题;另外,投入资金 1.0127 亿元支援西藏昌都。投入援疆资金 25 亿元,实施援疆项目 190 个,支持新疆和田地区 4.9 万套安居富民房、和田市及墨玉县老城区棚户区改造,帮助 2720 名和田籍内地就读贫困大学生上学,实施和田水厂提标改造工程。投入援青资金 3.12 亿元,各类项目 49 个,助推 34 个村、2.1 万人脱贫。投入援巴资金 3948.5 万元,实施项目 10 个,支持 5 个易地扶贫搬迁集中安置示范点建设,主体工程均已基本完工,年内可全部交付使用,届时可搬迁安置贫困农户 230 户、贫困人口 780 人。投入帮扶内蒙古资金 2.5 亿元,实施帮扶项目 60 个,覆盖建档立卡贫困人口 29.4 万人,助力 2.8 万名贫困人口实现脱贫。

(三)开展产业合作,帮助解决就业

一是引导企业到受援地区投资。引导北京凯达恒业农业科技有限公司到内蒙古乌兰察布察右前旗投资全自动马铃薯加工生产线项目,项目实施后解决了近 300 名贫困人口就

业问题，带动周边新增马铃薯种植面积8万余亩，使3000多个贫困户稳定增收。引导时珍堂公司、都市牧歌公司等35家企业在新疆和田落地，协议投资超过55亿元。二是加大对受援地产业扶持。安排专项资金1000万元扶持西藏拉萨在京开设净土健康产品专卖店。三是组织北京市支援合作地区特色产品在京展销会。西藏、新疆、青海、内蒙古、湖北巴东等西部贫困地区企业110多家企业进京展销，搭建特色产品在京销售平台。四是推进电商帮扶。引导京东商城、阿里巴巴、苏宁等电子商务企业线上展销受援地区特色产品。在内蒙古赤峰市，建设电商精准扶贫数据库，投资300万元打造200个电商扶贫示范村。五是组织招聘会。组织企事业单位赴拉萨参加面向藏籍高校毕业生专场招聘会，41家用人单位提供岗位386个，近1100名藏籍高校毕业生参加；组织北京市企业赴新疆参加招聘高校毕业生新疆现场招聘会，北汽集团、北京电子控股公司等16家用人单位提供岗位113个，利用奖励和补贴的方式，促进转移就业（疆内、疆外）3万余人次。

（四）选派干部人才，加强智力支援

一是选派优秀干部到西部地区挂职。2017年选派659名党政干部和专业技术人才到西部地区挂职，其中到西藏挂职312人，到新疆挂职268人，到青海挂职32人，到内蒙古挂职党政干部41人，到巴东挂职6人。二是接收西部地区干部来京挂职。接收132名西部地区党政干部来京挂职，结合挂职干部实际需求安排挂职岗位。三是为西部地区培训干部人才。2017年以来，已完成各类培训班116期，为西部地区培训干部人才3321人。其中，拉萨市47期789人；和田地区9期362人；玉树州10期335人；内蒙古自治区39期1335人；湖北巴东3期100人；东部城市对口支持西部地区培训班8期400人。

（五）开展结对帮扶，携手共奔小康

开展携手奔小康行动，全市16个区与西部地区39个县（市、区、旗、团场）建立了结对帮扶关系。全市16个区党政负责同志赴西部受援地区对接结对帮扶工作，编制结对帮扶计划，签订结对帮扶合作协议，落实帮扶资金，瞄准建档立卡贫困户实施一批产业、医疗、文化等帮扶项目。北京市各区结对后，积极推进镇乡、村结对帮扶，已有近20个镇乡、村与受援地乡、村结成帮扶关系，对口帮扶更加精准有效。

（六）加强交往交流，促进民族团结

市委、市政府主要领导及相关市领导先后与西藏拉萨党政代表团等座谈。相关市领导分别赴内蒙古、新疆和田、西藏拉萨、青海玉树开展调研、座谈，加强同受援地的交往交流。援藏方面，开展科技帮扶、儿童疾病救治、毕业生就业援助、艺术文化交流等项目34个，累计来访916人次，出访315人次。援疆方面，开展文化医疗体育旅游等交往交流，捐赠1万册图书，义诊800余人，选送20例患病儿童赴京免费治疗，举办篮球、足球赛，开行3列京和旅游专列，20余所学校与和田学校结对帮扶。援青方面，多次组织干部、教师、文艺工作者、宗教人士赴京交流。帮扶内蒙古方面，组织开展学校结对、赴京夏令营、邀请师生赴京参观等活动，为百名兔唇儿童免费手术，组织260人次文艺工作者赴内蒙古开展文艺会演40余场活动。援巴方面，组织北京企业赴巴东参加旅游文化节等。

二、2018 年工作设想

(一)强化四个意识,提高政治站位

按照中央和市委市政府要求,提高政治站位,切实增强四个意识,进一步加强沟通,会同受援地区把贫困人口、贫困程度、致贫原因搞清楚,做到精准发力。同时加强政策研究和集成,有针对性地制定各项计划,把有利于精准扶贫、精准脱贫的项目和活动往前排,项目和资金更加聚焦深度贫困地区,助力受援地区全面奔小康。

(二)凝聚各方力量,助力脱贫攻坚

一是加强社会动员,建立支援合作促进会,引导和激励各类企业、社会组织、个人参与西部大开发工作。二是加大宣传力度,建立宣传机制,拓宽宣传渠道,扩大影响力。三是强化责任考核,按照中央考核要求,研究制定考核办法,确保扶真贫、真扶贫。

(三)聚焦脱贫攻坚,更加精准发力

一是资金聚焦。坚持把"十三五"规划财政援助资金的 80%以上资金用于扶贫,新增资金全部投向帮扶脱贫攻坚、投向深度贫困地区。二是干部聚焦。注重选拔优秀干部人才到最艰苦、最贫困的地区开展工作。三是力量聚焦。与"一带一路"国家战略、疏解非首都功能、推进供给侧结构性改革等重大任务有机结合起来,推动产业、资金、技术等向西部受援地区流动。

(四)坚持因地制宜,精准分类施策

在底数清、情况明的基础上,深入了解当地脱贫计划和需求,找准扶贫工作的突破口和着力点,做到因地制宜、精准施策,做到精准发力、精准落实、精准见效。根据不同贫困人口的贫困成因,分类实施教育扶贫、健康扶贫、就业扶贫、低保兜底扶贫,确保 2020 年助力受援地如期完成脱贫攻坚任务。

(五)突出工作重点,激发内生动力

计划培训受援地干部人才 5000 多人,大力开展面向贫困家庭的职业技能培训。建立教育培训基地、文化交流基地、特色产品展示基地、高原适应康复基地、研究基地、动员社会力量基地。把产业和就业扶贫作为推动脱贫攻坚的根本出路,推动贫困人口就业增收;对没有劳动能力的贫困户,通过资产收益扶贫等方式,分享产业扶贫红利。将农村基础设施、社会事业、生态环境整治等项目捆绑打包,整村推进、同步实施。

(六)健全工作体系,完善体制机制

创新工作机制,衔接好新老政策,组织编制好助力脱贫攻坚三年行动计划,严格制定和实施年度工作计划,完善项目资金实施办法和操作程序,确保资金精准到位。进一步明确主管领导,明确主责单位,明确专门处室和专人负责扶贫工作。加强与深度贫困县的沟通对接,深入了解需求,做到精准扶贫精准脱贫。

(七)加强监督执纪,提供坚强保障

突出从严治党这条主线,严明党的纪律,严格贯彻中纪委扶贫领域监督执纪问责工作电视电话会议精神和市纪委市监委工作要求,出台北京市扶贫资金项目管理办法和廉政监管办法,把扶贫领域监督执纪问责落到实处。同时,按照从严治党的要求,把加强党的建设体现到助力脱贫攻坚的各个领域各个环节,为全市助力扶贫工作再上新台阶提供坚强保障。

第十五章　天津市

一、2017 年工作情况

2017 年，天津市升级加力做好东西部扶贫协作甘肃省(除定西市、陇南市和临夏回族自治州外)、河北省承德市，对口支援新疆和田地区东三县(策勒县、于田县、民丰县)、新疆生产建设兵团第十一师、西藏昌都市一区三县(卡若区、江达县、丁青县、贡觉县)、青海省黄南藏族自治州、重庆市万州区，对口协作陕西省水源区(汉中市、安康市、商洛市及西安市周至县、宝鸡市太白县和凤县共 31 个县)，服务参与西部大开发等工作，累计安排财政援助资金近 19 亿元，其中，市级财政安排东西部扶贫协作和对口支援资金 17.23 亿元，区县携手奔小康结对帮扶资金 1.5 亿元，专项工作经费 1855 万元，西部地区人才培训专项经费 84 万元，实施脱贫攻坚、社会事业、人才培训、劳务协作、产业扶持等项目 270 余个。积极推进区域合作与产业互动，西部省区在天津投资合作项目 715 个，投资额 257.37 亿元；组织引导京津冀企业西部产业转移项目 62 个，协议签约额 71.66 亿元。在四川、陕西、新疆、内蒙古和云南设立天津商会，会员企业 460 家；10 个西部省(市、区)在天津设立省级商会，会员企业 801 家。天津市对口支援的新疆和田地区民丰县、西藏昌都市卡若区、重庆万州区、青海黄南藏族自治州河南蒙古族自治县成为全国首批“摘帽县”。

(一)高层推动，深化西部开发与扶贫协作工作

天津市第十一次党代会专题部署，提出“放大向西开放效应，积极参与西部大开发，精准高效做好对口协作帮扶工作”。与西部地区高层互访 20 批次，市委书记李鸿忠率党政代表团赴新疆、青海、甘肃考察学习，分别举行高层联席会议，商定重点工作；在津分别会见甘肃、陕西和甘南州、黄南州党政代表团。津甘签署《东西部扶贫协作框架协议》，明确到 2020 年，在“十三五”期间在 4.83 亿元扶贫资金(其中 80%用于支持甘肃藏区)基础上再增加 1 亿元，用于藏区外扶贫工作重点县。在“十三五”期间 4.75 亿元援青资金基础上再增加 1.85 亿元，重点用于支持黄南州中等职业学校和科技馆建设。

(二)顶层设计，引导与推动西部大开发工作

印发实施《天津市人民政府办公厅关于助推受援地区打赢脱贫攻坚战的实施意见》(津政办发〔2017〕20 号)、《天津市推进携手奔小康行动工作方案》(津援办发〔2017〕7 号)等文件，完善以市委、市政府和区委、区政府主要领导任组长、副组长的市、区两级“1+16”的对口支援工作领导小组，统筹推动全市扶贫协作、对口支援、西部大开发工作。印发实施《“十三五”对口支援新疆和田、西藏昌都、青海黄南、甘肃藏区规划和天津市对口协作陕西省水源区“十三五”规划(2016—2020 年)》，签署了任务责任书，明确重点任务和时间表、路线图、

责任人，积极助推西部贫困地区经济社会发展。

（三）基层倾斜，保障和改善西部地区民生

实施富民安居工程、美丽乡村建设和易地搬迁等工程，西部地区1.2万户贫困人口居住条件得到改善。购置建立车载流动医院27所，修缮、改扩建医院、藏医院、基层卫生院等15所，职业学校、中小学、幼儿园等86所，文化中心、农村“妇女之家”、便民服务中心等服务设施14个。开通天津至新疆和田、甘肃甘南、陕西汉中的航线，深化经贸交流。扶持特色优势产业发展，投入产业扶持、转型资金3.73亿元，加强西部地区特色农产品示范基地、工业园区建设及基础设施配套项目建设，促进西部贫困人口特别是建档立卡贫困人口就业增收。

（四）结对帮扶，天津与西部携手奔小康

天津16个区分别与甘肃、新疆和田、西藏昌都、青海黄南等省（区）41个贫困县开展结对帮扶。各区分别编制完成“携手奔小康行动工作方案”，明确了组织领导、资金支持、联席会议等机制；区主要领导均带队到结对县对接调研，签署区县携手奔小康行动协议38个，乡镇（园区）结对帮扶协议45个，社区（村）结对帮扶协议19个。在产业平台打造、经贸交流、人才支援、劳务协作等方面达成合作意向300余个，累计投入资金1.5亿元，提供就业岗位2336个，达成就业意向300余个。

（五）智力支持，支撑与保障西部大开发工作

选派375位党政干部、专业技术人员到新疆和田、西藏昌都、青海黄南和甘肃省挂职；安排新疆生产建设兵团、西藏、青海、甘肃和重庆万州62位干部在天津相关部门、区挂职。安排西部地区和对口支援地区培训经费5500余万元，为西部各受援地区和四川、云南、陕西、宁夏等地区在津举办培训班56期，累计培训党政干部和教育、卫生、文化、科技等各领域人才2867人。继续实施“对口帮扶甘肃藏区定向医学本科生项目”，累计招收医学本科生356名，首批毕业的8名学生已按照协议回甘南州基层医院上岗。在津为新疆、西藏、青海、甘肃等地区开设异地“高中班”“中职班”24个，招收学生上千人。

二、2018年工作设想

（一）深入实施东西部扶贫协作和对口支援工作

按照“扶贫同扶志、扶智相结合”的要求，坚持精准扶贫、精准脱贫基本方略，聚焦深度贫困地区，大力实施“升级加力”“多层全覆盖”“有限无限相结合”思路举措，助推受援地区打赢脱贫攻坚战。

（二）深度参与和融入“一带一路”建设

深化与西部沿线地区务实合作，打造多式联运跨境交通走廊，推动产品、品牌、技术、产能走出去，提高经贸合作区建设水平，进一步提升开放型经济水平。

(三)继续做好西部地区人才支持工作

在新疆和田、西藏昌都、青海黄南、甘肃甘南等地区新建、提升改造5所高(中)级职业技术学校,实施有针对性的就业技能培训,促进贫困人口实现就近就业和外出就业。继续开展“组团式”教育医疗支援、“内地班”招生培养和甘肃藏区定向培养医学本科生等项目,为受援地区提供专业人才和服务保障。

(四)大力推进兴边富民行动

深挖西部地区,特别是深度贫困地区资源、政策、市场优势,动员天津各界积极参与西部地区脱贫攻坚、开发开放工作。继续推进产业基地建设和“津企西部行”系列活动,推进农业与旅游、文化、健康养老等产业深度融合,提升西部地区自我发展能力。

第十六章　河北省

一、2017 年工作情况

(一)积极推进乌大张合作区建设

蒙晋冀三省区发展改革委联合向国家发展改革委上报了《乌大张合作区规划》,国家发展改革委已经做出批示。9 月 4 日,乌大张合作区第四届联席会议在大同市召开。会上,三市签署了蒙晋冀(乌大张)长城金三角合作区协调机构备忘录,集大高铁项目推进协议,生态环境保护合作框架协议,跨区域应急管理合作机制协议,三市农牧业局动物疫病联防联控和种植业科技合作协议等 10 项合作协议,为下一步合作区合作、协作与共建提出具体遵循。

(二)加强与西部省区在基础设施上的互联互通

为融入中蒙俄经济走廊,打造西部内陆省区出海口,唐山港选择自身适箱货源充足城市、重要边境口岸城市、地区性物流集散地所在城市谋划内陆港建设。在 2016 年已建成的二连浩特、包头、晋中等 3 个内陆港运营基础上,2017 年,新建成乌兰察布、鄂尔多斯、乌鲁木齐、五寨、朔州等 5 个内陆港,11 月底还将有石嘴山、乌海两个内陆港投入运营。由蒙冀铁路公司投建的呼和浩特至张家口高铁连接线已经铺轨建设,预计 2018 年投入运营。

为加大西电东送力度,由国家电网公司投建的榆横—潍坊通道于 2017 年 8 月投产,陕北神木—河北南网输电通道工程正在进行开工准备。2017 年,河北省发展改革委与新疆维吾尔自治区发展改革委签署疆电入冀合作会谈纪要,商定新疆向河北省输送电力 12 亿度,实际消纳 2 亿～3 亿度;经国网公司协调,河北南网消纳四川水电 10 亿度,鄂尔多斯地区魏家峁输送河北电力 60 亿度。

(三)积极开展与西部省区创新要素对接

2017 年 6 月,河北省发展改革委在西安市举办了河北—西安高校科技技术合作项目对接洽谈会,西安交通大学、西北理工大学、西安电子科技大学、西北大学、长安大学、陕西科技大学、西安石油大学、西安理工大学、西安科技大学等 9 所高校的科研工作负责人、专家、教授 35 人出席会议,向与会的河北省中车集团、三友集团、冀中能源、新奥集团等 30 家企业,介绍了本校学科优势,推介了科研成果。对接中,现场达成了 23 项合作成果,西北工业大学分别与石家庄、承德、张家口等 5 市企业达成合作意向,在高端装备制造、机械、电子、养老健康、非金属及新能源汽车材料领域展开合作;西安交通大学分别与石家庄通合电子科技、冀中能源、承德钒钛轧钢等 7 家企业达成合作意向,将在电子、钒锂电池、3D 打印、节能环保等领域展开合作。

(四)依托现有平台开展交流与产业合作

河北省高度重视在陕西、甘肃、青海等“一带一路”节点省举办的西洽会暨丝博会、兰洽会、青洽会等重要展会,派出政府代表团出席展会,加深与西部省区的了解,促进合作。西洽会暨丝博会期间,河北省发展改革委在西安市举办了河北省经济技术合作(西安)恳谈会。会上,省发展改革委介绍了河北省经济社会发展情况,发布了省级重点经济技术合作项目,石家庄市、张家口市、保定市等5个市的32家园区、企业与陕西省近60家企业进行了深入对接,建立了联系,达成了15项合作意向。

(五)有序做好对口支援

印发《河北省“十三五”对口支援新疆巴州和兵团二师经济社会发展规划主要任务、事项和项目责任分工》《河北省“十三五”对口支援西藏经济社会发展规划主要任务、事项和项目责任分工》,使对口支援计划落实程序化、规范化。围绕完善受援地住房、教育、医疗、文化等基础设施建设、移民小区帮扶谋划援建项目,提升当地居民生活质量,丰富当地居民生活。2017年,援助新疆巴州和二师建设资金4.4752亿元,实施援助项目77个;援助西藏建设资金1.4994亿元,实施援建项目34个。根据中央要求,在援疆援藏项目中,安排了94项目专门帮助受援地实施扶贫脱贫工作,项目资金5.2796亿元,占援助资金总数的88.37%。援助三峡库区丰都县建设资金1036亿元,实施援助项目8个。着力推进“河北一巴州产业合作示范区”建设,不断推动河北企业与巴州、二师的合作,2017年7月,在乌鲁木齐市举办河北省与巴州、二师合作项目集中签约仪式,河北省企业分别与库尔勒市、铁门关市、和静县、轮台县、焉耆县、和硕县政府、园区和企业达成14项合作成果,涉及装备制造、现代农业、食品、服装等多个领域,项目总投资91.36亿元。为贯彻落实第六次全国对口支援新疆工作会议,河北省省委、省政府主要领导率河北省党政代表团赴新疆维吾尔自治区访问考察;赴藏参加深化对口援藏扶贫工作会议并赴阿里调研考察;巴州和二师领导也多次来河北考察交流。援受双方高层次互访密切了交流、交往与交融。

二、2018年工作设想

敦促乌大张三市根据国家发展改革委批示精神,将《乌大张合作区规划》与《京津冀协同发展规划》《环渤海地区合作发展规划》进行有效对接,使国家规划得以更好落实。推进道路交通设施网络同建,进一步增强区域交通的承载能力和运行效率,畅通乌大张地区与中原腹地、与俄蒙欧的连接,使三地更便捷地对接京津冀经济圈和国际市场。以生态环境保护为切入点共同融入京津冀协同发展,打造首都的大生态涵养区。以举办2022年冬奥会为契机,以发展冰雪运动为载体,提高三市在旅游相关行业的协作能力,共享游客资源。

推进唐山港在榆林、呼和浩特、哈密、巴彦淖尔等地开发建设内陆港,在西北地区逐步形成以唐山港为龙头、内陆港为节点、多式联运为脉络的、覆盖整个西北地区的物流网络,构建腹地出海大通道。

继续对接西藏、新疆、陕西、内蒙古、四川等省区,加大河北省对西部省区电力的接入和消纳力度,实现优势互补。

借助西洽会暨丝博会、西博会等已有合作平台，不断强化与西部省区的合作，共享“一带一路”、京津冀协同发展战略机遇，放大两大战略的衔接叠加效应。

根据中央与国家工作部署，持续做好对口支援工作。

第十七章　辽宁省

一、2017 年工作情况

(一)进一步加强组织领导

2017 年省委、省政府 8 次召开专题会议,传达贯彻党中央关于东西部扶贫协作和对口支援工作系列决策部署,研究部署工作;省领导带队赴新疆、西藏开展高层推动,14 个市主要领导或分管领导均赴受援地对口结对县(市)考察交流;印发《辽宁省进一步加强对口支援和省内对口扶贫工作的实施方案》等 3 个省级文件;增加省对口支援工作领导小组成员单位由 29 家至 39 家,为广泛深入开展工作提供坚强组织保障。在省委、省政府的坚强领导下,全省对口支援工作步调一致、思路清晰、任务明确、措施有利、成效显著。

(二)不断加大援助资金支持力度

克服全省严峻的经济下行压力,辽宁省始终坚持做到援助资金不少、标准不降、力度不减。2017 年,计划外追加财政援助资金 4000 万元,全年累计实际投入财政援助资金 10.8 亿元,同比较上年增长 4.15%。其中援疆资金 7.92 亿元,实施项目 136 个;援藏资金 2.12 亿元,实施项目 44 个;援三峡库区资金 3800 万元,实施项目 28 个;援贵州六盘水市资金 3800 万元,实施项目 6 个。此外,企业、社区等社会捐赠资金 652.1 万元。

(三)大力实施以改善民生为重点的帮扶项目

辽宁省援助资金本着向基层倾斜、向民生倾斜、向贫困地区倾斜的原则,支持受援地区兴建公益性、示范性、基础性项目。新建和改扩建 13 所幼儿园及中小学校、13 所基层卫生医疗站,使基层老百姓在家门口就能享受良好的教育和卫生资源;实施与人民群众密切相关的水电路等城乡基础设施建设项目 16 个,养老院、文化中心、村民服务中心等社会公益事业项目 17 个,极大地促进了受援地区群众生产生活条件改善,加快了城镇化进程步伐,提高了社会保障能力。在新疆通过实施安居富民工程、游牧民定居工程、危旧房改造、易地搬迁工程等城乡居民住房补助,2.92 万户直接受益;通过在西藏实施小康村建设项目和整体搬迁配套工程,在三峡库区实施移民小区综合治理工程,在贵州六盘水市实施美丽乡村建设工程,极大改善了基层百姓生活环境,加快了贫困群众脱贫致富步伐。

(四)积极推进产业结构优化调整

注重不断提升受援地区的"造血"机能。在规划内重点实施以促进就业为第一要务的农林牧种养基地、旅游、手工艺品制作等特色产业精准扶贫项目 46 个,带动贫困人口 2.9 万余人就业，3600 余名贫困人口实现脱贫。创新产业扶持方式，追加援疆资金 1500 万元设立“助保贷”基金，放大援疆资金综合效益，扶持中小微企业发展壮大；在西藏那曲开展现代设施农业产业课题研究，引进新品种 8 个，推广“公司＋合作社＋牧户”模式的万头牦牛养殖深加工项目，实现“一个产业、全县致富”目标，有效促进农牧产业升级；养老度假“飞地”产业援助项目正式签约，实现互利共赢；建立园区结对共建机制，截至目前援受双方已有 12 对园区正式签订共建协议，推动产业援助更加精准实效。

（五）深入开展多种形式的贸易交流

坚持援受双方互动，加强经贸合作。2017 年，累计组织受援地区赴辽宁、上海、北京、长三角、珠三角等省市和地区，开展“点对点”招商推介会 41 次，组织 210 多家辽宁企业赴受援地区投资考察。在省市共同努力下，全年新增意向合作项自 72 个，签约项目 40 个，签约投资额近 150 亿元，带动就业 2.2 万余人次，项目涉及汽车装备制造、轻纺、电子商务、农产品深加工、旅游等领域。重点项目包括：大连万达集团在六盘水市投资 l5 亿元的万达广场项目、总投资 10 亿元的那曲索县神话亚拉影视基地项目、投资 10 亿元的新疆石河子市“星海壹号”综合体项目等。通过参加各类商贸洽谈会等形式，双方签订订货合同 20 多亿元；在辽宁沈阳、大连、本溪等地设立受援地特色产品销售专柜；推动新疆天业集团与沈鼓集团产销对接，采购设备 11.2 亿元；采取 PPP 模式吸引 6 亿元社会资本参与对口支援。

（六）不断加大人才智力支持力度

通过挂职、培训、柔性人才引进等方式，不断拓宽人才培养交流合作渠道，为受援地区提供坚实人才支撑。选派新一批 410 名援疆援藏援贵干部人才赴受援地任职工作；114 名“组团武”教育、医疗卫生、民航援助更是受到受援地区广泛赞誉，“组团式”医疗援助 11 项新技术实现历史性突破，“组团式”民航援助用 4 个月时间实现新疆石河子花园机场全面通航，创造了中国民航机场发展运行史上的新纪录；组织 277 名柔性人才赴受援地开展短期培训，累计培训 8400 余人，“传帮带”作用突显；组织受援地 5285 名基层干部和专业技术人才来辽挂职培训；省内 34 所中、高等院校定向培养受援地中、中职和高校学生共计 4546 人，其中新疆 3156 人、西藏 1384 人、贵州六盘水市 6 人。

（七）广泛开展多领域交流合作

立足于援受双方资源禀赋，充分挖掘新疆铁路北线大通道潜力，创新提出“通道援疆”新模式，在辽宁建立新疆港、在新疆建立辽宁港，打通西北和东北，实现双港共赢；49 名教育专家“送教进疆”授课 94 节、讲座 48 场、“同课异构”156 节、互动交流 110 场，1.2 万余名师生现场受益；“援疆医生走基层”活动，出动医务人员 626 人次、覆盖行政村 207 个、义诊患者 1.17 万人、行程 4240 公里、开展培训讲座 60 场；计划外选派包虫病筛查医生 60 人赴藏，累计完成 8 万余人的包虫病初筛工作；在原已建立的结对基础上，进一步加强帮扶合作，建立帮扶关系 32 个，形成长效交流机制；各市相继组织开展美术名家作品展、文化艺术展、民俗展、艺术团小分队和民族一家亲等系列活动，进一步加深援受双方互融共通。

二、2018年工作设想

（一）进一步聚焦建档立卡贫困人口脱贫，助推受援地迈入小康社会

坚持特准扶贫、精准脱贫基本方略，进一步整合援助资金聚焦建档立卡贫困人口改善生产生活条件、提高教育医疗服务水平、促进就业增收等方面，支持深度贫困地区加快建成小康社会。

（二）确保财政援助资金投入力度，努力实现援助资金早日惠及于民

2018年计划投入各受援地财政援助资金10.4亿元，其中援疆资金7.72亿元、援藏资金1.92亿元、援三峡库区3800万元、援贵州六盘水资金3800万元，将保障和改善民生、解决贫困问题放在优先位置，统筹推进脱贫攻坚，就业、教育、卫生医疗、科技、文化、人才、产业、维稳和交往交流交融等领域深度合作。加快年度项目资金计划执行进度，力争当年项目早开工、早竣工、早受益。

（三）进一步加大农牧民致富带头人和创业就业技能培训力度，促进就业增收致富

进一步与脱贫攻坚相衔接，加大以促进贫困人口就业、促进增收致富为目标的技能培训工作力度，向基层扶贫干部、农牧民致富带头人、创业能手、青年转移就业劳动力等人员倾斜，转变就业观念、提升就业技能、拓展就业空间。

（四）进一步发挥辽宁人才、技术、产业优势，加大产业合作，实现合作共赢

引导全省深度融入"一带一路"建设，对接长江经济带发展，将对口支援作为辽宁企业走出去拓展生存空间的一个重要平台和通道，提升区域间互动合作水平，努力实现全省产业转型升级发展和受援地加快脱贫步伐的双赢。

第十八章　吉林省

一、2017 年工作情况

(一)推动延边州经济社会发展

一是对接长江经济带加强互动合作。2017 年以来,延边州在产业发展、农村基础设施建设等方面获得宁波市政府 1500 万元资金支持,结对县(市、区)获得 1600 万元帮扶资金。与宁波市旅游局及旅游企业签订互换客源框架协议,正式开通延吉至宁波航线。罗蒙集团、海鲲食品、中洲集团、朗捷威智能装备等一批浙江企业到延边进行实地考察,延边特色商品展示会、重点产业项目对接会、旅游推介会、大米推介会成功在宁波举办,29 个项目达成合作意向。干部人才交流常态化,两地挂职交流干部均已到位。二是加快形成区域协调发展和全面开放新格局。预计 2017 年延边州地区生产总值增长 3%左右,服务业增加值增长 5.4%左右,规模以上工业增加值增长 1%左右,社会消费品零售总额增长 7.5%左右。预计全年外贸进出口总额增长 20.1%,全年口岸进出口货物 430 万吨,增长 4.2%。三是稳妥推进新型城镇化建设。积极推进延吉市、安图县二道白河镇、珲春市敬信镇、敦化市等国家新型城镇化综合试点改革。改造"延龙图"新区形成非行政建制镇,规划面积 4.2 平方公里,连同东盛涌、松江、天桥岭、雁鸣湖等 8 个镇开展示范镇改革,着力开展农民集中居住区、工业园区、农口产业园区建设,截至目前,累计建成 91 栋安置楼,回迁安置农民 3592 户,建设工业园区 6 个,入住企业 143 家,成立 103 家农业专业合作社,建成 2011 个蔬菜大棚。四是全力推进脱贫攻坚。2017 年,延边州计划实施脱贫攻坚项目 1027 个,总投资 32.7 亿元。截至目前,已开工 879 个、完工 479 个,完成投资 19.7 亿元。改造危桥 15 座,改造电网 60 公里,新建农村公路 84 公里,自然屯通硬化路率提高到 78.5%;争取光伏指标 157.4 兆瓦,新建分布式光伏电站 62 座、集中式 2 座,惠及贫困户 8700 户,预计户均增收 1500～3000 元。

(二)稳步开展援藏工作

一是制定援藏规划。在广泛调研和充分论证的基础上,提出第六批援藏项目计划,对《吉林省支援日喀则经济社会发展"十三五"规划》作出调整,在项目援藏、产业援藏、智力援藏、亲情援藏中突出精准扶贫,夯实基层基础,让农牧民广泛长期受益。二是精心谋划建设援藏项目。吉林省水务投资集团引进节水灌溉发展股份有限公司在藏投资 10 亿元,安排就业 1000 多人,可优先保证定结、吉隆、萨嘎等 3 个县每县 10 名贫困人口就业。吉林省投资集团、吉林省水务投资集团及长春、吉林、四平部分企业已分批赴日喀则考察洽谈。三是选拔优秀援藏人才。派出第六批援藏干部共计 50 人,其中,党员领导干部 29 人,专业技术人

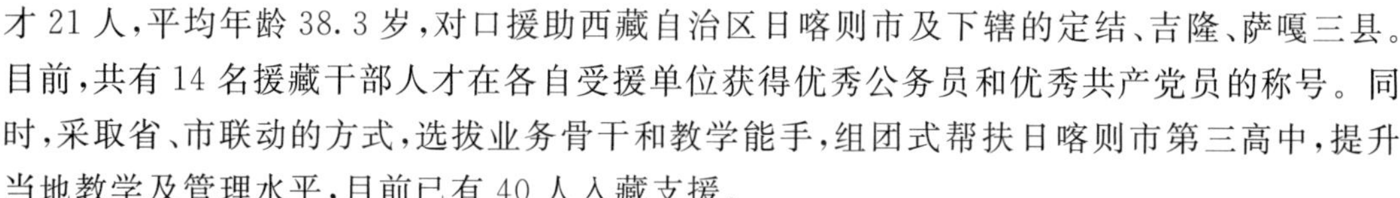

才21人，平均年龄38.3岁，对口援助西藏自治区日喀则市及下辖的定结、吉隆、萨嘎三县。目前，共有14名援藏干部人才在各自受援单位获得优秀公务员和优秀共产党员的称号。同时，采取省、市联动的方式，选拔业务骨干和教学能手，组团式帮扶日喀则市第三高中，提升当地教学及管理水平，目前已有40人入藏支援。

(三)扎实推进援疆工作

一是民生投入持续加大。对吉木乃县安排扶贫资金1351万元，反恐维稳援疆资金由400万元提高到2100万元，2955户安居富民工程和714户定居兴牧工程主体施工即将完成，阿勒泰市阿拉哈克镇生活垃圾处理设施即将投入使用，哈巴河县现代农牧业科技引育示范基地项目主体工程已完成。二是全力推进产业援疆。吉林省新能源开发有限公司与阿勒泰地区达成协议，计划投资29亿元建设清洁能源项目，阿勒泰地委行署、中建兴业集团与吉林省签订战略合作框架协议，三方正式确立战略合作关系。联合打造智库联盟、投资联盟和产业联盟，设立边疆建设产业基金，首期募集规模100亿元人民币。积极参与"丝绸之路经济带"及"中蒙俄"经济走廊建设，共同打造"冰雪圣城、丝路航站、千里画廊"城市名片。目前，吉林省正在积极协调国家相关智库及规划单位，帮助阿勒泰编制冰雪产业发展规划、千里画廊旅游投资开发规划、丝路航站发展规划、沿边金融业发展规划。三是智力援疆力度超前。结合受援地实际，制定了有针对性的援助计划和政策，新疆选送的20名青年科技英才、35名挂职后备干部已于5月到吉林省开展为期6个月的挂职培训。吉林省18所高校向阿勒泰地区重点倾斜，落实定向新疆招生计划；吉林省专职教研员16人对阿勒泰地区30所小学进行教学指导；长春市二道区考察团赴疆援助布尔津县1000万元建设双语幼儿园；制定万名支教教师选派计划和内初班试点计划；正在组织省内部分高校发起高校联合援疆，组团对阿勒泰进行帮扶。四是卫生援疆扎实开展。吉林大学第一、第二医院和中日联谊医院与阿勒泰市、吉木乃县、布尔津县和哈巴河县人民医院开通远程数字惠远工程，并共同对口支援阿勒泰市人民医院，开通乡镇与"一市三县"人民医院远程初级会诊工作。截至目前，共诊治10340人，诊治疑难病例500人，抢救危重病人75人；开展义诊14次，共诊疗760人；大小讲座50余次，共培训医护人员1600人；引进了首例腰大池引流术和混合痔微创术2项新技术。五是文化援疆特色凸显。开设运营《吉林援疆》微信公众号，在《吉林日报》《新疆日报》《阿勒泰日报》等主流媒体刊发稿件51篇，编发《吉林援疆工作动态》24期，吉林省文化援疆力作《守边人》已在新疆杀青，即将在院线播放。

二、2018年工作设想

(一)继续推动延边州经济社会发展

一是狠抓项目建设，构筑经济发展重要支撑。加快发展"331"产业，力争到2018年底延边州地区生产总值达到4%～5%的增长区间，进一步发挥投资对稳增长、调结构、补短板的关键作用，计划实施亿元以上项目约310个，10亿元以上项目35个，全力抓好交通能源基础设施、医药、食品、旅游、能源矿产、装备制造、现代服务业、民生改善等35个重大项目建设，加快推进项目前期工作，形成新的产能和有效供给。二是加大服务支持力度，推动工业稳定增长。坚持盘活优化存量、努力扩大增量，在稳定工业运行基础上，加快工业转型升级，加速推进新型工业化进程。围绕做大做强医药、食品产业，全力推进吉澳医药产业合作，发展壮大敦化医药产业集群，加快延吉安发生物、利孚生物科技产业园等项目建设，支持龙井四环奥康扩大产能。着眼绿色转型发展，支持企业加大技改力度，推进技术创新和产品创新，推动工业保持稳定增长。三是不断壮大市场主体，强化服务业品牌建设。抓好旅游、物流、健康服务、文化体育、电子商务、金融保险等现代服务业发展。积极培育服务业市场主体，扶持更多的"两上"企业入统。依托"全国质量强州示范城市"建设，抓好服务业企业质量提升和标准化建设，争创一批具有较强竞争优势的国家级、省级名牌，重点抓好生态、民俗、边境等旅游项目品牌开发，积极发展乡村旅游，搞好重点旅游景区景点建设，加大电商示范创建工作力度，争取更多县(市)列入国家级电子商务进农村综合示范县、省级县域电子商务试点县市，完善跨境电商产业链条，加快跨境电商及物流仓储项目建设。四是提升对外开放水平，增强发展活力。进一步加强对外通道建设，加快建设珲春铁路口岸换装站改造等工程，扶持珲春—扎鲁比诺—釜山航线和内贸外运航线稳定运营，推动珲春—扎鲁比诺—束草航线尽快复航，开辟珲春—扎鲁比诺—东南沿海的内贸货物跨境运输航线，加快延龙图新区等建设进程，充分利用国内外重要经贸活动为企业搭建合作平台，以俄罗斯、东欧国家、东北亚国家为重点市场，组织企业开展经贸对接活动。

(二)做好对口支援和帮扶工作

深入贯彻落实中央关于支持西藏、新疆等民族地区跨越式发展的政策措施，加大扶持力度，加强援疆、援藏干部人才队伍建设，系统谋划产业援助工作，统筹推进援建项目建设，强化科技援建、智力援建、文化援建，突出民族团结，推进交往、交流、交融，促进受援地区经济社会加快发展，切实提高人民生产生活水平。

第十九章　黑龙江省

一、2017 年工作情况

(一)基础设施建设不断推进

在国家的大力支持下，黑龙江省享受西部开发政策的区域基础设施得到进一步完善。大兴安岭地区获得国家投资 15327 万元，用于所辖部分县区的道路、排水、生活垃圾处理、保障性安居工程及棚户区配套设施等项目建设。孙吴县获得中央投资 630 万元用于村级基础设施建设。密山市获得中央投资 14024 万元用于保障性安居工程配套设施、政法基础设施建设、国防交通等项目建设。鸡东县获得中央资金 6373 万元，用于污水处理厂改扩建、乡村水泥路等项目建设。绥芬河市获得国家资金 1308 万元，用于绥芬河市公路口岸执勤训练用房和棚户区改造项目建设。东宁市获得国家资金 11861 万元，用于国道丹阿公路东宁市绥阳镇过境段改扩建项目和通村公路等项目建设。

(二)产业发展取得新进展

优势产业得到较快发展。虎林市大力发展绿色农业全产业链，全市认证绿色、有机食品原料基地分别达到 198 万亩和 2.25 万亩，农产品加工企业发展到 135 家，其中国家级龙头 2 家。大力发展旅游业，截至 2017 年 10 月末，接待游客 279.4 万人次，实现旅游收入 9.8 亿元，同比分别增长 16.9%和 36.87%。大兴安岭地区大力发展生态旅游、冰雪旅游，截至 10 月末，全区接待游客 531.4 万人次，实现旅游收入 52.1 亿元，同比分别增长 13.8%、14.4%。黑河市爱辉区旅游业规模不断扩大，截至 10 月末，接待游客 163.7 万人次，实现旅游收入 6.3 亿元，同比分别增长 18.2%、17.8%。抚远市借助黑瞎子岛独特的地域优势大力发展旅游业，截至 10 月末，接待游客 71.5 万人次，实现旅游收入 5.36 亿元，同比分别增长 25%、61%。萝北县大力发展石墨绿色矿业，截至 10 月末，生产石墨矿石、石墨精粉、球形石墨、超细石墨粉等产品 189.6 万吨，实现产值 85665 万元，工业增加值 14649 万元，上缴税金 7633 万元。

(三)生态建设不断加强

国家不断加大对黑龙江省享受西部政策区域的生态保护转移支付力度，加强生态建设。大兴安岭地区获得国家重点生态功能区转移支付资金 31488 万元。用于环境保护和治理及基本公共服务。鸡东县纳入中央森林生态补偿重点公益林管护经营面积 86.23 万亩，获得国家补偿资金 668.3 万元。获得国家资金 8897 万元，用于中小河流治理、坡耕地水土流失综合治理、林业生态保护工程、鸡东县大石头河治理工程等项目建设。同江市获得国家重点生态功能区转移支付资金 4588 万元，主要用于生态保护和植树造林等项目建设。绥滨县29.91万亩国家级公益林纳入国家森林生态效益补偿，获得国家资金236.8万元，用于中兴边防林场和江防林场管护人员的管护工资支出。抚远市加强生物多样性保护，设立黑瞎子岛苍鹭保护区(鸟岛)。三江自然保护区获得国家投资466万元完成核心区退耕还湿5985亩，扩展了东方白鹳等珍稀鸟类生存空间。

(四)民生事业发展较快

民生领域获得中央预算内资金和国家转移支付资金的大力支持。大兴安岭地区获得国家资金3628万元，用于所辖部分县区的残疾人托养中心、就业和社会保障服务设施、医院改建、综合档案馆及小学食宿楼等项目建设。孙吴县获得中央资金1050万元，用于县第一中学运动场、保障性安居工程配套基础设施和沿江乡胜利屯达斡尔族特色民族村改造等工程建设。公立医院综合改革方面成效明显，受到国家表彰。鸡东县获得国家资金1116万元，用于鸡东县平阳中学教学楼、农村秸秆综合利用推进试点等项目建设。东宁市获得国家资金6070万元，用于职教中心学校技能培训中心、中小学教学楼等项目建设。

(五)扶贫开发工作不断推进

黑河市爱辉区和密山市分别安排200万元和1000万建立风险补偿金，用于贫困户免抵押、免担保贷款，支持贫困户发展产业致富项目。东宁市大力开展产业扶贫，依托国家级黑木耳综合示范园区，投入扶贫专项资金150万元新建50栋黑木耳大棚，每年可为周边41户贫困户每户增加收入2000元以上。抚远市大力加强扶贫项目建设，投资3500万元建成投产17座光伏扶贫电站，覆盖全部贫困户，每户每年增收约3000元。同江市以产业脱贫为牵动增强乡村“自我造血”功能，投入产业扶贫资金2213万元，扶持发展对俄果蔬、特色种植、农产品加工等扶贫产业，带动800户贫困户增收脱贫。

二、2018年工作设想

(一)继续贯彻落实国家西部大开发政策

指导沿边地区深入落实《大小兴安岭林区生态保护与经济转型规划(2010－2020年)》《国务院关于加快沿边地区开发开放的若干意见》文件精神，争取在投资、金融、产业、土地、价格、生态补偿、人才开发、帮扶和社会事业等方面享受中央预算内投资和其他有关中央专项投资。

(二)推动发展绿色优势产业

发挥黑龙江省沿边地区资源、生态优势，推动发展绿色食品加工、矿产资源开发与深加工、生态旅游等优势产业，建设富有竞争力的绿色产业集群，逐步形成切合黑龙江省沿边实际的绿色产业体系。

(三)进一步深化对俄合作

发挥黑龙江省沿边地区毗邻俄罗斯的优势，推动沿边地区加强与俄罗斯远东地区在资源开发与利用、旅游、科教文卫等领域的合作，进一步扩大对俄合作的领域，全面提升对俄合作的质量和水平。

第二十章 上海市

一、2017 年工作情况

(一)深入推进西部地区对口支援与东西部扶贫协作各项工作

坚持高位推动,抓好工作对接。上海市委、市政府认真学习领会习近平总书记关于扶贫工作的系列重要讲话精神,先后多次召开书记专题会、市委常委会、市政府常务会议专题研究部署相关工作。组织召开上海市对口支援与合作交流工作会议暨东西部扶贫协作动员大会、上海市东西部扶贫协作和对口支援工作专题培训班。8 月中旬到 9 月初,时任中共中央政治局委员、上海市委书记韩正和市委副书记、市长应勇率上海市党政代表团赴贵州遵义学习考察。市领导分别率团赴云南、西藏、青海果洛学习考察,看望慰问干部、考察指导工作。上海各区、各部门主要领导纷纷带队赴对口地区对接,互访上百批次,签订协议 130 余项。

注重顶层设计,健全工作制度。制定本市《关于进一步做好东西部扶贫协作和对口支援工作的意见》和《上海市东西部扶贫协作和对口支援考核办法(试行)》,进一步强化市、区两级对口支援与合作交流工作领导小组的统筹指导职能,逐级分解任务、层层压实责任,明确工作职责,细化任务分工。健全完善台账、信息、协调、监管等六项工作制度,完善项目资金管理办法,管好用好上海项目资金,进一步打造"全市一盘棋""上下一股劲""前后一根绳"的工作格局,进一步举全市之力、组织动员全社会力量,确保中央交给上海的政治任务顺利完成。

深化结对帮扶,加大支援力度。进一步扩大扶贫协作范围。将云南结对帮扶范围从 8 州市 42 县扩展至 12 州市 71 县,实现贫困县全覆盖,同时指导各区按照要求组织动员开展街镇与乡村的结对帮扶。进一步增加扶贫协作资金支持。援滇资金由 2016 年的 3.36 亿元增加到 2017 年的 9.16 亿元,接近上年总量的 3 倍,援黔资金由上年的 6299 万元增加到 2017 年的 1.68 亿元,超过上年总量 2 倍。进一步增派扶贫协作干部。新增援滇、援黔干部 38 名,援藏干部 11 名,确保每县至少 1 名干部,明确援外干部的职责是立足于县和一线,聚焦精准扶贫,推进两地扶贫协作项目实施。积极协调推进医疗、教育"组团式"援藏工作。创新举办云南省对口地区贫困村党组织书记专题培训示范班,为基层村支书开展脱贫攻坚、就业帮扶等专业知识培训;支持对口地区基层干部培训挂职和卫生、教育领域人才培训项目。

加强产业合作,深化劳务协作。根据"民生为本、产业为重、规划为先、人才为要"的工作原则和"两服务、两统一"的工作要求,重点加大产业和劳务合作力度。在产业合作方面,在云南和贵州遵义建设一批蔬菜产销基地,大力实施"云品入沪、沪企入滇、黔货出山"等工程，积极推动贵州遵义茶叶在沪开拓市场；动员上海各类企业赴滇投资逾千亿元，引导联合利华等企业赴遵义投资超过300亿元，建立贫困户稳定增收机制；推进产业援疆带动就业，在喀什召开援疆工作推进现场会，引导三枪集团等纺织企业与喀什地区签署战略合作协议，设立产业园区。在劳务协作上，在云南和贵州遵义设立"云嫂"、"黔女"家政就业基地，开展"春风行动"，开发130多家企业约2万多个岗位，支持对口地区群众来沪就业，实现劳务输出与上岗就业的精准对接。

动员社会力量，营造良好氛围。加强与对口地区的沟通协商，研究制定沪滇"携手奔小康"行动全覆盖建议方案，积极运用市场机制和社会力量，探索政府引导、企业和社会组织参与的工作机制。研究出台本市对口支援与合作交流专项资金资助社会力量参与对口支援工作实施细则，引导本市企业、在外商会到对口地区开展投资考察，推动上海市农商行在云南开展金融助力扶贫，推荐对口地区特色产品参加阿基米德融媒体平台"自然的馈赠"精准扶贫项目。利用"上海公益伙伴日"等平台加强社会参与扶贫协作和对口支援工作的宣传。围绕援疆20周年纪念活动和第六次全国对口支援新疆工作会议，做好本市援疆干部先进表彰、宣传报道、专题片拍摄及慰问演出等工作。

(二)深入推进上海与西部省区市区域合作

积极参与长江经济带、"一带一路"建设。为落实2016年在南京召开的长江沿岸中心城市经济协调会(以下简称"长江协调会")第十七届市长联席会议确定的重点工作，推动西部各省区市共同参与长江经济带建设，年初上海协调南京、重庆、武汉等城市召开了长江协调会主席方工作会议，分解落实去年市长联席会议精神，商研2017年重点合作工作任务，探索协调会工作机制创新。会同复旦大学共同筹划并建立长江经济带智库联盟，举行"打造创新驱动带·实现共赢新发展"为主题的第二届长江发展论坛主论坛，围绕"产业转型与长江经济带发展"和"地区经济与长江经济带发展"等热门课题建言献策，拓宽长江经济带城市间合作内容领域。

加强与西部地区兄弟省区市的交往交流。推进上海与西部地区兄弟省区市的重点领域合作，落实上海与云南、贵州等省市政府间框架协议。围绕国家区域协调发展战略，积极引导和鼓励本市各区、部门和企业充分利用西部地区经贸会展平台，展示上海经济社会发展成果，根据本市相关部门申请和统筹安排，组织参加渝洽会(重庆)、兰洽会(兰州)、西洽会(西安)、昆交会(云南)、青洽会(青海西宁)、西博会(成都)、中阿博览会(银川)等经贸会展。做好西部地区兄弟省区市来沪开展经贸洽谈、招商引资等活动的服务工作。

(三)服务企业跨区域发展上取得新进展

积极搭建服务企业科创建设平台。组织举办2017年国际科创园区(上海)博览会，精心筹划专题高峰论坛、对口地区技术人才推介、合作项目路演等活动，探索建立长江流域及国内科创园区与产业合作的市场化平台和机制，为各地智能制造、青年创新创业企业来沪发展搭建平台，来自全国16个省区市的54座城市、135个园区、280家企业机构、近20所高校参展参会，其中，特别邀请了云南、贵州、四川、重庆等西部省区市政府和园区参与，取得了丰硕的成果。活动期间，累计达成协议投资金额110.9亿元，初步树立了合作交流服务科创平台的品牌。

打造上海在外企业(商会)服务平台。为联合包括上海在云南、贵州、新疆、四川、重庆等西部省市的商会,共同促进区域间经贸领域共赢合作,2017 年上海组织召开了上海在外企业(商会)会长、秘书长座谈会,探索建立服务上海在外企业(商会)促进会,覆盖上海在外 26 个省区市的商会、2000 余家在外上海企业。召开了上海在外商会联席会议,引导上海在外发展的企业、商会参与本市对口支援与合作交流工作。组织上海企业家赴云南临沧开展投资考察,依托市绿色产业联盟举办优质绿色农业项目路演,建立优质绿色农业项目库,引导本市企业到云南投资,支持当地农产品来沪销售。

(四)驻外办事机构服务水平不断提高

驻外办事机构布局调整全面完成。为优化上海驻外办事机构职能,上海于 2016 年调整了驻外办事机构,撤销哈尔滨、武汉、西安、太原 4 个办事处,保留昆明、西藏、新疆等西部省区市办事处,新设西宁办事处,将重心进一步聚焦服务西部地区对口支援与合作交流工作。2017 年以来,上海市政府各驻外办认真服务本市中心工作,西宁办开办的人、财、物等各方面保障工作有序落实,驻外办布局调整全面完成。

驻外办事机构职能转变有效推进。围绕驻外办工作职能调整,上海研究制定了《关于做好 2017 年度市政府驻外办事处工作指导意见》,召开市政府驻外办专题会议,理顺管理关系、优化服务模式、整合条线资源、形成工作合力,将驻外办工作重心进一步转向服务市委市政府中心工作、服务对口支援与东西部扶贫协作。加强工作调研和服务,以专题培训、座谈交流等形式,指导各驻外办适应新职能,强化各驻外办内部建设,夯实信息、财务等基础工作,推进各驻外办的干部人才数据库、项目计划数据库、兄弟省区市援外工作资料库、上海在疆企业数据库建设。

二、2018 年工作设想

(一)助推脱贫攻坚,完成年度帮扶任务

一是理顺结对关系,完善帮扶机制。重点调整完善沪滇结对关系,加强与云南有关部门沟通协调,增派援滇干部,实现云南除怒江、昭通外所有州市贫困县结对帮扶全覆盖。二是聚焦精准,优化帮扶资金投向。坚持项目资金向一线倾斜、向基层倾斜,向深度贫困地区倾斜,确保 80%以上资金投到县级以下,聚焦贫困县,沉到贫困村,绑定贫困户,确保上海帮扶资金与对口地区贫困人口脱贫、贫困县摘帽直接相关。三是巩固优势,做强特色。复制推广成功经验,巩固上海在教育、卫生等方面的优势,做强组团式人才支援、职教联盟等方面的特色。继续探索柔性人才支援项目试点。四是加强产业合作、劳务协作。充分调动上海市领导小组成员单位积极性,发挥好政府推动的主导作用,细化分工,压实责任,组织动员一批上海知名国企、民企开展帮扶结对,参与产业合作、劳务协作。

(二)参与国家战略,推动区域协调发展

一是参与长江经济带建设。依托长江沿岸中心城市经济协调会、长江经济带智库联盟等平台和机制,积极推动长江经济带园区合作与环境保护。二是服务"一带一路"。以经贸会展为抓手,加强与重庆、云南、新疆等"一带一路"重要节点地区的合作交流,服务上海建

设“一带一路”桥头堡。

（三）增进友好往来，加强国内合作交流

一是发挥各地驻沪办事机构和上海驻外办的桥梁、纽带、窗口作用，加强与兄弟省区市的合作交流，推动上海与西部地区省市间战略合作框架协议落实落地。二是完善企业服务工作机制，搭建信息资源共享平台，聚焦引进重点产业领域国内龙头企业来沪投资，推动在沪企业走出去跨区域发展。

（四）汇聚全市合力，打造高效工作体系

一是充分发挥领导小组作用。加强与西部对口地区的高层往来，召开两地联席会议，推进全市各层次与对口地区的交流交往交融。加强全市工作统筹，举全市之力，形成全市“一盘棋”工作格局，充分发挥领导小组成员单位在考核中的作用，推进考核工作常态化运行，根据考核发现的问题推动政策再设计、机制再完善、工作再创新。二是加强项目资金管理。坚持“民生为本、产业为重、规划为先、人才为要”方针，强化项目资金目标管理、规划管理、绩效管理、信息化管理，确保项目资金投向精准、过程安全、成效明显，确保每一环节工作责任清晰可追溯。健全完善项目资金实时跟踪、动态监控的工作机制，通过强化项目资金全流程规范管理，加强对援外干部业务指导，发挥好援外干部在项目建设一线的重要作用。三是强化社会动员机制。加强政策设计与运用，鼓励探索创新，积极引导企业、社会组织和个人参与扶贫协作与对口支援。加强宣传策划，进一步营造全社会关心支持扶贫协作的浓郁氛围，凝聚助推对口地区打赢脱贫攻坚战的全市合力。

第二十一章　江苏省

一、2017年工作情况

(一)切实加强组织领导和统筹协调

东西部扶贫协作和对口支援，是推动区域协调发展、协同发展、共同发展的大战略，是加强区域合作、优化产业布局、拓展对内对外开放新空间的大布局，是实现先富帮后富、最终实现共同富裕目标的大举措。江苏省坚持把习近平总书记系列重要讲话精神和扶贫开发战略思想作为行动指南，把扶贫协作和对口支援摆上突出位置，在大局中谋划、在大势下推进、在大事上作为。一是坚持把保障和改善民生作为出发点和落脚点，围绕贫困群众最关心、受益最直接、需求最迫切的问题开展帮扶，真情实意、真金白银、真抓实干，不断增强各族群众获得感和幸福感。二是坚持“输血”与“造血”相结合，统筹推进产业、教育、卫生、科技、文化等帮扶工作，着力增强受援地内生动力。三是加强干部人才队伍建设，选优配强扶贫协作和对口支援干部，造就一支特别能吃苦、特别能奉献、特别能战斗的干部人才队伍。

(二)坚持规划先行，强化项目管理

一是坚持规划先行。结合受援地实际，用规划引领、指导、推进扶贫协作和对口帮扶工作。2017年，与对口帮扶陕西、青海、贵州铜仁市共同协商，先后编制了对口帮扶陕西、青海、贵州铜仁市扶贫协作规划，形成了“1＋3＋13”的扶贫协作规划体系。在“十三五”对口支援总体规划框架内，江苏省分别组织修编完善了对口支援新疆伊犁州、克州干部人才发展规划，霍尔果斯开发区总体发展规划、一区三园城市发展规划和合作中心产业规划等一批专项规划，填补了当地专业领域规划的空白，确保对口支援工作更加符合中央要求、适应当地需要。按照深化对口援藏扶贫工作会议要求，以经济援藏、干部援藏、人才援藏、科技援藏相结合的原则，调整完善了《江苏省“十三五”对口支援拉萨市综合规划》和《江苏省“十三五”对口支援青海省海南州综合规划》，协助受援地积极搭建人才培养、交流合作、产业发展、培训载体、人才激励、创业服务六大人才智力援助平台。这些规划的编制实施和调整完善，为全省有的放矢做好对口支援工作奠定了基础．确保了对口支援工作始终以科学规划为引领，更加契合受援地需求。

二是规范项目管理。江苏省十分重视对口支援和扶贫协作项目的科学化管理、规范化运作，在充分调研的基础上制定了对口支援新疆、西藏及东西部扶贫协作项目和资金管理办法，要求援建项目高起点规划、高水平设计、高质量建设。为规范项目管理工作，2017年，以省对口支援工作领导协调小组名义，先后出台了《关于切实做好江苏省东西部扶贫协作

资金和项目管理等对口帮扶工作的通知》《江苏省对口支援西藏项目和资金管理暂行办法》《江苏省对口支援新疆项目和资金管理暂行办法》和《关于明确县际扶贫结对关系实施“携手奔小康”行动的通知》，印发了《江苏省东西部扶贫协作工作机构职责》《江苏省东西部扶贫协作分工职责》《江苏省东西部扶贫协作考核办法(试行)》《江苏省东西部扶贫协作2017年度工作计划要点》等系列文件，并调整了省对口支援工作领导协调小组成员，将对口支援、扶贫协作和对口合作工作统一纳入管理。在实际工作中，按照民生优先的原则，深入调研，组织对接，严格筛选，加强年度计划的审核安排，确保资金用于民生、用于基层。同时，对项目建设的程序、进度和资金使用管理等情况定期开展督促检查，推动了援建项目的规范建设和顺利实施。

(三)加强东西合作，促进区域协调发展

参加了“2017年丝绸之路博览会暨第21届中国东西部合作与投资贸易洽谈会”和“第十八届中国·青海绿色发展投资贸易洽谈会”等西部地区大型国际会展，邀请对口支援和对口帮扶的新疆、西藏、陕西、青海、贵州等地区的企业参加“镇江农展会”等江苏相关展会，免费展示特色农副产品及名优特地产品，协助青海省海南州在南京举办消费品博览会，并配合中西部地区到江苏开展各种形式的经贸宣传和项目推介活动。2017年“丝博会暨西洽会”上，组织一批具有领先水平的江苏高新技术企业参展，推出在国家重大装备、轨道交通、海洋工程等领域研发的创新产品，突出智能制造和军民融合，展示江苏特色和亮点，并专门召开新闻发布会和重点项目签约仪式，共洽谈落实合作项目146项，投资及贸易总金额达459亿元。江苏省还把参会参展作为全省深入推进东西扶贫协作的重要举措，通过政府搭台、企业唱戏，不断深化东西部合作。为顺应西部地区江苏企业家返乡投资、回馈家乡的热切愿望，搭建“大众创业、万众创新”平台，自2014年起每年举办西部优秀企业家“江苏行”活动，从首届参会苏商集中在西北五省区，到2017年在盐城举行的第四届西部优秀企业家江苏行暨创新发展特色峰会时，已拓展到西部地区所有省份，“江苏行”的吸引力越来越大，双向交流架起了江苏与西部地区深化合作、互动共赢的重要桥梁。“江苏行”的效应不仅推动西部地区苏商返乡投资，还带动了西部本土企业到江苏发展。

(四)对口支援取得显著成效

一是有序推进项目援建，2017年，共安排援藏援疆援青资金30.57亿元。其中，安排援助新疆伊犁州资金18.12亿元、援助新疆克州资金4.86亿元、援助西藏拉萨市资金3.45亿元(另安排昌都资金1.15亿元)、援助青海海南州资金2.99亿元，总援建项目超过460个，实物工作量及项目建设达到时序要求，实施进展顺利。二是大力推进产业援疆，继续推进纺织服装产业援疆工作和阿图什昆山产业园、乌恰常州工业园、阿图什小微企业园建设，安排专项资金，持续开展专题招商，促进了当地特色产业的发展。继续帮助青海开展清洁能源“西电东送”工作，加大两省清洁能源的合作力度。三是不断深化教育援助，认真做好东部城市支持西部地区人才培训工作，重点推进江苏省对口支援地区的人才培训，加快教育基础设施建设，改善受援地教育设施条件，加强师资队伍培养，扩大江苏普通高校定向招生规模，重点帮扶大学生就业创业，落实新疆籍少数民族应届江苏高校毕业生回疆就业计划。四是深入开展卫生援助，医疗援助成果明显，卫生基础设施建设进一步加强，“组团式”援疆

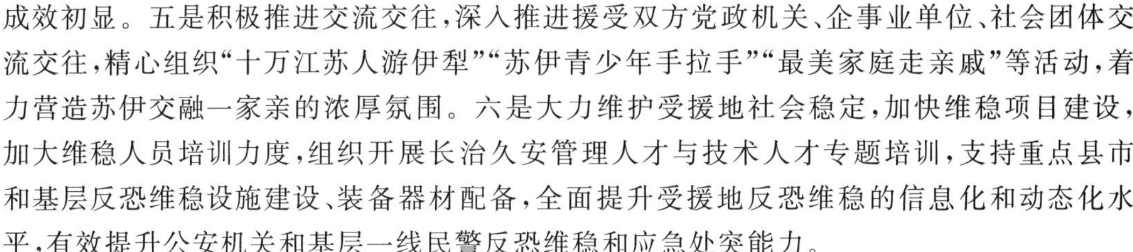

成效初显。五是积极推进交流交往，深入推进援受双方党政机关、企事业单位、社会团体交流交往，精心组织“十万江苏人游伊犁”“苏伊青少年手拉手”“最美家庭走亲戚”等活动，着力营造苏伊交融一家亲的浓厚氛围。六是大力维护受援地社会稳定，加快维稳项目建设，加大维稳人员培训力度，组织开展长治久安管理人才与技术人才专题培训，支持重点县市和基层反恐维稳设施建设、装备器材配备，全面提升受援地反恐维稳的信息化和动态化水平，有效提升公安机关和基层一线民警反恐维稳和应急处突能力。

（五）积极组织实施新一轮东西部扶贫协作

认真贯彻落实党中央、国务院关于扶贫协作工作的一系列决策部署，紧紧围绕促进西部贫困地区如期完成脱贫攻坚任务总目标，按照“更加符合中央要求、贴近受援地需要、体现江苏特色”的总体思路，聚焦贫困村、贫困户，科学谋划、精心组织、全力推动。坚持把帮扶资金向民生倾斜、向深度贫困地区倾斜，向乡村基层延伸，着力解决广大群众最关心最直接最现实的问题，帮助贫困群众脱贫致富，2017 年以来，总计拨付对口帮扶资金 9.1 亿元（含 2016 年结转资金 3 亿元），组织实施项目 600 多个，有力支持了受援地经济社会发展，切实增强了贫困群众的幸福感和获得感。产业合作是对口帮扶的重要内容之一，目前重点协调推进的苏陕协作项目 125 个；与陕西方面达成每年接收 10 亿度陕西清洁能源的“电力援陕”送供电协议；围绕产业、劳务、医疗、卫生、金融、烟草、社会力量帮扶等方面合作，苏陕两省签订了 18 个部门合作协议。围绕精准扶贫、精准脱贫，在完善省际结对关系基础上，着力推动县与县精准，组织辖区内经济较发达县（市、区）同对口帮扶省份贫困县结对帮扶，实现对帮扶地区 75 个贫困县（片区县）以及 14 个对口支援地区的贫困县结对全覆盖。

（六）对口支援三峡库区移民工作持续推进

2017 年，安排援助重庆万州区、云阳县和湖北秭归县资金 4807 万元，实施援建项目 20 大项，主要用于推进精准扶贫精准脱贫，大力帮助库区壮大特色优势产业，积极引导江苏企业到库区进行项目考察、投资合作，帮助受援地开办培训班等。目前项目已进入实施扫尾阶段，年内共帮助库区培训农村致富带头人和基层干部 500 余人。

（七）主动对接国家“一带一路”建设

江苏省把融入参与“一带一路”建设作为拓展对内对外开放新空间、增创开放型经济新优势重大机遇，全面推进全省经济结构战略性调整和产业转型升级，不断提升全省经济国际化水平和产业核心竞争力，为共建“一带一路”提供有力支撑。一是发挥江苏产业基础优势，以推进国际产能合作和装备制造为重要抓手，鼓励支持有意愿、有实力的江苏企业“走出去”，引导企业参与“一带一路”建设，开展投资合作、拓展发展空间。二是充分发挥江苏作为“一带一路”交汇点优势，打造“连云港东中西产业合作示范区”和国际物流合作基地，努力在国家“一带一路”建设大局中发挥先行先导作用。三是坚持政府推动、企业主导、市场化运作，按照“抓主体重运行、抓项目重园区、抓机制重协调、抓服务重落实”的工作思路，大力促进江苏产能优势、园区经验与省外资源禀赋、市场要素相结合，建成了苏新商务中心、东部产业转移园集宿区，园区主要道路等基础设施以及园区行政服务中心和南部联检区，极大改善了到中西部地区的投资环境，提升了园区承载力。

二、2018 年工作设想

（一）坚持把扶贫协作和对口支援作为义不容辞的政治责任

党的十八大以来，以习近平同志为核心的党中央从战略和全局的高度，对做好东西部扶贫协作和对口支援作出一系列部署，为扶贫协作和对口支援工作指明了方向、提供了遵循。江苏省将坚决响应总书记的号召，以更高认识、更大担当、更好作为，把扶贫协作和对口支援作为江苏分内之事、重点工作，责无旁贷抓紧抓好抓出成效，全力帮助受援地打赢脱贫攻坚战。

（二）围绕实现全面小康，助力脱贫攻坚

江苏省负责扶贫协作和对口支援的地区大多是集中连片特困地区、革命老区，贫困程度深、扶贫成本高、脱贫难度大。江苏将迎难而上，抓重点、补短板、强弱项，细化帮扶措施，把帮扶资金和项目更多向贫困村、贫困群众倾斜，扶到点上、扶到根上。瞄准建档立卡贫困人口脱贫精准发力，不断提升帮扶实效。大力实施“携手奔小康”行动，在实现县际帮扶全覆盖基础上，积极推进乡镇、行政村结对。围绕当地急需的民生项目、群众急盼的民生实事，着力解决安全饮水、危房改造等突出问题，尽快改善特困人群生活状况。积极开展民营企业“万企帮万村”行动，组织向贫困地区、贫困群众献爱心活动，发动社会力量参与脱贫攻坚。

（三）围绕增强“造血”功能，推进产业合作

东西部扶贫协作和对口支援将由“输血式”向“造血式”转变，积极推进产业合作，带动贫困人口脱贫。支持特色产业发展，重点围绕受援地特色产业，加大支持力度，增强竞争优势。加强对农业先进技术指导服务，大力发展高效农业，提高农业产业化水平。积极扶持特色手工业，增加受援地群众灵活就业。发挥受援地区旅游资源优势，深化旅游合作。加快推进开发园区建设，充分运用江苏开发园区建设管理的经验，支持陕西各结对设区市选择 1 个省级以上开发区，建设“区中园”。继续加快推进江苏援建的霍尔果斯等开发园区建设。鼓励江苏企业到受援地投资兴业，支持国有企业、民营企业用好国家政策，加强与当地企业合作，重点发展劳动密集型产业，实现互利共赢。加强科技合作，发挥全省科技人才资源优势，舍得拿出真技术帮扶贫困地区，增强受援地产业核心竞争办。

（四）围绕扩大就业，加强劳务协作

增加就业是最有效最直接的脱贫方式，重点围绕贫困人口就业培训、开展就业服务提供就业岗位、贫困人口就业脱贫等工作，促进受援地人力资源充分开发和优化配置。完善对接机制，建立跨区域劳动力供求信息采集和发布制度，依托人力资源市场与网络招聘平台，定向推送江苏用工信息。开展技能培训，落实面向贫困劳动力的培训补贴政策，整合培训资源，采取联合办学、校企合作、校校合作等方式，推广订单培训、定向培训，提升就业创业能力。实施精准服务，建立赴苏就业贫困劳动力就业服务档案，开展跟踪就业援助，健全就业与社保、就医、子女就读等政策的衔接机制，增强就业稳定性，确保脱贫实效。积极支

持企事业单位定向招录西藏新疆籍大学生，加强在苏就业服务。

（五）围绕当地人才培养，强化智力支持

扶贫协作和对口支援将在发展经济的基础上，向智力支持领域拓展。继续加强干部培训，发挥互派干部人才等方面的好经验好做法，促进观念互通、思路互动、技术互学、作风互鉴。通过双向挂职、两地培训等方式，重点加强对受援地基层干部、贫困村致富带头人的培训，打造一支留得住、能战斗、带不走的人才队伍。提高当地教育水平，继续选派优秀教师到受援地支教，优化师资结构。大力发展职业教育，积极开展高职院校结对共建。在援疆援藏工作中，将尤其重视“双语”教育，进一步扩大覆盖范围。加大医疗支持力度，继续选派优秀医护人员，通过传帮带等形式，提高当地医护人员能力。深化“组团式”援助工作，带动当地医疗整体水平提高。针对因病致贫、返贫比重上升的实际，着力帮助提高基层公共卫生和医疗水平，切实降低贫困人口的医疗负担。

（六）围绕增进民族团结，扩大交流交往

切实解决“重项目、轻交往”的问题，真正把扶贫协作和对口支援工作打造成为加强民族团结的工程。完善交流合作机制，建立健全“政府搭台、部门牵手、结对帮扶、企业合作”机制，加强多层面、多渠道、常态化对口交流，推动双方企业、民间和社会的广泛交往。创新丰富活动形式，采取“请进来”“走出去”等多种方式，鼓励援受双方组织社会各界参观考察、旅游观光。积极开展青少年、家庭“结对子、结亲戚、交朋友、手拉手”警活动。进一步扩大文化、体育交流合作。做好西藏、新疆等少数民族群众在江苏的服务管理。坚持依法管理、真情服务，为他们在江苏就业、就学和生活营造良好环境。

（七）确保扶贫协作和对口支援工作落实到位

江苏省已明确省里统一协调，设区市总负责，县（市、区）抓落实的对口支援和扶贫协作工作机制，下一步将进一步加大工作推进力度，确保中央和省委、省政府部署要求落到实处，协助对口帮扶地区打赢脱贫攻坚战。各有关市县政府、省各有关部门是扶贫协作和对口支援的责任主体，江苏省已要求市县党政主要领导亲力亲为研究解决问题，前方指挥部和工作队在当地党委政府的领导下，与当地干部群众密切配合，协同推进项目建设、产业合作、人才培训等各项工作，形成上下沟通、前后互动、运转有序、务实高效的工作机制，切实增强扶贫协作和对口支援的精准性和实效性。将大力总结推广江苏省涌现出的“组团式”支教支卫、“双语”教育、支持园区建设等帮扶典型，让帮扶成果惠及更多贫困群众。同时，将打造一批体现中央精神、切合受援地需求、具有江苏特色、人民群众认可的援建品牌。根据国家《东西部扶贫协作考核办法》明确的东部地区 6 个方面 22 项指标，江苏结合实际制定了具体办法，在组织领导、人才支援、资金支援、产业合作、劳务协作、携手奔小康等方面，细化了考核指标，明确了考核方式。考核将突出目标导向、结果导向，重点放到解决了多少建档立卡贫困人口脱贫上。还将强化考核结果运用，履责激励、失责追究，对工作不力的坚决问责。

第二十二章　安徽省

一、2017 年工作情况

2017 年累计拨付援建资金 48288 万元，其中援藏资金 11858 万元，援疆资金 35345 万元，援渝资金 1085 万元。深化互利合作，吸引省内更多社会资本参与西部大开发，安徽海螺集团、安徽水安集团、安徽路桥集团等一批省属企业和三只松鼠、静全服饰等民营企业先后到西部地区投资发展。

（一）聚焦质量效益，做优项目援建

与承担援藏项目的山南市各有关县、市直单位签订项目实施责任状，确保项目规范有序推进，2017 年已完成援藏项目投资 1.94 亿元（含计划外项目）。对照《安徽省对口援疆项目管理及项目资金管理细则》，严把项目法人前期关、程序关、质量关和资金拨付关，已完成援疆项目投资 2.8 亿元。皮山县人民医院、皮山县公共文化中心、皮山县维吾尔医院综合病房楼等一批重点援建项目交付使用。在和田地区重点项目建设通报中，安徽援疆项目序时进度、资金拨付率均居前列。

（二）聚焦精准扶贫，做实民生援建

制定助力山南脱贫工作方案，实施精准扶贫项目 16 个，落实投资 7113.68 万元。围绕山南市易地扶贫搬迁、新型城镇化、新农村和生态建设，规划投资 1 亿元用于山南市 3 县 10 个小康示范村建设。实施“和田皮山千人赴皖务工计划”，和田籍在皖务工人员 873 人，其中皮山籍 520 人，真正实现“一人就业，全家脱贫”，中央电视台“新闻联播”“焦点访谈”等栏目对此也进行了宣传报道。安排援疆资金 9000 万元，实施安居富民工程，助力改善居住条件。统筹安排 600 余万元，投入皮山县长途汽车站建设，解决当地群众出行难题。

（三）聚焦“造血”能力，做强产业援建

省援藏工作队开展产业招商 13 余场次，邀请安徽水安集团、安徽海螺集团等皖企赴山南市寻求合作，推进招商项目 12 个，落地项目 1 个，到位资金 2378 万元。省援疆指挥部推动安徽海螺集团年产 2 万吨型材项目在和田皮山县投产运营，安排资金支持上海品沃核桃油项目建成投产，促成安徽建工、国茂集团等 20 多家皖企赴和田地区及皮山县考察投资合作，安排 500 万元产业发展引导资金，帮助皮山县建立“助保贷”政府风险资金池，撬动银行贷款 1 亿元，着力解决小微企业融资难问题。

(四)聚焦医疗教育,做深人才援建

推进“组团式”医疗人才援藏,组织省市19家三甲医院实施“院包科”,结对共建山南市人民医院24个科室,为其引进127个“三新”项目,其中23项手术填补技术空白。借助安徽省立医院等技术优势,建立医院远程化会诊技术平台。制定“组团式”医疗援疆工作方案,开展手术220多台、专题培训30次,2项手术填补皮山县人民医院医疗空白。继续开展“组团式”教育援藏,山南二高教育教学质量和管理水平全面提升并荣获“2016年度民族团结学校”称号,2017年高考上线率达94.7%,创历史最佳成绩。“十三五”援疆规划17个教育项目均已推进实施,投入资金1.01亿元。将双语师资队伍建设作为重点,率先推广使用“智能双语教具系统”,累计培训当地教师2318人次。接收140名骨干教师来安徽跟岗培训。开展校企合作,累计订单培养1898人。

(五)聚焦互动交往,做好合作共赢

安徽省主要领导会见来皖考察的山南市党政代表团,召开援藏工作座谈会。支持山南市来皖参加中博会并成功举办招商引资推介会。组织山南市干部来皖培训学习和挂职锻炼。组织援疆干部人才开展结对认亲活动。2017年暑期,开行以“皖和两地心连心,民族团结一家亲”为主题的“皖和号”旅游专列,游客人数之众、途经省份之多创安徽省旅游之最。组织和田皮山县文工团来皖参加第六届中国农民歌会、和田地区农业企业来皖参加“合肥农交会”。支持全国道德模范陈贤律师在和田皮山设立法律援助工作室,开展公益法律援助活动。组团参加第二十届“渝洽会”,深入渝北区洛碛镇实地考察调研敬老院等民生项目。与四川省松潘县共同举办第六个“松潘县安徽日”活动,巩固“皖松一家亲”情谊。

二、2018年工作设想

(一)进一步深化对口支援工作

根据党中央对脱贫攻坚工作新要求和受援地发展稳定新形势,着手开展“十三五”援藏援疆规划中期评估和调整工作,进一步聚焦脱贫、就业、教育、卫生、产业等领域,以最大程度发挥对口支援资金效益。继续办好内地西藏班和新疆班。扎实做好对口支援重庆市渝北区三峡库区有关工作。

(二)进一步助力脱贫攻坚

保证80%以上援建资金向乡镇以下基层、向深度贫困地区倾斜,逐步改变“大水漫灌”的扶贫方式,深化有关市县对口帮扶西藏山南市三县举措,继续开展援疆包村包户结对扶贫活动,注重帮扶成效,以发展产业增就业,帮助群众拓展增收渠道。继续落实年度援渝资金,重点支持移民小区综合帮扶,着力改善移民生产生活条件。

(三)进一步推动交往交流交融

谋划省领导赴藏赴疆调研慰问,通过文化交流、挂职培训等途径,加强不同层次交往交

流。与山南市共同举办西藏雅砻文化节，加强文化对接。发挥援藏援疆干部人才传帮带作用，促进民族交融。继续组团参加“渝洽会”，加强皖渝合作交流。围绕“一带一路”“长江经济带”等国家发展战略实施，推动区域经济合作共赢发展。

第二十三章　福建省

一、2017 年工作情况

(一)推进对口支援工作

抓好援藏工作。2017 年 7 月,省政府主要领导率福建代表团到昌都市考察,支持促进闽藏交往交流交融,推进支援昌都各项工作落实。一是落实援藏"十三五"规划和 2017 年度实施计划。制定实施《福建省"十三五"时期对口支援西藏昌都市社会经济发展规划》,安排昌都"十三五"援藏资金 6.7559 亿元,重点项目 34 个。2017 年计划安排项目 20 个、援助资金 1.43 亿元,目前有 19 个项目已开工建设,援助资金已全部到位。二是创新帮扶机制。探索延伸区域、部门、学校、医院结对方式,签订 35 项结对帮扶协议。鼓励个人结对,每位援藏队员与 1～3 户贫困户结对,援藏教师每人与昌都一名高三贫困生、一名青年教师结对。三是加大产业援藏力度。充分发挥福建侨台优势,积极组织福建企业到昌都考察、投资兴业,目前有 52 家福建企业在昌都注册落地,其中今年落地企业 27 家、注册资金 7.9 亿元。今年"6·18"期间,昌都成功签约 13 个项目、总投资 52.51 亿元。四是加强教育、医疗和就业援藏。做好"组团式"教育人才支援昌都第三高级中学工作。发挥援藏医生"传帮带"作用,开展疑难重症病例诊治、巡回义诊、送医送药下乡等活动。深化人才交流,为西藏提供 5 个公务员录用计划。支持昌都双创中心建设,加大青年创业辅导和农牧民就业培训力度。

抓好援疆工作。2017 年 9 月,省政府主要领导、分管领导率福建省代表团赴新疆考察调研,全面推进援疆各项工作落实。一是落实援疆"十三五"规划和 2017 年度实施计划。制定实施《福建省"十三五"对口支援新疆昌吉州经济社会发展规划》,明确福建省"十三五"对口支援昌吉州资金 21.63 亿元,实施援疆项目 166 项。2017 年,实施援疆项目 123 个,其中工程类项目 89 个、非工程类项目 34 个,安排援疆资金 4.23 亿元。为进一步聚焦受援地脱贫攻坚重点和难点,全省正在谋划"十三五"援疆规划中期调整工作。二是推进人才援疆,根据中央部署,选派第七批 197 名援疆干部赴新疆昌吉州开展对口支援工作。三是加强产业援疆。深化与昌吉州在产业园区、产业项目合作,围绕昌吉州煤电、煤化工、装备制造、农副产品加工、纺织服装、石材加工等重点产业,支持开展招商活动。在今年的"9·8"厦洽会上,组织昌吉州 7 县市 3 园区和援疆干部带着本土名优产品参展,共签约 25 个项目,总投资 152.65 亿元。在闽开展纺织服装、石材产业项目对接,签约 10 个项目,总投资 26.2 亿元。推动福建信通集团携手中国水环境集团以 PPP 形式参与昌吉自来水及污水处理项目,投资超过 35 亿元,恒安纸业集团二期项目等一批重点项目已在昌吉落地。积极帮助拓展农产品销路,了解到木垒县 6 户瓜农 200 万公斤哈密瓜滞销后,全体援疆干部为瓜农寻找销路,"万里传书"福建媒体向家乡人民求助,及时帮助瓜农解决难题。同时,还组织开展了以"闽疆情、闽疆行、大美新疆、美在奇台”为主题的“丝路旅游·福州援疆专列”，为闽昌加强交流交往交融开辟了新的通道。

抓好闽宁协作。认真贯彻落实习近平总书记在东西部扶贫协作座谈会上的重要讲话精神，编制实施《“十三五”闽宁对口扶贫协作规划》，突出目标任务和问题导向，细化帮扶举措。一年来，招商引资项目金额超100亿元、各类培训5000多人次、各类结对帮扶数量100多对，着力打造闽宁协作升级版。一是推进“携手奔小康”结对帮扶。目前已明确各类帮扶资金2.58亿元，实施帮扶项目134项。根据中央关于精准扶贫的部署要求，在市县结对的基础上，推动结对帮扶向乡镇、村延伸，闽宁两省区第20次联席会议确定三年共建100个闽宁示范村。2017年安排宁夏42个村为第一批共建示范村，每村安排闽宁协作发展资金100万元，福建对口帮扶市(县、区)投入帮扶资金3500多万元。二是落实帮扶项目。2017年福建省级财政安排闽宁协作发展资金5325万元，已全部拨付到位。此外，福建省援宁工作队实施特色产业帮扶项目51个，投入资金1700万元，目前已发展15家企业或合作社，为当地提供1900多个就业岗位。三是促进产业对接。组织闽宁企业家互访交流，一年多来共有44批次福建企业家到宁夏考察，签订意向项目32个、总投资139.7亿元，其中签订合同项目13个、总投资62.7亿元。四是加强人才帮扶。制定实施《闽宁职业教育协作助力脱贫攻坚工作实施方案》，共安排福建省10家高等职业学校、18家中级职业学校与宁夏28家高职、中职学校建立了结对帮扶关系。推动福建8家医院与宁夏贫困县(市、区)8家医院建立结对帮扶关系。开展“福建院士专家宁夏行”活动，开展菌草技术培训，带动3000多户当地农民发展菌草产业。

抓好援三峡工作。一是认真实施《福建省对口支援三峡万州库区合作规划(2016—2020年)》。以帮扶移民安置小区、支持万州产业发展、支援万州社会事业发展、开展劳务输出合作、加强两地交流等5项工作为重点，2017年安排对口支援万州区资金1070万元、项目13个，目前资金已经全部拨付到位。二是突出智力援助，围绕“搬得出、稳得住、逐步能致富”的要求，把移民技能培训作为重要任务来抓，组织近百名万州区干部到福建省开展交流培训。三是支持教育卫生发展，先后援建万州第一职业高中、万州沙河中学(福建中学)、福建小学、天福幼儿园和万州区中医院(福建医院)、万州区中西医结合医院、熊家镇卫生院、社区卫生服务中心等项目，努力改善万州基层教育卫生事业落后面貌。四是加强特色农业建设，支援万州建设标准化食用菌基地、优质枇杷基地等农业产业化项目发展。五是完善公共设施。支持大周镇五土村、小周镇马道村、高峰镇马岭村等一批村级公共服务中心和村居风貌、道路、人畜饮水工程建设，有力改善当地基础设施条件。

(二)引导闽商参与帮扶事业

截至目前，云南省福建商会参与慈善事业、光彩事业和精准扶贫事业捐资达10亿元。广西福建总商会会员企业共为赈灾、扶贫、助学等公益事业捐款2.5亿多元。宁夏福建总商会会员企业各项捐助达1.5亿元。四川省福建商会会员企业在抗震救灾、扶贫助学、光彩事业等慈善方面的捐资总额超过5000万元。新疆福建商会参与公益事业捐款1000余万元。2017年以来，福建省组织民营企业家参加“中国光彩事业凉州行”等活动，福建企业家在活动现场捐赠150万元，帮助当地贫困群众改善生活环境，提高生活质量；继续筹措30万元资金，帮扶新疆昌吉州100名贫困家庭子女入学。

(三)支持企业参与西部大开发

2017年,推动成立了昌都市福建商会、新疆昌吉州福建商会、张掖市福建商会、贵州省福清商会等闽籍商会,目前已在四川、甘肃、内蒙古、青海、新疆、宁夏等西部12省区市先后组建异地福建商会110多家。鼓励商会发挥桥梁纽带作用,以商引商,团结带领更多闽商投身西部大开发。目前,广西有闽商近50万人,投资到位资金超过3000亿元,为当地提供了60多万个就业岗位,投资领域涉及农业、环保、冶金、化工、机电、建材、房地产、文化旅游等20多个行业。在西藏投资兴业的闽籍企业家超过8000人,投资额达到70亿元。福建在疆企业有3000多家,直接和间接投资达1000多亿元。

二、2018年工作设想

(一)全力抓好任务落实

按照国家部署,落实好对口支援和"十三五"东西部扶贫协作相关任务要求,实施好福建省"十三五"援藏、援疆规划、援三峡万州库区规划和闽宁对口扶贫协作规划,做好援藏、援疆、援宁、援重庆万州三峡库区等对口支援工作。加大对口支援力度,组织编制2018年对口支援项目计划,及时帮助解决项目建设过程中的问题和困难,确保项目加快建成投用。继续把改善民生、凝聚人心放在突出优先位置,服务西藏昌都市、新疆昌吉州经济发展、社会稳定和长治久安。按照国家发展改革委要求,做好"十三五"全省援藏、援疆规划中期评估调整工作。紧紧围绕宁夏回族自治区脱贫攻坚目标,创新协作机制,强化结对帮扶责任,推进闽宁协作示范村镇建设,深化产业协作、人才交流和公共服务领域合作,树立东西部扶贫协作的样板。

(二)切实加强产业协作

坚持优势互补、合作共赢,借助"5·18"海交会、"6·18"海峡项目成果交易会、"9·8"厦门投洽会等经贸平台,积极帮助昌都、昌吉、宁夏等西部地区招商引资、推介项目,深化产业对接和经贸合作。支持西部地区组建各层级异地福建商会,发挥福建商会和企业家"以会引商""以商引商"的桥梁作用,围绕供给侧结构性改革,引导更多在闽企业到西部地区投资兴业,发展特色农业和加工制造业,推进现代物流、电子商务、对外贸易等领域合作。加大旅游合作力度,对接打造精品旅游线路,培育旅游品牌,优化旅游服务,促进客源共享,相互输送更广更大的人流、信息流、资金流,做大区域旅游市场。

(三)加大智力帮扶力度

通过双向挂职、培训、委托培养和组团式支教等方式,广泛开展人才交流。进一步加大干部交流力度,优化选派干部结构,精选更多的后备干部、年轻干部到受援地区基层挂职,做好来闽挂职党政干部的相关服务和保障。完善劳务输出对接机制,深化人才交流合作,积极帮助做好西部劳动力转移就业,每年选派专家赴西藏、新疆、宁夏、重庆等对口支援协作地区,开展人才培养、技术合作等活动。

(四)协同推进“一带一路”建设

按照中央部署要求,抓住福建建设21世纪海上丝绸之路核心区、新疆建设丝绸之路经济带核心区、陕西建设丝绸之路经济带新起点、宁夏建设丝绸之路经济带战略支点、四川全面推进中欧班列蓉欧快铁的机遇,围绕政策沟通、设施联通、贸易畅通、资金融通、民心相通,拓展福建与西部省区交流合作深度和广度,重点抓好陆上、海上、天上、网上“四位一体”的联通合作,推进产业、投资、贸易等领域对外合作取得更大成效,共促“一带一路”建设收获更多成果。

第二十四章　江西省

一、2017 年工作情况

(一)抓好西部大开发比照政策的对接梳理和贯彻落实

根据《国务院关于支持赣南等原中央苏区振兴发展的若干意见》(国发〔2012〕21 号)精神，赣州市执行西部大开发政策。江西省积极与国家对口部委对接汇报，认真比照落实执行西部大开发政策。

财政政策。抓好中央财政对赣州市 18 个县(市、区)在教育、医疗、社会保障、扶贫开发等方面专项转移支付的政策落实。教育方面，截至 2017 年 11 月，赣州市争取上级教育经费 33.7 亿元，完成 113 所学校改造，新(改、扩)建公办幼儿园 164 所，中心城区启动 19 所学校建设，全市新(改、扩)建校舍 69 万平方米。医疗方面。2017 年，赣州市争取中央医疗卫生扶持项目 10 个，争取中央扶持资金 37768 万元，比上年增长 61.4%；全市 394 个贫困村中完成 316 所公有产权卫生室建设任务。截至 11 月，赣州市医养结合机构有 53 家，医养结合机构总床位数 14874 张。社会保障方面："城乡居民基本医疗保险"、"大病保险"、"贫困人口疾病医疗补充保险"、"医疗救助"四道医疗保障线为赣州市 27.8 万人次城乡贫困人口补偿医疗费用 10.52 亿元，贫困户自付率下降至 5%左右。扶贫开发方面。2017 年，赣州市争取上级财政专项扶贫资金 18 亿元，比上年净增 4.7 亿元，认定深度贫困村 167 个，争取国家开发银行贫困村基础设施贷款 83.25 亿元。

税收政策。赣州市税务部门 2017 年 1—11 月减免企业所得税 4.06 亿元。

投资政策。民生工程方面，2017 年，赣州市争取光伏扶贫指标 228.26 兆瓦、农村电网改造升级工程资金 81437 万元，争取易地扶贫搬迁中央预算内投资 30144.1 万元、省级专项补助资金 4306.3 万元，争取 120 个社会事业项目获中央和省级扶持资金 7.08 亿元，较上年增长 52.4%。基础设施方面，2017 年，赣州市国省道建设争取上级补助 12.3 亿元、农村公路建设争取上级补助 6.4 亿元、高速公路建设争取上级补助 2.02 亿元；争取国家民航局支持黄金机场改扩建扶持资金 1.97 亿元。

金融政策。截至 2017 年 11 月，赣州市金融机构由 2011 年的 73 家增加到 170 家。国家按西部地区给予赣州市企业上市挂牌政策支持，2017 年，赣州市新增两家企业分别在美国纽交所、香港交易所主板上市，8 家上市挂牌企业实现股权融资 9.65 亿元。截至目前，拟在境内外上市的在审企业 2 家，与券商签订上市辅导协议企业 13 家。

产业政策。2017 年，赣州市梳理了需国家重点支持发展的特色优势产业，正在申请部分特色产业参照《西部地区鼓励类产业目录》(国家发展改革委令 2014 年第 15 号)享受同等优惠政策。

生态补偿政策。2017 年,赣州市争取国家水土保持重点建设工程中央资金 19040 万元,治理水土流失面积 544 平方公里。同时,赣州市利用实施山水林田湖草项目的机会,争取生态保护修复项目工程资金 14.07 亿元,治理水土流失面积 718.68 平方公里。

人才政策。2017 年,中组部从国家部委选派 2 名司局级干部、37 名处级干部到赣州市挂职锻炼,赣州市选派 71 名干部到中央国家机关和单位及广东自贸区进行为期一年的挂职锻炼。

(二)与西部地区的经济合作得到进一步加强

积极参加西部省份组织的经贸展会活动。2017 年,江西省积极组织企业参加西洽会、渝洽会、青洽会等重要经贸合作活动,加强与西部省份经贸交流与合作。

积极参与西部地区地质调查和矿产远景调查。2017 年,为西藏、新疆、青海、内蒙古等省(区)实施各类地质矿产勘查项目 20 个,其中西藏 1 个、新疆 16 个、青海 2 个、内蒙古 1 个,总经费 2692 万元,主要为基础性、公益性的区域地质调查、矿产远景调查和地球化学调查项目,积极支持西部矿业经济发展。

(三)对口支援三峡库区移民工作稳步推进

2017 年 6 月,江西省利用参加渝洽会的契机,组织重庆武隆县、石柱县 10 余家企业参会,展示展销当地优势产品,并赴受援县考察对口支援项目,协调移民小区综合帮扶工作;11 月,参加了在重庆万州召开的第十一届全国对口支援三峡工程重庆库区经贸洽谈会,进一步加强交流,为对口支援三峡库区经济合作工作积极出谋划策。先后组团 8 批、150 多人到三峡库区开展对口支援工作,无偿援助武隆县、石柱县资金及物资合计 260 万元。此外,扎实做好在江西省的三峡库区移民培训、就业等服务保障工作。

(四)对口援疆工作推进扎实有效

2017 年 2 月,江西省第九批援疆干部正式进驻新疆,围绕民生、产业、教育、医疗、文化等方面开展对口支援工作,取得明显成效。截至 2017 年 11 月,52 个援建项目进展顺利,其中已完工项目 26 个,进入收尾阶段项目 26 个,拨付援疆资金 21131.59 万元。继续推进 2016 年援疆项目 29 个,拨付援疆资金 3330.81 万元。

二、2018 年工作设想

(一)全面落实赣州市执行西部大开发政策

加强宣传和对接,完善相关工作制度和机制,不断梳理优惠政策落实情况,进一步促进西部大开发比照的各项优惠政策在江西省的落实。

(二)抓好西部大开发“十三五”规划的贯彻落实

认真组织学习规划,领会精神实质,紧扣对口支援、扶贫开发、经贸交流、民族交往交流交融等方面加大支持力度,促进区域协调发展、跨越发展,加强受援地扶贫攻坚步伐,实现与全国同步全面建成小康社会。

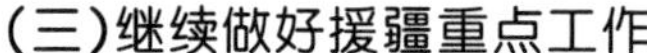

(三)继续做好援疆重点工作

结合援疆工作实际,2018 年,将继续安排资金及项目,重点支持民生、产业、教育、就业、人才、反恐维稳、交往交流等工作。

(四)稳步推进对口支援工作

按照国务院《关于全国对口支援三峡库区合作规划(2014—2020 年)的批复》的工作要求和《江西省对口支援三峡库区合作规划(2014—2020 年)》的具体部署,坚持政策扶持与经济合作并重,加强与受援地的交流与合作。

(五)加强与西部地区的区域合作

以深度融入"一带一路"为契机,重点围绕产业发展、口岸合作、生态保护、矿产资源开发等内容开展与"一带一路"沿线省份的对接交流,促进与西部的共同发展。

第二十五章　山东省

一、2017 年工作情况

(一)出台各类政策文件推动全省西部大开发建设工作再上新水平

2017 年以来,先后出台《山东省对口支援新疆喀什地区疏勒等四县“十三五”规划》《山东省“十三五”对口支援西藏自治区日喀则市经济社会发展规划》《山东省“十三五”对口支援青海省海北藏族自治州经济社会发展规划》;根据中央东西部扶贫协作座谈会和全省扶贫协作工作会议的部署要求,编制完成了《山东省助推新疆喀什脱贫攻坚行动计划》《山东省助推西藏日喀则脱贫攻坚行动计划》和《山东省助推青海海北州脱贫攻坚行动计划》;为加强对口支援和扶贫协作绩效考核工作,分别印发了《山东省对口支援新疆工作绩效考核办法》《山东省对口支援西藏青海工作绩效考核办法》《山东省对口支援和扶贫协作项目管理办法》;为贯彻落实中央携手奔小康行动部署,印发《关于扎实推进携手奔小康行动的通知》。各项政策文件的出台,有力推动了全省参与西部大开发建设各项工作的开展。

(二)以加强产业合作为重点,务实开展各类经贸交流活动

一是积极组织企业参加西部地区重要展会。2017 年以来,先后组团参加了“丝博会”“兰洽会”“渝洽会”“青洽会”等西部地区重要展会。在 2017 年参会构想和设计上,开拓创新,一改以往山东参加大型展会传统产业和产品为主的状况,重点推出“创新山东”板块,把推介战略性新兴产业最新发展成果作为重点和亮点,并精选了具有代表性的浪潮集团、歌尔声学股份有限公司、力诺瑞特集团、泰山体育等高新技术企业参展,取得明显效果。据不完全统计,4 个展会山东累计参会企业 140 家,参会人数近 1000 人,会议期间签约项目 35 个,签约项目金额达 41 亿元。二是强化产业合作。协调推动如意集团 80 万锭数字化智能科技纺织示范基地项目,在喀什经济开发区、疏勒县、英吉沙县同时投产启动,31 亿设备陆续到位,项目达产后直接带动 5000 人就业;青岛即发服装服饰产业园区一期项目落地疏勒县,总投资 1.2 亿元,建成后可实现 1000 人就业,全部达产后实现 2000 人就业。三是助推西部地区发展高效特色产业。依托山东农业优势,促成九间棚公司金银花、临沂清春高蛋白研究院奶桑、青岛阿尔金公司辣椒等试验示范项目落户喀什,带动农民持续增收。由山东省援藏、援青干部人才主导的高原冷凉蔬菜种植、高原冷水鱼养殖、包虫病流行病学调查、现代高原畜牧养殖、雅江两岸生态保护林建设等 17 项调研课题逐步转化成了援建成果。四是积极组织企业与西部地区对接。与日喀则市共同举办了“珠峰文化旅游节”,组织在济南、青岛市开展了为期 1 周的日喀则招商引资洽谈会活动。组织开展了海北州“活畜入鲁”活动,帮助销售牦牛、藏系羊 52000 余头(只)。成功举办“国有企业西藏行”“国有企业重庆

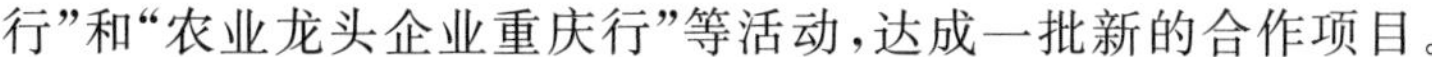

行”和“农业龙头企业重庆行”等活动，达成一批新的合作项目。

（三）以改善民生为重点，扎实推动山东在西部地区援建项目建设工作

一是在藏区，全年5.26亿援藏资金和援青资金的80%以上用于民生项目，先后实施了日喀则职业技能实训基地、县以下小学基础设施改造、乡镇医院信息化建设、海北州中藏医康复医院、油菜籽加工等一批西部地区受援地急需项目。二是在新疆，投入援疆资金3.25亿元，计划建设富民安居房26490套，已开工25770套。投入资金1.89亿元，加大维稳一体化作战平台、基层组织阵地等建设。投入资金近2亿元，实施双语中小学校、幼儿园项目9个，中职校项目2个，全民健康体检中心项目47个。三是在重庆，目前正在与重庆方面积极对接扶贫协作重庆第二批、第三批项目投资计划。协调承担扶贫协作任务的市和省直有关部门（单位）在资金投入、产业扶持、劳务协作和智力支持等方面扎实有序推进工作。

（四）突出智力支持，深化与西部地区的人才、技术交流

一是向西部地区选派优秀挂职干部。根据中央组织部要求，从省直部门、承担扶贫协作重庆任务的14个市选派19名同志，组成了扶贫协作重庆前方工作组，赴重庆挂职；选派45名医疗卫生专业技术人员和31名建设、交通、水利等领域柔性人才到喀什工作，通过“1＋X”结对帮扶和培训，“传帮带”当地各类人才200多人。2名援青干部人才被青海省列入“千名拔尖人才”计划。二是积极开展医疗帮扶。组织“西藏光明行”“青海光明行”活动，对白内障患者进行筛查，符合条件进行手术治疗。组织全省16名高层次结核病防治专家到喀什开展为期半个月的培训督导。及时跟踪指导疏勒县人民医院、喀什地区肺科医院做好“组团式”援疆试点，安排当地12名医务人员骨干来山东对口三甲医院培训进修6个月，选派45名医疗卫生专业技术人员到喀什四县工作6个月。三是积极开展教育帮扶。在西藏实施了教育“组团式帮扶”，50名教师到日喀则市第一高级中学任教，帮助受援地提高当地人才队伍能力和水平，打造了一支能战斗、留得住、带不走的人才队伍。以喀什二中和麦盖提实验中学为试点学校，推进山东优质学校与受援地学校的结对交流。促成省实验中学、青岛二中、泰安一中、济宁育才中学等4所优质学校与喀什二中结对，帮助提高教学教研水平。

（五）把黄河经济协作区打造成山东省参与西部大开发建设的新载体

2017年，借助黄河经济协作区省区负责人联席会议在山东省举办的契机，积极推动把黄河经济协作区打造成为山东省西部大开发建设的新载体。黄河经济协作区是由山东、河南、山西、陕西、内蒙古、宁夏、甘肃、青海、新疆、新疆生产建设兵团和黄河水利委员会9省（区）11方组成，成员单位大部分为西部地区省份。2017年9月，在济南组织召开了黄河经济协作区第28次省区负责人联席会议，会议以“加强区域交流合作，积极推进一带一路建设”为主题，与会代表商讨了如何全面提升黄河协作区经济整体实力，努力构建国家新的经济增长极和跨越式发展示范区，全力推动丝绸之路经济带建设等问题。黄河经济协作区这一平台对于促进东西部地区合作交流发挥了积极作用。

（六）求真务实，合作共赢成为山东与西部地区合作的中心主旨

2017年，在扩大与西部省区市交流合作方面，坚持以“合作共赢”为目标，务实推动与有

关地区互惠互利发展。2017年,山东省与内蒙古自治区建立了务实合作。

二、2018年工作设想

(一)深入贯彻落实党的十九大关于“西部大开发”工作的重要论述,把握西部大开发的特点和规律

2018年,将把贯彻落实党的十九大报告中关于西部大开发的重要论述作为重点,加强工作思路和合作重点的深入研究,站在区域战略和长远发展、互利共赢的高度和角度,找准西部地区的区域特点,突出山东比较优势,强化与国家政策、山东新旧动能转换以及西部地区实际的定位与衔接,突出重点、突出特色,提高西部大开发的科学性、针对性和有效性。

(二)以加强产业合作为重点,促进山东与西部地区合作共赢

一是充分利用西部地区展会平台,促进企业交流合作。充分利用“丝博会”“兰洽会”“渝洽会”“青洽会”“喀交会”等平台,积极组织山东企业参会、参展,开展经贸合作项目对接,组织有意向的企业深入西部地区考察洽谈,争取达成一批新的合作项目。做好对已签约项目的跟踪服务工作,力争早落地、早投产、早见效,切实发挥重大产业项目的示范引领作用。二是助推西部地区培育特色优势产业。根据西部地区的产业条件和地理优势,围绕农产品加工、纺织服装、物流商贸、特色餐饮、文化旅游等特色产业,因地制宜地加大扶持力度,引导山东更多劳动密集型企业到西部地区投资发展。加强现代生态畜牧业示范园和示范区示范点建设,打造全国具有重要影响力的畜牧业基地。积极发展旅游产业,打造生态旅游示范区,围绕绿色、生态、特色,发挥当地资源优势和区位优势,打造当地旅游品牌。三是大力推动产业转移,积极引导山东企业到西部地区投资兴业。研究制定深入参与西部大开发,大力推动产业转移的政策措施。要把合作开展能源综合利用、发展矿产资源开发和深加工、促进农业产业化和特色农产品加工作为工作重点,深化资源综合利用和开发整合。通过举办合作项目推介会、组织企业到西部地区对接考察,为企业提供业务指导和对接服务。总结推广淄博石嘴山工业园合作建园的经验,推动有效整合各方资源的“飞地经济”产业园区加快建设。

(三)以强化人才支撑为着力点,助力西部地区精准扶贫

一是积极开展人才帮扶。根据西部地区受援地的需求,有计划地安排山东和受援地之间的干部人才挂职交流。实施人才提升工程,加强基层干部和贫困村致富带头人培训,选派当地急需的农业技术人员到对口帮扶区县进行指导培训,组织两地企业家开展双向学习考察。二是积极开展教育帮扶。积极开展教师双向挂职交流、远程教学互动,并选派优秀教师支教送教。鼓励山东学校与西部地区受援地学校开展“一对一”结对共建活动,通过新建或改扩建校舍、配备教学设备、双向交流培训等措施,改善受援地中小学校办学条件,提高办学水平。三是积极开展医疗帮扶。通过培训医护人员、远程诊疗等形式,帮助西部地区受援地医院提高诊疗服务水平。开通“健康快车”,组织医疗专家组成医疗卫生服务队,开展医疗巡诊和培训活动。

第二十六章 河南省

一、2017年工作情况

(一)积极参与“一带一路”建设

抢抓国家支持郑州—卢森堡“空中丝绸之路”建设重大机遇，统筹推进基础设施互联互通、重点项目建设、密切人文交流等，取得了积极进展。空中丝绸之路方面，郑州机场开通全货机国际航线29条，国际客运航线23条，持续完善横跨欧、亚、美三大经济区，覆盖全球主要经济体的枢纽航线网络。卢森堡货航开航以来，郑州航线已累计开行1680班，货运量占郑州机场同期货运量四分之一以上。密切与西部地区空中联系，完善加密郑州至西部热点城市的“空中快线”，郑乌、郑昆快线已加密至15班/天。陆上丝绸之路方面，中欧班列(郑州)增开直达德国慕尼黑线路，实现每周“去程八班、回程六班”，成为中欧班列唯一实现高频次往返满载、均衡对开的班列，截至2017年10月底，累计开行387班，货值21.35亿美元，货重18.1万吨，去程平均满载率(重箱率)112%，回程平均满载率107%，预计全年达到500班，继续保持全国前列。网上丝绸之路方面，“全光网”河南建成，郑州互联网国际通信专用通道正式开通运行。积极推动跨境电商联动发展和创新发展，创新郑州E贸易“电子商务+保税中心+行邮监管”(1210)的通关模式，实现全球首家跨境零售O2O现场提货；跨境电商进出口包裹量超过6000万单，业务量占全国43%左右。

(二)全面加强基础设施合作共建

在铁路、公路、航空、能源等领域积极推进与西部地区共建共享，持续强化基础设施支撑作用。一是强化西向铁路联系。加快推进郑万高铁建设，河南段年内完成投资82.6亿元，年底前线下工程基本完工；蒙西至华中铁路煤运通道河南段年内完成投资71.2亿元，架梁完成63%。二是加快连接西部地区的公路建设。会同陕西省制定了《共同推进公路省际通道建设行动计划》，目前正在加快实施G344、G310、S312等3条跨省公路通道项目。三是推进西向电力通道建设。推动哈密—郑州±800千伏特高压直流输电工程高速稳定输送，截至2017年10月底，累计已向河南送电292亿千瓦时，预计全年向河南送电355亿千瓦时。

(三)推进省内优势企业在西部投资兴业

鼓励省内企业利用自身资金、技术、管理、人才优势，在能源、化工、农产品加工等产业项目上加强与西部地区互补合作，实现共赢发展。好想你集团在新疆哈密投资1.6亿元建设的冻干果蔬产品深加工项目进展顺利，预计12月底建成投产；多氟多化工并购宁夏金和化工，启动了年产8万吨高性能无水氟化铝及配套6万吨无水氟化氢技术改造项目建设；河南能源化工集团加快推进新疆众泰130万吨焦化和青海西宁2万吨甲醇蛋白联产酶制剂项目建设，已累计完成投资12.5亿元，总投资28.95亿元年产400万吨煤炭的内蒙古鄂尔多斯马泰壕煤矿建成投产。

(四)加强与西部省份合作交流

依托新亚欧大陆桥经济走廊，加强与西部地区沟通交流，促进区域经济协调发展。一是全面落实与新疆、西藏签订的战略合作协议，加强基础设施、能源资源、医疗教育、科技人才等方面合作，助力两地经济社会加快发展。二是深化区域招商合作，积极举办或参加各类国家级、国际性经贸交流活动，成功举办第十一届中国(河南)国际投资贸易洽谈会、中国(郑州)产业转移系列对接活动等，组织参加中国东西部合作与投资贸易洽谈会、中国兰州投资贸易洽谈会等重大招商活动。三是积极落实晋陕豫黄河金三角区域合作规划，初步协调建立了3省4市区域合作机制，举办黄河文化旅游节和第四届中国特色商品博览会，成立晋陕豫黄河金三角县级旅游联盟，合作打造“丝绸之路”精品旅游线路。四是密切黄河协作区合作，加强基础设施、生态环保、教育医疗等领域合作，促进9省11方政府间合作交流。

(五)全面做好对口支援工作

认真贯彻第二次中央新疆工作座谈会和第六次全国对口支援新疆工作会议精神，扎实做好对新疆哈密对口支援工作。2017年共安排援疆项目49个，援疆资金5.42亿元。截至2017年10月底，建设项目全部按计划开工，累计完成投资9亿元，基本完成年度投资目标。加强对口支援三峡库区重庆巴南工作，以推进移民小区综合帮扶试点示范为重点，制定2017年对口支援项目计划，确定并实施9个对口支援项目，总投资2205万元，安排对口支援项目资金800万元。

二、2018年工作设想

(一)持续推进交通基础设施互联互通

充分发挥河南全国综合交通枢纽中心优势，同西部地区一道进一步推动基础设施协同共建和高效衔接。加快推进郑万高铁河南段、蒙西至华中铁路煤运通道河南段建设。着力开发中欧班列(郑州)北欧新线路，打造“数字班列”，力争2018年开行750班。继续开辟至西部城市的航线，加密完善郑州至西部热点城市的“空中快线”。落实好《共同推进公路省际通道建设行动计划》，加快推进公路省际通道建设，积极推进卢氏至陕西洛南高速公路前期工作。

(二)进一步扩大能源资源合作

推进省内能源资源、装备制造等优势企业与西部省份加快合作，促进互利共赢发展。鼓励扶持资源开采和精深加工优势企业加强勘探、采矿、加工等深度合作，通过新建项目、股权收购、兼并重组等方式，在西部资源丰富地区建立原材料基地，推进优势装备制造企业在西部开拓产品市场。继续加强与西部地区在能源供应方面合作，深化“青电入豫”工程研

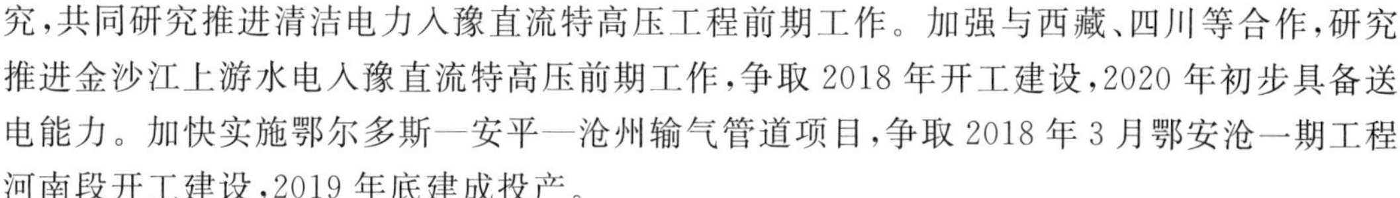

究，共同研究推进清洁电力入豫直流特高压工程前期工作。加强与西藏、四川等合作，研究推进金沙江上游水电入豫直流特高压前期工作，争取2018年开工建设，2020年初步具备送电能力。加快实施鄂尔多斯—安平—沧州输气管道项目，争取2018年3月鄂安沧一期工程河南段开工建设，2019年底建成投产。

(三)积极开展科技创新合作

开展与西安、重庆、成都等西部地区高校、科研院所科技合作，积极吸引双一流大学、国家级科研院所在豫设立研究机构、创新平台和创新成果在豫转化生产基地。建立创新人才培养流动和科技成果转化转移合作机制，联合开展自主创新合作示范。鼓励在创新创业、知识产权、大数据、“互联网＋”等领域对接合作，加强创新创业基地、技术转移中心和科技成果转化基地建设合作。

(四)拓展教育卫生领域合作

进一步推进双方联合办学、办医合作，强化教育医疗资源共建共享。鼓励引导河南高校与西部地区高校开展学术交流、人才培训、学科共建等多种模式合作。支持西部地区高校到河南建设分校，鼓励西部地区研究院所到河南建立分支机构。支持河南医疗机构与西部地区医疗机构合作办院，鼓励西部地区企业到河南投资建设养老服务设施。探索建立河南与西部地区异地就医结算机制，共建远程医疗系统。

(五)丰富人力资源合作方式方法

充分发挥中西部省份比较优势，全面推进河南与新疆、西藏等省份人才双向交流，开展多渠道、多层次、多领域劳务合作。依托科研院所、高等院校、创新型企业，联合开展高技能实用人才双向交流培训。依托中国中原人力资源服务产业园区等创新创业基地，为西部地区高层次人才赴豫交流服务和投资创业提供平台。

第二十七章　湖北省

一、2017 年工作情况

(一)恩施州土家族苗族自治州落实情况

湖北省省委、省政府历来高度重视西部大开发及民族地区发展,2017 年印发《省人民政府办公厅关于印发湖北省少数民族事业发展“十三五”规划的通知》,积极支持恩施州发展。截至 10 月,争取中央对恩施州西部大开发支持项目 90 个,预算内资金 110943 万元;争取湖北省对恩施州西部大开发支持项目 53 个,预算内资金 11420 万元。2017 年 1—9 月全州完成地区生产总值完成 544.51 亿元,同比增长 6.2%;地方一般公共预算收入完成 54.7 亿元,同比增长 8.9%;城镇、农村常住居民人均可支配收入分别达到 18466、5119 元,分别同比增长 8.8%、10%。

加快完善基础设施。截至 2017 年 6 月底,完成交通固定资产投资 46 亿元,占年目标 54.81%。其中,境内黔张常铁路、郑万铁路稳步施工,渝武高铁项目、游观光铁路、安恩张和昭黔恩铁路项目开展前期工作。启动恩施机场迁建项目前期工作。利万高速待重庆段建成后正式通车,建恩高速、宣鹤高速全线施工,来咸高速、利咸高速等加速推进。国省道开工和复工项目 39 个,占年度计划 65%;农村公路开工 1750 公里,占年度计划 71%。

有序推进重点项目。截至 2017 年 6 月底,中央预算内投资项目 222 个,已开工项目 220 个,开工率 99.1%;完成投资 143.3 亿元,占年度计划 52.7%;171 个重点项目中,项目开复工 137 个,开复工率 80.1%。恩施市三河棚户区改造项目、巴东县江北物流园建设工程项目等 34 个项目已完成或超额完成年度计划。建立全州 PPP 项目库,入库项目 113 个,其中 9 项纳入湖北省 PPP 项目落地计划。2017 年 1—9 月,全州固定资产投资完成 552.5 亿元,同比增长 14.9%,高于全省 2.9 个百分点。

深入开展供给侧结构性改革。完成恩施州 2017 年供给侧结构性改革“1+8”方案模式的总体框架。去产能方面,新增关闭 10 家煤矿;去库存方面,商品房去化周期降至 13.5 个月;补短板方面,全域旅游、富硒产业影响力持续扩大,脱贫攻坚、基础设施建设等取得积极成效;去杠杆、降成本、农业供给等工作按期推进。行政审批制度改革有序开展,审批效率进一步提升。“信用恩施”网站运行良好。

持续改善民生福祉。民生支出占全州地方公共财政预算支出的比重达到 80%以上。集中实施了一批农村公路、安全饮水、教育基础设施、卫生基础设施和保障房建设工程。易地扶贫搬迁快速推进,累计拆除旧房 14241 人,2017 年搬迁入住 6629 人。完成《杭州市对口帮扶湖北省恩施州“十三五”规划》编制,初步确定帮扶项目 110 个、1.65 亿元。

(二)援藏工作

截至2017年11月,湖北省援藏规划项目启动、开复工61个,完成投资12470万元,达到年度计划95%。援藏干部人才、专业技术人才183人。组织4批次招商引资,预计2016—2019年,湖北招商企业税收年均增长10%,完成招商引资任务20亿元以上。启动“组团式”援藏工程,组织50名一线教师、24名临床医生支持山南市一高、妇幼保健院创优升级。各援疆市与对口县区建立起“市对县、县对乡、部门对部门结对帮扶”的“双层全覆盖”援藏工作体系,提出“改革+精准援藏”“党建+精准援藏”“旅游+精准援藏”“互联网+精准援藏”工作模式,产生了一大批工作典型:创新“十大民心工程”典型经验受国务院表扬,安监工作荣获国务院表彰,政府效率在全国292个地级市排名第三。

(三)援疆工作

2017年,共安排省级援疆项目58个、资金3.44亿元,资金同比增长8%;省直各部门及对口援疆市累计实施项目35个,援疆资金4871.8万元,并已全部开工、资金到位。8家湖北企业签订投资协议,投资68亿元,开通首趟武汉往返博州阿拉山口的旅游专列。完成第七批200名援疆干部人才进疆工作。签订《2017—2020年教育对口支持计划书》,两批选派42名优秀教师援疆,支持武汉职院博州分院晋升高职院校。截至2017年9月,全省援疆医疗卫生专业技术人员共接诊患者10280人次,培训医务人员1399人次。

二、2018年工作设想

(一)加大援藏、援疆力度

加强产业援助,继续抓好招商推介,加大签约项目跟踪服务力度,确保项目早落地、早开工。突出受援地农副产品来鄂销售。扩大武汉往返博州阿拉山口的旅游专列规模。加强教育、医疗等优质资源输入。支持在鄂新疆籍、西藏籍少数民族高校毕业生就业创业。

(二)深化改革开放

严格按照中央、省委的顶层设计抓好各项改革任务的落实。努力提高招商引资质量,开拓外贸市场,着力构筑开放平台,继续争取对口支援,以大开放促大发展。

(三)加大项目支撑

与“十三五”规划、长江经济带发展规划、鄂西生态文化旅游圈发展规划等紧密衔接,统一布局、储备和建设一批重大基础设施、重大产业发展、重大生态环境、重大社会民生项目。建立完善重点项目管理制度,推动重点项目早开工、速建设、快见效。

(四)壮大特色产业

持之以恒推进烟草、茶叶、畜牧、清洁能源、生态文化旅游、大健康、信息等七大产业链建设。大力开发硒产品,着力打造恩施“富硒”品牌。实施“市场主体增量行动”,大力招引和培育一批市场主体。支持企业打造中国驰名商标、地理标志证明商标等知名品牌,通过品牌战略带动产业发展。

（五）突出生态治理

加快出台《湖北省生态保护补偿机制实施意见》，坚定不移地推进“山更青、水更绿、天更蓝、土更净、城乡更美”五大专项治理行动。尊重自然、顺应自然，做到产业生态化、生态产业化、建设生态化、发展生态化。

（六）狠抓精准扶贫

强化“五个一批”扶贫主载体，大力推进精准扶贫、精准脱贫工作，确保实现整体脱贫、精准扶贫。进一步加强基层治理体系建设，突出安全生产监管，加强食品药品安全监管，为恩施州经济社会发展创造和谐安定的环境。

第二十八章　湖南省

一、2017 年工作情况

2017 年来，湖南省按照国家西部大开发工作部署，认真贯彻落实《中共中央国务院关于深入实施西部大开发战略的若干意见》，积极推进西部大开发各项工作，努力促进湘西自治州加快发展，取得了明显成效。

(一)主要经济指标稳定增长

2017 年 1—10 月，全州实现生产总值 485.8 亿元，同比增长 7.6%。实现财政总收入 81.68 亿元，同比增长 29.8%。完成全社会固定资产投资 311.9 亿元，同比增长 12.7%。实现规模工业增加值 69.75 亿元，同比增长 6.2%。实现社会消费品零售总额 221.2 亿元，同比增长 10.6%。1—9 月，城镇、农村居民人均可支配收入分别达 17014 元、5719 元，分别同比增长 9.1%、11.9%。

(二)精准脱贫纵深推进

坚持把打好打赢精准脱贫攻坚战作为最重要的政治任务和第一民生工程来抓，发展生产、乡村旅游、转移就业、易地搬迁、教育帮扶、医疗救助、生态补偿、社保兜底、基础设施配套、公共服务“精准脱贫十项工程”稳步推进，组建了 300 亿元的扶贫产业基金，整合各类资金 50 多亿元，用于贫困村的基础设施建设、产业发展和保障兜底，建档立卡等贫困家庭子女就读率达到 100%，贫困户家庭普通高中生免费入学达到 100%，贫困人口医疗救助报销比例达到 80%以上，特困群众大病医疗报销达到 100%，农村低保标准和扶贫标准“两线合一”稳步推进等。加强扶贫协作，与济南市签署了“1＋7＋11”扶贫协作框架协议，初步达成帮扶项目(事项)114 个，其中，济南市援建的湘西州民族中学经开区分校(济南中学)和 12 个乡镇中心卫生院项目已开工建设。

(三)重点项目推进有力

2017 年 1—9 月，25 个省重点项目完成投资 109.2 亿元，为年投资计划的 114%；350 个州重点项目完成投资 389.9 亿元，为年投资计划的 70%；建州 60 周年 300 个重点项目完成投资 330 亿元；动态储备重大项目 181 个，总投资 2167.6 亿元；新开工纳入统计的项目 392 个，比去年同期多增 100 个，其中 5000 万以上项目 202 个。建州 60 周年部分重点项目、永吉高速古丈到吉首段等一批项目竣工运营，黔张常铁路、张吉怀高铁等一批项目进展顺利，湘西机场、天然气长输管网等一批重大项目开工建设。

(四)产业发展提质增效

一是服务业提速扩面。以创建国家全域旅游示范区为抓手,大力推进凤凰古城、老司城、里耶古镇、矮寨大桥“四大旅游黄金板块”“土家探源”“神秘苗乡”两条旅游精品线、千里旅游公路、千里生态旅游景观走廊、千里旅游慢行体系等旅游基础设施建设力度,16 个旅游干线公路总投资 65 亿元的 PPP 项目集中开工,成功入围“魅力中国城”32 强。2017 年 1—9 月,全州共接待游客 3542 万人次、实现旅游收入 243.2 亿元,分别同比增长 14.6%、18.3%。商贸物流园区建设加快推进,农贸市场标准化建设已基本完成,一批商贸物流园区项目竣工投产。互联网经济迅猛发展,1—9 月,实现电子商务交易额 16.5 亿元;启动建设了 200 个农村电商服务站,已建成 150 个。二是工业逐步升级回升。工业结构不断调整,计算机通信电子设备制造业、酒饮料精制茶、有色金属冶炼和压延加工业、电气机械和器材制造业等分别增长 414.8%、27.4%、13.7%、7.1%。工业园区基础设施建设加力推进,1—9 月,完成园区基础设施投资 42 亿元,新开工建设标准厂房 67 万平方米,竣工标准厂房入住率达 80%以上。泸溪铝基新材料特色产业园受到省委省政府高度肯定,微细球形铝粉全国市场占有率达 70%左右,氮化锰全球市场占有率达 60%以上。三是农业强基提质。实施特色产业提质增效“845”行动计划(8 大特色产业,到 2020 年建成特色产业基地 400 万亩,实现产值 500 亿元),1—9 月农业园区下达政府性资金 3.3 亿元,初步建成 24 个万亩精品园、215 个千亩标准园、2103 个百亩示范园;加入全省大湘西“潇湘”茶品牌公共平台,古丈毛尖、黄金茶发展加快,脱贫带动效益好;开展了农产品质量安全示范州和国家有机产品认证示范州的创建工作。农业规模化加快推进,新增和完善农民合作社 888 个、家庭农场 776 个,新增土地流转面积 19.7 万亩,农民实用技术培训 26.4 万人次。

(五)民生事业持续改善

2017 年 1—9 月,全州财政完成民生事业支出 137.3 亿元,同比增长 13.9%,占财政总支出比重的 64.3%。生态建设力度加大,完成生态投资 27.6 亿元,同比增长 37.9%,永顺猛洞河湿地公园获批国家湿地公园(试点)。教育事业不断发展,布局不断优化,完成教育投资 5.6 亿元,新增城镇学位 1 万多个。医疗服务不断提升,湘西州中医院正式挂牌湖南省民族中医院,湖南省唯一的全国结核病分级诊疗和综合防治服务模式试点在湘西州启动。住房保障进一步加强,全州保障性安居工程完成投资 29.4 亿元。物价总体平稳,居民消费品价格指数涨幅为 0.4%。各项民生事业不断加强,社会和谐稳定。

(六)改革开放不断深入

供给侧结构性改革深入推进。严格落实“三去一降一补”任务,产能由原来 27 万吨减少到目前的 6 万吨,商品房待售面积下降 61.3%,全州规模以上工业企业每百元主营业务收入中的成本 85 元。放管服改革深入推进。取消行政审批事项 10 项。“五证合一”实现全覆盖。投融资体制改革稳步实施,PPP 项目联审机制初步建立。凤凰铭城 8 亿元债券、吉首华泰 14 亿元债券成功获批,并已发行 12 亿元债券;设立了以浦发银行为主的 300 亿元扶贫基金;全州录入 PPP 项目库 124 个,累计签订合同 42 个,总投资 477 亿元。各项重点领域改革进一步深化。价格体制改革、国有企业改革、社会信用体系建设等工作有序推进。招商引资来势较好，1—9月，实现招商引资到位资金255.2亿元，同比增长25.1%，新引进投资过亿元项目75个、10亿元项目22个。

二、2018年工作设想

（一）突出脱贫攻坚，不断改善社会民生

深入贯彻习近平总书记精准扶贫战略思想，按照“四个切实”“六个精准”“五个一批”的要求，瞄准“两不愁、三保障”目标，坚持问题导向，大力推进脱贫攻坚“十项工程”，让人民群众的获得感和幸福感不断提升。做好省辖7市对口帮扶和济南市对口扶贫协作工作。把精准扶贫与建成全面小康结合起来，加快小康进程。

（二）突出项目带动，不断扩大有效投资

紧紧围绕创新引领开放崛起战略和脱贫攻坚、转型升级、环境治理“三大战役”，精心筛选、积极申报一批重大项目。强化重大项目推进。紧盯中央、省政府性资金已安排投资项目的开工，紧盯与金融、社会资本合作项目的落地开工，紧盯省州重点项目的推进。强化项目管理，进一步抓好项目调度、监管和考核工作，按照规范报批和统计规则的要求及时完善项目手续。强化重大项目协调服务，及时协调解决征地拆迁、施工干扰等问题。加大清理稽查中央、省预算内投资沉淀资金力度。

（三）突出创新引领，不断培育产业新动能

一是以工业园区建设促工业转型升级发展。加快工业集中区（经济开发区、高新区）建设，重点在拓展园区发展空间、完善园区基础设施、推进园区差异错位发展、创新园区发展模式、理顺园区管理体制、强化要素保障等方面着力，推动政策、资金、要素、人才、优势产业、实力企业向工业园区集聚。加大工业招商引资力度，重点利用好新材料产业优势、湘西国家锰深加工高新技术产业化基地、全国最大微细球形铝粉、全球最大氮化锰和电子信息、生物医药等产业项目，抓好关联产业的引进。积极培育规模工业企业和上市企业，引导和支持有条件的企业上市融资。二是以农业园区建设促农业特色发展。继续抓好一批万亩精品园、千亩标准园、百亩示范园建设的同时，加快高标准农田、农村产业融合发展示范园、田园综合体和农产品精深加工示范基地建设。突出特色优势，重点围绕“公司＋基地＋农户”的基本组合，切实抓好农业产业深加工、大加工，切实抓好一、二、三产业融合发展的项目开发策划，创建特色农产品优势区。健全县乡村三级物流配送体系，力争农产品冷链物流县（市、区）全覆盖。三是以旅游景区、商贸物流园区建设促服务业提速发展。以国家全域旅游示范区创建为抓手，抓好旅游基础设施建设和“智慧旅游”服务平台、星级酒店、游客服务中心、旅游停车场、厕所等综合配套设施建设，积极创建国家5A级旅游景区，提升旅游核心竞争力。抓好城市综合体、商贸综合体、物流园区、农贸市场改造等项目建设，构建州、县、乡、村四级流通体系。大力发展互联网经济，做好农村电子商务平台建设和电商人才培养。积极培育消费零售规上企业，鼓励支持引导个体工商户、小型微型企业升级为规模以上企业。

(四)突出深化改革,不断优化发展环境

一是深化放管服改革。认真落实《湘西自治州优化投资项目审批流程实施方案》,对投资项目全部实行在线审批,提高审批效率。探索试点企业投资项目承诺制。实行企业办事"最多跑一次"。加强督促检查,确保已取消下放的行政审批事项和核准权限后续工作落实到位。二是深化价格体制机制改革。继续做好居民生活用水、电、气阶梯价格改革。理顺医疗服务价格,推行药品采购三明模式。加强市场价格监管,创新教育、文化、养老等公用事业和公益服务价格管理,保持价格总水平基本稳定。三是深化重点行业领域改革。加快农村土地承包经营权确权颁证工作,完善"三权分置"办法,不断探索农村土地集体所有制的有效实现形式。深化医药卫生体制改革,努力在分级诊疗等方面取得突破。深入推进社会信用体系建设。

第二十九章　海南省

一、2017 年工作情况

(一)加大扶贫力度，推进脱贫攻坚

确保完成年度脱贫任务。完成年度 20.8 万农村贫困人口脱贫和 117 个整村推进扶贫开发任务。完成 2.5 万户棚户区改造计划，农村危房改造分别开工 3.58 万户和完工 3.24 万户。实施易地扶贫搬迁村 4 个，落实建档立卡贫困人口“三保障”政策。让每个贫困家庭有盼头、有奔头。

(二)继续推进生态立省，优化生态环境

研究探索国家公园体制试点，逐步建立以国家公园为主的自然保护地体系，保护好海南有国家代表性、全民公益性的自然生态空间和自然文化遗产。

实施全省生态修复、城市修补。把重点放在继续深入开展生态环境六大专项整治，把山水田林湖等生态元素作为整体呵护好、建设好，确保环境质量只升不降。

推行绿色发展方式。围绕建立绿色产业体系，发展生态经济，推进生产方式绿色化转型，发展节能环保、清洁能源产业，加快生态环境监测网络建设，推进生态环境质量、重点污染、生态状况监测全省联网、自动预警。

健全生态文明建设机制。深化生态红线立法保护、管理目录、考核评价、生态补偿和监管平台“4＋1”制度改革试点。

(三)不断完善基础设施，加大力度建设重点工程

2017 年，安排省重点项目 501 个，完成年度投资 2288 亿元。45 个计划竣工项目中 31 个已竣工或收尾，博鳌机场二期扩建、海口港新海港区汽车客货滚装码头二期、文昌昌洒至铺前滨海旅游公路、国家南海博物馆、海口新城吾悦广场项目、海口友谊国际广场等项目竣工。三亚亚特兰蒂斯、海口港马村港区三期散货码头、洋浦新英湾旧城改造、乐东黄流商贸城棚户区改造等项目进入收尾阶段。233 个续建项目进度总体良好，完成年度投资的 110%。万宁至洋浦、琼中至乐东、文昌至博鳌等三条高速公路、铺前大桥、海口绕城“四改六”工程等稳步建设，五指山至保亭至海棠湾高速公路、儋州至白沙高速公路开工建设，海口江东大道二期、临高交通道路工程、琼中抽水蓄能电站、海南移动信息基础设施建设项目等加快推进。133 个计划新开项目中 100 个已开工，开工率 82%。定海大桥海口连接线、澄迈腾讯生态村、三亚海棠湾医疗公园等一批项目已开始基础工程或主体工程施工。

（四）全力推进全省经济稳中向好，健康运行

预计全省地区生产总值4448亿元，同比增长7%。其中，预计实现第一产业增加值946亿元，增长3.6%；第二产业增加值983亿元，增长2.4%；第三产业增加值2519亿元，增长10.4%。全省固定资产投资完成4120亿元，增长10%。全省社会消费品零售总额1620亿元，增长11.4%。实现地方一般公共预算收入674.1亿元，同口径增长11.5%。全省常住居民人均可支配收入22380元，增长8.4%。其中，城镇常住居民人均可支配收入30730元，增长8%；农村常住居民人均可支配收入12850元，增长8.5%。全省单位地区生产总值能耗和碳排放分别下降2%和5.3%。全省接待游客6743万人次，同比增长12%，总收入808亿元，同比增长20%。城市（镇）集中式饮用水源地水质达标率为100%。

（五）积极推进社会事业，着力改善民生

促进教育均衡发展。深入推进"一市（县）两校一园"和"好校长好教师"引进工作，加大本土校长、教师的培养力度。力争海南大学国际旅游学院、中央民族大学海南校区获批，推进海南师范大学省部共建、海南医学院转型升级。

推进"健康海南"建设。深入推进"一市（县）一院"和"好院长好医生"引进工作。推广"三医联动"改革试点经验，整合城乡居民医保制度，建立统一的城乡居民基本医保制度。完善基本药物制度，推行药品采购"两票"制。建立分级诊疗新模式，落实医保、医药配送和资源下沉政策。全面推进公立医院综合改革，实施乡村医生支持计划，实施"妇幼双百"人才引进项目，加强妇幼健康服务机构标准化建设和规范化管理，积极发展优生服务产业。实施全民健身计划。

完善社会保障体系。加强企业养老保险费征缴和社会养老服务体系建设，扩大城市社区居家养老服务中心和农村社区综合服务站点覆盖范围；做好农村低保制度与扶贫开发政策的有效衔接。实施更加积极的就业政策，完善就业补助资金管理；做好高校毕业生、农村转移劳动力、城镇困难人员、退役军人就业工作；完善就业援助政策，建立低保与就业联动机制，确保有就业条件和愿望的零就业家庭、最低生活保障家庭等困难家庭至少有一人就业。积极发展妇女、儿童、老龄、残疾人、慈善等社会福利事业，鼓励社会力量兴办公益事业，织密织牢社会保障安全网。

繁荣文体事业。加快推进省美术馆、省音乐厅、省民族博物馆、琼剧会馆、中国足球南方训练基地等文体基础设施建设。继续办好海南国际旅游岛欢乐节、黎族苗族"三月三"等传统节庆活动。

保持物价稳定。推进水、电、天然气、医疗服务、交通运输、教育收费等重点领域价格改革，基本放开竞争性领域和环节价格。

推进军民融合深度发展。全面贯彻中央《关于经济建设和国防建设融合发展的意见》，研究制定海南省军民融合发展规划。建立军地共商、产业共融、科技共兴、设施共建、后勤共保的军民融合发展体制机制。加快航空航天、深海科技、飞机维修、船舶制造等军民融合产业发展。深入开展国防教育，加强国防动员、人民防空和后备力量建设，支持服务国防和军队改革，支持驻琼部队全面停止有偿服务，做好军转干部安置和优抚工作，推进双拥共建，巩固军政军民团结。

支持工会、共青团、妇联、科协等人民团体开展工作。继续做好新形势下的外事、侨务、对台、民族宗教等工作。

二、2018年工作设想

(一)深入推进脱贫攻坚

为确保完成2018年度脱贫攻坚任务,重点做好以下工作:一是实施特色产业脱贫。确保贫困群众稳定增收。二是抓好生态扶贫移民搬迁脱贫。三是大力抓好劳务输出就业脱贫。四是抓好社会保障兜底脱贫。充分发挥好医疗救助、大病救助、新农合、城乡低保、临时困难救助等政策兜底保障作用,加强低保政策和扶贫政策衔接,做到应保尽保、应救尽救。五是抓好"五网"基础设施建设脱贫。加大贫困地区基础设施"最后一公里"建设力度,大力实施水、电、路、光、气"五网"工程,全力改善贫困村发展条件和环境。

(二)深入推进生态环境综合整治

加快推进热带雨林国家公园建设报批工作,全力实施国家公园生态移民搬迁试点;继续组织实施好重大生态修复工程和美丽乡村建设;加大城市病整治力度,整洁城乡环境;重点治理城镇水体,重点治理源头,打击环境违法行为。

(三)深入推进重点项目建设

按照"竣工投产一批、实施推进一批、开工建设一批、招商落地一批、策划储备一批"的思路,不断滚动推进重点项目。

(四)深入推进社会事业发展

一是继续抓好每个市县至少建一所省级水平的中学、小学、幼儿园、医院工作。二是继续抓好"菜篮子"工程,落实好"菜十条",加强市场供给与监管,确保物价稳定。三是继续抓好十件民生实事。四是继续加强棚户区以及农村危房改造,切实保障群众基本住房安全。

第四篇/企事业篇

第一章　中国铁路总公司

一、2017 年工作情况

(一)加快推进铁路规划建设

全力抓好在建项目建设。2017 年以来,一是全线贯通了陆桥高铁通道、兰州—重庆铁路,大幅提升了通道能力;建成运营了张呼铁路内蒙古段等项目,西成客专正在进行联调联试,年内即将投产运营。二是加快西部地区在建的银川—西安、银川(吴忠)—中卫、成都—贵阳、重庆—贵阳、库尔勒—格尔木、阿勒泰—富蕴—准东、大理—临沧、拉萨—林芝等重大项目建设,确保按期建成投产。三是实施既有线扩能和主要客货枢纽改造,完善枢纽场站结构和现代物流系统,强化点线能力配套发展,系统提高铁路运输能力。

2017 年 1—10 月,西部铁路完成基建投资 1404 亿元,新增营业里程 825 公里(同比增长 74%),铁路营业里程达 5.1 万公里,占全国的 41%,其中高铁里程达 7000 公里,占全国的 30%,运输能力和服务品质进一步提高。

有序推进项目前期工作。2017 年以来,铁路总公司与国家发展改革委、交通运输部等部门联合编制印发了《"十三五"现代综合交通运输体系发展规划》《铁路"十三五"发展规划》,将西部地区铁路发展作为规划重点之一。同时积极推进相关项目前期工作,新开工建设了中卫至兰州、克塔铁路铁厂沟至塔城段等重大项目,年内计划开工乌北至准东扩能、成昆铁路昆广达速扩能改造、怀化至柳州电化改造等工程。落实国家"十三五"规划纲要和扶贫攻坚战略要求,开展和田—若羌、西宁—成都、盘县—兴义等项目前期工作,为早日开工创造条件。另外抓紧完善西部重点城市铁路枢纽规划。

(二)强化铁路运输组织保障作用

旅客运输。充分利用新投产线路能力,努力提高西部地区客运能力和服务质量。宝兰高铁开通后,兰州至西安运行时间由 9 小时缩短至 3 小时,兰州至北京从 17 小时缩短至 9 小时,初期开行动车组列车 42 对,大大改善了通道客运能力不足、客运品质较低问题;兰渝铁路全线开通,极大地增强西部地区特别是沿线 13 个国家级扶贫重点县、4 个省级扶贫重点县经济发展"造血"功能,有力提升沿线工业化、城镇化水平。

同时,优化运输组织和运力配置,加大对西部客运能力的倾斜力度,共安排旅客列车 958 对,其中高铁 524 对,分别比 2016 年末增长 12.4%、19.1%。1—10 月,西部 12 省区市铁路旅客发送量完成 5.45 亿人,同比增长 12.8%,比全国平均增幅 9.3%高出 3.5 个百分点,其中高铁发送旅客 2.38 亿人次,同比增长 41.2%。

货物运输。加快推进现代物流转型发展,全力保障西部地区铁路运输需求。一是进一步巩固与西部各省区市政府的铁路运输联席会议制度，全力组织向西北地区的排空，保障新疆棉花及瓜果、青海钾肥、甘肃农产品等重点物资运输；二是主动服务“一带一路”建设，优化运输组织管理、完善国内外协调机制、加强与沿线各国价格谈判，大力推进中欧等国际班列开行。目前西部地区除贵州、广西、西藏外，均已组织开行中欧、中亚班列，1—10 月已累积开行 2851 列，是去年同期 2.2 倍；三是完善货运价格政策，对重点物资及地区特色物资给予铁路运价优惠支持，1—10 月对新疆、西藏、广西、云南、贵州、内蒙古、宁夏、青海等少数民族 8 省区，实施优惠运量约 1.3 亿吨，优惠金额约 56 亿元，同时通过降低国铁电气化附加费、清理规范铁路货运杂费，预计全年另可降低西部地区物流成本约 90 亿元。1—10 月西部 12 省区市货物发送量完成 12.9 亿吨，较上年增长 1.7 亿吨，货运形势明显好于全国平均水平。

二、2018 年工作设想

（一）加强铁路网络建设

加快推进在建项目建设。进一步加强组织领导和建设管理，力争 2018 年建成重庆至贵阳、广通至大理扩能、川藏铁路成都至雅安段等重大工程。

有序推进规划项目前期工作。积极推进西宁—成都、和田—若羌、酒额铁路、盘县—兴义、南疆铁路库尔勒—喀什段提速改造等项目前期工作，争取“十三五”早日开工；按照国家要求，开展川藏铁路等重大项目研究论证，为国家决策提供支撑。

（二）提高运输效率和保障能力

持续加大对西部地区的运力支持。一是继续实施运力倾斜；二是进一步完善路地协调机制，加大重点物资运力支持力度；三是加强中欧班列建设发展，扩大班列开行数量；四是强化西北、西南区域内及区域间的运输组织，优化循环运输方案。

第二章　中国石油天然气集团公司

一、2017 年工作情况

2017 年，中国石油在西部地区投资 928 亿元，围绕主营业务发展，全面贯彻落实"四大能源革命"精神，积极探索油气改革试点新举措，生产更多清洁能源，促进和带动西部地区经济协调发展。

（一）加大勘探开发力度，夯实资源基础，产量稳中有升

勘探方面，通过实施集中勘探，加大风险勘探，推进综合勘探，在鄂尔多斯、塔里木、准噶尔、柴达木、四川等盆地取得 16 项重要进展、4 项重要发现，新落实一批潜力区和规模储量区。

开发方面，深入落实绿色发展理念，确保安全生产、清洁生产、节约生产；加大天然气（包括页岩气）开发力度，推动天然气上产，提供更多清洁能源；深化油气田经营管理，深化低效区块治理，深化系统优化调整。2017 年预计生产原油 4564 万吨、天然气 958 亿方，产量实现稳中有升。其中，新疆油田生产原油 1131 万吨，同比增加 19 万吨；西南油气田和塔里木油田天然气产量增长较快，同比分别增加 21.5 和 16.7 亿方。

（二）推进炼化产业转型升级，做好重大项目前期和建设

一是按照国家能源战略通道的总体部署，完成云南炼油项目建设。二是落实国家"石化行业调整促转型增效益"指导意见和国家"一带一路"倡议要求，有效利用新疆和哈国轻烃资源，启动独山子石化加工轻烃炼油及乙烯优化调整项目工作。三是按照国务院油品质量升级工作部署，在国 V 升级的基础上，对西部炼厂全面开展国 VI 成品油质量升级项目前期和建设工作。

（三）积极推进管道项目建设，继续完善西部油气管网

一是完成中缅原油管道一期工程、云南成品油管道及配套油库、西气东输三线中卫—靖边支干线、陕京四线、西气东输三线西段压气站建设，西部油气管网不断完善，清洁能源调节保障能力进一步提升。二是开工建设楚雄—攀枝花天然气管道工程，满足云南北部、四川南部地区沿线用气需求。三是推进西气东输四线、西气东输五线及中亚天然气管道 D 线等战略管道项目前期工作。

（四）完善油品销售网络建设，确保西部经济发展油品供应

一是保障西部经济建设油品供应，预计全年向西部 12 省区市供应成品油 4567 万吨。

二是加大新疆、青海、甘肃、宁夏、陕西、四川等地的网络开发力度,保障当地群众生产生活用油。三是与重庆、四川等多省市地方企业组建合资公司,加快加油站网络开发。四是安排投资 26 亿元对 1090 座加油站埋地储罐进行防渗改造,保障安全环保运行。

(五)实施技术和质量升级,装备制造能力和水平不断提高

一是实施撬装化机组和自动化改造项目,不断提升宝鸡石油钢管公司生产线智能化、自动化水平,产品实现"工厂到井场"一站式配送。二是加大自主创新重大技术装备推广应用,宝鸡石油机械公司 7 项产品列入集团公司 2017 年度自主创新推广应用计划。三是充分发挥自身优势,与斯伦贝谢公司签订成立钻头合资公司协议,弥补发展短板。

(六)持续加强创新,工程技术服务保障能力持续提升

一是依靠技术进步提升竞争力,在地震采集、钻井井深、水平段长度、压裂规模等方面实现新突破,为致密油气等低品位资源开发提供工程技术保障。二是深入开展"开源节流、降本增效",控减队伍数量,压缩用工总量,积极开拓周边及国际高端市场,提升走出去水平,综合竞争优势进一步增强。三是扩大总包服务领域和范围,积极培育新增长点。

(七)金融信贷服务能力不断增强,助力西部经济优快发展

中国石油集团资本股份有限公司 2017 年 2 月重组上市,成为 A 股资本市场上具有重要影响力的综合金融业务公司,对引导资本市场服务西部经济发展影响深远。围绕落实西部大开发和"一带一路"倡议,充分发挥中国石油金融资源优势,大力支持西部能源开发、民生工程、基础设施等产业项目,小微、三农等融资需求,提供各类贷款 200 亿元,有力地支持了地方经济发展。

(八)精准扶贫扎实推进,受援地脱贫能力进一步提高

在新疆、西藏等 5 省区定点扶贫与对口支援地区投入资金 5500 万元,援建灌溉、奶酪加工厂、红花产业园、骆驼养殖、枸杞种植等产业项目 10 余个;举办各类培训班 6 期,培训专业技术人员、教师、医护工作者和致富带头人等 200 余人;开展医疗巡诊,诊疗患者近 5500 名;资助贫困高中生 300 名,捐赠电脑和打印设备 220 余台(套)、图书 6700 多册。中国石油在疆定点 6 个扶贫县中已有 4 个县实现脱贫摘帽。

二、2018 年工作设想

2018 年初步安排投资 1121 亿元,同比增加 20.8%,加快西部资源优势转换,努力为保障国内油气供应和促进西部发展做出新贡献。

(一)继续优先发展油气勘探开发业务

勘探方面,突出重点区带,强化高效勘探。石油勘探突出鄂尔多斯盆地姬塬及陇东、准噶尔盆地环玛湖、塔里木盆地塔北—塔中、柴达木盆地柴西,天然气勘探突出鄂尔多斯苏里格及盆地东部、塔里木库车、四川川中—川西北等重点区带,坚持整体部署,持续深化认识,努力发现规模优质储量。优化配置东部勘探力量,对投入不足矿权区块推进内部流转,加

大勘探资金投入。

开发方面，突出降本增效，强化效益开发。原油开发深入推进精细注水、重大试验等，控制老区递减，优化新区效益，夯实稳产基础。加快天然气发展，优化老气区运行，加强重点气区建设。2018 年初步安排生产原油 4602 万吨、天然气 995 亿方，油气产量保持稳定增长。

（二）持续推进重大炼化项目和成品油质量升级

按照实现国内外统筹、上下游统筹、区域统筹的原则，优化西部炼化业务发展，推进重大项目建设。一是有序开展独山子石化加工轻烃炼油及乙烯优化调整项目建设工作；二是利用轻烃资源优势，加快推进塔里木轻烃和长庆轻烃利用项目前期研究；三是按照国家成品油质量升级总体进度安排，加快推进国 VI 成品油质量升级项目。

（三）加快推进管道项目建设

继续加快完善西北、西南油气战略通道，推进区域油气管网建设。一是建成楚雄—攀枝花天然气管道，提高西南天然气管网覆盖率，满足四川南部地区用气需求；二是投运钦州—南宁—柳州成品油管道，增强西南地区成品油保障能力；三是继续推进西气东输四线、西气东输五线及中亚天然气管道 D 线等战略管道项目前期工作。

（四）继续完善成品油销售网络建设

一是保障西部发展用油稳定高效供应，预计全年供成品油 4590 万吨。二是加快优化现有网络设施布局，尤其是保障云南石化正常生产后的后路畅通以及加油站建设。三是按照国家和地方政府的安排，积极配合开展燃料乙醇汽油的供应和相关库站设施的改造。四是创新业务模式，建设涵盖油品、非油品销售线上平台，积极开展跨界合作，持续提升对地方经济发展的贡献。

（五）持续推进装备制造产业转型升级

一是开展“制造＋服务”，为用户积极开展个性化、定制化研发服务，积极探索培育新市场新领域和效益增长点。二是依托油气钻井装备、油气管材两个国家工程技术研究中心，持续开展技术创新，有效提升制造技术质量及成套能力。三是充分利用“一带一路”走出去战略契机，推动“哈国钢管建设项目”，不断增强合资合作的钻头、压裂泵等产品的市场认可度。

（六）继续加强工程技术服务核心竞争力

一是创新发展钻井及其配套业务，做优试油、测井、录井、定向井、钻井液等服务，有效拓展高附加值增值业务。二是着力发展储层改造业务，重点发展压裂酸化、连续油管、高端工具和压裂液剂研发、地层测试、试油完井一体化等特色业务，服务高端市场。三是抓住“一带一路”倡议发展契机，依托西部工程技术服务基地，大力开拓中东、中亚、俄罗斯等国外市场。

（七）继续提高金融信贷服务能力

积极践行普惠金融发展战略，完善在西部地区的服务网点布局，增强银行、信托、金融租赁、保险等金融业务服务能力；加大对基础建设设施、优势资源转化项目和重点项目的支持力度，提升对教育、医疗、社保、环保、安全领域的金融服务水平，助力改善西部地区人民的基础设施和出行条件、民生水平；发挥国际业务特色优势，努力打造跨境能源金融通道，保障“一带一路”经济贸易畅通。

（八）继续扎实推进精准帮扶

坚决落实党中央国务院精准扶贫要求，2018 年计划投入 8000 万元援助西部地区建设，帮助受援地脱贫致富，重点推进产业扶贫项目，扶持合作社、发展乡村旅游；持续加大智力帮扶力度，将扶贫与“扶智”相结合；扩大医疗巡诊惠及地区，减少因病返贫情况；加强挂职干部管理，完成挂职干部换届工作。

第三章　中国石油化工集团公司

一、2017 年工作情况

2017 年，中国石化贯彻落实“西部大开发”战略，积极发展西部业务，促进西部地区发展。预计全年在西部地区完成投资 316 亿元，新增探明石油地质储量 2570 万吨，天然气地质储量 2200 亿立方米，生产原油 800 万吨，天然气 160 亿立方米，页岩气 60 亿立方米，加工原油 1070 万吨，供应油品 3200 万吨。

(一)发挥西部地区资源优势，不断加大油气勘探开发力度，扩大资源，遏制动用储量和新建产能下降趋势

勘探方面，在鄂尔多斯盆地、川西海相、准噶尔西缘、塔里木盆地顺北地区等领域取得重大突破，培育了 4 个规模增储新阵地，预计新增探明石油储量 2570 万吨，新增天然气地质储量 2200 亿立方米。开发方面，预计全年生产原油 800 万吨，天然气 160 亿立方米。落实了 3 个新的油气上产阵地。一是塔里木盆地顺北地区规模商业开发阵地有序推进，目前累计试采 13 口井，日产油能力 1000 吨，“十三五”有望建成 200 万吨油当量级的新的油气生产基地。二是鄂尔多斯盆地杭锦旗区块致密气田成为又一接替阵地。三是四川盆地西部低渗气田实现了持续规模开发。

(二)实施炼油结构优化调整，完善成品油管输系统，发展销售网络，保障西部发展油品供应

北海炼化 150 万吨/年催化汽油吸附脱硫装置正在加紧建设，塔河炼化国 VI 汽油质量升级项目正在推进，沥青提质增效项目正在抓紧研究。建成了綦江—荣昌、隆昌—简阳成品油管道；建成了西藏拉萨油库等，续建了四川简阳、内江和蓬溪油库、重庆酉阳和永川油库等。至 2017 年底，西部地区建有加油(气)站约 5400 座，年供应油品 3200 万吨。

(三)加快西部地区产业升级，积极发展煤化工、页岩气、煤层气、地热能等新能源产业

积极发展煤炭深加工产业。宁东煤电化一体化项目抓好商业化运行。为减少财务费用，2017 年初注入资本金 15 亿元，并积极论证扭亏脱困方案。鄂尔多斯煤化项目设计建设煤炭产能 2500 万吨/年和甲醇 360 万吨/年以及下游化工产品。2017 年项目全面打通流程并投产。贵州毕节煤化项目设计 180 万吨/年甲醇制烯烃及聚烯烃等装置，配套煤矿 2000 万吨/年。煤化工项目环评报告获得国家环境保护部批复。新疆准东煤制气项目设计能力 80 亿方/年，配套 3000 万吨/年煤炭产能。项目已获国家“路条”，环评等前期工作需待总规批复后启动。由于煤制天然气定价偏低，测算后项目经济效益差，正在研究优化调整方案。

与陕西煤化一起，积极推进陕西榆林煤化工项目方案论证工作。

页岩气。累计探明地质储量超过6000亿立方米。涪陵页岩气累计建成百亿方产能页岩气田，实现跨越发展。

煤层气。中国石化第一个煤层气产能建设项目——延川南区块5亿方煤层气产能项目全面投产供气。

LNG工程。天津300万吨/年LNG项目已基本建成，正在积极协调中海油切改阻碍航道疏浚的海底管道，加快航道疏浚工作，力争2018年1月投产。在四川、重庆等地推进小型LNG项目建设。

地热能资源。在陕西咸阳及周边地区已形成区域划分、整体布置、综合管理、多井连片、集中联网供热的地热供暖模式。新建成地热供暖能力超过1000万平方米。

(四)加快发展西部能源外输大动脉，畅通能源通道，抓好重点管道运营管理，将西部资源优势转化为经济优势

新疆煤制气外输管道(新粤浙管道)工程顺利推进。管道输气能力300亿方/年，自大西北贯穿至东南沿海，全长8300多公里，总投资1300亿元以上。2015年9月获国家核准。2017年9月湖北潜江—韶关段管道开工建设。

鄂尔多斯—安平—沧州输气管道加快推进。管道全长2293公里，输气能力300亿方/年。2014年3月获国家“路条”。2017年7月该项目获得国家核准。根据国家核准批复，拟分期推进建设和投产。目前，一期工程(干线东段及保定支线、沧州支线工程)可行性研究报告正在履行中国石化董事会投资决策程序，预计年底前完成。

川气东送工程预计全年向川、渝、鄂、皖、赣、苏、浙、沪等六省二市供气134.3亿立方米(含页岩气)。榆林—济南天然气管道预计向山东、河南、内蒙古等地输气32.4亿立方米。

地下储气库建设。中国东部最大地下储气库——中原文23地下储气库，一期工程设计库容84.31亿方，运行工作气量32.67亿方，已于2017年5月正式开工，预计2018年底逐步建成注气。

二、2018年工作设想

2018年，中国石化将继续落实“西部大开发”战略，充分发挥西部地区优势，助推快速发展。初步计划西部地区投资275亿元，新增探明石油地质储量2000万吨，天然气地质储量400亿立方米，生产原油810万吨，天然气170亿立方米，页岩气70亿方，加工原油1040万吨，供应油品3300万吨。

(一)继续加强油气勘探开发工作。加快西部新区增储上产，加速发展天然气产业

一是强化油气勘探，扩大战略接替新阵地。石油勘探立足塔里木、准噶尔、鄂尔多斯三大盆地，加大塔中、准中、准北、顺北等重点区带勘探力度；深化塔河、准西等重点增储区带勘探；积极探索寒武系盐下、石炭系等领域。天然气勘探立足四川、鄂尔多斯两大盆地，加快川东北、川西、鄂北的整体探明；加强川东南及下组合勘探；评价南方海相。计划新增探明石油储量2000万吨，天然气储量400亿立方米。

二是加快储量评价和动用，实现油气持续上产。计划生产原油810万吨，天然气170亿

立方米。以优化产能部署为重点，加快准西、顺北、塔中地区开发，同时加强剩余油动态监测，细化潜力认识，努力控制老油田递减率。天然气开发以生产安全和供气安全为前提，统筹做好产能建设、市场开发与管网建设，精心组织杭锦旗区块滚动建产工程等重点气田产能建设；做好老区精细气藏描述和高效挖潜，提高普光、元坝、大牛地等气田储量动用率和采收率。

三是加快开发西部非常规油气资源。在总结涪陵页岩气百亿方页岩气田建设经验基础上，重点推进焦石坝上部气层评价试验，加快推进川南地区的评价建产有关工作。

(二)加快重点炼化项目建设

塔河炼化国VI汽油质量升级项目预计年内投产，大力推进沥青提质增效项目。北海炼化150万吨/年催化汽油吸附脱硫装置预计年中投产。

(三)完善成品油终端销售网络

计划为西部地区供应油品3300万吨。重点建成四川简阳、内江和蓬溪油库、重庆酉阳和永川油库等。建设南宁屯里油库。

(四)加大新能源开发力度，推进西部煤化工项目建设进程

宁东煤电化一体化项目继续抓好稳定运行和达产达标工作，尽早确定扭亏脱困方案。鄂尔多斯煤化项目抓好稳定运行和达产达标工作，积极消缺整改，力争早日达产达标。贵州毕节煤化工项目推进项目核准工作和配套煤矿建设。新疆准东煤制气项目抓紧确定优化调整方案。与陕西煤化沟通，继续推进陕西榆林煤化工项目方案论证工作。

(五)加快推进天然气长输管道前期工作

统筹兼顾，多渠道开拓气源，做好常规天然气、煤制气、页岩气、煤层气等资源利用，加快推进管道建设，重点加快建设南川—涪陵页岩气外输管道、涪陵—王场页岩气外输管道增压等工程，进一步完善四川盆地天然气外输通道。

第四章　国家电网公司

一、2017 年工作情况

(一)落实西部大开发战略,服务西部经济社会发展

公司先后与湖南、陕西、青海、宁夏、新疆、四川、西藏、内蒙古等省(自治区)政府举行会谈并达成共识,进一步加强战略合作,共同推动西部电网发展,加快电力外送通道建设,促进新能源发展,推进新一轮农网改造升级。舒印彪董事长主持召开公司援疆工作座谈会,全面总结公司援疆工作,对下一步工作进行再动员、再部署。贯彻落实中央领导对公司援疆工作的重要批示精神,制定援疆重点工作实施方案,印发《2017—2018 年援疆工作任务清单》。在 2016 年出台进一步加强支援新疆、西藏工作两个意见的基础上,印发《关于进一步加强支援四川、甘肃、青海省藏区工作的意见》,促进三省藏区经济社会发展和长治久安,推动与全国一道全面建成小康社会。

(二)加大电网投入,满足西部大开发用电需求

持续加大西部地区电网投资力度,促进各级电网协调发展。截至 10 月底,在西部地区完成电网投资 619 亿元,新开工 110(66)千伏及以上交流线路 1 万公里、变电容量 3640 万千伏安,投产 110(66)千伏及以上交流线路 1.4 万公里、变电容量 5028 万千伏安。西部地区主网送电能力和安全稳定水平进一步提高,供电能力和供电可靠性不断提升,有力保障了经济社会发展需要。

(三)加快重点工程建设,推动西部资源优势转化

建成投产榆横—潍坊、胜利—锡盟特高压交流,酒泉—湖南、锡盟—泰州特高压直流及川渝第三通道等工程,总投资 818 亿元,大幅提高西部、北部电网清洁能源消纳能力,推进陕北、锡盟、甘肃等能源基地开发外送。加快建设扎鲁特—青州、上海庙—山东、准东—皖南特高压直流及神木—河北 500 千伏输变电等工程,总投资 647 亿元,推动陕北、宁夏、新疆、内蒙古资源优势向经济优势转化,解决东北"窝电"问题。开工建设藏中和昌都电网联网、拉林铁路配套供电及渝鄂直流背靠背联网工程,总投资 227 亿元,满足藏中电网负荷发展,保障拉林铁路可靠用电,提高四川水电外送能力。

(四)缓解"三弃"矛盾,促进新能源发展

落实《国家电网公司关于印发 2017 年促进新能源消纳工作安排的通知》要求,采取全网统一调度、深挖电网调峰潜力、组织省间交易等有效措施,推动解决"三弃"问题,截至 2017

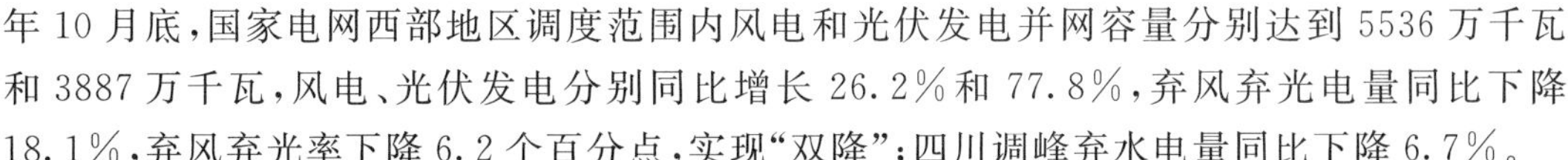

年10月底,国家电网西部地区调度范围内风电和光伏发电并网容量分别达到5536万千瓦和3887万千瓦,风电、光伏发电分别同比增长26.2%和77.8%,弃风弃光电量同比下降18.1%,弃风弃光率下降6.2个百分点,实现“双降”;四川调峰弃水电量同比下降6.7%。

(五)完成农网改造两年攻坚战,支持脱贫攻坚

按照国家农网改造两年攻坚战任务要求,在西部地区累计投资389亿元,实现4.7万眼机井通电,完成1.6万个小城镇(中心村)电网改造升级和1.3万个自然村通动力电,提前完成攻坚战任务。启动编制“十三五”国家电网公司经营区“三区两州”(西藏、三省藏区、南疆四地州和四川凉山州、甘肃临夏州)深度贫困地区电网专项规划,切实解决深度贫困地区电力供应问题。加快扶贫易地搬迁供电和脱贫摘帽县电网工程建设,解决西部贫困人口用电问题,保障脱贫摘帽县可靠供电。

(六)全方位开展援疆援藏,维护社会稳定和长治久安

开展人才帮扶,组织408名内地优秀员工赴新疆、西藏、甘肃、青海开展技术帮扶。组织西藏农网建设专项帮扶,针对西藏施工力量薄弱,发挥公司集团化优势,组织河北等7个省公司对口支援西藏7个地市,选派98人进行为期1年半的管理帮扶,安排短期专业帮扶人员2232人,累计进藏帮扶10.7人·天。实施电力助军,在新疆完成77个边境防控点和19个边防部队通电工程,在西藏开工建设135个边防点供电工程,相关部队、军区多次送来感谢信和锦旗。全面加强对口支援措勤县和定点扶贫玛多县工作,分别安排资金1000万元,建设光伏电站扩建、产业扶贫等项目;向玛多县贫困人口发放定点扶贫光伏电站发电收益380万元,为当地1144户建档立卡贫困群众增收3322元/户。

二、2018年工作设想

(一)认真贯彻党的十九大精神,落实西部大开发战略部署

把学习贯彻党的十九大精神与公司服务西部地区发展的各项工作紧密结合起来,将习近平新时代中国特色社会主义思想提出的“八个明确”和“十四条坚持”,转化为推动公司西部大开发工作的新思路、新办法和新举措。始终坚持党的领导,加强党的建设,突出发挥各级党组织的领导核心作用、党的战斗堡垒作用和共产党员的先锋模范作用。

(二)实施电网精准扶贫,助力西部脱贫攻坚

推进公司经营区域内“三区两州”深度贫困地区电网建设与改造,发挥电网在解决深度贫困问题上的基础性作用,助推深度贫困地区脱贫攻坚。加快扶贫易地搬迁配套供电工程建设,保障贫困人口可靠用电。实施光伏扶贫项目接网工程,确保公司经营区内国家光伏扶贫项目及时并网。加强青海省玛多县定点扶贫工作,安排扶贫资金1200万元,以产业扶贫为重点,提高自我发展能力;运维好玛多县光伏扶贫电站,全部收益用于玛多县2000多贫困人口脱贫。

（三）加快西部电网建设，促进经济社会发展

继续加大投资对西部地区的倾斜力度，促进西部地区各级电网协调发展，优先解决主网架安全问题，消除薄弱环节和安全隐患，加强省间联络，提高交换能力和安全运行水平，为特高压和跨区外送电网提供坚强支撑；优化城市配电网结构，加强县域电网、中心城镇和产业园区配电网建设，提高供电质量。全力消纳新能源，坚持“双降”目标不动摇，加快新能源配套送电工程建设，进一步提高新能源输送能力；扩大新能源跨省跨区交易规模，常态化开展抽水蓄能电站抽水电量与低谷风电的省间市场化交易。

（四）推进重点工程建设，加大西电东送力度

加快建设准东—皖南直流特高压、渝鄂直流背靠背联网等工程，确保2018年建成投产，将疆电外送能力提高到2500万千瓦以上，形成川渝电网与华中东四省异步联网格局。积极推动蒙西—晋中—晋东南—南阳、赤峰—锡盟特高压交流和陕北—武汉、雅中—南昌、青海—河南、白鹤滩—河北、白鹤滩—江苏、陇彬—山东直流等跨区输电通道前期工作，促进西部能源基地开发，满足新能源发展需要。加快藏中和昌都电网联网、拉林铁路配套供电等工程建设，彻底解决西藏中部缺电问题，保障电气化铁路安全稳定运行。

（五）实施新一轮农网改造升级，服务民生改善

持续加大西部地区农网投入，促进西部及贫困地区农网供电服务均等化，着力提高贫困县供电能力，解决农村用户“低电压”问题；实施农网建设攻坚，重点解决剩余县域电网与主网联系薄弱问题。确保到2020年，户均配变容量达到2.2千伏安，打造安全可靠、经济合理、坚固耐用的西部现代化农村电网，满足新型城镇化、农业现代化和美丽乡村建设需求。

（六）提高政治站位，深入开展援疆援藏工作

将公司服务新疆、西藏及三省藏区发展的各项工作，纳入援疆援藏工作中统筹考虑，以更高的政治站位，谋划推进援助工作。持续加快电网建设，发挥基础平台作用，服务地方经济社会发展。不断加大综合援助力度，发挥集团化帮扶作用，维护社会稳定和长治久安。大力开展就业和人才帮扶，发挥骨干中坚作用，打造稳定可靠的职工队伍。全面强化党建工作，发挥党的坚强领导作用，凝聚援疆援藏动力，增强战斗力。

第五章　南方电网

一、2017年工作情况

(一)加大西电东送力度，为绿色发展贡献电网力量

高度重视云南富余水电消纳问题。提前研判2017年云南水电消纳形势，研究制定公司促进云南水电消纳的20条举措，并狠抓落实。

加快西电东送相关工程建设。2017年6月，建成了鲁西换流站背靠背单元扩建工程，新增云南外送能力100万千瓦。8月，完成柳贺甲乙线温升改造工程，提升两广交流断面输电能力100万千瓦。加快滇西北送电广东特高压直流工程建设，确保2017年底按计划形成送电能力。2017年汛期，云南电力外送最大能力达到2620万千瓦，较2016年增加160万千瓦，超出协议送电规模470万千瓦，为促进云南富余水电市场化消纳奠定了基础。

完善清洁水电消纳市场机制构建。创新性推进实施云贵水火电量置换，2017年9月广州电力交易中心首度挂牌并完成6.2亿千瓦时的云贵水火置换电量交易，交易电量折算到广东侧价格相比2017年协议落地电价降低约0.11元/千瓦时。率先实施电能替代价格政策和惠民用电工程，云南电网供电范围内实施"一户一表"抄表收费到户的城乡居民用户，设立每户每年1560千瓦时的电能替代电量。推出全国首个鼓励居民套餐用电方案，年用电量超过4000千瓦时的居民用户可自主选择阶梯电价或套餐用电，以扩大电力消费，释放改革红利，优化居民用电结构。

2017年1—10月，云南西电东送电量达到1062.3亿千瓦时，同比增长15.9%，超出云南电网省内售电量。计划外市场化增送231.4亿千瓦时，超额完成《2017年重点水电跨省区消纳工作方案》要求的通过市场化方式实现不低于200亿千瓦时的交易电量目标。

(二)加大西部电网投资，满足人民追求美好生活的电力需要

统筹考虑西部省区经济发展水平和电网投资比例，切实加强西部电网规划建设。2017年，共安排"西电东送"工程项目投资87亿元，安排广西、云南、贵州西部三省区电网建设投资245亿元。通过2017年电网建设，西部省区电能质量和供电能力不断提升，满足了各省区经济社会发展的用电需求，满足了人民追求美好生活的电力需要。

(三)实施新一轮农网改造升级，解决电网发展不平衡不充分问题

落实乡村振兴战略，补齐农村基础设施短板，积极推进新一轮农网改造升级。2017年，聚焦小城镇中心村农网改造升级、贫困村通动力电工程、农村机井通电工程三大专项任务。2017年，共安排西部省区新一轮农网改造升级投资161亿元，截至10月底完成投资129亿

元，全面完成了机井通电任务，将完成4113个小城镇、中心村电网改造升级和219个贫困村通动力电，实现建档立卡贫困村通生产用电率100%，建档立卡贫困户通电率100%。

（四）积极推进贫困地区电网建设，全面助力脱贫攻坚

全力保障184个贫困县电网建设。2017年，投入107亿元用于西部184个贫困县110千伏及以下电网建设，截至2017年10月，完成投资83亿元。

做好易地扶贫搬迁配套电网建设。加强与各级政府主管部门的沟通联系，密切跟踪易地扶贫搬迁规划、实施方案和建设进度，及时将配套供电项目纳入规划建设，确保配套供电设施与易地扶贫搬迁规划做到同步规划、同步实施、同步建成，及时满足易地扶贫搬迁项目的用电需求。截至2017年10月，累计完成投资7亿元。

助力深度贫困地区脱贫攻坚。南方电网公司供电范围内有国家集中连片贫困地区5个，分别是乌蒙山区、武陵山区、滇桂黔石漠化区、滇西边境山区和云南迪庆，共涉及广西、云南、贵州3个省区，27个地州，157个县，占216个贫困县的72.7%。公司通过电力行业扶贫、东西部帮扶等举措，有力推动深度贫困地区的脱贫攻坚，为地方精准扶贫、精准脱贫提供坚强的电力保障。

二、2018年工作设想

（一）加快西电东送通道建设，多措并举加大西南清洁能源消纳

2018年6月底前，滇西北送电广东±800千伏特高压直流输电工程全部建成投产，新增云南电力外送能力500万千瓦。开工建设乌东德电站输电广东广西工程。深化完善云贵水火电量置换机制，推动云贵水火置换常态化开展。

（二）落实乡村振兴战略，继续深入推进新一轮农网改造升级

加快补齐农村基础设施短板，为打赢脱贫攻坚战、服务全面建成小康社会、实施乡村振兴战略提供重要物质基础，继续全面推进西部省区新一轮农网改造升级，切实提高农村电网供电可靠性和供电能力。

（三）继续做好电力行业精准扶贫，助力全面小康社会建设

全面动态跟踪当地产业扶贫、易地搬迁等社会关注度高的专项扶贫工程进展，加强扶贫相关电网项目管理，确保电网建设与政府扶贫项目同步建设、同步投产。坚持精准扶贫、精准脱贫，精准掌握管辖范围内贫困户情况，满足贫困户脱贫用电需求，助力全面小康社会建设。

（四）按照国家部署，做好“十三五”电力援藏工作

按照国家关于“十三五”电力援藏工作的统一安排，做好“十三五”电力援藏各项工作。

第六章　中国联通

一、2017 年工作情况

(一)收入增幅持续回升

截至 2017 年 10 月，中国联通在西部 12 省区市本年累计实现主营业务收入 351.3 亿元，同比增长 6%，移动用户累计达到 5775.7 万户，其中 4G 用户净增 1389 万户，累计达到 3268.7 万户；互联网宽带用户净增 26.1 万户，达到 1017.7 万户。中国联通通过商业模式创新，加大与互联网企业合作发展，互联网 2I2C 业务迅速发展，目前出账用户数已达 1159.26 万户，出账收入达 26.26 亿元。

(二)持续加强网络建设

2017 年，中国联通继续大力支持西部 12 省区市的信息化发展，加强网络建设，持续推进移动网络和宽带网络的优化与演进，有力支撑西部社会、经济信息化发展的需要。截至 10 月底，西部 12 省区市累计投资 28.34 亿元用于移动网络和宽带网络的建设。移动网方面，共建设 4G 基站达到 20.4 万个，3G 基站 21.7 万个，总计开通移动宽带基站 41 万个，基本实现 4G 网络在市、县、重点乡镇连续覆盖和行政村热点覆盖。在宽带网络建设方面，积极按照“宽带中国”和国务院“提速降费”指导意见要求，继续加快现有网络的光纤化改造，并积极参与宽带普遍服务项目，目前在西部 10 个省 42 个地市 6297 个行政村进行宽带普遍服务建设。截至 2017 年 10 月底，西部地区宽带接入端口达到 2883 万。其中 FTTH 端口达到 1885 万，相比上年同期提高了 13.5%。FTTH 覆盖家庭达到 2967 万户。城市 20M 及以上端口 1890 万，占比达到 91%，农村 8M 及以上端口 362 万，占比达到 100%。

(三)深化推进普遍服务

2017 年，中国联通不忘初心，持续深化普遍服务，为西部人民享受更加美好的信息生活不懈努力。青海联通主动承担青海省电信普遍服务建设任务，承建区域平均海拔 3500 米以上，青海联通克服重重困难，不到一年全面完成各项建设任务。同步推进 IPTV 及 4K 高清电视全覆盖，为 250 多个贫困村打开互联网连接现代文明生活和世界的窗口。西藏联通承建的昌都市卡若区电信普遍服务项目，提前两个多月完成 44 个行政村业务开通，平均速率达到 19.18Mbps，远超普遍服务标准网速，为当地农民开启互联网幸福新生活。

(四)加速推动互联网+产业融合

一是开发推广涉农和区域医疗信息化应用。中国联通在陕西建设的三个农业信息化产品基地推出一系列信息化成果。农业数据服务平台、精准农业生产平台、信息惠农平台，实施农业信息化项目14个；在农业信息化方面已形成了智慧农业云平台、信息惠农移动应用平台、县域电商云服务、精准扶贫大数据平台等四大类产品。各产品基地已支撑了多个农业信息化项目和91个区域医疗信息化项目。二是以互联网思维开展跨界合作，引入互联网战略合作伙伴，采用移动互联网、云商城等手段，建设从农业生产到农产品销售的全互联网解决方案，为合作农户带来真实惠。新疆联通打造"互联网＋养老"平台，为全疆各族老人提供多元化、个性化、精准化全方位居家养老服务，让老年人足不出户，就能有求必应，实现没有围墙的养老院。宁夏联通与冷链物流公司合作，开展贯穿生产基地、储存批发、采购支付、物品配送、消费核算等整个产业链的2B2C立体合作，实现农副产品生产企业、种植养殖户、采购商、批发商、零售商、餐厅饭店等链上主体资源集约、共享共赢。重庆联通借助沃支付金融平台，建立"通信＋支付＋金融"营销模式，推出线上支付、电子券、信用分期及互联网理财等品种多样、形式新颖的金融通信产品等。

(五)聚力做实精准扶贫工作

青海联通实施"互联网＋精准脱贫——雨露百事通惠农APP"项目，依托"互联网＋""大数据"技术建设信息化平台，促进扶贫政策惠及广大农牧民群众，目前雨露百事通APP软件注册人数已超过40000人，申请补助的贫困大学生、中高职业教育学生人数超过15000人。宁夏联通依托信息化管理平台和行业应用，实施精准扶贫云项目，为128个乡镇1100个村提供1100部掌上扶贫终端，助力当地政府打通脱贫攻坚最后一公里。新疆联通积极开展"访惠聚"工作，增派驻村干部800余人，实施农村地面硬化等"惠民生"项目，慰问驻村地农民，开展青少年红色夏令营活动等，促进地区经济文化交流、增进与当地民众的情谊、加强民族间交融。

(六)全力以赴保障通信

面对重大自然灾害和突发事件全力以赴恢复和保障通信畅通。在西部地区发生的多起洪涝灾害中，中国联通第一时间迅速启动应急预案，沉着有序投入抢险救灾一线，全力以赴保通信。四川联通在九寨沟地震后第一时间赶赴灾区抢险救灾，甘肃、陕西、重庆联通集结驰援，快速恢复灾区通信，同时对九寨沟地震灾区用户，以及全国漫游到灾区的用户提供免停机服务，并开通10010寻亲报平安热线。圆满完成甘肃酒泉卫星发射中心和四川西昌卫星发射中心"长征"系列运载火箭发射的通信保障任务。

(七)及时保障资金拨付

为积极有效推进西部大开发战略实施，2017年中国联通通过开源节流增收节支、加强内部资金统一调度使用、降低工程建设成本等工作，大力提高资金使用效率。截至2017年10月底，西部地区省分公司通过收支两条线共归集资金266亿元，中国联通向西部12省区市共拨付成本费用及投资建设资金超过328亿元，有力保障了移动网络和宽带网络在西部省份的快速建设和投入运营，提高了西部省份各行业的现代通信水平。

(八)不断提升客户感知

2017年，继续围绕提升客户感知开展工作，除去细化客户服务措施，强化责任意识，

NPS 的持续提升以及借力互联网新媒体，深化互联网服务创新均走在行业前列的基本目标外。一是建立“互联网＋”积分服务运营，实现服务渠道的升级转型。2017 年积分商城增加了数百款其他电子券和实物；服务渠道增加了微信营业厅，优化了短信营业厅，拓宽了线上积分兑换渠道，为西部偏远用户积分兑换提供了便利。1—10 月西部 12 省区市兑换积分 113.7 亿分，占全国总兑换量的 22.7%。二是运用业务培训等形式，全年对西部 12 省的地市客服部经理及相关岗位人员组织开展全覆盖的培训工作，累计培训约 270 人次。

二、2018 年工作设想

党的十九大针对西部开发建设要求从方方面面落到实处。西部 12 省区市是国家各项重要资源的接续地，是打赢脱贫攻坚战、全面建成小康社会的难点和重点，也是中国通信新服务发展的重要回旋余地和提升全国平均发展水平的巨大潜力所在。中国联通将以混改为契机，继续加大与互联网企业、行业垂直领域企业的合作发展，持续做好互联网业务的优化，促进线上线下协同发展；同时，加大流量型产品创新发展，探索产品经营向内容经营的转型路径，努力为西部地区广大用户提供最值得购买的通信产品、最畅快的购买流程和最优质的使用体验，在通信领域努力促进西部大开发。

在投资领域，在统筹现有网络资源与发展需要的基础上，不断完善网络能力布局，为西部地区提供更快速有效的信息服务。移动网络方面，继续坚持以 4G 网络为核心，打造“匠心”精品网络，更好地提升用户体验。宽带网络方面，结合业务发展需要及投资效益，继续通过社会化合作，扩大重点区域覆盖。

在客户服务领域，持续推进客户感知专项攻坚行动，结合西部 12 省区市本地实际，督促所属省份挂牌督办、限期解决客户感知痛点与服务短板，优化升级以客户体验感知为标准的服务监督评价体系。进行重点帮扶、沟通指导和实时跟踪，提升客服热线服务能力，优化互联网服务运营系统功能，完善人服务运营体系建设。聚焦 4G 和宽带业务，建立行业及跨行业对标的客户感知评价提升机制，实现客户口碑的持续提升。

加强西部的人才培养，一是进一步扩大西部分公司员各专业战略人才数量，通过战略人才引领西部地区人员的成长；二是采用划片培训方式，有针对性地对西部地区进行各专项的培训，根据西部地区人员业务和技术的水平情况，由初级到高级渐进式选择相应培训课程；三是通过项目众筹模式，鼓励西部地区分公司提出各专业的项目需求，在人才市场化机制指导下，激发其他高水平地区人才参与西部项目建设发展，以及支持西部业务同步发展。

第七章　中国移动

一、2017 年工作情况

（一）持续加大投资力度，增强通信能力

面对通信行业发展的新形势，中国移动在各项政策上继续对西部地区有所倾斜，着力完善和建设重点地区的通信基础设施，有力保障了西部地区日益增长的通信业务需求。2017 年，中国移动在西部地区（陕西、重庆、贵州、云南、四川、甘肃、宁夏、青海、新疆、西藏、内蒙古、广西。下同）共安排投资 477.5 亿元，截至 2017 年 10 月底，已完成资本开支 387.1 亿元。

在国家主管部门的指导和大力帮助下，中国移动始终将推动产业创新与发展作为自身的责任，积极推进我国自主知识产权的 4G 技术的应用，全力推进西部地区 4G 网络建设。2017 年，中国移动在西部地区共安排 4G 网络建设投资 105 亿元，截 10 月底，已完成 88 亿元，建设基站 8.7 万个，累计达到 52.8 万个。通过几年来的规模建设，除新疆和西藏外，4G 网络已实现全国所有城市、县城、乡镇的连续覆盖，行政村覆盖率达到 90%以上。

同时，中国移动持续开展西部地区宽带网络建设。截至 2017 年 10 月底，中国移动在西部地区新增家庭宽带管线覆盖住户 1114 万户、累计达到 9852 万户。西部地区家庭住户管线覆盖率达 70%，较上年底提升 10pp，宽带网络能力进一步大幅提升。

（二）落实“提速降费”要求，切实改善客户感知

中国移动按照国务院部署要求认真落实网络提速降费任务，通过精心组织、周密部署，2017 年 9 月 1 日全面实现取消手机国内长途漫游费，较原计划提前 1 个月，覆盖 12 余万元资费方案，全网投入系统改造和配置人工量超 10 万人日，惠及 3.45 亿客户。大幅降低国际长途电话费和中小企业互联网专线接入资费，给广大用户带来实实在在的获得感。2017 年 5 月推出 7 项降费举措（下面具体举措惠及用户时间截至 10 月底）：推出“速率倍增行动”，大幅下调互联网专线资费（14.6 万家企业用户办理），推出“小微宽带”特惠产品（64.7 万家小微企业用户办理），大幅下调 70 个国家和地区的国际长途直拨资费（惠及 1305 万人次），以及全面下调“一带一路”沿线国家和地区漫游资费（惠及 1592.2 万人次），推出系列流量资费优惠（惠及超过 6336.6 万人次）。其中宁夏公司大力推广“任我用”流量不限量资费，客户规模在全网排名第二；重庆公司“任我翻”流量翻番活动客户规模全网排名第一；四川公司“任我看”视频定向流量优惠资费客户规模全网排名第二。

此外，2017 年中国移动将西部贫困县的资费扶贫作为工作重点，加大资费扶贫工作力度。6 月在原有家园卡资费基础上，新增两项扶贫资费优惠，一是贫困地区专属资费优惠：

贫困地区客户凭有效证件可在原有通信消费的基础上额外领取每月 100M 省内流量或 100 分钟通话时长,额外领取的流量及语音有效期 1 年;贫困地区客户凭有效证件可订购 9 元 1GB/月的扶贫专属区域流量包,扶贫专属区域流量包有效期 1 年。二是宽带打折销售:贫困地区客户凭有效证件单独办理宽带可享受 7—9 折优惠。除以上两项政策外,贫困县所在省(区、市)公司还可根据当地经济发展情况和客户使用习惯,推出本地化的精准扶贫举措,努力降低贫困地区客户的通信支出,让贫困地区群众切实感受"提速降费"带来的实惠。

(三)积极参与电信普遍服务工程,提升农村信息化水平

作为基础电信运营领域的中央企业,公司围绕信息扶贫要求,全力以赴落实好经济责任、政治责任和社会责任,下大力气开展偏远地区信息通信网络建设,把让更广大的人民群众用上最先进、最优质的信息通信服务,作为公司义不容辞的职责和使命。截至 2017 年 10 月底,公司在"村通工程"和"电信普遍服务试点"中已累计投入 489 亿元,建设了 6.2 万个通信基站,完成了 12.2 万个自然村通电话、5.6 万个行政村通宽带。

为切实落实"宽带中国"国家重大发展战略部署,自 2014 年起国家发展改革委、财政部、工业和信息化部等三部委已联合下文发起三批"宽带乡村"示范工程,中国移动共计有云南、重庆、贵州、内蒙古、江西、甘肃六个省(区、市)公司分三批参与此项目建设。截至 2017 年 10 月底,项目已进入收尾阶段,六省(区、市)共新增光纤通达行政村 0.18 万个、达到 0.95 万个。

(四)积极开展对口支援和扶贫工作

2017 年,公司积极贯彻落实党中央、国务院关于对口支援和定点扶贫工作的一系列指示精神和决策部署,积极落实帮扶计划,并立足自身在信息通信领域的优势,积极参与当地经济建设,有效促进了当地教育、文化、卫生等公益事业以及通信和道路交通等基础设施水平的提高。2017 年,共拨付资金 4415.3 万元,其中援疆资金 450 万元,援藏资金 2297.3 万元,援青资金 945 万元,扶贫资金 698 万元,较 2016 年增加了 197.3 万元。相关资金主要用于当地文教、卫生、市政、农牧区等基础设施建设,有效改善了当地民生。

二、2018 年工作设想

(一)深入开展提速降费工作

中国移动将结合政府要求和客户需求,持续落实提速降费相关工作,加强和客户的沟通,通过营业厅、门户网站、网厅微厅等多种渠道加强提速降费宣传,提升客户感知。加大扶贫资费优惠宣传力度,提高贫困县建档立卡客户对资费优惠知晓度和办理规模。

(二)继续加大西部地区通信基础设施和信息化能力建设

中国移动将在西部地区继续大力推进 4G 网络建设,打造西部区域的 TD—LTE 精品网络,迅速提升西部地区无线宽带接入能力;同时中国移动还将在西部地区积极推进移动物联网的建设,实现所有城市的连续覆盖,加快推动蜂窝物联网发展,满足未来广大垂直行业需求,落实国家发展战略。

落实国家“宽带中国”战略，积极参与国家发展改革委“2018年新一代信息基础设施建设工程”专项工作，支持西部地区持续开展宽带网络建设；同时，加强对西部地区的指导帮扶，加强家庭宽带网络建设的最佳实践推广应用，帮助西部地区强化网络市场协同、按需精准建设，提升西部地区的宽带网络接入率。

按照工业和信息化部统一要求，加快推进电信普遍服务试点工作，夯实“宽带中国”基础，助力精准扶贫，为我国社会主义新农村建设作出积极贡献。

（三）认真贯彻落实国家对口支援和扶贫政策

从现在到2020年，是中国进入全面建成小康社会的决胜期，是国家实现脱贫目标的攻坚期，中国移动将继续发挥中央企业的表率作用，充分结合自身优势，不断探索新方法、新思路，与受援方密切配合，推进对口支援工作向纵深发展。

第八章　浙江大学中国西部发展研究院

一、2017 年工作情况

（一）国家高端智库建设进入新阶段

以深入实施西部大开发、推进“一带一路”建设、促进区域协调发展为宗旨，坚持高起点推进、高水平发展，致力于打造服务区域协调发展重大战略制定和政策决策咨询的国家高端智库。2017 年 6 月，以西部院为主要依托，并整合学校相关学科和研究机构力量成立的浙江大学区域协调发展研究中心被确定为国家高端智库建设培育单位。

（二）咨政建言成果丰硕

积极对接有关决策部门，及时了解重大决策需求和信息，集中优势力量围绕重大问题咨政建言。以《成果要报》和《工作简报》等为载体，通过多渠道、多层次、多载体的成果报送和推介渠道，一批重要咨询报告和创新性观点获国家领导人批示，或被中央以及国家部委决策采纳。围绕“一带一路”建设的热点难点问题，西部院积极参与国家发展改革委西部开发司联合调研，撰写提交了一批研究报告，多次获国家领导人肯定性批示。

积极为浙江、陕西、广西、新疆等地建言献策，在服务地方发展的同时，凝练地方先行先试形成的有益经验，将其提升至发展全局的战略高度，为中央决策服务。先后就浙江争当“一带一路”建设排头兵、打造国际人文科教交流枢纽、企业“走出去”风险防控和安全保障问题等提供决策咨询服务，完成浙江省人民政府年度工作评估报告等任务。

在权威媒体就相关领域重大热点、焦点问题提出前瞻性政策思路和建议。《以更宽广的视野推动区域协调发展》《加强规划制度、标准体系、人才队伍交流合作　推进“一带一路”基础设施互联互通》等一系列文章先后在《人民日报》等中央权威媒体发表，并被国务院新闻办公室网站、新华网、光明网、中国社会科学网等媒体转载。

（三）重大课题研究不断突破

开展前瞻性、针对性、储备性重大理论问题和决策咨询，在关键领域承担和开展了一批重大特色项目，在相对稳定的领域形成持续跟踪研究长效机制。

国家重大项目稳步推进。新承担两项国家社会科学基金“一带一路”建设重大研究专项——《“一带一路”建设与促进民心相通研究》和《价值链视角下的“一带一路”建设与国际产能合作研究》。持续推进“海丝”指数的研发与推广，与宁波航交所共同承担的国家“一带一路”重点项目“海上丝路指数”建设项目的重要组成部分——“海上丝路”贸易指数（STI）于 2017 年 5 月在京正式发布，并被列入“一带一路”国际合作高峰论坛成果。西部院作为独立第三方，对海上丝路贸易指数进行解读，并每月定期在国家“一带一路”官网——中国一带一路网发布解读报告。由董雪兵担任首席专家之一并承担子课题研究的中宣部马克思主义理论研究和建设工程2015年度重大项目“‘一带一路’建设重大问题研究”结题，研究成果得到国家领导人批示，被国家发展改革委采纳并在《紫光阁》杂志发表。

省部委委托课题保质保量。承担的国家“一带一路”重大战略需求项目“广西凭祥重点开发开放试验区建设实施方案和总体规划”结题。2017年8月，经国务院同意，《广西凭祥重点开发开放试验区建设总体规划(2016—2025)》正式印发。完成新疆维吾尔自治区发展改革委委托的“新疆高新技术产业发展”等多项地方融入“一带一路”建设研究项目。继续承担和参与国家发展改革委西部开发司2017年各季度“西部地区经济运行态势分析及政策建议”研究和调研工作，为研判下一步经济发展态势做好相关政策预研和储备工作。承担的由国家发展改革委西部开发司委托的“‘一带一路’高等教育走出去现状、问题和对策研究”“‘一带一路’生态环境合作机制研究”、国防科工局重大专项工程中心委托的“‘一带一路’空间信息走廊建设与应用工程实施方案政策研究”等课题进展顺利。

品牌报告完成年度出版和编撰工作，出版系列智库图书。由国家发展改革委主任担任主编、2010年始由西部院承编的《国家西部开发报告》2017年度报告出版发行。承担的教育部哲学社会科学发展报告建设项目《中国西部大开发发展报告》编撰完成以“西部地区教育”为主题的2017年度报告。此外，主编出版或编撰完成《“一带一路”生态环境合作机制研究》《不完全信息下的企业竞争策略选择》《财政省管县体制研究——以浙江、宁夏为例》《生态文明与产城一体化的理论与实践》等一批智库图书。

(四)参与国内外一系列重大活动

出席系列高规格峰会。2017年5月，西部院院长、区域协调发展研究中心主任、首席专家周谷平教授出席“一带一路”国际合作高峰论坛开幕式和高级别会议，并参加平行主题会议之一的“智库交流”会议。11月，周谷平教授应邀出席在新西兰举行的首届“新西兰国际展望峰会”，作题为“‘一带一路’建设与促进民心相通”的主旨演讲。

组织和参与一系列智库会议。2017年12月，联合浙江省社会科学界联合会主办了“新时代‘一带一路’建设与开放强省”智库论坛。组织“印尼视角的‘一带一路’”等七期西部学术沙龙、“中国-中东欧国家农业与食品科技及贸易合作”论坛以及参与承办“‘一带一路’国际青年论坛”等多个智库论坛和学术研讨会。西部院教师应邀出席浙江省委理论学习中心组专题学习会、第十四届世界华商大会(缅甸)、第五届全球智库峰会、中国大学智库论坛2017年会、第四届全国人文社会科学评价高峰论坛、2017第三届中非经贸论坛、2017中国智库治理论坛等一系列重要会议并作主题发言。

(五)构建多层级合作联盟

加快国际化布局。先后访问英国剑桥大学和匈牙利、捷克、罗马尼亚等多国高校和智库并达成多项合作事宜，与大洋洲“一带一路”促进机制(OSRN)等签署战略合作协议，与塞尔维亚诺维萨德大学“一带一路”研究院开展紧密合作。与“一带一路”地方合作委员会签署协议，助力“一带一路”城市间基础设施互联互通、产业投资、人文科技交流、生态环境等国际合作。

服务企业"走出去"与"引进来"。与中国交建等多个大型央企建立战略合作关系，继续巩固加强与民营企业等已有的院企合作。在宁波"一带一路"建设综合试验区的宁波市奉化区联合建设"丝路扬帆"特色小镇，为企业"走出去"提供一条龙服务。联合中国交建先后调研了埃塞俄比亚、马来西亚与斯里兰卡等国的中资企业，获取大量一手材料。与宁波职业技术学院共建职业教育研究基地，为"一带一路"沿线国家职业教育发展和产业发展、民众就业等提供人才支撑。

继续推进多层级、开放式、跨学科的协同创新体构建。2017 年 4 月，西部院作为主要参与单位推进国家发展改革委和浙江大学共同成立了浙江大学中国新型城镇化研究院，探索"一带一路"+"新型城镇化"战略构想。成立大会后，国家发展改革委副主任胡祖才在浙江大学校长吴朝晖陪同下来西部院指导工作。6 月，由西部院联合宁波海上丝绸之路研究院等共建的中东欧研究中心，被教育部列入 2017 年度国别和区域研究中心备案名单。

二、2018 年工作设想

（一）落实重点研究任务

2018 年，西部院将以"'一带一路'建设与促进民心相通研究""价值链视角下的'一带一路'建设与国际产能合作研究"两个国家社会科学基金"一带一路"建设重大研究专项为牵引，围绕"民心相通与区域协调发展""区域经济合作与区域协调发展""生态文明建设与区域协调发展"等研究领域开展深入研究。"国际规则与风险防控"平台将联合国内外相关领域专家共同开展"一带一路"倡议的顶层法律设计研究，并编译出版"'一带一路'沿线国法律精要"丛书。"数据资源库与政策评估"平台将进一步提高数据资源的整合、挖掘与应用能力，重点开展"'一带一路'经贸与投资智库"特色平台建设。

（二）完善人才发展通道

进一步完善考核和激励机制，通过制订智库人才引进、成果评价、岗位聘任、科研奖励与各类人才选拔等标准与办法，评估、审议智库人才发展相关工作，建立智库人才职业发展通道。

（三）加强学科支撑能力

强化学科交叉的科研组织机制，在发展好"区域经济学""人口学"等现有学科支撑的基础上，加强"一带一路"与区域协调发展研究为主题的交叉学科博士培养，促进相关学科的交叉和新兴学科产生，进一步实现人才培养、科学研究与社会服务良性互动。

（四）推进国际化合作

进一步联合国内外优势资源，打造"一带一路"沿线国家和地区学术联合体，实现与国内外智库和研究机构有效对接，为联合研究、学术交流、信息汇聚、成果转化提供重要支撑。

筹备办好 2018 年 8 月在"两山"理念发源地浙江安吉举办的"两山"理念与实践国际会议、2018 年 11 月在浙江杭州举办的国际展望大会（杭州·2018），努力为构建"人类命运共同体"建设贡献力量。

附：

浙江大学中国西部发展研究院 2017 年大事记

2 月 3 日　由浙江大学文科资深教授、西部院首席经济学家史晋川，西部院常务副院长董雪兵撰写的《以更宽广的视野推动区域协调发展》一文在《人民日报》发表。

2 月 26 日　“中国区域经济 50 人论坛”成立大会暨第一次研讨会在北京举行，浙江大学文科资深教授、西部院首席经济学家史晋川受聘担任“中国区域经济 50 人论坛”正式成员，并作专题发言。

4 月 6—9 日　中宣部马克思主义理论研究和建设工程 2015 年度重大项目“一带一路”建设重大问题研究项目在浙江大学举行中期汇报会。

4 月 27 日　由西部院作为核心单位之一的浙江大学中国新型城镇化研究院揭牌成立。国家发展改革委副主任胡祖才在浙江大学校长吴朝晖的陪同下来西部院指导工作，充分肯定了西部院智库建设工作。

5 月 10 日　由西部院联合承担的海上丝路贸易指数正式对外发布，并被列入“一带一路”国际合作高峰论坛成果。由西部院承担的指数解读指数报告每月定期在国家“一带一路”官网发布。

5 月 11 日　由西部院常务副院长董雪兵撰写的《加强规划制度、标准体系、人才队伍交流合作　推进一带一路基础设施互联互通》一文在《人民日报》发表。

5 月 14—15 日　“一带一路”国际合作高峰论坛在北京召开。浙江大学党委副书记、西部院院长周谷平应邀出席高峰论坛开幕式和高级别会议，并参加六个平行主题会议之一的“智库交流”会议。

5 月 15 日　西部院常务副院长董雪兵参加在京举行的第五届全球智库峰会，与全球智库代表就“一带一路”建设和全球治理与经济全球化深入交流、凝聚共识。

5 月 21 日　浙江大学 120 周年校庆期间，“浙江大学中国西部发展研究院—中交城市投资控股有限公司战略合作签约仪式暨‘一带一路’项目推进座谈会”在西部院举行。

5 月 24—28 日　西部院副院长陈健参加在英国剑桥大学举办的“俄罗斯远东、北极、中国:21 世纪东北亚合作论坛”并作主题发言，围绕东西方剑桥合作与新兴大国研究中心签订了合作备忘录。

6 月 6 日　浙江省委理论学习中心组举行专题学习会，深入学习贯彻习近平总书记关于“一带一路”建设的重要论述特别是“一带一路”国际合作高峰论坛期间的重要讲话精神。校党委副书记、西部院院长周谷平出席本次会议。

6 月 7 日　中宣部召开新增国家高端智库培育工作会议，依托西部院成立的区域协调发展研究中心被确认为 13 家国家高端智库建设培育单位之一。

6 月 12 日　浙江省委书记车俊、省长袁家军等省领导对西部院报送的《服务国家重大战略　浙江大学中国西部发展研究院致力打造国家高端智库》作出重要批示。

6 月 13 日　教育部国际合作与交流司公布 2017 年度国别和区域研究中心备案名单，主要依托西部院申报的中东欧研究中心成功入选。

7月14日　由西部院联合浙江大学研究生院、满洲里人才工作领导小组办公室共建的浙江大学—满洲里“一带一路”研究生社会实践基地正式挂牌成立。

8月4日　由西部院承担的《广西凭祥重点开发开放试验区建设总体规划(2016—2025)》正式印发。

8月24日—9月2日　应中国交通建设股份有限公司的邀请，浙江大学党委副书记、西部院院长周谷平及副院长陈健等一行调研埃塞俄比亚、马来西亚与斯里兰卡等国中资企业参与“一带一路”建设情况，着重调研“一带一路”海外项目推进过程中，中资企业在与当地政府、议会、工会的关系处理、风险防范和民心相通等方面采取的措施以及当前面临的困难。

9月20日　高校高端智库联盟成立仪式暨首届圆桌会议在京召开。主要依托西部院成立的区域协调发展研究中心作为国家高端智库建设培育单位成为首批联盟成员单位，浙江大学党委副书记、西部院院长周谷平教授作主题发言。

10月6—12日　浙江大学党委副书记、西部院院长周谷平一行访问匈牙利、捷克、罗马尼亚等国的高校、智库和企业，就“一带一路”研究领域开展科研和教学合作，促进民心相通和资源共享，实现战略互补和共赢发展等进行交流。

11月7—9日　西部院常务副院长董雪兵受邀出席2017年世界城市与地方政府联合组织亚太区理事会会议暨“海洋经济与城市发展”研讨会。

11月17日　浙江大学中国西部发展研究院“一带一路”职业教育研究基地在宁波职业技术学院挂牌成立。

11月18日　中央宣讲团成员、中国社会科学院副院长蔡昉来浙江大学宣讲党的十九大精神，并在常务副校长任少波陪同下来西部院访问调研。

11月25日　西部院副院长陈健应邀参加第三届中非经贸论坛，并作题为《加快搭建国际服务平台　积极推进中非产能合作》的演讲。

11月27日　西部院院长周谷平、常务副院长董雪兵等受邀出席首届“新西兰国际展望峰会”，与各国政商和学术界代表探讨如何在“一带一路”倡议框架下加强新型国际合作，促进可持续发展，并与峰会主办单位——大洋洲“一带一路”促进机制(OSRN)签署了战略合作协议。

12月11日　塞尔维亚诺维萨德大学“一带一路”研究院一行来西部院调研访问，双方将围绕智库建设开展紧密合作。

12月17日　西部院院长周谷平受邀参加中国智库论坛，作“‘一带一路’与教育外交”大会主题演讲。

12月18日　西部院联合浙江省社会科学界联合会共同举办“新时代‘一带一路’建设与开放强省”智库论坛。

12月29日　斯里兰卡探路者基金一行来西部院考察座谈，对接智库合作事宜。

第五篇 / 开发开放试验区篇

深入学习贯彻党的十九大精神
努力开创沿边重点开发开放试验区建设新局面

——在新时代沿边重点开发开放试验区建设工作会议上的讲话

赵　艾

（2017 年 12 月 27 日）

同志们：

党的十九大提出，新时代要“实施区域协调发展战略”，加大力度支持边疆地区发展，强化举措推进西部大开发形成新格局，强调要以“一带一路”建设为重点，加大西部开放力度，推动形成全面开放新格局。中央经济工作会议进一步作出了全面部署。这些都对沿边重点开发开放试验区建设和发展提出了新的要求，赋予了新的使命。下面，我就如何深入学习贯彻习近平新时代中国特色社会主义思想和党的十九大精神，开创新时代试验区建设新局面，谈几点意见。

一、学懂弄通、做实做好，用习近平新时代中国特色社会主义思想指导试验区建设和发展

党的十九大全面开启了党和国家事业发展的新篇章、新征程，对新时代推进中国特色社会主义伟大事业作出了全面部署。新时代推进试验区建设，要以习近平新时代中国特色社会主义思想为指导，不断创新工作思路、提出新的举措，锐意进取，改革创新，推动试验区工作不断上台阶、上质量、上水平。

（一）试验区建设和发展要切实把握新时代新要求

中国特色社会主义进入了新时代，是党的十九大作出的重大政治判断，是我国发展的新的历史方位。试验区建设和发展要准确把握新的历史定位，准确把握新时代中国特色社会主义新特征、社会主要矛盾的新变化，建设社会主义现代化国家的新目标、新部署，深刻领会新时代试验区建设的新内涵和指导思想、理论遵循、目标任务，提出新思路、新举措，推动试验区加快发展，将试验区切实建设成为沿边开放先行区、沿边地区经济增长极、国际通道重要枢纽、边疆民族地区和谐进步示范区、睦邻安邻富邻示范区。

（二）试验区建设和发展要推动化解社会主要矛盾

党的十九大明确，新时代我国社会主要矛盾已经转变为人民日益增长的美好生活需要和不平衡不充分的发展之间的矛盾。不平衡和不充分在试验区集中体现在经济发展的层级和质量还不高，经济与文化社会生态、城乡之间发展不平衡。试验区建设和发展要将满

足沿边地区人民群众日益增长的美好生活需要作为出发点、着力点和落脚点，在坚持发展经济、提高收入的同时，努力补齐社会文化生态等短板，让沿边地区人民群众有更多的获得感和幸福感。

（三）试验区建设和发展要以新时代中国特色社会主义基本方略为行动纲领

新时代中国特色社会主义基本方略是习近平新时代中国特色社会主义思想的重要内容，为我们做好各项工作提供了基本遵循。试验区建设和发展要准确把握基本方略所体现出的新时代中国特色社会主义总体规律和各方面具体要求，坚持以人民为中心，坚持党对试验区建设和发展的领导，按照“五位一体”总体布局、“四个全面”战略布局，以开放带动开发，全面推进试验区建设和发展各项工作。

（四）试验区建设和发展要深入贯彻落实新发展理念

党的十九大强调发展是解决我国一切问题的基础和关键，必须坚定不移贯彻创新、协调、绿色、开放、共享的新发展理念。这就要求试验区建设和发展不断深化供给侧结构性改革，加强交通、水利、信息、物流基础网络建设，着力发展实体经济，支持传统产业优化升级，加快发展现代服务业、先进制造业，坚持创新引领，坚持不断完善市场经济体制，发挥市场在资源配置中的决定性作用，更好地发挥政府的作用，树立和践行绿水青山就是金山银山的理念，强化生态环境保护，力争试验区建设和发展实现“变道超车”“换道超车”。

（五）试验区建设和发展要深度融入“一带一路”建设

党的十九大提出要以“一带一路”建设为重点，推动形成全面开放新格局。试验区在“一带一路”建设中占据极其重要的地位。新时代试验区建设和发展要秉持正确的义利观，遵循共商共建共享的原则，积极推进与邻国的沟通与协商，扩大投资和经贸往来，加强基础设施的协同规划、合作建设，提高跨境金融服务水平，发扬睦邻友好传统、促进民间交流往来，为将“一带一路”建设成为和平、繁荣、开放、创新、文明之路做出贡献。

二、加强学习、提高认识，准确把握新时代推进沿边重点开发开放试验区建设的重要意义

新时代赋予了试验区建设新的历史使命，我们要从新时代中国特色社会主义事业发展的大局，进一步深刻认识新时代试验区建设的重要意义，牢固树立“四个意识”，坚定“四个自信”，深化对试验区建设必要性、重要性和紧迫性的认识，进一步增强推进试验区建设的责任感使命感。

（一）从全面建成社会主义现代化强国新目标，深刻认识新时代试验区建设和发展的重要意义

党的十九大提出了分两个阶段全面建成社会主义现代化强国的新目标，清晰地描绘出全面建成社会主义现代化强国的时间表和路线图，这对我们推进试验区建设提出了时限和目标的新要求。当前，沿边地区由于地处边疆、人才缺乏、发展起步晚、周边影响大等原因，发展水平与全国有较大差距。2015 年，我国沿边 9 省（区、市）的 142 个边境县中有 70 个是

贫困县,城镇化率38.3%、人均地区生产总值3.7万元、城镇居民人均可支配收入2.5万元,分别低于全国平均水平18.2个百分点、26个百分点、21个百分点,发展水平严重滞后于全国甚至广大西部地区平均水平,是我国社会主要矛盾提到的不平衡不充分发展问题集中体现的区域。推动试验区建设,带动边疆地区加快发展,满足边疆人民群众日益增长的美好生活需要,是完成2020年全面建成小康社会决胜阶段的重要任务,也是通过再奋斗15年,实现社会主义现代化,到本世纪中叶把我国建设成富强民主文明和谐美丽的社会主义现代化强国的客观要求。

(二)从推进形成全面开放新格局的战略部署,深刻认识新时代试验区建设的重要意义

党的十九大报告指出,要以"一带一路"建设为重点,坚持"引进来"和"走出去"并重,遵循共商共建共享原则,加强创新能力开放合作,形成陆海内外联动、东西双向互济的开放格局。改革开放以来,我国对外开放首先从东部沿海开始,继而实施沿江、沿边开放,历经近40年的努力,逐步形成了海陆统筹的开放格局。但由于种种原因,西部的开放水平落后于东部,沿边的开放水平落后于沿海,我国对外开放总体上呈现出"东强西弱、海强边弱"的状况,沿边开放成了全面开放格局中的短板。习近平总书记深刻地指出,过去我们的开放主要基于沿海地区,面向海洋,面向发达国家,今后这方面的工作还要继续做。同时,要更多地考虑中西部地区和沿边地区的对外开放,进一步向西开放,向周边国家开放。推进试验区全面开放,加强与周边国家的沟通和联系,内通中部与沿海省份,以"一带一路"建设为重点,坚持"引进来"和"走出去"并重,加强创新能力开放合作,补齐沿边开放这块短板,有利于形成陆海内外联动、东西双向互济的开放新格局。

(三)从强化举措形成西部大开发新格局,深刻认识新时代试验区建设的重要意义

党的十九大报告提出"实施区域协调发展战略。加大力度支持革命老区、民族地区、边疆地区、贫困地区加快发展,强化举措推进西部大开发形成新格局"。过去4年,我国西部地区生产总值年均增长9.1%,高于全国1.9个百分点。但也要看到,我国区域发展差距依然较大,西部地区尤其是边疆地区基础设施仍然较差,公共服务水平还有很大距离。近年来,西部地区的发展又面临不少新的困难,一些省份新动能培育较慢,产业转型困难,地区发展态势加速分化。当前和今后一个时期,是西部大开发深入推进的关键时期。西部地区要加快发展,与全国同步建成小康社会,有两个优势必须始终牢牢抓住:一个是资源优势,另一个就是沿边优势。推动试验区建设,促进生产要素向有基础、有条件的地区集聚,形成要素配置效率高、开放度大、辐射力强的经济增长点或增长极,有利于促进沿边地区更好地发挥对西部大开发新时代形成新格局的战略支撑作用。

(四)从全面贯彻党的民族政策、深化民族团结进步,深刻认识新时代试验区建设的重要意义

党的十九大报告强调"促进各民族像石榴籽一样紧紧抱在一起,共同团结奋斗、共同繁荣发展"。我国陆地边境线总长2.2万公里,涉及9个省(区、市),是少数民族集中居住地区,语言文化、风俗习惯、宗教信仰差异较大,促进民族团结、维护社会稳定、保障国家主权和安全任务繁重。党的十八大以来,在以习近平同志为核心的党中央坚强领导下,沿边地

区生产生活条件明显改善，各族群众共享改革发展成果，民族团结、社会稳定。但沿边地区少数民族特别是人口较少民族贫困发生率高、困难程度深，在育、医、住、行等方面仍面临诸多困难，是决胜全面建成小康社会、实现两个“一百年”奋斗目标必须补齐的短板。推进试验区建设，加快边境地区发展，有利于带动民族地区加快发展，改善人民生活水平，促进各民族和睦相处、和谐发展、交流融合，夯实民族团结、边疆稳定的经济、社会和人文基础。

三、积极探索、扎实推进，试验区建设和发展取得明显进展和成效

建设沿边重点开发开放试验区是党中央、国务院统筹国际国内大局、着眼深化区域协调发展作出的重大战略部署，是推进“一带一路”建设和推动形成西部大开发新格局的重头内容。2012 年，按照《中共中央　国务院关于深入实施西部大开发战略的若干意见》要求，国务院批准设立了广西东兴、云南瑞丽、内蒙古满洲里重点开发开放试验区。2013 年，国务院出台《关于加快沿边开发开放的若干意见》，对试验区建设进行了全面部署，提出研究设立广西凭祥、云南勐腊（磨憨）、内蒙古二连浩特、黑龙江绥芬河（东宁）、吉林延吉（长白）、辽宁丹东等 6 个重点开发开放试验区。其中，广西凭祥、云南勐腊（磨憨）、内蒙古二连浩特、黑龙江绥芬河—东宁经国务院批准设立并开始建设。2017 年，《中共中央办公厅国务院办公厅关于加大边民支持力度促进守边固边的指导意见》进一步提出，研究设立黑龙江黑河、新疆塔城、广西百色等重点开发开放试验区。

5 年来，有关部门认真贯彻落实党中央、国务院的决策部署，积极加强对试验区建设工作的指导和支持；有关省（区）切实加强组织领导，及时出台政策措施，大胆探索实践，试验区建设工作有力有序推进，经济社会发展逐步进入快车道，取得了重要进展和明显成效。

（一）综合经济实力提升步伐加快，试验区逐步成为沿边地区发展的增长极

当前，全国经济发展稳中有忧、好中知难，地区经济发展分化现象比较明显，但试验区总体上保持了较强劲的增长态势，主要经济指标普遍好于全国和本省区平均水平。2012 年设立的东兴、瑞丽、满洲里试验区，2012—2016 年，地区生产总值年均增速分别达到 10.88%、21.43%、8.47%。2017 年一至三季度，广西东兴、凭祥地区生产总值分别增长 8.6%、8.5%，高于自治区 1.6 个百分点、1.5 个百分点；云南瑞丽、勐腊（磨憨）分别增长 11.7%、10%，高于全省 2.7 个百分点、1 个百分点；黑龙江绥芬河、东宁分别增长 7%、6.6%，高于全省 0.7 个百分点、0.3 个百分点。各试验区固定资产投资、财政收入也继续保持较快增长，试验区教育、卫生、文化、社会保障等公共服务取得明显进展。

（二）体制机制创新取得重大突破，正在形成沿边省份的开放高地

各试验区按照国家的总体部署，将体制机制创新作为试验区建设的核心任务，结合实际，不断深化重点领域改革。在商事制度改革方面，基本实现了边民自主创业零成本注册，推动了多证合一、证照合一、一照一码、多证联办改革试点在试验区落地。在通关便利化方面，积极试验一次申报、一次检查、一次放行“三个一”改革，使企业申报时间节省 30%，查验时间节省一半，推动两国一检、关检互认，探索了通关无纸化办公，使企业、人员足不出户即可办理通关手续。在边境事务管理方面，完善了外籍车辆出入境、边民出入境、边民纠纷解决管理制度，与邻国建立了边民纠纷联合调处机制、定期联系沟通机制、突发事件处理机

制。在跨境金融服务方面，成立了邻国货币兑换机构，设立了跨境保险服务机构，金融网点布局得到进一步完善。

(三)基础设施互联互通水平明显提升，正在形成内外联通的战略支点

试验区一批重大交通基础设施项目相继开工建设和投入使用，与周边国家互联互通水平得到明显提升。中老铁路勐腊(磨憨)段开工建设，澜沧江—湄公河四级航道整治前期工作正式启动。瑞丽试验区"一核两翼"实现全程通高速，畹町至缅甸105码二级公路援建项目竣工，中缅输油气管道投入使用。二连浩特开通了蒙古国乌兰巴托-俄罗斯乌兰乌德的临时国际航线，绥芬河机场开工建设，中越北仑河二桥验收完工。凭祥边境贸易货物监管中心投入运营，中国友谊关—越南友谊口岸国际货物运输通道硬化工程和中国—东盟青年产业园供水管网等工程相继竣工。同时，在我委沿边重点开发开放试验区建设专项中央预算内投资的支持下，建成了一批市政基础设施、园区基础设施。

(四)特色优势产业加快发展，外向型经济体系初步建立

试验区着力做好边的文章，不断加大招商引资力度，合理完善布局，充分利用毗邻国家的市场和优势资源，重点发展加工制造、仓储物流、特色旅游等产业。瑞丽试验区装备制造业从无到有，逐渐形成珠宝、红木、电视、手机、航空、汽车、摩托、咖啡等八大产业品牌。凭祥大力发展跨境电商，成立电商产业园、电商监管仓，上线了"广贸通"、水果电商等供货平台，聚集电商企业300多家。满洲里、二连浩特以进口资源加工园区为载体，形成以木材加工、矿产品、畜产品加工和物流贸易为主导的进口资源加工产业集群。东宁积极推进境外园区建设，在俄建成4个境外园区，率先创造多种跨境连锁加工模式，实现产值超过50亿元。试验区重点发展边境游、跨境游、特色文化旅游，积极推进边境旅游合作区、跨境旅游合作区的建设，满洲里、绥芬河—东宁开通多条出境旅游线路，年接待出入境游客逾百万人次。

(五)对外贸易长足发展，利用两种市场两个资源格局突显

各试验区不断优化外贸结构，促进沿边地区从边贸带动为主的单一模式向贸易、投资、加工等综合服务模式转变，进出口贸易增幅明显，对外经贸合作水平不断提高。瑞丽大力推动外贸转型升级，贸易方式由边境贸易为主转变为一般贸易为主，出口结构由日用百货为主转变为机械电子产品为主，近5年口岸进出口总额年均增长30.47%，占中缅贸易25%左右。东兴加快推进农副产品交易、海产品加工等专业市场建设，边境贸易年交易额达到100亿元。满洲里对俄"海淘"成为新亮点，交易额突破7亿元。二连浩特大力发展国际贸易物流业，建成12个专业外贸市场和9个规模较大的物流园区。经满洲里、二连浩特出境的中欧班列快速增长，为经贸发展注入了新动力。东宁对俄出口累计实现进出口贸易值249亿元，进出口总值和货运量连续七年保持省内公路口岸第一。

(六)民心相通不断深化，成为"一带一路"建设与周边国家合作交流的重要窗口

试验区不断继承和发扬睦邻友好传统，在教育、卫生、文化、体育、旅游等领域，组织开展了丰富多彩的交流活动，以多层次、多渠道、多样化的形式，增进民心相通，为深化双多边

合作奠定了坚实的社会基础。东兴积极开展中越界河对歌、中国—东盟国家海上龙舟赛等文化交流活动。瑞丽连续17年举办中缅边境经济贸易交易会、中缅胞波狂欢节,先后主办和承办了孟中印缅卫生与疾控论坛、澜沧江湄公河六国大学生友好交流周等国际会议。二连浩特加强与蒙古国的教育医疗合作,累计招收蒙古国中小学生3500多名,年均接诊蒙古国患者3000多人次。

值得一提的是,5年来试验区开拓思路、大胆创新,因地制宜地开展相关工作,形成了一些值得提倡的有效经验和做法。内蒙古自治区落实《国务院关于支持沿边重点地区开发开放若干政策措施的意见》(国发〔2015〕72号)文件精神,将赴周边国家因公出国(境)审批权限下放改革措施落到实处,允许试验区自行审批除党委主要负责人外的副厅级及以下人员因公赴俄、蒙执行任务。广西积极开展互市贸易改革试点,探索实施了"边民+合作社+边贸+加工"的模式,组织贫困边民加入合作社参与互市贸易,带动边民脱贫增收,促进边境加工贸易发展。瑞丽在全国首创驻外商务代表处模式,在缅甸曼德勒、内比都等地区开展信息收集、沟通联络、宣传推介等工作,有力拓展了对外交往合作空间,在国务院第四次大督查中确定为典型经验做法之一。广西积极实施跨境劳务试点,对跨境务工人员出入境许可制度进行改革,方便了当地加工企业招收聘用外籍劳工。

5年来,试验区在体制机制、基础设施、产业发展、经贸合作以及软环境建设等方面取得了显著成效,成绩值得肯定。但同时,我们仍要清醒地认识到,试验区建设还面临不少挑战和亟待解决的问题。一些地方在试验区建设上主动性、创造性不够,管理体制和机制不够顺畅,制度创新高地尚未形成,基础条件滞后于发展需要,产业发展水平有待提升,上下联动有待加强,周边环境的不确定性还对试验区建设造成困扰。这些都需要我们在工作中予以重点解决和克服。

四、勇于担当、大胆创新,推动试验区建设和发展迈上新台阶

目前,试验区建设正处于爬坡过坎的关键阶段,在体制机制创新、设施便捷联通、经济转型发展、经贸交流合作等方面面临着提档升级的重要当口。为推动试验区建设在新时代再上新台阶,在"一带一路"建设中切实发挥重要作用,下一步要围绕开放做文章,重点抓好以下四方面工作任务。

(一)努力构建全方位开放体制

要加快政府行政管理体制改革,完善和优化市场环境,建立公平、公正、公开的市场秩序,加快政府职能转变,减少和规范行政审批事项,努力提高政府工作效率,建立高效顺畅的行政管理体制。要加快市场准入机制改革,探索实施"负面清单",建立更加开放的市场。要加快海关、检验检疫、边防等管理体制改革,进一步促进通关便利化,方便人员往来、货物进出,降低通关成本、提高通关效率。要健全国际合作机制,加强与相邻国家的定期沟通、协调联动。

(二)培育外向型产业和贸易体系

要立足我国比较优势,瞄准两个市场、两种资源,积极发展符合周边市场需要的产业,利用好进口资源,发展符合国内市场的资源型产业,提高木材、农产品等产业的加工附加

值，构建外向型产业体系。加快贸易转型升级，优化贸易结构，在积极发展边贸的同时，不断提高大贸在本地贸易中的比重，坚持扩大出口、增加进口，货物贸易与服务贸易并举，更好地服务全国大市场。同时，要引导企业到周边国家投资兴业，推动装备制造业等走出去，技术标准带出去。积极引导适合当地发展的东部外向型产业向试验区转移。

（三）打造内通外联的基础设施网络

加强试验区内路网建设，尽快打通缺失路段，畅通瓶颈路段，提升道路通达水平，构建联通内外、安全畅通的综合交通运输网络。加强与邻国基础设施规划、技术标准和体系的对接，将重点国际通道建设项目纳入双边经贸合作规划，共同推进国际骨干通道建设。加强口岸基础设施建设，提高口岸通行能力、设施保障水平，完善口岸服务功能，促进国际通关、换装、多式联运有机衔接，形成统一的运输规则，实现国际货物运输便利化。加快综合信息基础设施建设，提升信息资源共享及服务水平，构建面向周边国家的区域性国际通信与信息服务枢纽。

（四）提升开放平台建设水平

试验区有各种开放建设平台，提升这些开放平台的建设水平对于试验区建设有着重要作用。要加强边境经济合作区招商引资工作，丰富园区产业，延伸产业链条，尽快形成产业集群。要积极研究跨境经济合作区的定位，制定有力的政策措施，与邻国加强沟通协调，使其成为试验区建设的新增长点。要加快边境旅游合作区和跨境旅游合作区建设，推动旅游合作发展迈上新台阶。积极推进金融综合改革示范区建设，推进跨境贸易人民币结算业务，在金融服务外向型经济上闯出经验。

为落实好上述工作任务，再提二点工作要求。

一是切实强化责任担当。要认真学习贯彻习近平新时代中国特色社会主义思想和党的十九大精神，在学懂弄通做实上下功夫，加强党对试验区建设和发展的领导，增强“四个意识”，坚持“四个自信”。把讲政治放在试验区建设的首要位置，在思想上政治上和行动上要与以习近平同志为核心的党中央保持高度一致，确保中央政令畅通，将试验区的政策、规划落到实处。要有责任、有担当，迎难而上，大胆闯、勇敢试，开创试验区建设发展新局面。林念修同志多次讲，试验区 5 年了，要出成果、出经验、上质量、上水平，要交出实实在在的成效，而不能停留在挂牌子、要项目、产出低的阶段。

二是建立健全工作机制。试验区建设要在建立健全有效工作机制上下功夫，做好“四个一”。制定一本工作台账。细化工作任务、明确责任部门、定期督促检查，推动国发〔2015〕72 号文各项改革举措落到实处。建立一个协调机制。协调解决试验区在体制机制创新、经济社会发展和对外交往合作中需要解决的政策问题，上下联动推动与毗邻国家的合作。建立一份任务清单。试验区每年要提出当年改革试验任务，争取创出可复制、可推广的一两条经验。建立一个项目管理库。试验区要按照国务院批准的试验区建设方案确定的重点任务，谋划一些全局性、战略性、关键性的成熟项目，充实到项目库。既要建立好项目库，又要管理好项目库。完工的项目和确实无法继续实施的“僵尸项目”及时清库，新的项目及时补充。要管好用好试验区建设专项。项目库建设是管好用好试验区建设专项的基础。试验区建设专项是地方要干项目，中央给予补助，地方不建设项目，中央就不补助。列入当年投资计划的项目必须是已开工或已具备开工条件的项目，确保投资计划一经下达即可开工建设，尽快形成实物工作量。对无法顺利开工建设的项目，要及时把资金调整到项目库的其他成熟项目上，确保资金“不趴窝”，发挥效益。发现“趴窝”要及时调整，用到别的急需资金的项目上。

三是改善工作方法，提高工作水平。试验区建设要统筹利用好各种资源，要尽力而为，更要量力而行、借力而做、聚力而动。量力而行，就是在对地方财政、中央补助、PPP模式等各种途径的资金规模进行梳理汇总的基础上，将有限的资源配置到试验区建设的重点领域和关键环节，解决试验区建设中面临的突出问题，有多少力量办多少事，不能不切实际，一味追求单纯的“政绩”，要充分考虑地方债特别是隐形债务的风险，不能寅吃卯粮，不考虑偿债负担。借力而为，就是以现有的资源撬动更多的资源，充分发挥人脉、资源、政策优势，吸引亚投行、丝路基金等国际性金融机构的资金，吸引对方国家在试验区内投资，与我们共同推进试验区建设。聚力而动，就是集中力量形成合力，共同推动解决普遍面临的共性迫切性问题，补足政策落实中的短板。要互学互鉴，试验区之间要加强交流沟通，在互学互鉴中相互提高，有关部门要注意总结试验区建设的经验，及时宣传推广。要切实加强调查研究，把加强调查研究作为2018年试验区的重要任务，高度重视并提上工作日程，做好调研预案，明确调研主题，深入实际了解试验区建设情况，发现建设中存在的重要问题要及时研究妥善解决，发现好的工作经验要及时总结推广，坚决反对调研中走马观花、浅尝辄止，力戒形式主义和官僚主义。

同志们，党中央、国务院对沿边重点开发开放试验区建设高度重视，做好试验区建设和发展工作，责任重大、使命光荣。我们要在习近平新时代中国特色社会主义思想的指导下，认真贯彻落实党的十九大精神和中央经济工作会部署，不忘初心、牢记使命，锐意进取，真抓实干，一张蓝图绘到底，撸起袖子加油干，推动试验区建设和发展不断取得新成绩和新突破，为推动形成以“一带一路”建设为重点的全面开放新格局，为强化举措、形成西部大开发新格局，实现党的十九大提出的新的奋斗目标作出新的贡献。

第六篇／专家视角篇

“一带一路”倡议与教育外交

党的十九大报告指出，全面推进中国特色大国外交，形成全方位、多层次、立体化的外交布局，为我国发展营造良好的外部条件。随着“一带一路”倡议的深入推进实施，中国教育的对外开放迎来了历史性契机，与之相伴随，教育外交在国家总体外交格局当中的角色正在从模糊走向清晰，定位正在从边缘走向中心，对它的运用正在从自发走向自觉，形成一种相对独立且日益重要的外交形式，构成中国特色大国外交的重要组成部分。在我国日益走近世界舞台中央、不断为人类作出更大贡献的新时代，布局教育外交亟须提上日程。

一、“一带一路”倡议呼唤教育外交

“一带一路”倡议体现当代中国坚持对外开放的基本国策。2015 年 3 月，国务院公布的《推动共建丝绸之路经济带和 21 世纪海上丝绸之路的愿景与行动》（以下简称《愿景与行动》）明确将“打造政治互信、经济融合、文化包容的利益共同体、命运共同体和责任共同体”作为“一带一路”建设的发展目标，以加强与沿线国家的“政策沟通、设施联通、贸易畅通、资金融通、民心相通”作为合作重点。教育部在《推进共建“一带一路”教育行动》中指出，教育交流为沿线各国民心相通架设桥梁，人才培养为沿线各国政策沟通、设施联通、贸易畅通、资金融通提供支撑。教育在“一带一路”建设中具有显著的基础性、先导性和长期性，这种作用随着国家实力的增强还将继续凸显。

新时代呼唤新的外交形式。“一带一路”倡议为推动教育大开放、大交流、大融合提供了大契机，也为拓展和丰富中国特色大国外交提供了新舞台，以教育作为载体和形式的教育外交必将伴随着“一带一路”倡议的深入实施而顺势兴起。中国需要启动和布局教育外交，绝非一个应景而空洞的政治口号，而是一项能够从历史、理论和实践层面作出深刻回答的学术命题。

首先，从国家实力增长演进的历史逻辑出发，中国需要布局教育外交。国家能力在学术层面通常被划分为“硬实力”和“软实力”。“软实力”的提出者约瑟夫·奈（Joseph Nye）从国家角度定义了“软实力”（soft power）概念，认为“‘软实力’是一种依靠吸引力，而非通过威逼或利诱的手段来达到目标的能力”。软实力源于文化、政治价值观和对外政策。在中国，硬实力主要表现在经济领域，软实力则体现在经济背后的文化价值和形象塑造。而从国家实力获得的逻辑顺序来看，往往是“硬实力”积累到一定程度之后，才逐步获得“软实力”。经过改革开放以来 40 年的持续经济建设，当前中国软实力的拓展正是硬实力增长的必然结果。而从国家发展的路径和趋势来看，正日益接近世界舞台中心的中国，对“软实力”的需求将会极大地提升。教育作为一种活跃的生成性要素，本身是软实力的重要组成部分，教育外交将在运用和彰显国家实力的过程中发挥日益重要且不可替代的作用。

其次，从持续诠释民族复兴的理论逻辑出发，中国需要布局教育外交。中国崛起被认为是21世纪最重大的事件之一，而中国不承认美国等西方国家奉行的价值观的普适性。这就使得中国在和平崛起的过程中，始终面临着以西方国家为主体的外部世界的理论追问。这一理论追问可以描述成一个“三环一核”的框架结构：外环是中国国家身份与国家形象的认同与定位问题，即中国到底是一个怎样的国家？中环是中国的发展道路和战略走向问题，即中国如何实现复兴？内环是中国行动的逻辑问题，即中国的文化价值观是什么？而核心是中国政治制度和主流意识形态的自信问题，以及在全世界范围的合法性认同问题，这些都将是始终伴随着中国和平崛起全过程的重大理论问题。从这个意义上说，中国外交的主要任务之一，不仅仅是“把一个真实的中国告诉世界”，还必须从理论逻辑上回应甚至回击西方世界的关切与质疑。然而，这些重大理论问题都是远离一般公众的学术问题，既有的公共外交渠道往往难以在深层次的价值观上发挥作用，只有放置在教育和学术的特定场域中才有可能形成对话交流并得以逐步解决，从而为中国的和平发展赢得世界的理解、认同与钦佩。

第三，从讲好“中国故事”的实践逻辑出发，中国需要布局教育外交。正在崛起的中国需要向世界讲述“中国故事”，而从深层次上说，“中国故事”不是镶嵌在精深的“高概念”和宏大的政治叙事当中，而是蕴藏在细致深入的教育教学过程之中。可以说，能否讲出“中国故事”，依靠的是强大的经济、科技、军事实力，能否讲成“中国故事”，主要依靠较高的教育文化发展水平及其对外影响，而能否讲好“中国故事”，则有赖于教育外交这一新的国家工程的积极有效地运用。从更宏大的视野来观察，作为走中国特色社会主义道路的国家，中国应该是“中国故事”的创造者，而不仅仅是一个自我“讲述者”。“中国故事”要具有强大的理论说服力，除了我们自身深厚的文化底蕴和自信，其“讲述者”还应该来自理解中国文化、认同中国价值的外国人士。能否源源不断地培育出知华、友华、亲华的外国知识精英和各界人士，关乎中华民族能否持久地向世界讲好“中国故事”。这就亟须立足于中国对外开放的人才培养——它既需要教育工作者长年累月地不懈努力，更需要从国家层面对教育外交予以更高层次和更为宏远的布局。

综上所述，布局和实施教育外交具有战略上的必要性、可行性和紧迫性。然而，目前学术界在这方面的理论准备明显不足，从中国知网检索结果看，以教育外交为关键词的学术论文仅3篇，学位论文仅1篇，且均在一般意义上使用，未能针对“教育外交”的内涵、范畴和特征进行深入分析和探讨。显然，“教育外交”要从概念走向观念，从认识走向实践，迫切需要理论的支撑和创新。

需要特别指出的是，不是有了“一带一路”倡议才产生“教育外交”，而是教育外交作为一种外交策略和手段早已在实践中自觉运用，“一带一路”倡议为国家正式确立和布局教育外交，提供了新的更宽广的国际舞台和政策纵深，使得过去早已存在的不太凸显的这种外交形式，在国家总体外交格局当中变得越发举足轻重。总之，“教育外交”亟须从配套性的政策举措提升为一项关乎长远的新的国家工程。

二、教育外交的概念和内涵

从理论上说，一个新术语尤其是外交新术语的出现，固然是出于对近期外交经验的总结，但更重要的原因是源于它所捕捉到的“新内容”无法用原有的术语来精准描述。因而有必要从学术上廓清教育外交的基本概念，并辨析其与相邻概念“公共外交”的异同。

首先，教育外交的基本概念。人们能够在一般意义上使用“教育外交”一词，说明其大体意义是明晰而确定的。教育外交的本质属性是“外交”，“教育”是其实现形式和载体，“教育外交”兼具“教育”和“外交”两者自身的特性。

教育外交的主体是一国政府。国家是国际关系的行为主体，尽管在教育外交实施过程中通常涉及政府、智库、学校、企业、公益组织等多种主体，但其权力和职责均源于政府的授权、特许或委托，同时受政府的主导，这是外交活动的本质属性。教育外交活动通过对知识的交换和传播运用国家权力。教育外交的成效能够从总体上反映一个国家的教育发展水平和教育动员能力。

教育外交的客体是外国受教育者。教育具有面向未来的特性，从狭义的教育概念出发，教育外交客体特指接受学校教育的青少年学生群体。在实践中，教育外交活动还要受国际政治、国际法和国际伦理等因素的制约，教育外交的客体通常会随着外交活动的实施方式、层次和重点的改变，以及教育技术等的发展而出现调整，因而往往比国内受教育者更加复杂，但教育外交主要面向对象国青少年学生群体这个客体一般稳定不变。

教育外交的目标是维护国家利益和协调国际利益。教育自身的目标往往是多元多向的，教育外交的重要目标是本国的国家利益，然而作为外交活动，还要尊重其他国家的国家利益，从而实现合作共赢。教育外交尤其应在维护国家长远利益方面发挥作用，通过向特定的青少年学生群体传授知识技能，促进人力资源增值，解决民生福祉，进而影响他国公众的情感、态度和倾向，使各国人民获得中国改革开放的红利。

教育外交的基本功能是促进民心相通。无论是在国际还是国内，“民心是最大的政治”都是一条基本的政治运行法则。教育外交的基本功能在于用系统的教育教学方法，影响青年一代的政治认知和政治态度，促进深层次和持久的国际理解，达到民心相通，进而软化并降低国家间的矛盾和冲突，为构建人类命运共同体提供坚实的基础。从功能上说，教育外交通过作用于外国的“民心”，起到文明交流互鉴、相亲相近相通的效果。

教育外交的作用方式是以人才培养培训为主体的各种人文交流活动。具有独特的作用方式是教育外交区别于其他外交形式的重要特征，主要包括遵循教育基本规律、系统的组织形式、多样化的方法手段等。教育外交活动伴随着密集的知识生产与传播，而这些知识往往与特定的政治制度和生产力水平相联系，因而，理想的教育外交能够实现“硬实力变软”和“软实力变硬”的转化。

综上所述，“教育外交”是指主权国家以维护国家利益为目的，以教育教学活动为载体，提高他国受教育者的知识技能和综合素质，影响其情感态度的一种外交形式。

其次，教育外交与公共外交概念的关系。作为一种相对独立的外交形式，教育外交最容易混淆的相似概念是“公共外交”。公共外交的经典含义是一国政府为争取他国民心而采取的公关行动。从概念的外延上看，公共外交和教育外交本质上都是外交活动的具体类型，都是外交在现代国际关系中的延展形式，都能够深入到外交对象国的社会层面；两者有着相同的主体（本国政府）和根本目的（维护国家利益）。

然而，在具体内涵和表现形式方面，教育外交与公共外交仍然有着较大的差异。主要表现在五个方面：一是客体不同。公共外交的客体是全体外国公众，而教育外交的客体则更加强调未来能够发挥长远作用的青少年学生。二是主要功能不同。公共外交致力于达成近、中期目标，而教育外交则专注于长远目标，因而公共外交在化解突发性、具象性的社会危机上游刃有余，教育外交则在解决价值观层面的“说服”工作方面能够长袖善舞。三是作用方式不同。公共外交起源于宣传，依赖于现代大众传媒工具的广泛运用，而教育外交主要侧重于教育教学过程本身。四是作用深度不同。公共外交侧重于外交信息公开、信息传递和改变认知，而教育外交则致力于从深层次上影响受众的内心世界。五是外部性差异。公共外交的外部性较小，而教育外交因专注于人自身的文化水平和能力素质提高，能够为当地社会提供持久的溢出效益，有显著的正向外部性。

以往人们一般认为，公共外交似乎包括教育外交，教育外交被视为公共外交在教育领域的延伸、拓展和细化。笔者承认教育外交在范畴上与公共外交存在一定的交叉重叠，在功能上与公共外交存在一定的互补性。但教育外交在指向上更清晰、对象上更专注、方法手段上更多样、效用上更持久，具有基础性、先导性和长期性。因此，有必要提出“教育外交”这一专门概念，从理论和实践上丰富我国新时代全方位、多层次、立体化外交格局的内涵，全面推进中国特色大国外交。

三、教育外交的基本特点

我国外交历来重视争取国外民众民心的工作。教育外交兼具教育和外交两方面的基本属性，相较于首脑外交、公共外交、经济外交、民间外交等外交形式，其主要特点表现在“通”“柔”“惠”“久”四个方面。

首先，教育外交具有联通性。教育具有“通天下之不通”的教化功用，教育外交讲求“以文化人”和“以文育人”，比其他外交形式更具有“水滴石穿”和“心灵渗透”能力，它能够在潜移默化、春风化雨的环境中，穿越国家、民族、种族、文化、宗教和区域隔阂，在深层次上沟通国际理解，促进人类命运共同体的形成。《愿景与行动》指出，民心相通是“一带一路”建设的社会根基。在“民心相通”重点合作内容中，教育位列七大类合作领域首位，充分体现了教育的支撑作用和基础性地位。要实现中国与沿线国家的“互联互通”，既要重视道路交通等基础设施的“硬联通”，也应强调规则制度的“软联通”，尤其是文化教育的“人联通”。“人联通”居于基础和核心地位，教育外交发挥独特功用的领域正是“人联通”，可以说，在“一带一路”建设中，教育从更深厚的基础上内在地制约着其他“四通”的质量和水平，通过开展教育外交促进教育先行具有很强的现实意义。

其次，教育外交具有柔韧性。教育外交的柔韧性突出地表现在两个层面：一是微观层面。教育外交能够充分运用多样性与灵活性的教育教学方法，通过耐心细致甚至隐性的工作，深入地影响青年一代的认知和情感。二是宏观层面。教育外交对短期现实利益的介入并不直接和急切，因而能够在国家整体外交格局当中，较少地受到当前功利性目标的羁绊，可以不计较眼前“一城一池”或“一时一地”的得失，不受具体政治事件的干扰影响，能够对冲甚至平复短期国际关系的波动，使外交全局具有较大的政策回旋和弹性空间。这两方面的柔韧性，使教育外交在争取人心方面，往往可以收到事半功倍的效果。开展教育外交工作的基本要求是“有意而不必刻意”，看似不主动追求国家利益最大化，却在事关国家长远利益、根本利益上能够大显身手。

第三，教育外交具有民生性。“外交”是典型的国际政治中的“高概念”，但经“教育外交”的合理转化运用，可将外交“高概念”转化为个人安身立命的实用资源，从而将国家战略建立在异域他国更深厚和更宽广的社会基础之上。教育面向人的终身发展，具有显而易见的社会公益性和正向外部性，突出体现为教育对人力资源的价值投资和增值。教育外交能够使对象国民众直接受益，教育投入比其他以营利为目的的经济类项目更容易树立国际道义感和号召力。此外，通过人才培养培训，提升人力资源开发水平，推动产业升级，从而帮助解决"一带一路"沿线国家面临的日趋严重的青年失业问题，直面并有效地解决沿线国家的民生问题。

第四，教育外交具有长效性。教育本身具有长周期性、未来性和因积累而带来的滞效性等显著特性，教育外交是一项以人才成长周期为最小周期的事业，其目标是培养和培育国际关系学上"隐蔽的说服者"，无法用一时的传播效应和量化指标衡量，短期内没有速效之功，其效果往往要到十余年甚至数十年之后才能充分显现出来。哈萨克斯坦人卡里姆·马西莫夫和埃塞俄比亚人穆拉图·特肖梅青年时代曾分别在武汉大学和北京大学留学并获得学位，20多年后两人分别当选为各自国家政府总理和总统的生动事例，就充分说明了这一点。因而，教育外交侧重于关注那些需要经过长期积累的重大利益和全局利益，它瞄准的目标是面向对象的未来，因而在纷繁复杂的国际环境中，教育外交能够成为国家间关系真正的"压舱石"，从容面对国际关系的风云变幻。教育是做人的工作，如果做得好，那么世世代代都可以享受其成果。这也说明，做好教育外交工作，需要长远和超前的眼光，需要提前谋划布局。

四、在"一带一路"建设中推进教育外交的基本策略

推进教育外交，应针对当前存在的问题，系统规划，科学施策，审慎推进，以取得预期的成效。

首先，坚持精准施策。"精准施策"是习近平总书记在国内扶贫工作中提出的重要思想，作为方法策略，同样适用于"一带一路"建设的教育外交大局。沿线国家教育发展水平参差不齐，都有自身特点的教育和人才规划，在"一带一路"倡议实施之前，也已形成了自成体系的教育供给。若不注重分析相关需求，统筹协调相关资源，很容易导致各地区各层次学校各自为政，形成粗放式、碎片化的局面。"精准施策"体现在两个基本维度上，在横向上实行一国一策、一地一策，甚至"一项一策"，落实"精耕细作"的要求。在纵向上，人才培养分为"招进来"和"走出去"两大类，"招进来"以培养高层次人才和骨干人才为主，而"走出去"以合作办学为主体，尤其是推进职业教育走出去，以保证当地产业发展对应用型人才的需求。《推进共建"一带一路"教育行动》提出，"鼓励中国优质职业教育配合高铁、电信运营等行业企业走出去，探索开展多种形式的境外合作办学"，"鼓励"和"探索"应该建立在严谨细致的需求调查的基础之上，确保资金投入上的"精确滴灌"。推出的对外教育合作项目，无论具体的合作主体是谁，都贴着国家制造的标签，属于典型的公共物品，管理不当不仅起不到应有的作用，甚至影响国家整体形象。应建立对外合作项目可行性联合评估制度，教育合作应在资源优质、切实可行、有序可控的前提下进行，实行总体规划、分步实施、动态调整，防止一哄而起和虎头蛇尾。

其次，坚持育人惠民。教育经济学理论已经证明了人力资本在决定经济增长中的核心地位，尤其在今天知识创新的时代，教育是经济增长的重要驱动力，这也是教育外交能够实现"惠民"的理论基础。实证研究表明，"一带一路"沿线国家高等教育和中等教育对经济增长的贡献较大，中东欧和西亚北非等沿线高收入国家发展高等教育是重中之重，而东亚、南

亚、中亚等收入偏低国家应重视发展中等教育和初等教育，培养技能技术型人才。相对于大多数沿线国家而言，我国已经从整体上跨越了工业化中期阶段，高等教育毛入学率已快速上升至2016年的42.7%，在40年的时间里，走出了一条其他发展中国家可交流借鉴的教育发展道路。人才是实现"五通"的前提和保障，授人以鱼，不如授人以渔，"一带一路"沿线国家既需要经济、金融、贸易、基础设施，更需要通过有效的人才培养，提升自身的"造血"功能，中国教育扶贫的成效已经证明了这一点。只有让教育合作惠及沿线国家的广大普通民众，形成可持续发展的实实在在的"人才红利"，"一带一路"建设才能行稳致远。

第三，坚持构建品牌。教育外交品牌化运作最大的功用是提高外部显示度、信任度和满意度，进而维护国家的形象与声誉。有学者指出，品牌化策略"只有用一种有力而简单的核心思想，捕捉国家独特的品质，强化其变动的现实，并突出其品牌化内涵才会实现传播效果"。教育外交品牌化需要按照品牌运作和传播规律行事，应注重以下几点：一是项目目的明确，具有针对性；二是对象清晰，受众细分；三是内容集中凝练，少而精；四是连续运作，持续强化。我国早在1995年就颁布了《中外合作办学暂行规定》，但目前仍缺乏像美国富布赖特、汉福莱、国际访问者领袖计划（IVLP）及欧盟伊拉斯谟奖学金项目等规模大、声誉好、持续时间长的对外交流品牌项目。因此应在宏观框架下，进一步整合现有教育资源及其供给渠道，认证、凝练一批教育合作项目，根据功能定位统一归整为品牌化项目。例如，可与文化交流的多种形式结合，推出"游学中国""研修中国""体验中国"等系列，在目标国家和目标群体中形成稳定的国际认知，从而提高资源利用效率，提升国际声誉。

第四，保持适度"中立"。教育外交容易触碰到其他国家最核心的文化价值观及其背后的教育主权，相较于经济领域更容易产生"国际理解"问题。受国内叙事方式的影响，中国在实施重大工程或项目时，习惯性地注重阐释和张扬其中的重要意义，甚至有一种急于讲好"中国故事"的冲动，常致忽视"国际受众"的情感和认知，容易引发一些矛盾冲突。例如，2014年以来，顺畅发展十年的孔子学院，在欧美等几个国家接连遇挫，就与中方过于急切地切入语言文化和意识形态领域，从而引发相关国家"文化入侵"疑虑有直接的关系。教育外交需要的是利用国际规则话语实现"长袖善舞"，而不能过于直接和生硬，这里的"国际规则"应当理解为跨文化语境中的"最大公约数"，即注重在相关国家最能够接受、主动愿意开放的领域开展合作，如人才培养培训宜主要在高等教育或职业教育领域进行。事实上，为配合"一带一路"倡议的长期实施，在教育外交推进过程中，宜主动保持低姿态和务实合作，甚至策略性地保持适度"中立"或政治无涉的立场，用实际成效和十足诚意取信于沿线各国人民。

第五，保持战略定力。合作双方都能够长期持续受益才是富有生命力的合作。在我国改革开放以来的国际教育合作中，我国通过专注、虚心地向发达国家学习，教育领域取得了举世瞩目的成绩。然而，在"一带一路"建设中，能够使中方直接受益的教育合作领域或项目并不多。"一带一路"沿线65国除少数国家外，大多数国家的文化教育水平落后于中国，中国的教育机构更愿意与欧美发达国家的高水平大学开展合作。加之一直以来，比较教育研究的对象主要是西方发达国家，对我国周边国家的教育却研究得甚少。在这种情况下，开展教育合作，推进教育外交，中方合作主体难以从中获得更多的经验和技术，却需要付出较大的成本和精力，因而面临缺乏可持续合作动力的难题，教育合作可能流于事实上的"教育援助"或"国家任务"，这将极大地考验中方的持续实施的战略定力。前几年理论界曾热议的“金砖国家”教育合作，就出现了“风声大，雨点小”的问题。反观邻国日本，其对泰国先皇技术学院的援助持续近 40 年，使该校由一个仅有 23 名学生的大学发展成为在校生 2.2 万名的工科类综合性大学。因此，在国家教育外交的统筹谋划当中，应该对教育合作的可持续性问题给予充分的关注和强调。保持长期实施的战略定力，需要有数十年如一日的坚定信念和一以贯之的长期规划，更需要从资金、项目和管理上予以切实保障，防止政策摇摆或热度递减。

（作者：周谷平、韩亮，浙江大学中国西部发展研究院、浙江美术学院）

以更宽广的视野推动区域协调发展

党的十八大以来，以习近平同志为核心的党中央提出并实施“一带一路”建设、京津冀协同发展、长江经济带建设三大区域发展战略，谱写了我国区域协调发展的新篇章。区域协调发展是全面建成小康社会的内在要求，是增强发展动力的基础条件，对于实现新常态下的更好发展具有重大意义。我们必须更新发展理念、创新发展思路、拓宽发展举措，以更宽广的视野推动我国区域发展向更加均衡、更高层次的方向迈进。

一、区域协调发展推动全面建成小康社会

全面建成小康社会重在全面。习近平同志指出，“‘全面’讲的是发展的平衡性、协调性、可持续性”。在全面建成小康社会的布局中谋划区域协调发展，将为我国发展开拓新空间、注入新动力，加快全面建成小康进程。

（一）区域协调发展为全面建成小康社会提供强大动力

我们党一直高度重视不同区域之间的协调发展，出台了一系列区域发展战略。到 2006 年，我国西部开发、东北振兴、中部崛起、东部率先的区域发展总体格局基本形成。党的十八大把“区域协调发展机制基本形成”作为到 2020 年全面建成小康社会的重要目标之一。习近平同志指出，区域协调发展“不是平均发展、同构发展，而是优势互补的差别化协调发展”“下好‘十三五’时期发展的全国一盘棋，协调发展是制胜要诀”。走活区域协调发展“一盘棋”，将为全面建成小康社会提供不竭动力。“十三五”规划纲要提出，要以区域发展总体战略为基础，形成沿海沿江沿线经济带为主的纵向横向经济轴带。这意味着未来 5 年我国区域发展将更加注重统筹协调，通过培育若干增长极带动区域协调发展，为保持经济中高速增长、到 2020 年实现国内生产总值和城乡居民收入比 2010 年翻一番拓展广阔空间。

（二）区域协调发展为实现共同富裕奠定坚实基础

改革开放近 40 年来，我国经济社会发展取得了显著成就。然而，我国幅员辽阔、人口众多，各地区的自然、经济、社会条件差异显著，区域发展不平衡的现象依然存在，部分地区特别是西部地区发展仍然滞后。习近平同志指出：“全面建成小康社会，没有老区的全面小康，特别是没有老区贫困人口脱贫致富，那是不完整的。”区域发展不平衡必须通过协调发展来克服。应从缩小城乡差距和区域差距入手，继续实施区域发展总体战略，形成平衡的发展结构。重点实施“一带一路”建设、京津冀协同发展、长江经济带建设三大区域发展战略，加快欠发达地区的发展，发挥中西部地区的后发优势，采取有力措施促进各地区之间的优势互补和协调发展，建立东中西部地区良性互动、基本公共服务和人民生活水平差距日益缩小的发展格局，为实现共同富裕奠定坚实基础。

二、在贯彻落实新发展理念中推动区域协调发展

发展理念是发展实践的先导。以习近平同志为核心的党中央提出创新、协调、绿色、开放、共享的发展理念，为区域协调发展提供了理念遵循。在新发展理念的引领下，各个区域找准定位、发挥优势、完善政策，将极大推动协调发展，最终实现全方位的平衡发展。

坚持创新发展理念，应积极构建发展新体制。应因地制宜，加快形成有利于本地创新发展的市场环境、产权制度、投融资体制、分配制度、人才培养引进使用机制；通过促进东部、中部、西部、东北四大区域板块之间的合纵连横，培育新的经济增长极、增长带和增长点；通过拓展发展新空间、培育发展新动力、构建产业新体系。坚持协调发展理念，应促进实现区域整体平衡发展。应针对薄弱环节补齐短板，顺应区域经济发展趋势，加快形成要素有序自由流动、主体功能约束有效、基本公共服务均等、资源环境可承载的区域协调发展新格局。坚持绿色发展理念，应加快主体功能区建设，加快探索建立区域生态环保合作机制，合作开展大气、水、土壤污染防治行动，规范空间开发秩序，形成合理的空间开发结构；积极构建科学合理的城市化格局、农业发展格局、生态安全格局、自然岸线格局，推动建立绿色低碳循环发展产业体系，打造能够发挥各地区比较优势的各具特色的产业基地。坚持开放发展理念，应支持沿海地区全面参与全球经济合作和竞争，支持中西部地区形成沿海沿江沿边全方位对外开放新局面，努力形成深度融合的互利合作格局，完善对外开放战略布局，推进双向开放。坚持共享发展理念，应采取坚实有力的措施促进各地区的优势互补与协调发展，补好农村贫困人口脱贫这块短板；加大对革命老区、民族地区、边疆地区和困难地区的支持力度，缩小区域发展差距，让全国各地区各族人民都能更好地共享发展成果。

三、在适应和引领新常态中推动区域协调发展

我国经济发展进入新常态，是党中央综合分析世界经济长周期和我国发展阶段性特征及其相互作用作出的重大战略判断，是我国经济发展阶段性特征的客观反映。习近平同志指出，"'十三五'时期，我国经济发展的显著特征就是进入新常态""要把适应新常态、把握新常态、引领新常态作为贯穿发展全局和全过程的大逻辑"。经济发展新常态理论把区域协调发展与我国发展的阶段性特征紧密结合起来，提高了区域协调发展理论和实践的科学性。

改革开放近40年来，我国经济增长主要依靠劳动力、资本、资源等传统要素投入。进入经济发展新常态后，经济发展从要素驱动、投资驱动转向创新驱动。因此，在新常态下推进区域协调发展，必须重构和完善区域发展的激励机制，调整地方考核体系，深化行政管理、财税、区划、投融资、环保合作等体制改革，允许因地制宜探索，鼓励地方创新发展，实现产业、项目、资金、人才和创新要素的优化配置，促进新常态下区域经济可持续发展。此外，还应积极推进供给侧结构性改革，提升全要素生产率，积极培育新的增长点，形成新的增长动力。当前，中西部地区生产要素相对低廉，具有成本优势；基础设施相对落后，潜藏大量投资机会；拥有广袤市场，存在巨大的潜在市场需求，这些后发优势将使中西部地区成为经济持续稳定发展的新高原。

在区域协调发展方面主动适应新常态，应更多依靠制度变革、结构优化和要素升级。

应通过深化大范围、跨区域的经济合作和协同发展，加快建设全国统一市场，打破阻碍要素自由流动的行政壁垒，打破地区封锁和利益藩篱，促进区域之间的互联互通；在经济转型升级过程中，促进东部产业有序向中西部转移，促进内陆地区的工业化进程；不断完善区域分工、优化空间布局、增进优势互补，全面提高资源配置效率，释放经济发展潜力，实现更有效率、更加公平、更可持续的区域协调发展新格局。

四、在加强“一带一路”建设中推动区域协调发展

“一带一路”建设是我国在新时期协调内外、统筹陆海、兼顾东西的重要举措。习近平同志提出“一带一路”倡议，顺应了时代要求和各国加快发展的愿望，具有深厚历史渊源和人文基础；符合我国经济发展内生性要求，也有助于带动我国边疆民族地区发展。在加强“一带一路”建设中促进区域协调发展，使区域协调发展具有更广阔的腾挪空间，为区域协调发展带来了新的重大契机。

（一）“一带一路”建设推动我国经济全面融入世界经济

改革开放以来，我国对外开放的重点在沿海地区。广大中西部地区受制于我国西部高山荒漠阻隔，对外开放相对滞后，经济发展缺乏外向动力，与东部的发展差距逐步拉大。“一带一路”建设将加快中西部地区向西开放，推动东部地区深化向东开放，使我国经济全面融入世界经济，极大地优化新的发展空间，催生区域经济协调发展新格局。以“一带一路”建设为契机，中西部地区能够进一步发挥区域比较优势、集聚要素资源、增强区域发展竞争力，全面提升开放型经济水平，形成若干内陆开放型经济新高地；东部地区能够加强沿海城市港口建设，积极推动海上经济合作，以扩大开放倒逼深层次改革，创新开放型经济体制机制，加大科技创新力度，形成参与和引领国际合作竞争新优势。近年来，我国中西部地区的工业化、城镇化快速发展，形成了一些区位优势明显、基础设施完善、产业优势突出、要素集聚能力较强的区域和重点城市群，具备了成为潜在战略性增长区域的有利条件。

（二）“一带一路”建设的深入推进，还有利于区域发展总体战略的深入实施，将加快沿海沿江沿线经济带为主的纵向横向经济轴带的形成

中西部地区依托“一带一路”建设，能够进一步提升当地的交通、通信、电网、管道等基础设施水平，形成横贯东中西、联结南北方的对外经济走廊，促进国际与国内经济发展互联互通，加强与亚欧非及世界各国的互利合作，带动“一带一路”周边地区及国家经济共同发展。

（作者：史晋川、董雪兵，浙江大学中国西部发展研究院）

西部大开发视野下的军民融合大战略

军民融合作为国家战略的确立，是中国实现全面小康和“两个百年目标”、崛起为世界强国进程中的重大抉择。它牵涉到经济发展的基本模式、安全稳定与民生的均衡，乃至大国崛起中“修昔底德陷阱”的跨越等当代中国发展进程中的重大历史性挑战。而这一战略实施的一个重要领域、也是最为广阔的地理空间，即西部大开发。前者需要在与后者的结合和落地中发挥其功能，而后者则需要在前者的指导和引领下真正取得与时代相匹配的成功。

一、军民融合大战略的西部定位

西部大开发是中国在现代化建设中取得初步成就以后的一个重大战略布局，它对于走出发展进程中区域严重不均衡的困境具有十分重要的意义。这一布局的成功，当然需要正确的战略实施。强调军民融合深度发展在西部大开发中的实施，既是发展的客观必然，也反映了对发展规律认识的深化。党的十八大以来，中央深刻洞悉国际战略竞争和世界军民发展的新趋势，准确把握经济建设和国防建设协调发展新规律，从国家安全和发展战略全局出发，将军民融合发展上升为国家战略，这是以习近平同志为核心的党中央为实现中国梦强军梦作出的重大战略决策，具有重大的现实意义和深远的历史意义，是实现富国与强军相统一的必由之路。

迄今为止，对西部大开发战略的研究已经有了比较多的积累，有几十部专著出版和相当多的论文聚焦于这一题目。概括起来主要涉及这样一些方面：一是探讨西部大开发中的政府作为。着力于讨论政府在西部大开发中的宏观引导作用。特别是体现在制定科学的发展规划以及积极、合理的制度和政策，创造良好的开发环境等方面，这些研究对西部大开发中政府功能的发挥具有重要意义。二是探讨如何发挥市场在西部大开发中资源配置功能的问题。注意了东西部地区市场发育的差异，强调依靠通过西部市场培育，特别是资本市场的培育等，来有效解决大开发所需的要素和资源，避免重走计划经济时期“三线建设”完全依靠政府资源配置的老路。三是探讨如何发挥西部地区固有优势的问题。既有的研究广泛讨论了西部地区具有的多方面发展优势，包括自然资源的丰厚禀赋、历史上形成的区域经济发展特色、边贸发展的巨大便利、民风淳厚便于艰苦创业等等，实践证明，这些研究发挥了重要作用。四是研究西部大开发中不同领域的发展战略问题，如研讨西部大开发中的能源发展战略、人才发展战略、文化与教育发展战略、旅游发展战略、生态建设发展战略等，促进了西部大开发战略的落地实施。五是在“一带一路”倡议提出以后，探讨西部大开发与“一带一路”的契合和联动问题。研究提出了“一带一路”是西部大开发升级版等新的看法，关注到两者均具有解决我国东西部经济发展不均衡问题的内在指向，确立起了西部大开发与“一带一路”紧密结合的新发展态势。

毫无疑问，西部大开发的发展战略将随着中国的现代化的进程和总体布局不断推进。当军民融合发展上升为国家战略后，将会对西部大开发产生极为深刻的影响。这是一个中国崛起中的大战略，它鲜明地应对了中国当今社会发展特殊的矛盾诉求，而这一特殊矛盾是在现代化的进程中逐渐上升和凸显的。应对好这一矛盾，是中国崛起的需要，而又恰恰给西部大开发提供了新的发展机遇。

中国的经济社会发展已经进入了一个新的历史阶段。2010 年，中国的 GDP 总量超过日本成为世界第二大经济体，2015 年中国人均 GDP 为 5.2 万元，约合 8016 美元，正式跨入了中等偏上收入国家范围。更为重要的是，中国由于其巨大的制度优势而体现出来的强大综合国力，如集中力量办大事等，是西方国家难以企及的。中国的崛起，极为深刻地影响到既有的世界格局，一些西方大国，把中国作为主要的竞争对手，力图掣肘中国的发展。英国《金融时报》2013 年 8 月 28 日曾经发表文章，认为中国已经崛起为超级大国，并将在未来十年内取代美国成为世界最大的经济体，面对中国崛起给美国造成的压力，美国应该调整政策，妥善应对，否则就难以避免重蹈“修昔底德陷阱”的覆辙。古希腊著名历史学家修昔底德在研究古希腊的历史后总结了这一规律。他认为，当一个崛起的大国与既有的统治霸主竞争时，双方通常以战争来解决这一问题。据此，人们对近代历史考察后认为，自 1500 年以来，出现过 15 个新崛起的大国挑战现存大国的案例，而其中 11 例就发生了战争。

中国领导人习近平在接受国外相关媒体的专访时明确指出：我们都应该努力避免陷入“修昔底德陷阱”，认为强国只能追求霸权的主张不适用于中国，中国没有实施这种行动的基因。由此，清楚地阐述了中国的态度。中国不仅是这样说的，也是这样做的。中国正在探索和实践一条新的和平发展之路，它将超越人类历史上大国崛起的传统模式，提供崭新的中国方案。

当然，避免“修昔底德陷阱”，走出一条全新的发展道路并不是一件容易的事情，对于社会主义国家来讲这更加艰难。西方国家一直把反对社会主义运动、遏制社会主义国家的发展作为长期奉行的政策。当初，苏联在崛起的过程中为应对西方的攻势，苏共领导人把社会主义同资本主义的竞争在相当程度上等同于军事实力的竞争，关注在战场上展开的制度较量，把军事实力的发展作为社会发展的首要方面。与美国争霸的军备竞赛愈演愈烈，推行被喻为“要飞机大炮，不要黄油面包”的政策。苏联的国民生产总值不到美国的一半，但军费开支的总量却比美国还高，也的确获得了与美国平起平坐的军事地位，但却为此付出了高昂的社会发展代价。关键是其导致了社会发展始终不协调的状态。例如，从 1985 年到 1988 年，苏联军费占国民生产总值的比例分别为 16.2%、16.2%、15.7%和 14.9%，不仅严重影响了人民生活水平的提高，而且深层次地影响到整个社会的经济结构，危及了社会的健康发展。苏联约占国民生产总值四分之一左右的军工产值，大大刺激了优先发展重工业的发展战略。20 世纪 80 年代初期，苏联农轻重的比重达到 2∶2∶6，消费品严重短缺，大大影响了人民的生活水平。到了 20 世纪 80 年代中期以后，失调的结构使增长速度连续下滑，1990 年竟出现负增长，财政赤字高达 1000 亿卢布，8000 万人生活在贫困线以下，最后终于出现了政权的崩溃。苏联完全是生动地演绎了“修昔底德陷阱”的当代版本。

中国要超越“修昔底德陷阱”，就要避免重走苏联的老路。实际上，中国的改革开放就是要超越苏联模式。改革开放确立的基本路线，为中国现代化新路的开拓提供了根本保障。以经济建设为中心，意味着中国不会像苏联一样以牺牲经济发展和人民的生活水平来提升自己的军事实力，而是把经济发展作为提升国力、加强军队和国防建设、赢得与资本主义竞争的优势以及解决其他社会问题的基础。习近平讲中国没有争霸的基因，基本路线是一个强有力的证据。

西部大开发当然是贯彻基本路线的必然结果。西部地区的国土面积约占全国的71.4%，但国内生产总值到2002年才占到全国的15%。人均国内生产总值仅相当于全国平均水平的三分之二，不到东部地区平均水平的40%。然而，西部地区自然资源丰富，市场潜力大，战略位置重要，有巨大的发展潜力。中国崛起，必然要求西部崛起，而西部的崛起也必然是中国崛起的一个强大支撑。但这种崛起一定要是均衡发展的崛起、和平发展的崛起。它既要求在这一进程中经济实力的大幅度提升、人民生活水平的更好改善，也要求军队和国防建设在这一期间适应于大国崛起的需求，成为经济发展和人民幸福的坚强保证。由此，军民融合的大战略成为这一发展目标的纲领性指导。

从大国崛起的和平发展之路来认识军民融合战略，毫无疑问，它构成中国道路和中国方案的重要内容；同样，将西部大开发置于这一大背景下分析，就能够更加清楚地认识到，能否走出军民融合的发展之路，不仅牵涉到西部大开发的成功与失败，也牵涉到中国大国崛起中能否超越“修昔底德陷阱”的时代之问。

二、西部大开发中军民融合的基础性分析

军民融合战略要在西部大开发中落地，有赖于对西部大开发中的相关基础性要素作深入分析，把握其特点，发挥其优势以及弥补其薄弱环节，以走出一条适合西部大开发的军民融合新路。

(一)西部大开发具有实施军民融合大战略的丰富资源

军民融合战略的一个鲜明特点，在于它并没有明确的边界，而是一个开放性的、不断发展的体系，从一定程度上说，它就是社会发展的资源配置问题。

军民融合最基本的当然是经济发展中的融合，但也不仅仅局限在经济发展。科技、文化以及社会发展等诸多方面也是军民融合的巨大舞台。

从经济发展来看，西部地区不仅远远落后于东部地区，也落后于全国的平均水平。经济落后本身是发展的不利因素，但同时也为军民融合发展留下了广阔的空间。一个重要的原因在于，军事领域的发展不同于地区的经济发展格局，并不意味着西部的发展就处于落后状态，其实恰恰相反，西部地区还具有自己独特的一些优势。

以四川的绵阳市为例，该市本是西部地区很不起眼的小地方，1985年升级为地级市，全市山区占61.0%。20世纪50年代起，大量军工企业的迁入，以及与军工相关的科研机构的落户，使绵阳崛起为西部著名的“三线”军工城市，也成为中国唯一的科技城。绵阳的4个城市人口中，就有1个科技人员，拥有中国物理研究院等18所国家级的科研院所，两院院士26名，各类专业技术人才21.7万人，相当典型地富集了发展的科技和人才资源，为军民融合发展提供了良好基础。

源于20世纪60年代的“三线建设”，横贯国家3个五年发展计划，涉及13个省(区、市)，占同期全国基本建设总投资的39.01%。“三线建设”项目基本集中在西部地区，大多与国防建设相关，如攀枝花钢铁工业基地、以成都为中心的航空工业基地、以重庆为中心的

常规兵器工业基地、西昌卫星发射中心等。毫无疑问，“三线建设”取得了历史性的成就，但另一方面，其效率低下也是不争的事实。1966—1978年，“三线”地区每1元基本建设投资提供的国民收入为4.98元，比全国的6.87元低27.6%，比一线地区的9.34元低46.7%；三线地区每1元基本建设投资提供的国民收入增加额为0.309元，比全国的0.406元低23.9%，比一线地区的0.655元低29%。这一历史性的缺陷，与资源配置方式和军民的二元化发展联系在一起，这恰恰为军民融合战略提供了发挥功能的巨大空间。

(二)西部大开发已经初步展现军民融合发展的优势

在西部大开发中，军民融合战略已经不仅仅停留在理念的层面，正在逐步结出丰硕的成果。以绵阳市为例，截至2015年，绵阳市累计实施省市重大科技成果转化项目214项，带动企业投入56.69亿元，全市先后催生了利尔化学等460余家“军转民”“民参军”企业，产业涵盖电子信息、航空发动机、核物理与放射化学等300多个专业领域，2015年实现销售收入1720亿元，军民融合层次和水平走在了全国前列。

贵州曾经是中国经济发展十分落后的省份，在开拓自己经济发展的新路中，军民融合成为其强大的发展引擎。该省充分利用涉军企业的优势打造发展的火车头，其研发经费投入强度达5.2%，远高于全省工业的平均强度。形成了以涉军企业拥有的一大批国家重点实验室、国家级企业技术中心和工程技术研究中心、院士工作站和省级重点实验室，以及占全省工业企业研发机构总数的40%以上，各类科研人员2.7万人为中心的发展主力军。在“十二五”期间创造了令人瞩目的发展速度，地区生产总值年均增长达12.5%，连续5年增速位居全国前3位。

可以观察到的一个重要的事实是，在西部新兴崛起的许多城市中，如绵阳、贵阳、攀枝花等，都在军民融合上取得了长足的进步，并且体现出强劲的可持续发展能力。这一事实中应当包含着发展的规律性。

(三)强调市场的引入和在资源配置中的重要性具有突出的意义

军民融合战略的实施，与市场和政府的关系密切相关。军事是一个特殊的社会发展领域，涉及国家的安全，具有国家管控的属性，不可能是完全开放性的。然而，从资源的优化配置来说，只有开放性的市场，才谈得上资源的优化配置，这与国家的管控形成难以避免的矛盾。在计划经济的前提下，这对矛盾被掩盖起来了，但带来的是效率的低下。如果整个国家的大环境都是计划经济，问题还不会尖锐地暴露出来。一旦国家的计划体制被破除，其他领域走上了市场优化配置资源的道路，留下军事领域的计划经济孤岛，其劣势就会鲜明地体现出来。中国市场经济改革以后，诸多军工企业遭遇巨大困难，出现一大批转产、搬迁乃至倒闭的企业，就是典型的例证。

西部市场经济的发展远远落后于东部，也落后于全国的平均水平。尤其是过去“三线建设”的布局都是计划经济的产物，使许多涉军的系统留下了很深的政府管控的传统，不习惯在市场中打拼和利用市场规律壮大自己，这都给军民融合的落地留下了障碍。所谓军民融合，无论是军转民，还是民参军，都需要由市场来牵手，而不是通过行政命令来完成。因此，能否重视和成功地运用市场，是决定军民融合实施成功还是失败的关键因素。

(四)政府的宏观引领是不可或缺的前提

军民融合的发展战略,是在把握了经济社会发展规律后,对社会发展的主动驾驭,因此,它不是一个自然而然的进程,不适应那种所谓"管得最少的政府是最好的政府"之理论。从军事和国防领域的发展的特殊性来看,是任何国家的政府都不会放弃管辖的事务。因此,对市场的运用和重视,并不意味着政府的退出。在军民融合的过程中,相比一般领域的发展来讲,政府功能的发挥依然是更加突出的。

政府的宏观引领应该首先体现在对军事和国防领域发展的管理模式上,必须引导涉军部门冲破传统的、自成体系的封闭式发展模式,根据自己的特色,利用自己的优势,为更加广泛的社会发展服务。同样,也要引导非军的企业和部门,为军队和国防建设服务。为此,政府应当做好顶层设计,制定相关的法律规范,消除军民融合的体制性障碍和标准性差异,推进军民通用标准化体系建设,等等。

迄今为止,发展势头较好的军民融合项目和地区,都较好地发挥了政府的引领以及服务功能。绵阳市政府创新性地搭建了四个平台,即国、省、市三级"政策支撑平台";打造以科技城集中发展区为核心的"一核三区多园"的"产业承载平台";加快建设以创新中心、软件产业园等为代表的"创新驱动平台";做强做大以科博会为亮点的"开放合作平台"。为军民融合发展提供了一个较好的范例。

贵州省军民融合的迅速发展也与政府的积极引导密切相关。贵州省委、省政府把推动军民融合产业发展作为推动经济社会加快发展和转型升级的重要抓手,高规格组建了以省委书记、省长任双组长的全省军民融合产业发展领导小组。近年来,贵州省政府组织开展了"双服务"大行动、工业"百千万工程"行动、"民营企业服务年"等活动,由领导挂帅,定期到包括军工基地在内的企业和项目一线了解困难、解决问题,为军民融合导航服务。

(五)注重民族文化多样丰富的特色

军民融合发展具有不同的参与主体。在西部大开发的实施中,参与主体的多民族性是一个鲜明的特点。在目前我国已认定的55个少数民族中,有将近50个居住在今天的西部地区。从人口占比来讲,全国少数民族人口的75%左右居住在西部地区,除了5个民族自治区外,西部其余各省区市也都有大量的少数民族人口和民族自治区域。以青海省为例,少数民族人口占全省总人口的45.5%,民族自治区域面积占全省总面积的98%。西部的云南省是中国少数民族最多的省份,其中有15个民族是云南独有的。民族丰富的特点决定了西部与众不同的民俗民风,也造就了多姿多彩的民族文化。而不同的民族具有不同的文化积淀,又会对人们的行为和决策产生不同的影响。要顺利推进西部大开发中的军民融合战略,毫无疑问要深入分析和认识西部地区民族文化。

在尊重民族文化多样性的同时,培养起对社会发展的文化共识,特别是对军民融合发展的共识,是必须完成的新文化使命。应该注意弘扬祖国统一的文化、民族团结的文化、军民一家的文化、开放发展的文化、共筑中国梦的文化、社会主义核心价值观的文化等。抵制和批判民族分裂的文化、宗教极端主义的文化、封闭落后的文化、狭隘主义的文化等。总之,创造和培育一种与西部大开发的军民融合相一致的融合发展型文化,由此才能够为西部大开发提供强大的精神动力。

三、军民融合引领西部大开发的历史性功能

在当今中国崛起的时代背景下，走出军民融合引领西部大开发的道路具有历史性的意义。

（一）为西部大开发提供强有力的动能

中国西部的发展在中国现代化的进程中具有十分重要的意义。无论是全面小康的实现，还是“两个百年”目标的完成，都需要西部有超越寻常的跨越式发展。然而，西部的落后，也有其历史的、客观的必然性。如果不能够把握好这些客观存在的困难，并对各种现存的发展要素作深入的分析，就不可能超越常规，突破既有的发展障碍，最终实现西部的腾飞。可见，找到西部发展的优势和利用好相关的优势，决定了西部能否真正实现腾飞。军民融合发展恰恰在中国西部具有历史积淀的优势，发挥这一优势，有利于突破既有的障碍，实现历史性的跨越。

值得强调的是，军民融合发展对西部大开发提供的动力必然是巨大的，因为这是一个宏观的、涉及整个发展全局的大战略，具有强大的推动功能。在国家层面，将形成中央政府的宏观布局和政策引导；在地方层面，将细化和完善地方各级政府的发展举措和相关服务；在经济、政治、社会、文化等方面，将展开更加广泛、具体的发展行动等，这一切毫无疑问将汇聚成西部发展的强大动力。

（二）为协调发展开拓一条新路

协调发展是现代社会发展的核心理念和基本原则。中共十八届五中全会将协调发展作为最基本的五大发展理念之一，这是对当代发展规律认识的重大成果。协调发展牵涉到发展的若干重大关系，而军队和国防建设与经济建设的关系就是其中的重要内容。处理不好这一对关系，现代化必然遭受重挫，苏联就是典型的例证。更为重要的是，中国正处在实现大国崛起的进程中，一方面，经济较快增长的步伐不能够停下，这是中国实现崛起的最基本支撑；另一方面，中国不断增长的国家利益越来越需要更加强大的军队和国防力量的保障，能否解决好这一对新凸显的矛盾，在相当程度上决定着中国崛起的成败。

西部大开发把军民融合战略的实施置于重要地位，是同它自身发展的基础和特点相适应的。在如此广阔的范围内，将军民融合战略落实到社会发展的诸多领域，以拉动社会的全面发展，无疑是一个典型的协调发展引领的开拓，它回答的不仅是西部地区现代化的问题，也是当今中国乃至人类社会现代化中如何协调发展的问题。

（三）为中国道路和中国方案贡献宝贵的内容

中国道路有着丰富的内涵，它代表着中国对社会主义现代化道路的全新开拓，破解了当今社会发展中一系列重大难题，体现了当代中国对人类社会发展的宝贵贡献。

中国道路是社会主义的现代化道路，以共同富裕为宗旨和依归，成功地应对了发展的不均衡、两极分化等一系列人类现代化至今始终面临的严峻挑战。在西部大开发中贯彻军民融合战略，使落后地区迅速崛起，有力地促进了地区之间的均衡发展，当然是中国道路的题中应有之义。

中国道路是和平发展、和平崛起的道路，超越了迄今为止大国争霸和大国崛起的模式。军民融合战略引导下的发展，化解了经济发展与军事和国防现代化的矛盾冲突，跨越了与西方大国军备竞赛的陷阱，既保证了经济建设的顺利推进，也为国家利益和人民幸福提供了坚强的军事力量守护。显然，这是中国道路中处理发展中重大关系以及实现大国和平崛起不可或缺的重要内容。

中国发展中遭遇的挑战并不是孤立的现象，它是当代人类社会发展中存在的普遍矛盾的必然体现。历史证明，西方现代化的模式无法解决发展的不均衡、和平崛起等困扰当代人类社会的重大问题。军民融合引领的西部大开发，构成和包含在破解这些当代发展中重大问题的中国方案中，这是它最大的价值所在。因为它不仅仅是中国西部，乃至中国的发展和崛起问题，它解决的也是当代人类社会发展中的巨大问题，体现的是中国对人类社会发展的宝贵贡献。

四、小　结

作为国家宏观发展战略实施的军民融合发展，毫无疑问是一种新的发展模式。它必须打破历史上形成的、与特定的发展阶段相对应的军民割裂式发展的状况，但这并不是一件容易的事情。它需要从思想观念的转变，到体制机制的转换；从各自利益藩篱的撤除，到共建共享平台的建设等一系列的探索和创新。国家“十三五规划”在这些方面提出了一系列要求。比如，在体制机制的建设方面，提出要完善军民融合发展体制机制，健全军民融合发展的组织管理、工作运行和政策制度体系。在共享平台的建设方面，提出坚持军地资源优化配置、合理共享、平战结合，促进经济领域和国防领域技术、人才、资金、信息等要素交流，加强军地在基础设施、产业、科技、教育和社会服务等领域的统筹发展，如此等等。从西部大开发来看，军民融合发展是其实现弯道超车的一个关键性战略选择；而从中国新的发展进程来看，恰恰需要具有相关条件的西部率先垂范，创新发展。中国的发展证明，不同的地区在不同的发展阶段，都有可能为中国全局的发展提供宝贵的经验和借鉴。

（作者：孙　力、王　莺，南京政治学院、武警政治学院）

推进西部地区文化繁荣需着力强化六大举措

一、西部地区文化建设现状

改革开放特别是西部大开发战略实施以来，西部地区文化建设取得了巨大成效。一是公共文化服务体系建设取得历史性突破。公共文化基础设施和公共文化服务能力都得到有效加强，文化信息资源共享、公共文化设施免费开放等重点工程加快实施，初步建成了包括国家、省、地市、县、乡、村和城市社区在内的六级公共文化服务网络。二是文化体制改革与创新得到全面深入。通过培育发展文化市场主体、创新文化事业单位运行机制、推进经营性事业单位转企改制、探索政府向社会购买文化服务等，理顺、完善文化微观和宏观管理体制，有效提高审批服务效能，切实增强了文化发展的活力。三是文化产业总量迅速增长。文化产业占 GDP 的比重不断提升，日渐规模化、集约化、专业化、特色化。四是文化产品创作能力不断提升。依托民族资源优势，大力实施文化精品工程，推出了一批具有西部特色的文化精品（如云南印象、文成公主、行歌坐月）等，挤进了国际国内市场。五是文化遗产保护传承体系不断完善。文物保护规划扎实开展，考古研究有序推进，博物馆体系日臻完善，非物质文化遗产开始走上原真性保护、传承性保护和产业性保护的可持续发展道路。六是对外文化交流与合作不断推进。充分发挥地缘、人缘、文缘、商缘优势，扩大与东南亚、南亚、东亚、中亚西亚等国家的文化交流，辐射欧美地区，统筹推进文化交流、传播和贸易，特别是借“一带一路”建设，文化“走出去”取得了显著成效。

二、当前面临的主要问题

（一）文化供给不平衡，供需错位现象比较严重

大量文化资源集中在中心城市，不少偏远民族地区和基层农村，公共文化基础设施陈旧，不少珍贵文化资源散落、闲置。文化供给内容、机制比较传统，标准配置缺乏市场深度，跟不上需求脚步，不能有效满足新型的、多层次的大众文化需求。农民工、留守儿童、空巢老人等特殊群体亟须的公共文化产品严重缺乏。

（二）文化科技融合不够，文化价值有待深挖

对采用高科技手段改造提升传统文化事业及文化产业的敏锐性缺失，传统型文化精品多，创新性文化精品少，运用电子出版、数字影视、网络传输等现代技术促进传统文化传播的能力不足。产业链整合及规模化效应不明显，融资渠道不够畅通，产业组织、财政税收、分配激励和文化资源保护与开发利用政策等有待完善。

(三)文化人才特别是文化产业开发管理人才匮乏

优秀文化人才引不进,骨干人才流失严重。专业主创人员行当不全,结构不合理,影响了文化精品的创作生产。文化传承人青黄不接,专业经营管理尤其是文化产业开发管理人才尤为匮乏。文化产业人才培养培训体系不健全,不少高校专业设置存在功能性缺陷,文化常与科技脱节,与经济、金融脱轨。

(四)文化"走出去"各自为政,规模效应不强

文化交流政府搭桥多,深入民间少,促进民心相通的功能未能充分发挥。文化企业"走出去"和对外贸易意识不强,缺乏自主知识产权的"外向型"产品和国际化人才。境外文化需求研究不足,需求不清晰,文化"走出去"缺乏自信。文化产业多头管理,文化"走出去"难以统筹规划和协调,小微企业"走出去"存在诸多困难。

三、对策建议

(一)着力提升全面建成小康社会决定性五年的民生文化

一是以群众需求为导向,加快推进文化供给侧改革,以生产促消费,统筹城乡、区域、群体的文化民生改善,促进均衡共享。二是强化不同区域民族民众在文化参与中的主体意识,加快构建需求表达机制、民主参与机制和反馈机制,实现从"送菜""配菜"到老百姓"点菜"。三是建立政府、市场、社会三位一体的复合供给模式,建立健全政府向社会购买公共文化服务机制,充分发挥市场机制在商业性文化产品供给中的作用,积极拓宽公益性文化事业建设的途径。

(二)着力构建新常态下优秀民族文化资源的传承创新体系

一是建立以中心城市为核极辐射的开发与保护模式,完善"优势互补、层次分明、去粗取精"的开发构架,鼓励社会力量参与文化遗产的保护利用。二是强化"两化互动""城乡统筹"进程中的文化坚守与创新,在保持原有文化连贯性的基础上,引导一些专业性特色文化村镇走上文化坚守和产业发展同步推进的良性轨道,打造各类特色文化之乡和美丽小镇。三是因地制宜地引导特色民族文化产业发展,有效开发传统工艺、民族医药、特色饮食等资源,加快构筑产业生态链,促进文化资源优势向产业优势转化。

(三)着力推进"一带一路"倡议下的文化对外交流合作

一是充分发挥区位优势和文化资源优势,构筑开放合作大平台,以文化为媒,内外联动长江经济带和丝路沿线国家及地区,形成文化开放大格局。二是创作生产一批民族性、国际化的文化精品,打造一批传承中国文化精髓、具有西部特色、符合国际市场需求的文化艺术产品,推动文化产品和服务走出去。三是建立文化对外交流合作机制,通过定期协调、双边或多边高层磋商、高级别人文对话与智库合作等,从制度、政策等层面把握态势与走向。四是探索出口综合保税运作模式,培育一批年营收上亿的文化出口企业,不断扩大西部地区文化产品和服务的国内国际市场份额。

(四)着力打造“新发展理念”下的“文化＋”发展格局

一是做好顶层设计，推动形成“文化＋”经济社会发展格局。加快推动文化要素与经济社会各领域更广范围、更深程度、更高层次的融合创新，包括与构建新型城市形态相结合，提升城市文化品位；与构建新型产业形态相结合，提升产业文化内涵；与构建新型社会形态相结合，打造社区文化品牌。二是建立完善体制机制，促进文化与产业深度融合。通过产业联动整合，如成立高层次的议事协调机构、组建跨行业产业集团等，建立健全产业融合配套服务机制（金融服务、商务服务、评估服务等）、完善产业融合政策协同机制（土地、金融、人才政策等）等，为产业融合发展提供保障。

(五)着力做好全面小康之文化繁荣目标下的文化人才培养

一是构筑文化人才培养体系，以高等院校和中等职业学校为依托，建立文化产业人才培训基地，优化培养机制，重点培养民族文化艺术的保护、开发、经营管理人才、科技创新人才以及文化经纪人、艺术家、策划人才等。二是结合本地实际和发展需要，研究制定高层次人才引进政策，吸引和鼓励高水平的文化艺术人才到西部地区工作。三是构建基层文化人才培养机制，制定西部地区基层文化人才队伍支持计划，对革命老区、民族地区、边疆地区、贫困地区予以重点扶持。各级政府设立文化建设专项资金，扶持民族地区文化发展，培养民间本土化艺术人才。加强文化传承人保护，加快研究实施文化传承进义务教育课堂和职业院校工程。

(六)着力增强文化体制机制改革及文化治理能力

打破不合理体制机制的束缚和过渡性制度的约束，重点推进以下改革：进一步厘清政府与市场、企业、社会组织、个人的关系，进一步简政放权，把该管的事抓在手上管好，把不该管的事交给社会和企业；按照服务型政府要求，充分发挥政府在公共文化资源配置、管理协调中的主导作用，在产业发展方面的引导和服务作用；积极吸收、借鉴世界优秀管理理念，提高规划编制、项目策划、资金和资产管理水平；综合运用法律、行政、经济、科技等手段，不断提高政府效能；充分调动社会力量参与文化建设，培育公益性社会组织，发挥公民个人参与文化建设的积极性和创造性。

（作者：陈健、王琳欢，浙江大学中国西部发展研究院）

西部大开发中旅游城镇规划、建设与民族文化保护

少数民族文化是少数民族人民在千百年的历史发展进程中，与聚居地的生态环境和社会环境相磨合、相适应的精神产物，是少数民族赖以传承和发展的精神纽带，亦是中华文化的有机组成，是中华文明的结晶。西部大开发一方面促进少数民族文化向现代化方向发展，实现了少数民族文化的历史性进步，但另一方面，外来文化的冲击，尤其是部分开发商“唯利是图”的错误思想导向也导致民族文化展示同质化、价值观念取向庸俗化以及文化生态受到破坏等负面效应的出现，对民族文化的发扬和继承具有不利影响。因此要加强西部大开发旅游城镇规划、建设与民族文化保护的协同进行。

一、民族文化保护的必要性

(一)民族文化是中华文化的有机组成

民族文化是维系少数民族发展和传承的精神纽带，在加强少数民族凝聚力，增强心理认同以及增进多民族交融、汇聚等方面具有重要的作用。在漫长的历史实践中，少数民族在与生态环境、社会环境的适应过程中逐渐形成了具有本民族的生产生存方式和价值取向，有了民族宗教信仰。民族文化是一个民族的精神家园。旅游城镇规划、经济发展不是衡量少数民族文化发展繁荣的唯一标尺，民族传统文化的独特性和包容性才是民族文化走向现代社会之所必需。西部地区生态风光别具特色，地区间自然环境差异大，因此形成了多样化的少数民族文化，各具特色，似璀璨的明珠散落在西部广袤的土地上。随着社会历史的发展，少数民族与汉族在当地和谐杂居，长期共处，形成了“你中有我，我中有你”的文化格局。少数民族文化与汉族文化相互交流，汇聚，共同构筑中华文化灿烂的文明宝库。

(二)民族文化是民族情感的维系

民族文化是少数民族情感的维系。少数民族文化的表现多种多样，民族文字、民族语言、工艺技术甚至狩猎方式、生产模式等都体现了浓厚的民族文化氛围。民族节日和民族语言是民族文化中最重要的两种形式。例如蒙古族的那达慕大会，节日里长袖善舞的蒙古族同胞放声高唱蒙古语歌曲，围绕篝火，吃烤全羊，喝纯鲜奶，每到那达慕大会的日子，散落在全国各地的蒙古族同胞都会赶回家乡参加盛会，节日成为蒙古族人们欢聚的重要时刻。冉有傣族的泼水节，不仅是云南傣族人民的节日，现在已经成为当地不少其他民族一起欢庆的节日，泼水节寄托傣族人民希望相互泼水洗去尘埃、清洁身体、清洁灵魂的朴素而美好的愿望，成为傣族文化的标志，只要提到泼水节，人们自然就会联想到傣族，泼水节亦是傣族人民加强身份认同，提高凝聚力的重要文化内容。此外，每个民族的语言也都是民族文化交流的重要形式，同一个民族，讲同样的话，无论在哪里，只要开口说的是同样的语言，就

会立时拉近两个人之间的距离，这就是民族文化维系民族情感的力量。

（三）民族文化促进当地经济开发

发扬与传承民族文化，能够有力地促进当地经济社会的发展。党的十八大报告指出，文化建设是加快当前我国经济社会发展，实现全面建成小康社会的一个重要抓手，加强文化建设力度，是进一步提升西部地区经济发展水平和质量，提高我国综合国力"软实力"的重要途径。当前我国正在进行西部大开发的旅游城镇规划和建设，民族文化是重要的旅游项目，同时，西部地区不少城市自身就有浓厚的少数民族文化特色，是旅游城镇建设和经济发展的天然资源。例如乌鲁木齐的维吾尔族特色，拉萨的藏族特色，云南西双版纳的傣族特色，贵州黔东南的苗族特色，等等。民族文化是城市建设的"根基"所在，是一个城市最重要的风貌和灵魂。因此，开发旅游城镇的一个重要方面就是挖掘当地少数民族文化特色，将其与现代社会相结合，适当加以改造，使之具有经济价值，更好地促进地区城镇建设和经济开发。

二、西部大开发中旅游城镇的规划、建设对民族文化的影响

（一）有利于民族文化的传播和交流

当前西部大开发战略深入实施，基于西部地区脆弱的自然生态环境，发展旅游业成为首选，由此展开大规模的旅游城镇的规划和建设，例如甘肃的敦煌、酒泉，新疆的哈密、鄯善、伊犁等。旅游城镇的建设为当地旅游经济的发展提供良好的基础设施，同时有利于民族文化进一步对外展示、扩大民族文化影响力。旅游能够让游客亲自来到景点城市参观，能够与民族文化面对面、无距离地接触，实现游客与少数民族文化之间直接的、互动的、即时的交流和感知，同时实现自身的文化与当地文化的交汇融聚。旅游城镇建设，让游客与当地文化直接接触，增进彼此的了解，促进民族文化借助四面八方的游客在游玩后回到家乡进行宣传，有利于民族文化影响力的对外扩展，加快民族文化的传播和交流，提升民族文化影响力，有利于加强民族间的凝聚力，维护社会和谐与稳定。

（二）有利于民族文化特色的挖掘和保护

通过旅游城镇的建设，少数民族文化的影响力能够不再局限在本民族聚居区，影响力能够借助日益扩张的城市规模和日益健全完善的城市基础设施建设网络而向四周延展，文化价值日益得到更广泛的群体的认可，有的甚至走出国境，在世界上发挥影响力。例如上文提到的内蒙古那达慕大会，每年会有蒙古甚至哈萨克斯坦、吉尔吉斯斯坦等国的蒙古族后裔前来参加；还有俄罗斯族的民族节日，会有境外俄罗斯人前来参加。民族节日等通过旅游城镇的建设日益成为民族文化名片，其影响力不再仅仅局限于当地，而是走向更广阔的外界，得到更多人的关注。

（三）有利于加强对民族文化的保护

西部大开发是国家战略，旅游城镇规划和建设是政府主导，而民族文化的保护更多地也应当依赖政府行政规划的力量来加强引导。当前我国已经确立了社会主义市场经济体

系，政府在市场经济体制中的作用主要体现在对市场发展的引导以及市场秩序的维护层面上。政府通过立法等措施和手段来加强对民族文化的保护，包括由政府出资修缮民族宗教文化场所，参与庆祝民族节日以及出资加强对民族文化的宣传等。西部大开发战略实施中加强旅游城镇的规划和建设，给政府参与民族文化保护一个良好的契机与平台，进一步增强对民族文化的保护力度，为民族文化更好地传承和发扬光大贡献更大的力量。

从2010年西部大开发战略深入实施，国家提出要建设旅游城镇以来，截至2015年，西部7个省区（新疆、西藏、青海、内蒙古、甘肃、宁夏和云南）被官方冠以“旅游城市”称号数量的有较大增长，表1所示是2010年和2015年，以上7个省区被冠以“旅游城市”或“旅游县”的数量。

表1　2010年和2015年西部七省区“旅游城市(县)”数量对比

	2010年	2015年
新疆维吾尔自治区	2	6
西藏自治区	3	5
宁夏回族自治区	5	8
内蒙古自治区	7	10
云南省	12	24
青海省	2	6
甘肃省	1	5

由表1可以看出，2015年七省区的旅游城市（县）的数量都有一定程度的增长，其中云南增长数量最多，达到12个，增长幅度为100%，其他最少的，如西藏也增加了2个，涨幅为67%。

通过图1可以看出，2010—2015年民族文化保护专项资金呈逐年增长的趋势，到2015年已经突破了8000亿元大关，未来继续呈增长趋势。

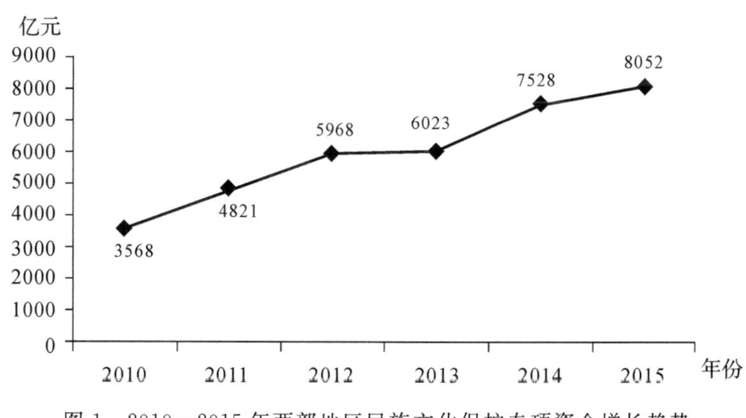

图1　2010—2015年西部地区民族文化保护专项资金增长趋势

综上，西部大开发中旅游城镇规划、建设，借助政府的导向，民族文化保护得到进一步的加强。

在西部大开发的背景下，城市化能够促进民族文化资源开发，特别是能够对民族文化产业发展带来巨大的机遇，例如一些风景旅游区。城市化能够给民族文化产业带来强大的市场需求，一些风景旅游区能够将本地传统民族文化充分挖掘出来，生产出具有特色的旅游纪念品以及工艺品，或者是基于民俗节日而创造出市场利润增长点。

三、加强西部大开发旅游城镇规划、建设中的民族文化保护

(一)增强民族文化自信

改变民族文化被强势文化过度冲击，需要增强民族文化自信，增强民族文化自信，要加强自我了解，找到优势。传统文化的传承人要有意加强对民族传统文化内涵的整理，要“摸清家底”，把民族文化所包含的内容进行全面整理，并结合当前国家加强西部大开发的战略，通过非物质文化遗产的方式固定下来。例如20世纪50年代，日本颁布的《文化遗产保障法》，就是以法律形式建立起梳理传统文化内容的体系，同时规定对民族文化保护有重要贡献的个人或组织予以表彰的制度。建立自信，首先要了解自己是什么，然后要了解自己的独特性和差异性，亦即不可替代性。西部地区是我国少数民族分布最广泛的地区，仅云南一省就有16个少数民族聚居地，了解本民族传统文化的特色，了解差异性，明确自身的不可替代性，能够增强自信和自我认同，进而珍视本民族文化，自觉抵制外来强势文化的过度冲击，更好地实现本民族文化在西部大开发旅游城镇建设浪潮中保持自我、实现传承的目的。表2所示是我国西部地区部分少数民族语言与文化独特性。

表2 我国西部地区部分少数民族语言与文化独特性

民族	语言	文化独特性
壮族	新壮文、汉语文	多神崇拜
苗族	苗语、汉语文	苗医，特色婚俗
蒙古族	蒙文、汉语文	藏传佛教，萨满教
瑶族	拉珈语，方块瑶文，汉语文	自然崇拜，傩戏
水族	水语、汉语文	自然崇拜
塔吉克族	维吾尔文、汉语文	伊斯兰教
哈萨克族	哈萨克文、汉语文	伊斯兰教

如表2所示，我国少数民族拥有各自独特的语言、文化，应当在未来旅游城镇规划和建设过程中加以保护，要坚持保持自身文化的优势和独特性，增强文化认同感和自豪感，更好地实现少数民族传统文化的发扬光大。

(二)维护传统文化价值观

维护传统文化价值观，是避免在商业文化冲击下社会思潮多元化带来的传统价值观式微的重要途径，维护传统文化价值观，需要从“人”入手，提高少数民族同胞对传统文化价值观的认同。人是文化传承和发扬的最重要的载体，民族文化必须通过人来传承，传统文化

价值观也必须要借助于人来实现。维护传统文化价值观，必须要在开发建设旅游城镇的同时加强对少数民族人们的思想观念的引导和培养，要加强对其正确价值观的引导，发挥宗族作用，加强对青年人的引导。要通过宣传、教育等方式，对少数民族同胞尤其是青年同胞进行社会主义核心价值观教育，让广大少数民族青年同胞自觉地参与到社会主义现代化建设的伟大历史征程中来，自觉主动地维护社会正能量，增强对是非的辨别能力，要能够自觉抵御错误和腐朽的思想观念，尤其是落后的封建思想和腐朽的资本主义思想，要增加对本民族文化的自信与坚信，要逐渐学会辨明市场经济带来的各种思潮泥沙俱下的现实，从而更好地在西部大开发、建设旅游城镇的历史进程中保护好民族文化。

(三)避免过度商业化

西部地区在开发、建设旅游城镇的历史进程中，要坚持对民族文化保护和开发的正确引导，从增强民族地区旅游产品的可持续性入手，遵循可持续发展原则，在保护中继承，在继承中保护。避免过度商业化，是保持民族文化"原汁原味"和打造精品旅游景区的题中应有之义。西部地区旅游城镇的规划建造，最重要的是真实性，亦即保证景区内容的原汁原味以及景点设施的真实，不能为了开发旅游而开发。在旅游城镇建设过程中，要将当地建筑、音乐、舞蹈以及手工艺品、民族生活的环境进行良好整合，形成和谐、自然的文化景区，而非生搬硬套，凭空建设。同时要细致分析不同民族文化自身的比较优势，突出各民族文化的独有特征，而不是为了经济发展而刻意搭建景观。避免一哄而上，盲目开发，内容单一，市场竞争力不强的问题。同时，更要坚持正确的方向引导，改变落后的管理理念，改变现行部分地区在原本纯朴的村寨中大量建造粗糙的人工景观和商业接待设施，使得原有珍贵的文化环境被破坏殆尽的现象。避免过度商业化，加强商业化方向发展与保持民族性相协调。对资源进行深度挖掘和包装，打造出富含民族文化内涵、顺应客源市场需求的旅游精品，才能够实现旅游产业的经济利益，通过旅游业的发展实现地区经济的发展和人民生活水平的提高。总之，加强民族文化资源的精品式开发，不仅有利于地区经济的发展，更是对地区民族文化的保护。

（作者：田　洪，重庆师范大学经济与管理学院）

新时代西部地区助推经济高质量发展的对策建议

一、西部地区经济高质量增长存在的主要问题

(一)经济增长质量优势不足

一是产业产品竞争力不强。具有比较优势的产品集中在初级产品和劳动密集型产品，以现代工艺、技术为基础的高新技术产品增长缓慢。二是新旧经济增长动能转换不快。由于新兴产业处于培育期，规模依然较小，没有形成支柱，尚不足以填补传统行业增速放缓留下的空白。三是市场内生增长能力不足。西部地区经济的增长，主要依赖以“铁公机”为代表的基建投资，政策拉动的特征非常明显，以市场力量为主体的房地产投资、民间投资均不温不火，与政府拉动的基建“投资热”形成了鲜明对比。四是经济结构不尽合理。西部地区发展比较迅速，但金融业、交通运输、仓储和邮政业等现代服务业发展缓慢，使现代制造业及其他新兴产业的发展受到融资难、物流成本高等问题的困扰。五是民营经济发展缓慢。私营企业是民营经济主要成分之一，西部地区私营企业单位数仅占全国总数的16.4%，与私营企业单位数全国占比65.7%的东部地区相去甚远。由于西部地区民营经济发展缓慢，使得经济转型缺乏市场主体支撑，严重影响研发创新活动，抑制了新兴产业的发育壮大，无法及时为转型经济提供新的增长动力，经济增速下降导致收入下降和失业率上升，经济转型阻力增大。

(二)科技创新和人才集聚激发高质量发展内生动力不足

一是技术进步对经济发展贡献低。西部地区技术进步贡献率远远低于我国平均水平，不利于维持产业和经济可持续发展。二是科技创新能力不足。政产学研协同发展缺乏有效政策，研发投入和力量弱，合作渠道少，成果转化率低，无法助力区域经济高质量发展需求。三是人力资本对经济增长贡献较低。高层次创新人才不足，自主创新能力不够，人才结构性问题突出，激励创新的体制机制尚未形成，产业结构层次低，高耗能产业居多，第三产业总体水平不高，对人力资本的需求层次较低，吸纳高质量人才的能力较弱。人力资本难以成为经济高质量发展的新引擎。

(三)居民生活质量偏低

一是城乡居民收入差距更大。2017年西部12省区市城乡收入比平均为2.93，高于全国城乡收入比2.71的平均水平。其中，甘肃、贵州、云南、青海、陕西的城乡收入比都超过了3。城乡差距是西部地区发展最不平衡，最不充分的问题。二是居民生活消费质量不高。有效中高端供给不足，涉及养老、教育、医疗等公共服务需求还难以得到满足。

(四)资源环境约束趋紧,经济转型与结构性矛盾突出

一是西部地区经济的高速增长与资源的高消耗并存。多数省份为实现经济高速增长,对资源环境承载力的需求量逐年增加,资源环境承载力供给量在短期内又无法实现快速的提升。西部地区资源枯竭与经济发展之间的矛盾日益突出,环境破坏与经济发展之间的矛盾逐步显现,国家生态安全与地区经济发展之间的矛盾亟待解决。二是西部地区的资源、能源等传统比较优势减弱,以往依赖能源资源优势形成的产业结构面临产能过剩、节能环保等多重制约,产业结构偏重的格局短期内难以得到较大改善,保持经济持续健康发展与结构性矛盾在逐步凸显。

(五)考核体系不完善,经济高质量发展受阻

一是对民生、社会、环境等绿色指标重视程度不够。长期以来,主要以生产总值、固定资产、投资等指标来衡量经济发展,同时,以就业、物价、国际收支平衡等几大指标来观察整个经济总量的运行情况。对反映发展的质量、结构和效益,反映经济、政治、文化、社会、生态发展变化情况,反映人民群众多样化美好生活需求等方面的考核指标关注程度不够。二是政绩考核体系未突破"唯GDP"导向。各地政府主要精力和资源用于招商引资、房地产等可以拉动地方生产总值增长的事务,而对社会民生、生态建设等领域重视不够,留下了很多欠账。考核体系的不健全,已成为阻碍西部地区经济高质量发展的重要瓶颈。

二、西部地区助推经济高质量发展的对策建议

西部地区情况不同,经济基础有一定差别,资源禀赋也各不相同。通过对西部地区普遍存在问题的分析,对照区域经济发展的基本规律,提出加快西部地区经济高质量增长的对策建议。

(一)要保持长远战略和宏观政策的稳定性连续性

保持长远战略和宏观政策的稳定性连续性,这是遵循经济发展规律的体现。新时代下,转变发展方式、优化经济结构、转换增长动力是现代化经济体系发展的必经之路。增速放缓也倒逼产业结构优化升级、发展转向创新驱动,长期积累的深层次矛盾在经历产前阵痛后得以逐步化解。只要增速放缓不影响就业、民生,就没必要搞强刺激。战略思路的科学稳定是宏观政策环境稳定的前提。因此,新时代下,在制定发展战略时,要保持定力,坚持"五大"发展理念,着眼于区间和定向调控,坚持底线思维,加强供给管理,警惕楼市、地方政府性债务等领域潜在风险交织集聚引发连锁反应,防止经济增速由波浪式换挡转变为台阶式减速。

(二)供给侧结构改革与需求管理要双管齐下

供给侧机构改革的目标是增加有效供给,减少无效供给,提高供给体系质量。它需要对市场的超高研判和预测,需要对市场的引导能力,需要较强的创新驱动能力,相对需求侧,它更间接、更隐性,更多需要战略层面的系统思维,一旦搞准,它是一个管长远的有效举措。所以供给侧结构改革势在必行,涉及产业的方方面面,无论是理论创新还是实践探索

都必须痛下决心，保持定力，不断推进。就全国当前的经济运行状况而言，投资依赖仍然明显，通过需求管理特别是投资拉动来保持经济的适度增长仍然是理性选择，只是投资的领域必须要朝着补短板、惠民生、有效益的方向聚焦，积极扩大消费需求，逐步改变经济发展对投资的过度依赖。

(三)经济的健康持续发展必须因地制宜

尽管西部地区有许多共同之处，但各地资源禀赋、产业基础、环境条件、人力资源差异还是比较大的。区域经济发展要转换模式，不论是农业、工业还是服务业，都要考虑与本地经济、产业、资源、人力、市场的适应性，这样形成的产业才会有可持续性，才会植根于本地深厚土壤而根深叶茂。

(四)加大科技进步，加强人才队伍建设

科技创新和高端人才聚焦是引领高质量发展的核心驱动力，为高质量发展提供了新的成长空间、关键的着力点和主要支撑体系，是培育壮大新动能、推进新旧动能及时接续转换的重要举措。为此，西部地区要提高创新资源的多元配置能力，着力构建创新友好的生态环境。充分发挥企业和其他社会力量在前沿突破和新兴产业培育方面的作用，发挥中央财政科技投入的引导作用，建立地方、企业和其他社会力量多元化投入机制；鼓励企业加大对基础研究的投入，支持企业牵头承担国家科技重大项目；构建开源开放的科技创新平台，加强创新政策的普适普惠和精准支持，推动产学研用各类创新主体协同创新、融通发展。提高领军人才的培育造就能力，建设一支结构合理、高水平的科技人才队伍。依托重大项目和高校科研基地，集聚和培养能够把握科技大势、研判创新方向的战略科技和高端技术技能人才，培育锻造具有战略眼光、创新精神和社会责任感的创新型企业家；充分发挥各级科技群团组织的作用，加强智库、学术和科普能力建设，更好地营造社会崇尚科学、尊重知识、尊重人才、致力创新、勇于创业、开放包容的创新生态和创新文化。

(五)以增加农民收入为核心发展现代农业，推动农业生产蝶变

西部地区要积极贯彻乡村振兴战略，以土地“三权”(所有权、承包权、经营权)的利益均衡作为突破口，加快农业生产要素重组步伐，着力构建现代农业产业体系、生产体系、经营体系，完善农业支持保护制度，走出了一条产出高效、产品安全、资源节约、环境友好的农业现代化发展道路。围绕特色产品，培育特色产业，扶持壮大龙头企业支持鼓励农民就业创业，加快培育新型农民经营主体，健全农业社会化服务体系，促进农业集约化专业化生产。推动现代农业与信息化融合发展，推动一、二、三产业融合发展；切合消费升级的需要，充分发掘农村地区自然人文资源，发展“农业＋旅游”，变资源优势为经济优势，切实增加农民收入，推动农业生产变革。

(六)建设生态文明，推进城镇化转型，释放经济增长新动能

西部地区各省区市在推进城镇化进程中，该根据当地实际情况，统筹考虑城镇建设与人口、环境、资源、产业、文化、社会和谐等之间的关系。以生态文明建设为主题，以低碳、智能、和谐、宜居为目标，以人为核心，把有序推进农业转移人口市民化作为核心要素和关键

环节，在制度安排、政策导向、资金保障、工作部署上，把产城融合发展、促进农民就业、完善社会保障、提高基本公共服务水平摆在更加突出的位置。围绕产业、城镇同步发展与工业化、农业现代化、城镇化相互融合的产城一体、四化融合。城市合理布局产业功能和城市功能，承载产业聚集和城市发展的重任，同时，以“产城人”互动为基点，构建产城人互动的有机体系，以人的发展为目标，以城市功能为载体，以产业高级化为动力，进而达到产业、城市、人之间有活力、持续向上发展的城镇发展模式。产城融合要集合工业转型、城镇一体化、“互联网＋”以及智慧城市等新趋势、新思维，嬗变为城市发展新常态。通过新型城镇化，使更多农民通过转移就业提高收入促进消费，对城市基础设施、公共服务设施和住宅建设以及服务业发展等领域带来巨大的投资需求，为西部地区经济增长提供新动力。

（七）推进新型工业化发挥比较优势要在打造集聚优势上创新

走新型工业化道路是我国加快发展的重要途径，发挥比较优势是推进新型工业化的加速器，打造集聚优势是推进新型工业化的放大器。新型工业化的推进要充分发挥比较优势，在新材料产业、装备制造产业、新型建材产业、能源环保产业、大健康医药产业、特色轻工产业、生产性服务业和大数据等产业上重点突破，以量的理性扩张来推动结构优化升级。同时，还要在打造集聚优势上创新，以应用型科研和高技术技能型人才为支撑，通过“互联网＋”行动计划引领创新，做大、做强、做精、做细产业。发展上要以集聚区为重点，以市场需求为导向，以行业龙头企业为引领，激发企业技术创新的内在动力，引导各类创新要素向产业集聚，同时还要加强政府在产业布局中的宏观调控作用，集聚优势条件重点攻坚。把集聚区打造成为产业集聚、生态优先、服务完善、品质高尚、产城融合发展的现代产业集聚示范区。

（八）构建高质量发展的科学评价体系

中国经济由高速度增长阶段转向高质量发展阶段，迫切需要建立能够体现和反映高质量发展要求的科学评价体系。建立高质量发展评价指标体系要在注重总量指标与人均指标相结合、效率指标与持续发展指标相结合、经济高质量发展与社会高质量发展相结合的基础上构建三类指标。一是注重反映发展质量、结构和效益的指标体系。如增加提高全要素生产率，尤其要提高劳动、资本、能源、土地、环境、水资源等稀缺生产要素的投入产出率，把资源消耗、环境损害、生态效益等体现生态文明建设状况的指标纳入经济发展评价体系。二是重视经济活力指标。包括创新创业，不仅看注册量，还要看成长性或成活率；投资增长，重点看民间投资和制造业投资；体现产品质量和竞争力等指标。三是体现以人民为中心，提高生活质量和幸福感的指标。如就业、人均可支配收入、人均公共品的拥有量，以及预期寿命、出生率等。需要特别注意的是，我国是人口和经济总量大国，要多采用人均指标。我国区域经济社会发展不平衡，评价指标不能一刀切，应允许在总体框架下，各地因地制宜突出重点，使评价指标真正起到高质量发展风向标和助推剂的作用。

（作者：杨春光、孟东军、龙海、俞伟东，铜仁职业技术学院、浙江大学）

从“支援边缘”到“自生中心”

——“一带一路”视域下西部大开发的经济地理空间

一、支援边缘地区:西部大开发政策的扶贫路径与实际贡献

(一)西部大开发政策的援助式扶贫

西部大开发政策的推行,在很大程度上与邓小平关于两个大局的战略思想相关。在改革开放初期,邓小平在先富与后富的关系处理上提出要优先发展沿海地区,内地要顾全这个大局,在发展到一定阶段之后,要求先富拉动后富,沿海地区拿出更多力量帮助内地发展,这也是个大局。为服务第一个大局,大批包括来自西部地区的资源、政策倾斜、劳动力流向东南沿海地区,刺激沿海地区市场经济迅猛发展,并形成新的经济商贸中心区。与此同时,因历史文化、自然条件和政策体制产生的地区间差距不断扩大,西部地区也偏离东南部日益活跃的经济中心。为缩小地域差距,服务第二个大局,实现东西不同区域的协调发展,中央政府提出西部大开发,调动东部地区力量,通过政策援助、税赋优惠倾斜等方式促使资金资源、技术项目、人才的回流,支援西部地区的经济和社会建设。

归纳西部大开发历年以来的多项政策,主要有四个方面:第一,资金投入倾斜,兴建基础设施,包括增加中央财政配比,优先安排能源、交通和水利设施,增加农业、社保、教育等方面的专项资金及便捷的金融信贷支持。第二,提供政策优惠,优化投资环境,包括简化投资审批、制定税收减免政策、鼓励私人介入土地和矿产资源等生态保护领域以及打造优质公共产品。第三,扩大对内对外开放,加强对口支援,包括鼓励外商、东部地区企业进入西部地区,提供多元投资渠道和试点,并由发达地区进行对口扶贫。第四,兴建教育、科文事业,吸引人才,包括增加教育投入、设立西部科研项目、鼓励企业创新并提供资金扶助。这四个方面也突出反映出国家在西部大开发活动中的援助是扶贫性特征,借助宏观调控等多项政策,调动来自区内外的各种资源,弥合西部地区的经济失衡,并动员市场主体进入西部城乡,支援建设西部地区。尽管大致可将西部开发政策归为以上四点,但从政策设计和实施过程来看,西部地区的发展策略并非一成不变,而是在不同阶段出现持续而细微的调整和转变,形成不同时期的扶贫重点。如在西部开发之初,多个西部省份的基础设施薄弱,缺乏必要的交通设施和资源开发配置,且生态环境保护不佳,加快完善铁路、公路骨架网络,推动重大水利工程建设,进行大规模的退耕还林、植树造林成为解决西部地区交通和环境两块“短板”的重点。在西部地区基础设施建设发展到一定阶段,坚持以人为本,对人才流失、劳动力外流问题的合理干预成为管控重点,中央及地方政府也提出服务西部计划、支边援边计划、科研西部项目等优惠政策,对西部地区的人才培养、科研活动提供政策上的倾斜帮扶。尤其是近年来精准扶贫的提出,西部地区的扶贫工作也开始摆脱既往基数不清、定

位不准、针对性差的粗放特点，转向扶贫对象的精准识别、扶贫资源的精确配置、扶贫方式的针对管理及扶贫目标的精准考核上来，扶贫政策也开始全面影响到西部地区经济与市场管理、人文地理与科技文明的进步，跃入更为科学、更为合理的政策运作过程。

（二）西部大开发的现实贡献

西部大开发是西部地区迈入现代化的实现过程。在其开发过程中，西部地区市场化程度增强、城镇化进程提速、区内活力及跨区合作加强，整体区域实力得到提升，人民群众的生活水平也得到很大改善，具体表现为以下几个方面：

首先，经济实力大幅增长，西部居民生活水平得到提高。据统计，2001 年至 2014 年，西部地区生产总值从 16655 亿元增加 138074 亿元，年均增长 17.67%，人均地区生产总值由 4624 元增加到 34437 元，年均增长 16.7%，工业增加值 5946 亿元增加到 24791 亿元，增长 4 倍多。其中，2014 年西部地区 GDP、工业增速领跑全国，占全国 GDP 的比重达到 20.18%，对中国经济增长的贡献率为 21.9%。西部地区也开始出现投资、人才和技术集聚的"内蒙古现象""西三角经济圈"。从时间轴上看，西部地区在扶贫开发中取得了巨大的进步，特色优势产业得到发展，人民生活水平有明显的改善，在国家经济总量中占据越来越重要的位置。

其次，科教文化事业的蓬勃发展，西部地区软实力增强。科教文化事业是西部大开发的重头戏，在扶贫开发过程中，西部地区优先保障教育投入，困扰西部地区的"九普"双基问题基本得到解决，民族地区的双语教育也得到推广，内蒙古、新疆和西藏等地的少数民族现代化进程提速。同时，西部地区以基金项目推动科研也取得较好成效，仅以 2008 年为例，西部地区专利申请授权数中的发明占比最高为 23.8%，实用新型和外观设计专利占 76.2%；专利申请授权数中的发明数占比为 13.6%，高于东部地区 3.1 个百分点。在科研经费支出、规模以上科技企业上也优于中部地区。此外，部分西部地区在文化基础设施服务业方面也取得佳绩，如重庆市合川区以农村半小时、城市 15 分钟车程距离为半径建设文化服务圈。

第三，基础公共服务设施建设全面铺开，消解地域偏远产生的区域隔离。在西部大开发的 10 多年间，西部地区交通、水利、能源、通信、市政等公共设施得到改善，完成贯通铁路、西气东输、西电东送、国道西部路段和水利枢纽等一批重点工程，乡（镇）、建制村的公路通达率高达 98.3%和 81.2%，形成以大城市为中心、中小城市为支点的路网骨架。棚户区改造、经济保障用房等项目也在各个城市全面铺设，如 2015 年陕西省政府下发《关于大力推进有条件的农村居民进城落户的意见》，大批兴建城市保障性住房，推动有条件的农村居民进城落户；西部最大的重庆万盛经开区工矿棚户区改造项目在 2012 年全面完工，有力地推进了西部地区城镇化进程。

此外，在固定资产投资、经济产业结构调整、三农问题解决、生态建设和环境保护等多个维度上，西部地区均取得显著的成就。在国家扶贫政策指导下，西部地区不再是远离现代化的封闭地区，也开始摆脱传统意义上的贫瘠符号，在社会转型的机遇和挑战中不断升级，迈向新的发展阶段。

二、多元样态的区域失衡及其原委：西部大开发政策运作的现实难题

从时间维度上看，借助不同方面、类型的扶贫措施，西部大开发政策在多年的实施过程中取得多项成绩，也有效促进了西部地区的区域整体化和系统化发展。但是，从空间维度上审视，经济社会各方面的非均衡发展仍然显著，西部大开发旨在消除的东西失衡问题并没有得到妥善解决，反而出现更加多元、更加复杂的区域失衡形态。

（一）东西部的区域失衡

地区的综合发展水平可从经济环境与对外贸易、社会发展、科教文化、生态保护几个方面理解，据此开发的地区综合发展评价模型显示（总量百分计），在2000年，东部地区综合发展评价均值为29.51，西部地区综合发展评价均值为23.34，二者得分相差6.17。在西部大开发之后，东西部地区的综合发展评价均值分别为2005年的41.77、23.34，2010年的49.07、28.44以及2013年的57.75、36.37，东西部均值差分别为18.43、20.63、21.38，在总体上东西部区域失衡呈现逐渐扩大的趋势。尤其在产业类型和结构上，2004年至2010年，东部地区二、三产业累积生产值为1563447万元，占同期生产总值的88.36%，而西部地区二、三产业累积生产值为230095万元，占生产总值的64.79%，较之东部地区在现代工业、高新技术产业上的集群效应，西部地区对农业等传统产业的依赖程度更高，区域产业结构极不平衡。

（二）西部省份间的区域失衡

区域失衡不仅出现在东西部之间，还体现在西部地区内部的不同省份上。如2013年，处于发展顶端的内蒙古自治区的评价值为47.95，排名全国第10，而处于末端的贵州省为29.31，排名全国第31。可以看出西部省份在地方综合发展水平上参差不齐。值得注意的是，尽管部分西部地区在生产总值、规模以上外来工业增加值、固定资产投入的增速上位居全国前列，但多属于前期基数较低的地区，且外来投资主体多以分子公司形式组织经营，并未融入区域内部中小企业组成的市场关系网络中，在遭遇市场风险时资本选择往往回流总公司所在地，西部区域内生发展难以持续，比如在内蒙古、陕北等地依赖能源行业为资本密集型，在开采投资和产能扩张方面吸引区外资本，但自身产能初级且产业链相对脆弱，受煤油价市场波动影响极大。

（三）西部地区的中心城市与中小城镇失衡

在东西部及西部不同省份之间的区域失衡外，在西部省份内部，处于不同区位的城市之间也存在着严重失衡，而这种区域失衡与西部地区的城镇化进程相关。城镇化的重点部署之一就是推进形成城市群，以中心城市为依托，以中小城市（城镇）为重点。城镇化是要有成本的，产业基础好，竞争力比较强，财政、税收、土地继续增加的地区成为优选，西部地区多以省会所在地、能源产业集中区为中心进行城镇化。然而，地方政府以大量投资、城市扩容为主要内容的低效办法来实现城镇化，以政府主导推进的城市化是无法支撑、持续的。除了常住人口外，大量流动人口流向中心城市，西部地区中小城镇空心化问题非常严重，大部分中小城镇在萎缩，在生产总值、固定资产投入、城市社区发展上出现中心城市与边缘城

镇的二元分化,反过来倒推中心城市的发展。

(四)西部地区的城乡失衡

"西部地区是大城市、大农村并存,民族地区和生态环境脆弱地区等特征集于一体的特殊地区",城乡失衡也是区域失衡的重要形式。财产性收入是衡量城乡差距的主要维度。据统计,2000 年、2005 年和 2009 年,西部地区的农村居民人均财产性收入分别为 27.24 元、44.04 元和 86.58 元,而与之对应的城镇居民人均财产性收入分别为 133.12 元、167.05 元和 311.07 元,2009 年农村居民的财产性收入尚不及 2000 年的城镇居民。在关乎民生的公共服务产品供给方面,2006 年至 2008 年,虽然西部地区整体供给比例逐年提高,但在城乡投资配额上,"城市基本公共服务投资金额在 3 年间分别占投资总额的 94.8%、93.6%、93.6%,农村基本公共服务投资分别占投资总额的 5.2%、6.4%、6.4%",除了政府直接的政策和资金扶植,几乎没有市场化方式为农村公共服务买单。尤其是中小城镇的萎缩和中心城市的孤化,无法为周边农村提供有辐射带动功能的实际作用,西部地区城乡差距也在逐年扩大。

多元区域失衡形态反映西部大开发的现实困境,也映射出在国家与地方政策扶植西北地区的基础上尚未建立具有持续性的内生发展模式,仍然高度依赖政策的倾斜与保护。就这种政策过度依赖的特征,学术界认为其产生有两种原因:第一,货币资金配置失衡。有学者认为多元失衡存在的关键原因在于东西部地区货币资金区域配置不平衡及资金东流的趋势并没有改善,甚至出现了"金融机构大举撤离、合并、降格,信贷资金大量流失的现象",而且这种配置不均在东西部地区发展中不断扩大,形成静态失衡和动态失衡两种格局。第二,未能建立有效的人才培养和人才应用机制。有学者将西部地区在区域失衡的弱势地位理解为一种文化贫困的后果,不健康的消费观影响有效的家庭支出,在教育投入比例上份额极少,且在教育、科研和人才吸引政策上并没有建立作用显著的措施,比如全日制教育发展缓慢,受教育人口比例偏低;教育及科研的经费保障能力差等,人才流失严重,这些原因制约了西部地区自生发展能力的提升。

然而,从西部大开发的实施过程来看,这些观点并非无可辩驳。首先,在西部开发的政策配置中,虽然国家财政总量有限,但货币资金相关的制度供给上却有所侧重。比如,在《通知》中明确提出提高中央财政性建设资金用于西部地区的比例,而且在政策性贷款、外国优惠贷款的使用上优先安排西部项目,不留资金缺口。货币资金具有社会性与战略性的两面属性,西部货币资金的外流在很大程度上是市场机制主导下的金融资本的跨区域流动。这点用 Kingdleberger 的金融中心理论可以作出解释,部分地区因聚集大量的金融机构与交易中介,具有更为高效的金融资源交易与配置能力,扮演着区域资金交易与贮藏中介的中心区,在政策倾斜下中央财政和各项优惠供给投向西部地区,在市场活动中又不自觉地流向作为中心的东部地区。其次,在人才培养和应用上,西部大开发自发动起就开始提出"吸引和用好人才""发挥科技主导作用""增加教育投入"的政策方针,也取得科教文化事业的阶段性发展。如果这种观点成立的话,至少区域失衡尤其是西部地区内部失衡应当有所缓解,但事实并非如此,如陕西省高校众多,每年培养出大批学子,但多数人才流向经济发达的北上广等地,即便留职陕西或甘肃等地,也多为获取更为宽松的就业平台,在个人条件成熟时高精尖人才极易流向经济和社会发展更为发达的东部地区。

支援西部地区的各项政策举措虽在建立不同区位的资源共享与均衡发展系统，但是自上而下的扶贫路径却始终以“站在中心看边缘”的角度看待西部开发问题。与处于经济中心的东部地区相比，西部地区是国家经济格局的边缘区，并非生活在西部地区的人们的边缘区。在缺乏经济地理空间的合理转换与准确定位时，援助式扶贫的政策运作将各种资源投向西部地区，在市场规律主导下又出现跨区流动，反而造成国家调控与市场竞争的结构性冲突，并在冲突中加深了西部地区的边缘位置。事实上，只要不改变西部地区的“全国一盘棋”中的辅助角色，不改变西部地区在国家经济共同体的边缘特征，西部大开发就无法摆脱其所依赖的政策扶贫的地域定位，区域失衡也会在不同地区发展频速差距中不断拉大。

三、“一带一路”倡议下西部开发的经济地理空间：从“边缘区域”到“中心枢纽”

习近平总书记在 2013 年 9 月和 10 月先后提出建设“新丝绸之路经济带”和“21 世纪海上丝绸之路”的战略构想。2015 年 3 月，国家发展改革委、外交部和商务部联合发布的《推动共建丝绸之路经济带和 21 世纪海上丝绸之路的愿景与行动》中明确提出西部边疆地区是“一带一路”建设的战略支撑区，并通过相应的制度安排，建立向西开放的交通、贸易、文化和投资平台。西部地区的经济地理空间得以向两翼拓展，摆脱既往经济上的封闭与保守，也不再是传统意义上的经济边缘区。西部地区亦在新型经济地理空间中获取“去边缘化”的新机会，成为以沿线城市为依托的中心枢纽圈，并在更为广阔的地理空间内实现西部地区的自主创新与综合发展。

（一）“一带一路”建设对西部经济地理空间的全面拓展

在以往西部扶贫开发中，多数省份如甘肃、新疆、西藏等地处于国家西部边疆，被定义为地理位置上的边缘区，远离国家经济和交易中心。与东中部地区相比，西部地区人口分布比较松散，呈现出“东中一体，西部倾斜”的地理分布。其中，“东部和中部集聚成为中国经济的中心，一体化趋势明显……西部和东北部形成人口稀疏的第二聚类，分散成为中国经济的外围，主要向成渝、关中、辽中南等城市群倾斜”，西部地区尤其是西北边疆地区虽不断向经济中心区靠拢，但并未建立自生性的经济地理空间，资源、产业和技术的调度多来自国界范围内的不同区域的跨区补偿或援助，除了重庆、四川等依靠自身区位优势获得部分发展机遇外，多数位处西部的省市在国家经济圈中扮演辅助角色，产生了“城市间的离散性和空间不经济”等一系列问题。

“一带一路”构想的提出，打破以封闭或半封闭形态存在的行政区划的空间限制，提升西部地区在国内乃至全球一体化进程中的经济地理位置，建立包括跨越国界的“中国—中亚—西亚”的复合型、多元化跨区合作模型。首先，整合西部空间格局，促进区域协同发展。以前西部地区开发停留在点状、块状的发展模式，多以行政区划为单位进行扶助突破。“一带一路”彻底改变了既有格局，将西部大开发的可利用空间拓宽至国内东中西部，并延伸出中亚、东盟等地，使得原本处于国家边缘的西部省份成为对外开放的口岸，如新疆就被定位为丝绸之路经济带核心区。其次，扩大外需市场空间，消解区内产能过剩。据国际货币基金组织（IMF）核算，2011 年中国企业产能利用率不足 65%，以重工业为主的西北省市更是涌现市场疲软下的产能过剩，凭借东南沿海地区的运输物流通道成本过高。西部地区的对外开放，将依赖内需转为拓宽出口市场的空间增量，以资本输出带动产能输出，为产业转移和过剩产能化解提供了更为宽广的战略迂回空间。第三，拓展经贸合作，建立多元化资源储备渠道。西部地区的贸易范围不再停留在吸引外资的单方引入上，可与沿线国家和地区建立多领域、深层次和全方位的合作关系，消除投资和贸易壁垒，建立双向投资合作，拓展互补型投资领域，甚至有竞争力的西部企业可以“走出去”参与沿线国家基础设施建设和产业投资。与此同时，战略资源的引入渠道也可摆脱对中东、澳大利亚等海路资源的依存度，增设新的陆路资源进入通道。

(二)西部地区综合发展的“去边缘化”和“多中心聚合”

西部大开发的政策运作，在某种意义上可以理解为西部地区经济社会生活各个方面的“去边缘化”过程。在很长一段时间内，“去边缘化”主要“通过中央政府对边疆治理战略的调整、外交与周边关系外交战略的拟定、国家治理层面中央对边疆地区的依托等诸客观条件，汇入经济、社会、发展的主流通道”。西部地区在此期间借助中央与地方政策扶贫的优势，获得与东中部地区接轨以及区域均衡发展的机遇，试图在不改变既有经济地理空间的同时融入国家一体的现代化进程中。然而，日趋严重的多元区域失衡与不同类型区域差距的扩大，实则否定单边中心的可行性，在固化西部边缘位置的前提下开启“去边缘化”无法消除多重表现的区域间隔离，也无法实现西部地区向东部地区的“无障碍”靠拢与趋近，西部地区应谋求更为合理、科学与可行的“去边缘化”路径。

“一个地区据其生产可能性边界的距离表明了一个尚未被意识到的增长潜能”，作为边界向外拓展的“一带一路”也给我们重新思考西部地区发展模式和探索西部地区的“去边缘化”提供崭新视域。“一带一路”是个全球性概念，在我国境内的路线基本集中在西部地区，将西部地区放在亚洲乃至国际视野中考察，“一带一路”国内段覆盖我国中西部的大部分地区，使广大西部地区由原先的“内陆腹地”变成现在的“开放前沿”，西部地区的地理区位也会发生新的变化，存在边缘变为中心的机会，甚至有可能形成与东南核心城市并列的多元中心结构。

(三)西部地区空间政策开发运作的新方位

客观而论，“一带一路”为确立西部地区经济社会发展新模式提供强有力支撑，但任何新的经济地理空间的重塑都是一个动态的、复杂的综合建构过程。在这个过程中，我们必须辨明目标区域的内在特征、主要挑战和发展机遇，瞄准西部地区经济与社会发展的新方位，建立与西部经济地理空间相适应的配套机制，这点尚有赖于行之有效的空间干预政策。

第一，西部地区空间干预政策设置须符合“两个匹配关系”。西部开发的空间干预政策是由若干具体政策组成的政策群，其中任何个别政策的设定都应服从两个匹配关系，才能保证政策组合的协调性、合规律性与科学性。其一，地方客观条件与人的主观能动性的匹配关系。“在上地及基本服务的制度以及交通社会完备的前提下，空间干预政策方可使用”，合理的空间干预政策依托特定地区的社会、文化与制度的阶段性特征，是以满足西部地区不同区域中的现实需求为基础的，以政策产品出台的决策智慧必须服从和服务于这种需求。在西部大开发实践中，沿袭东南沿海改革做法一度成为主导策略，依赖外部资源、兴建重复产业、输出低端产能，虽在短期内实现经济提速，但并不利于西部地区的可持续发展。近年来西部开发中对特殊行业人才培养及发展渠道的政策倾斜，更是结合西部客观条件作出的政策调整范例。其二，市场竞争与宏观调控的匹配关系。吴敬琏曾指出“市场经济有好坏之分，好的市场经济必然是有序的、法治的市场经济”，任何承担调控功能的宏观政策应起到优化西部地区市场竞争、完善西部法治化市场环境的作用，即做到遵从市场的一般规律和有效限缩政策调控方式及内容的结合。在西部大开发中，“政府的职责和作用主要是保持宏观经济稳定，加强和优化公共服务，保障公平竞争，加强市场监管……促进共同富裕，弥补市场失灵”，市场竞争与宏观调控之间的职能、作用和范围有明确的边界，后者的适用主要集中在宏观层面的正向引导，而无论政府及政府官员的出发点正当与否，都不能随意进入市场竞争的微观领域，不能强制性地配置市场资源，否则将损害不同市场资源的优化、管理和科学调动，终将与改善西部市场化程度事与愿违。

第二，西部地区空间干预政策须瞄准共性问题，兼顾地方多样性。西部地区覆盖不同经济、文化特征的多个地域，其中既有横穿不同地理空间的共性问题，也有各自的特殊之处。其一，空间干预政策应对地区间共性问题作出实质性干预。在传统空间干预政策中，道路交通、公共卫生等基础设施的干预政策、企业向基础薄弱区迁移的配套扶助以及支持地区内向发展的政策工具成为实质干预的重点。在西部地区建设中，除了继续拓展传统干预项目，“本地精英的能力或谋求改变的意愿欠缺、缺乏集聚推动的向心效应以及公共干预不足”也是空间干预政策的重要内容，尤其是人才在区域间和区域内流失的控制也是干预政策设置重点。当然，必须注意的是，西部不同地区、城乡之间，不同经济地理空间的共性问题在表现形式及严重程度上存在差距，要针对不同区块进行针对性的政策供给。其二，空间干预政策应结合不同西部地区的特殊性制定。西部地区覆盖范围广，省份众多，经济、社会、文化与族群地域差异较大。在处理好区域间共性问题之外，有效结合地方知识作出的政策干预，更是西部地区谋求突破与转型的关键。特别是在西南和西北地区，不同地理区位、资源与产业优势和公众意识都有各自的特点，市场化程度和实现途径也有不同，比如有些地区比较适合发展传统重型工业，而另一些地区可能适合营建新的中小企业群。唯有集合不同西部地区的人文经济与地理属性，发挥地区内部人们的主动性，新一轮的西部大开发才可获得持久性的创新驱动。

从社会发展现代化的整体视角审视，许多历史上的边缘区都经历过“去边缘化”的过程而成为社会经济发展的中心区，如福建、深圳、广州等地。尽管“去边缘化”路径有所不同，但“以地理形态促进社会经济发展，社会经济发展反过来重塑地理形态”的内在逻辑却是成立的，经济地理空间的转型势必为西部地区开发提供新的发展契机。正如“历史上和平、稳定时期的丝绸之路所经过的各地，是最为活跃的区域，更是经济、社会发展的黄金地带”，建立西部地区为经济、文化、社会发展中心枢纽的开发模式，并在此基础上做好其他制度或政策的配套扶助，培育西部地区内生发展所需要的软硬环境，提高西部地区广大人民群众自觉投入西部大开发的热情，在经济新常态下消除区域失衡并实现区域均衡发展是可以预期的。

（作者：周真刚，贵州民族研究院）

第七篇/附　录

附录一

西部大开发“十三五”规划

为全面贯彻落实党中央、国务院关于深入实施西部大开发战略的决策部署，加快西部地区转方式调结构，促进区域协调发展，拓展国家新的发展空间，依据《中共中央国务院关于深入实施西部大开发战略的若干意见》和《中华人民共和国国民经济和社会发展第十三个五年规划纲要》，编制本规划。

第一章　确保如期全面建成小康社会

“十三五”时期是全面建成小康社会、实现“两个一百年”奋斗目标的第一个百年奋斗目标的决胜阶段。西部地区既是打赢脱贫攻坚战、全面建成小康社会的重点难点，也是我国发展重要回旋余地和提升全国平均发展水平的巨大潜力所在，是推进东西双向开放、构建全方位对外开放新格局的前沿，在区域发展总体战略中具有优先地位。“十三五”时期，西部地区进入爬坡过坎、转型升级的关键阶段，必须深入实施西部大开发战略，坚持发展第一要务，全面深化改革和扩大开放，以提高发展质量和效益为中心，深刻认识、准确把握新形势新任务新要求，充分用好重要战略机遇期，推动新一轮西部大开发不断迈向深入，努力开创西部发展新局面。

第一节　发展基础

“十二五”时期，面对错综复杂的国际环境和艰巨繁重的国内改革发展稳定任务，在党中央、国务院的坚强领导和全国人民大力支持下，西部地区各族干部群众艰苦奋斗、开拓创新、众志成城、砥砺前行，推动西部大开发又迈上一个新台阶。西部地区经济实力稳步提升，主要指标增速高于全国和东部地区平均水平，城乡居民收入年均增长超过10%。2015年，地区生产总值占全国比重达到20.1%，常住人口城镇化率达到48.7%。基础设施保障能力全面增强，以高速铁路、高速公路为骨架的综合交通运输网络初步构建，铁路、公路新增里程分别达到1.2万公里和21.5万公里。特色优势产业转型力度加大，经济结构调整取得积极进展，内生发展动力和抗风险能力得到加强。生态文明建设加快推进，新一轮退耕还林还草等重点生态工程稳步实施，国家生态安全屏障初步形成。基本公共服务体系不断完善，教育文化、医疗卫生、社会保障等覆盖面持续扩大，保障水平稳步提升。全面深化改革有力推进，改革创新意识深入人心。积极参与和融入“一带一路”建设等三大战略实施，重点经济区、国家级新区、沿边重点开发开放试验区引领效应逐步显现，一批新的增长极、增长带正在形成。

经过15年的开发建设，西部地区已具备较强的经济实力，人力资源不断积累，市场空间不断拓展，发展能力不断增强，发展活力竞相迸发，发展动力加快转换，到2020年如期实现全面建成小康社会目标已经具备坚实的基础。

第二节　发展环境

当前，我国经济发展进入新常态，经济增长下行压力加大，国际国内诸多矛盾叠加，风险隐患增多，但是经济发展方式正在加快转变，新的增长动力正在孕育形成，经济长期向好的趋势没有改变，我国发展仍处于可以大有作为的重要战略机遇期。国家全面推进"一带一路"建设、京津冀协同发展、长江经济带发展，有利于西部地区加快向西开放步伐，提升对外开放水平，深度融入世界经济体系；国家深入实施创新驱动发展战略，有利于西部地区积极培育和承接先进产能，提升产业层次；国家加快推进以人为核心的新型城镇化进程，有利于西部地区破解城乡二元结构，实现城乡协调发展；国家大力实施脱贫攻坚工程，有利于西部地区精准扶贫精准脱贫，切实打赢脱贫攻坚战；国家加快生态文明建设、推进形成主体功能区，有利于西部地区形成绿色发展方式和生活方式，巩固国家生态安全屏障。

同时也要看到，西部地区经济结构不合理、内生增长动力不足的问题仍然存在，抵御经济异常波动、防范系统性经济风险的能力仍然不强，基础设施薄弱、生态环境脆弱的瓶颈制约仍然突出，加强民族团结、维护社会稳定的任务仍然繁重，促进城乡区域协调发展的任务仍然艰巨。西部地区必须贯彻新理念、顺应新形势、应对新挑战、把握新机遇、拓展新格局，努力实现更高质量、更有效率、更加公平、更可持续的发展。

第三节　指导思想

全面贯彻党的十八大和十八届三中、四中、五中、六中全会精神，深入贯彻习近平总书记系列重要讲话精神和治国理政新理念新思想新战略，认真落实党中央、国务院决策部署，统筹推进"五位一体"总体布局和协调推进"四个全面"战略布局，牢固树立和贯彻落实新发展理念，坚持创新驱动、开放引领，充分发挥自身比较优势，紧紧抓住基础设施和生态环保两大关键，增强可持续发展支撑能力，统筹推进新型城镇化与新型工业化、信息化、农业现代化协调发展，在推动经济转型升级、缩小区域发展差距上取得阶段性突破，在持续改善民生、促进社会和谐发展上取得实质性进展，在巩固边疆安全稳定、维护民族团结进步上做出更大贡献，推动西部经济社会持续健康发展，实现与全国同步全面建成小康社会的奋斗目标。

如期实现全面建成小康社会目标，推动西部地区经济社会持续健康发展，要遵循以下基本原则：

——坚持创新驱动，加快动力转换。将创新作为推进西部大开发的第一动力，以科技创新为核心积极推进各领域创新，加大力度推进供给侧结构性改革，优化生产要素配置，大力促进大众创业、万众创新，创造新供给、释放新需求、拓展新空间，增强西部地区发展新动能。

——坚持协调协同，促进有序开发。优化空间格局，培育新的增长极和增长带，促进城乡要素平等交换和合理配置，健全城乡协调发展体制机制，推进新型工业化、城镇化、信息化和农业现代化同步发展，在协调协同中拓展发展空间，在加强薄弱领域建设中增强发展后劲。

——坚持绿色永续，建设美丽西部。有序有度利用自然，促进人与自然和谐共生，全面节约和高效利用能源资源，推动低碳循环发展，加强生态保护和修复，加大环境治理力度，严守耕地保护红线，健全生态文明制度体系，努力构筑生态安全屏障，建设天蓝、山青、水碧的秀美西部，促进国家永续发展。

——坚持开放引领，促进互利共赢。牢固树立共商共建共享理念，加强与“一带一路”建设、长江经济带发展等重大战略的统筹衔接，坚持内外需协调、进出口平衡、“引进来”和“走出去”并重，积极创新开放模式，促进沿边内陆开放与沿海开放优势互补，发展更高层次的开放型经济，深度融入世界经济体系。

——坚持民生为本，实现成果共享。始终把改善生产生活条件、提高人民生活水平作为西部大开发工作的出发点和落脚点，按照人人参与、人人尽力、人人享有的要求，稳步提高城乡居民收入，增加公共服务供给，完善社会保障制度，使西部各族人民群众在共享发展中更有获得感，朝着共同富裕稳步前进。

第四节　主要目标

紧紧围绕到2020年如期实现全面建成小康社会的总要求，努力实现以下各项发展目标：

——经济持续健康发展。区域比较优势充分发挥，经济结构趋于优化，经济增速继续高于全国平均水平，地区生产总值和城乡居民收入比2010年翻一番以上，经济社会发展水平与全国差距明显缩小。城镇化质量明显提高，按常住人口计算的城镇化率达到54%以上。

——创新驱动发展能力显著增强。国民素质和社会文明程度显著提高，创新活力逐步释放。创新要素配置更加高效，企业创新主体地位进一步确立，自主创新能力全面提升，科技进步对经济增长的贡献率显著提升，知识产权制度激励创新的保障作用有效发挥，一批有代表性的创新型城市和区域创新中心基本形成，支撑创新驱动的制度体系初步形成。

——转型升级取得实质性进展。高度重视实体经济发展，产业迈向中高端水平。第一产业综合生产能力明显增强，农业现代化取得积极进展；第二产业竞争力显著增强，工业化和信息化深度融合，先进制造业和战略性新兴产业加快发展；第三产业发展壮大，服务业比重进一步提升，具有西部特色的优势产业体系基本形成。

——基础设施进一步完善。建成现代化交通网络和比较发达的城乡支干交通网络。民航、水运、通信、环保、管网等设施保障能力全面提升。水利基础设施明显加强，工程性缺水问题得到缓解。

——生态环境实质性改善。生态文明建设和绿色发展理念深入人心，生产生活方式加快向绿色、循环、低碳转变。生态保护红线全面划定，生态保护补偿机制基本建立，重点生态区综合治理取得积极进展，水土流失面积大幅减少，生物多样性有所恢复，长江上游等重点地区生态屏障建设取得新成效。能源和水资源消耗、建设用地得到有效控制，碳排放强度继续显著下降，主要污染物排放量大幅减少，生态环境质量稳步改善。

——公共服务能力显著增强。教育、文化、社会保障、公共安全、医疗卫生、住房等公共服务体系更加健全，基本公共服务水平与全国的差距逐步缩小，劳动年龄人口平均受教育年限达到10.5年，人均预期寿命增加1岁。现行国家标准下农村贫困人口实现脱贫，贫困县全部摘帽，解决区域性整体贫困问题。

专栏 1　西部大开发"十三五"主要规划指标

类别	指标	2015 年	2020 年	属性
经济发展	人均地区生产总值/元	39210	54000	预期性
	地区生产总值/亿元	145019	200000	
	服务业增加值比重/%	42.5	>45	
	常住人口城镇化率/%	48.7	54.0	
资源环境	耕地保有量/万亩	—	67900	约束性
	草原综合植被覆盖度/%	50.6	53.6	
	森林覆盖率/%	18.5	19.1	
	湿地保有量/万亩	44850	44850	
社会发展	居民人均可支配收入/元	16868	26000	预期性
	人均预期寿命/岁	74.5	75.5	
	劳动年龄人口平均受教育年限/年	9.7	10.5	
	贫困发生率/%	10	<3	
创新能力	研究与试验发展经费投入强度/%	1.2	>2	预期性
	每万人口发明专利拥有量/件	2.7	>5.5	
	科技进步贡献率/%	47.7	55	

第二章　构建区域发展新格局

加快实施主体功能区战略，按照因地制宜、分类指导的原则，围绕新发展理念，在推动各地区依据主体功能定位发展的基础上，优化发展空间布局，着力打造一批主题特色鲜明的试验区和示范区，形成要素有序自由流动、主体功能约束有效、基本公共服务均等、资源环境可承载的区域协调协同发展新格局。

第一节　优化空间开发布局

按照主体功能定位、现有发展基础和资源环境承载能力，以"一带一路"建设、京津冀协同发展、长江经济带发展为引领，以重要交通走廊和中心城市为依托，着力培育若干带动区域协调协同发展的增长极，构建以陆桥通道西段、京藏通道西段、长江—川藏通道西段、沪昆通道西段、珠江—西江通道西段为五条横轴，以包昆通道、呼(和浩特)南(宁)通道为两条纵轴，以沿边重点地区为一环的"五横两纵一环"西部开发总体空间格局。

加快以成渝、关中—天水、北部湾、珠江—西江、天山北坡等重点经济区为支撑的核心增长区域建设，推进兰州—西宁、呼包银榆、黔中、滇中、川南、藏中南、酒泉—嘉峪关等次级增长区域发展，在有条件的地区培育若干新增长极。把沿边重点地区培育成为边疆经济社会发展的重要支撑。

专栏 2:"五横两纵一环"总体空间格局

五横:

陆桥通道西段节点城市:渭南、西安、宝鸡、天水、兰州、武威、金昌、张掖、酒泉、嘉峪关、哈密、乌鲁木齐、石河子、奎屯、伊宁、库尔勒、喀什、若羌、和田。

京藏通道西段节点城市:呼和浩特、银川、白银、兰州、西宁、格尔木、那曲、拉萨。

长江—川藏通道西段节点城市:重庆、泸州、宜宾、成都、雅安、康定、昌都、林芝、拉萨。

沪昆通道西段节点城市:铜仁、凯里、贵阳、安顺、六盘水、兴义、曲靖、昆明。

珠江—西江通道西段节点城市:梧州、贵港、南宁、柳州、来宾、崇左、百色、曲靖、昆明。

两纵:

包昆通道节点城市:包头、巴彦淖尔、银川、白银、兰州、陇南、广元、绵阳、德阳、成都、西昌、攀枝花、楚雄、昆明。

呼南通道节点城市:二连浩特、呼和浩特、榆林、延安、西安、安康、重庆、遵义、贵阳、都匀、河池、桂林、柳州、南宁。

一环:

沿边重点地区:防城港(东兴)、凭祥、龙邦、勐腊(磨憨)、瑞丽、腾冲、河口、孟定、亚东、樟木、红其拉甫、喀什、和田、霍尔果斯、阿拉山口、布尔津、策克、甘其毛都、二连浩特、珠恩嘎达布其、满洲里。

第二节　建设重点创新试验区

充分发挥比较优势,在具备条件的地区着力推进创新试验,发挥创新集聚和示范引领作用,带动西部地区转变发展方式,调整经济结构,提升发展质量和效益。

稳步推进四川、西安等国家全面创新改革试验区建设,支持重庆建设国家自主创新示范区,打造创新示范高地。支持兰州等高教与科研资源相对密集地区完善创新体系和创新制度环境,推动产学研紧密融合。研究在西部选取若干具备条件的区域打造一批军民融合创新示范区,形成可复制、可推广、可持续的新路径新模式,促进国防经济和地方经济深度融合。深入推进柴达木循环经济试验区和攀(枝花)西(昌)、包头、崇左等稀土(钒钛)综合利用创新示范区建设。研究选择典型资源富集地区创建资源型城市转型创新试验区。支持甘肃兰(州)白(银)科技创新改革试验区深化与上海张江等自主创新示范区、高新区的合作。推动杨凌、璧山、宜宾、南充、石河子依托国家农业科技园区推进农业科技成果转化。支持两江新区、贵安新区、中卫、呼和浩特、延安等开展大数据产业技术创新试验区等建设试点。探索在有条件的地区建立若干承接区域科技转移示范园区。

第三节　培育绿色发展引领区

以绿色发展理念为指引,依据各地主体功能定位,合理确定空间开发强度,加强生态环境综合治理和国土综合整治，促进能源资源集约节约利用，把重点生态功能区、农产品主产区等建设成为全面建成小康社会的绿色发展引领区。优化创新资源富集区资源开发和利用模式，加强经济增长极等重点开发区域环境保护，实现可持续发展。加快甘肃国家生态安全屏障综合试验区建设，有序推进西部地区国家生态文明先行示范区建设。探索建设三江源、大兴安岭北部原始林区等国家公园。探索打造三江源、祁连山等一批生态补偿示范区。支持赤水河流域、三峡库区发展生态经济，支持重庆、四川南充在嘉陵江流域综合保护开发中先行先试。支持西安浐灞生态区探索开发区生态文明建设新模式。

第四节　打造内陆和沿边开放试验区

深入推进内陆地区开发开放。着力打造重庆西部开发开放的重要战略支撑和成都、西安、昆明、南宁等内陆开放型经济高地，支持建设宁夏、贵州等内陆开放型经济试验区。加快重庆两江、甘肃兰州、陕西西咸、贵州贵安、四川天府、云南滇中等国家级新区发展，在符合条件的地区新培育若干国家级新区、临空（港）经济区，优化布局一批海关特殊监管区域。支持西安国际港务区、兰州国际港务区、乌鲁木齐港务区、重庆国际物流港、成都国际铁路港、毕节国际内陆港等功能区发展。有序推进西部地区承接产业转移示范区建设。推动中国—新加坡（重庆）战略性互联互通示范项目建设。

深入推进沿边地区开发开放，推动内蒙古面向俄罗斯、蒙古，新疆面向中亚，西藏面向南亚，云南面向南亚、东南亚，广西面向东南亚开放，深化与周边国家毗邻地区合作。集中力量加快广西东兴、凭祥，云南瑞丽、勐腊（磨憨），内蒙古满洲里、二连浩特等重点开发开放试验区建设，培育若干新的重点开发开放试验区。加快喀什、霍尔果斯经济开发区建设。

第五节　支持全面小康攻坚区发展

采取有力措施扶持西部地区经济发展水平较低、生存环境较差、基本公共服务发展滞后的困难地区加快发展，确保如期实现全面建成小康社会目标。完善支持政策，加快陕甘宁、左右江、川陕等革命老区建设。统筹推动老工业基地全面振兴、促进产业衰退地区振兴发展，全面开展城区老工业区搬迁改造。支持资源枯竭城市、独立工矿区、采煤沉陷区等区域转型发展，促进社会和谐稳定。加快民族地区和人口较少民族发展，确保对民族地区转移支付比重继续增加，支持人口较少民族整村整族脱贫，传承发展民族传统文化，提升各族人民福祉。积极推动西藏、四省藏区、南疆四地州等地区加快发展。未列入西部大开发范围的民族自治县，由其所在的省级人民政府在职权范围内比照西部大开发的有关政策予以扶持。

第三章　筑牢国家生态安全屏障

牢固树立尊重自然、顺应自然、保护自然的理念，坚定不移实施主体功能区制度，加大自然生态系统和环境保护力度。全面促进资源节约利用，大力推进绿色发展、循环发展、低碳发展、永续发展。健全防灾减灾救灾体制，增强抵御自然灾害的综合防范能力。

第一节　实施重大生态工程

通过固坡、复土、造林，修复因自然灾害、大型建设破损的山体和矿山废弃地。继续加强农田林网营造和村镇绿化建设,提高农区和绿洲防护林体系综合防护功能。推进天然林保护二期工程,全面停止国有天然林商业性采伐,协议停止集体和个人天然林商业性采伐,推进深远山林业职工搬迁和林场撤并调整工程。对25度以上陡坡耕地、严重沙化耕地、严重污染耕地以及重要水源地15～25度坡耕地实施退耕还林还草。加快建设河西走廊、天山北坡谷地、南疆河谷荒漠绿洲防风固沙林和黄土高原保水固土林,横断山脉水源涵养林以及长江、珠江上游防护林。在西南岩溶石漠化地区、干热河谷地区封山育林,在西北地区和内蒙古开展工程固沙治沙和封禁保护,推进三北防护林体系建设。在长江、珠江等大江大河上游建设国家木材战略储备基地。加快实施祁连山生态保护建设与综合治理、三江源生态保护和建设二期、柴达木地区生态环境综合治理、川西藏区生态保护与建设等工程。加强南疆等地区盐碱地治理。强化国家级自然保护区、风景名胜区等保护地保护管理,积极推进国家公园体制试点。开展湿地保护和退耕还湿,到2020年恢复退化湿地并适当扩大湿地面积。继续推进退牧还草,完善支持政策,改进管理方式,提升工程实施效果。实施新一轮草原生态保护补助奖励政策,根据牧区发展和中央财力状况合理提高禁牧补助和草畜平衡奖励标准,严格执行基本草原保护、草畜平衡和禁牧休牧轮牧制度。

专栏3:重点生态工程

新一轮退耕还林还草工程。调整省级耕地保有量和基本农田保护指标,实施新一轮退耕还林还草,重点对25度以上陡坡耕地、严重沙化耕地、重要水源地15～25度坡耕地实施退耕还林还草。

退牧还草工程。优化退牧还草工程建设内容,扩大工程实施范围,适当提高中央投资补助标准。安排草原围栏任务1.5亿亩、退化草原改良4000万亩,建设人工饲草地500万亩、舍饲棚圈30万户,开展岩溶地区草地治理500万亩。

天然林保护工程。加强工程区内森林管护,加快营造公益林;强化中幼林抚育,促进林木生长,提高林分质量;着力培育后备资源,改善林分结构,增加森林蓄积量。

自然保护区体系建设工程。加强国家级自然保护区基础设施和管护能力建设。新建一批国家级自然保护区、省级自然保护区,完成国家级和省级自然保护区天地一体化监测核查体系,开展资源本底、生物多样性、外来入侵物种、保护绩效和管理机构状况等调查评价,有步骤地对居住在自然保护区核心区与缓冲区的居民和单位实施生态移民搬迁。

湿地保护和恢复工程。针对西部地区国际重要湿地、国家重要湿地自然保护区、湿地自然保护区和湿地公园及其周边符合条件的耕地实施退耕还湿,加强湿地保护恢复,恢复和重构湿地生态系统。

石漠化治理工程。继续在贵州、云南、广西、四川、重庆等省(区、市)岩溶石漠化地区开展石漠化治理,恢复林草植被,封山育林,人工造林。

水土保持工程。以小流域为单元,以坡耕地治理为重点,以生态修复为突破口,通过工程措施、植物措施和保护性耕作等措施,加强区域水土流失综合治理;强化水土保持监督管理,有效遏制人为水土流失。

濒危野生动植物抢救性保护工程。加大对极度濒危野生动物和极小种群野生植物的拯救保护力度。

三江源生态保护和建设二期工程。湿地封育1413.6万亩,沙化土地治理153万亩,封山育林120.5万亩,人工造林249万亩,退牧还草6150万亩,黑土滩治理545万亩,开展水土保持和生物多样性保护等。

祁连山生态保护与综合治理工程。封山育林与水源地保护111.6万亩,沙漠化土地治理5.1万亩,湿地保护与建设446.5万亩,沙化草地及黑土滩治理319.5万亩,开展水土保护工程和冰川环境保护工程及科技支撑。

柴达木地区生态环境综合治理工程。综合治理面积22.1万平方公里。

农牧交错带已垦草原治理工程。建设优质稳定多年生人工草地,配套建设饲草储藏库,推广应用饲草播种加工贮运机械,治理1750万亩已垦撂荒草原。

第二节　完善生态保护补偿机制

完善森林、草原、湿地、荒漠、水流、耕地等领域生态保护补偿机制,保障生态产品产出能力和生态服务功能。逐步加大重点生态功能区转移支付力度。结合脱贫攻坚开展生态综合补偿试点。坚持中央引导、地方为主,推进地区间横向生态保护补偿试点,探索资金补偿、对口协作、产业转移、人才培训、共建园区等多元化补偿方式。探索开展长江中上游省际水环境生态补偿、高原生态补偿等试点。加强顶层制度设计,制定生态保护补偿条例,完善相关法规制度。建立生态保护补偿部际协调机制,统筹推进和落实各项任务。

第三节　加大生态环境保护力度

加强长江干流和乌江、嘉陵江及其支流水环境保护,加快建设绿色生态廊道,保护好三峡库区生态环境,筑牢长江上游重要生态屏障。加大黄河上游生态修复与保护工作力度,启动实施黄河白银段和宁夏段、甘肃“两江一水”(白龙江、白水江、西汉水)、渭河源头等生态环境综合治理工程。对额尔齐斯河、伊犁河、霍尔果斯河、湟水河、雅鲁藏布江、金沙江、岷江—大渡河、怒江、澜沧江、红河、西江、嫩江等重要河流采取预防性保护措施,加强额敏河、克鲁伦河、塔里木河、黑河、石羊河、疏勒河、清水河等河流以及青海湖、滇池、洱海、抚仙湖、草海、瀛湖、乌梁素海、呼伦湖、贝尔湖、艾比湖、博斯腾湖、沙湖、腾格里湖等湖泊综合治理,推进敦煌水资源合理利用与生态保护综合治理。加大黄土高原区、秦巴山区、武陵山区、滇桂黔石漠化地区、三峡库区等重点区域水土流失治理。开展水污染防治,严格饮用水源保护,全面推进水源涵养区、江河源头区等水源地环境整治,加强供水全过程管理,确保饮用水安全。重点对天山北坡、吐(鲁番)哈(密)盆地、河西走廊等地区实施地下水保护和超采漏斗区综合治理。实施土壤和水污染防治,开展土壤治理与修复、水污染治理试点。加大大气污染防治力度,改善大气环境质量。加强重点行业脱硫、脱硝、除尘设施建设和运行管理。实施成渝城市群、乌鲁木齐区域等大气污染防治重点工程。深入开展农村环境综合整治,加强农业面源污染防治,继续推进农村有机废弃物处理利用和无机废弃物收集转运。

第四节　促进资源节约集约循环利用

节约集约利用能源、水、土地、矿产等资源，大幅降低资源消耗强度。实施能耗总量和强度"双控"制度和全民节能行动计划，全面推动重点领域节能减排，突出抓好工业、建筑、交通运输、公共机构等领域节能，将能耗指标控制在国家约束范围内。促进煤炭、煤电、煤化工、钢铁、有色金属、磷化工等行业绿色循环低碳高效发展。严格控制高耗能、高排放行业低水平重复建设，对环保、能耗、安全生产达不到标准的，对生产不合格或淘汰类产品的企业，依法依规有序关停退出。落实最严格水资源管理制度，推行水资源消耗总量和强度双控行动，严守用水总量控制、用水效率控制、水功能区限制纳污"三条红线"，把水资源承载能力作为经济社会发展的刚性约束。加快推进绿色矿山建设，提高矿产资源回采率、选矿回收率和综合利用率。加强生活垃圾分类回收和再生资源回收的衔接，推进资源再生利用产业化。支持甘肃白银开展资源再生利用产业化试点。推进煤矸石、矿渣等大宗固体废弃物综合利用。推动农作物秸秆、废弃农膜综合利用。推行企业循环式生产、产业循环式组合、园区循环化改造，促进生产和生活系统的循环链接。推动低碳循环发展，不断降低碳排放强度。

第五节　健全绿色发展机制

实行资源有偿使用制度，加快自然资源及其产品价格改革。推动环保市场发展，开展用能权、碳排放权、排污权、水权交易试点，并逐步扩大试点范围。支持具备条件的地区建设区域性碳排放权交易中心。建立吸引社会资本投入生态环境保护的市场化机制，推行环境污染第三方治理。加快建立健全环境影响评价、排污许可、清洁生产审核、环境信息公开等制度，推进企业环境信用评价、环境污染责任保险、绿色信贷试点，建立生态保护修复和污染防治区域联动机制。把环境保护与治理纳入政绩考核。大力推进环保、节能、低碳、节水、可再生循环等绿色产品认证，开展西部区域有机产品认证示范区创建活动。

第六节　完善防灾减灾救灾体系

坚持预防为主、综合减灾，建立健全防灾减灾救灾管理体制和运行机制，提高综合防范能力。加快自然灾害监测预警、信息管理与服务、风险管理、工程防御、应急处置与恢复重建、区域联防联治等能力建设，加强部门间应急联动。开展灾害易发区灾害调查和风险评估，对灾害隐患进行排查和综合治理。对威胁县城、集镇和人口密集区等重大山洪地质灾害实施治理，对威胁农村居民的小型山洪地质灾害实行除危排险和搬迁避让。编制社区自然灾害风险图。统筹搞好农房抗震改造。加大基层救灾设施建设和装备配备支持力度，加强各类专业救援队伍建设。推进西部地区救灾物资储备库建设，进一步完善救灾物资储备网络体系。加快科技成果在防灾减灾救灾领域的集成转化和推广应用，加大防灾减灾救灾科学知识普及力度。继续做好鲁甸地震灾区灾后恢复重建工作，提升灾区可持续发展能力。

第四章　增加公共服务供给

坚持普惠性、保基本、均等化、可持续方向，履行政府职责，提高公共服务共建能力和共享水平，力争到2020年西部地区基本公共服务接近全国平均水平。

第一节 提升国民教育质量

加大教育投入，提升教育质量，推动西部地区聚人才、育人才、出人才。鼓励普惠性幼儿园发展，加强农村普惠性学前教育建设，积极引导和扶持民办幼儿园提供普惠性学前教育服务。促进县域内义务教育均衡发展和城乡一体化发展。科学推进城乡公办义务教育学校标准化建设，完善体育运动、艺术活动、信息化设施。统筹普通高中和中等职业教育发展，新建、改扩建一批普通高中和中等职业学校。发展以就业为导向、服务西部地区经济社会发展的现代职业教育，加强职业教育实习实训基地建设和"双师型"教师队伍建设，逐步分类推进中等职业教育免除学杂费。统筹做好城乡教师队伍建设工作，继续实施乡村教师支持计划(2015—2020年)、中西部高等教育振兴计划、省级免费师范生定向培养计划等工程。加强东部高校对口支援西部高校工作，鼓励和支持西部地区有条件的高校开展中外合作办学。继续提高重点高校西部招生比例。国家重大人才工程向西部高校倾斜。加快民族教育和特殊教育发展，支持民族院校建设。

专栏4:教育重点工程

乡村教师支持计划(2015—2020年):继续实施好农村义务教育学校教师特岗计划。统一城乡教职工编制标准，提高乡村教师生活待遇，完善乡村教师职称

(职务)评聘条件和程序办法。

中西部中小学首席教师岗位计划:在中西部贫困地区中小学设置首席教师岗位，遴选师德高尚、教学水平高、带动能力强的优秀教师担任，负责组织开展教学研究，帮助青年教师提升教学水平。

幼儿园和中小学教师国家级培训计划:以乡村教师为重点，对幼儿园和中小学教师、骨干校(园)长进行专项培训。

中西部高等教育振兴计划:加强西部高校优势特色学科专业建设，促进优势教育资源共享，提高西部地区教育资源整体水平。支持西部高校加强基础能力建设，促进高校改善基础教学实验条件，优化师资队伍结构，提升学生实践能力和创业就业能力。在没有教育部直属高校的省(区)和新疆生产建设兵团各支持建设一所地方高水平高校，提高人才培养质量和科学研究水平。

第二节 健全社会保障制度

坚持就业优先，在西部地区地(市)级以上城市建立一批农民工综合服务中心，为农民工提供管理服务、权益维护、文化教育、党团活动等基本服务。进一步完善城乡基本养老保险制度，按照国家统一部署合理调整西部地区退休人员基本养老金水平。健全失业保险制度，逐步提高失业保险金等待遇发放标准，扩大失业保险覆盖面。加强医疗保障体系建设，到2020年力争将基本医疗保险覆盖面稳定在95%以上。完善医疗保险关系转移接续措施，逐步实现符合转诊规定的异地就医住院费用直接结算。完善城乡居民大病保险制度，

全面开展重特大疾病医疗救助工作，健全疾病应急救助制度。提高工伤保险统筹层次，基本实现法定人群全覆盖，开展工伤预防和工伤康复试点。加强职业病防治工作，有效保护职工的职业健康权益。加大西部地区养老服务设施建设支持力度，建立跨区域养老服务协作机制。支持残疾人服务体系建设，推进西部地区精神卫生社区康复试点。

第三节　提高群众健康水平

加强公共卫生服务能力建设，加强西部地区县级医院、妇幼保健院和中心乡镇卫生院医疗设备配置，强化一般乡镇卫生院(社区卫生服务中心)基本医疗服务功能，加强县级公立医院和中心乡镇卫生院能力建设和学科建设。深入开展医疗系统对口支援，扎实做好全国三级医院(含军队和武警部队医院)与西部贫困地区县级医院一对一帮扶工作。完善基层医疗卫生服务体系，加强基层医护人员专业培训，提高床位利用率和县域内就诊率，加强流动医疗车等移动平台配置。稳步提升医疗卫生信息化水平，建设西部地区人口健康信息平台、远程医疗服务系统和省级远程医疗服务平台，鼓励建设覆盖县级以上医院的远程医疗信息网络。实施全面两孩政策，保持适度生育水平。全面做好计划生育工作，推进优生优育全程服务。设置危重孕产妇和新生儿急救绿色通道、急救中心。加强重大疾病联防联控。推广应用良好农业规范认证、危害分析与关键控制点认证。构建西部地区进出口食品安全监管现代化治理体系、国门生物安全体系、进出口农产品质量安全保障体系。发挥西部地区中医药(含民族医药，下同)资源优势，发展中医药健康服务，持续提升基层中医药服务能力。

专栏5:卫生计生服务体系建设重大工程

县级医院能力建设工程:支持县级医院业务用房和远程医疗服务系统建设，加强部分县级医院设备配置，提升专科诊治能力。

基层医疗卫生服务体系建设工程:开展乡镇卫生院(计生服务站)、社区卫生服务机构远程医疗服务系统建设，支持乡镇卫生院业务用房建设。开展固定与流动相结合的新型农村牧区卫生计生服务体系建设。

人口健康信息化建设工程:支持以省为单位统筹建设省、地市、县级人口健康信息平台，加快信息惠民工程建设。

医疗卫生人才培训基地建设工程:加强住院医师等规范化培训。医疗卫生科技创新能力提升建设工程:支持三级医院、公共卫生机构科研能力建设。

中医药传承创新工程:改善中医医院基础设施条件。支持省级中医重点学科和重点专科(专病)建设，加强中医药人才培养。推动中医药科技创新，加强省、局重点实验室和研究室建设。实施中药民族药标准化行动计划。

健康城镇项目:主要包括卫生城镇创建、健康城市和健康村镇试点、农村改厕、病媒生物监测、食品安全风险监测、饮用水卫生监测、空气污染(雾霾)对人群健康影响监测、农村环境卫生监测等。

重大疾病防治项目:主要包括省市县疾病预防控制机构、省级血液中心、地市级中心血站和省级职业病、传染病、地方病、结核病等防治机构建设，艾滋病、结核病、血吸虫病、包虫病、布氏病等重点传染病防治，心脑血管疾病、癌症、慢性呼吸系统疾病、糖尿病等重大慢性病防治，精神疾病防治，重点职业病防治和医用辐射防护监测等。

健康妇幼项目：包括妇幼健康服务机构业务用房建设、危重孕妇和新生儿急救中心能力建设、基本生育服务项目、出生缺陷综合防治、国家免疫规划、贫困地区儿童营养改善、生殖健康关爱行动等。

第四节　丰富群众文化体育生活

加强基本公共文化服务能力建设，促进基本公共文化服务标准化、均等化。进一步完善公共文化设施网络，实施不达标设施提档升级，提高公共数字文化供给和服务能力。统筹设立基层综合性文化服务中心。加强文物维修保护和非物质文化遗产保护，加快推进西部地区石窟壁画文化遗产的数字化保护和国家级文化生态保护区建设。加强对西部地区基层文化队伍的培养和扶持。完善公共文化服务，推进文化信息资源共享。加强农村电视维修服务网点建设，加快推进中央广播电视节目无线数字化覆盖，增强少数民族语言节目制作、译制和传播能力。到2020年实现高质量广播电视户户通。继续实施少数民族新闻出版"东风工程"。构建和完善西部地区覆盖面广、普惠性强的公共体育服务设施。支持民族地区发展现代体育事业。

第五节　创新社会治理机制

加强和创新西部地区城乡社会治理机制建设，完善乡镇（街道）社会治理结构，健全党组织领导的社区自治机制。完善社会服务体系，加快推广政府购买社会服务等市场化办法，满足城乡群众差异化服务需求。推进西部地区社区服务体系和设施建设，稳步扩大覆盖面。完善立体化社会治安防控体系，加强公安基层基础建设。落实消防等安全保障措施，加强城镇公共消防设施建设。

第五章　打赢脱贫攻坚战

全面贯彻中央扶贫开发工作会议精神，坚持精准扶贫、精准脱贫，针对不同贫困类型分类施策，提高脱贫攻坚成效。到2020年，确保现行标准下西部地区农村贫困人口实现脱贫，贫困县全部摘帽，解决西部地区区域性整体贫困问题。

第一节　实施产业扶持脱贫

把精准扶贫和贫困地区开发结合起来，立足当地优势资源，精准选择产业、对接项目，实现就地脱贫。实施贫困村"一村一品"产业推进行动，发展特色种植、养殖及农产品加工。支持贫困地区建设绿色农产品基地，生产高附加值安全农产品。加强贫困村交通道路和宽带信息网络建设，畅通农村流通渠道。积极培育农民合作社、种养大户等新型经营主体和龙头企业，带动贫困户脱贫增收。探索企业与贫困农户建立"保底收益、按股分红"等利益联结机制，发挥龙头企业带动作用，促进贫困农户稳步增收。支持各地结合实际探索开展资产收益扶贫。深入实施科技特派员制度，引导科技人员作为科技特派员深入农村一线，与农民结成利益共同体，推广新品种新技术，开展技术培训，加快先进适用技术成果在贫困地区的转化，培育壮大特色优势产业，有效带动农业农村创新创业。稳步推进水电开发，探索开展水电扶贫试点。加大对集中连片特困地区优势非金属矿产资源科学开发的支持力度，打造特色非金属矿产业园区。贫困地区水电、矿产等资源开发，赋予土地被占用的村集体股权，让贫困人口分享资源开发收益。深入实施乡村旅游扶贫工程，对贫困乡村旅游业发展给予重点支持，以精品景区辐射带动贫困户脱贫致富。鼓励在光照资源条件好的地区因地制宜实施光伏扶贫工程。鼓励保险机构开发扶贫农业保险、小额人身保险等有针对性的扶贫保险产品，扩大贫困地区农业保险覆盖面和渗透度，提高保障水平，增强贫困人口和贫困地区产业抗风险能力。

第二节 支持转移就业脱贫

支持处于劳动年龄、有劳动能力和就业意愿的贫困人口转移就业。增加转移就业培训投入，建立以劳动力市场需求为导向的职业实用技术培训体系。建立和完善输出与输入地劳务对接机制，统筹做好职业介绍、就业指导和政策咨询等就业服务，引导农村贫困人口就地就近就业和外出就业。完善劳务输出与输入地医疗保险和社会保障对接机制，逐步解决转移就业人口返乡养老问题。开展专项行动计划，2020年前力争使困难家庭未升学初高中毕业生、失业人员、农牧民和转岗职工等重点人群都能免费接受职业技能培训。

第三节 实施易地搬迁脱贫

对居住在地质灾害频发、环境恶劣、生态脆弱、不具备基本生产发展条件、“一方水土养不起一方人”的深山区、石山区、荒漠区、高寒区、地方病多发区的贫困人口，按照群众自愿原则，应搬尽搬，因地制宜选择搬迁安置方式，按规划、分年度、有计划地实施易地扶贫搬迁。根据安置地资源条件和环境承载力，合理确定安置规模。根据搬迁群众自身技能水平和安置地实际条件，多形式、多渠道配置安置资源，积极完善配套政策。培育增收产业，发展劳务经济、现代服务业，多渠道增加搬迁群众财产性收入，不断优化收入结构，确保搬得出、稳得住、有事做、能脱贫。

第四节 推进教育支持脱贫

加快实施教育扶贫工程，让贫困家庭子女都能接受公平、有质量的教育，阻断贫困代际传递。国家教育经费继续向西部贫困地区倾斜。加大学前教育投入力度，提高学前教育普及率。完善贫困家庭子女就学资助政策，继续实施普通高中和中等职业学校学生国家资助政策。率先对建档立卡的家庭经济困难学生实施普通高中免除学杂费。探索完善职业教育扶贫机制，推进职教集团对口扶贫模式。继续实施重点高校面向农村和贫困地区定向招生计划。建立政府、社会、学校、社区(村)、家庭共同保障留守儿童健康成长的体系。支持少数民族地区因地制宜开展双语教育。

专栏6:教育支持脱贫项目

鼓励集中连片特困地区普惠性幼儿园发展:支持集中连片特困地区通过新建、改扩建、增设小学附属幼儿园、开展巡回支教等方式，扩大普惠性学前教育资源。

改善贫困地区义务教育办学条件：统筹农村义务教育阶段薄弱学校改造计划、义务教育学校标准化建设项目、中小学校舍安全保障长效机制等义务教育项目资金，集中改善贫困地区义务教育薄弱学校基本办学条件。

集中连片特困地区农村义务教育学生营养改善计划：中央财政为集中连片特困地区国家试点县农村义务教育学生提供营养膳食补助，对地方试点给予奖补。高中阶段教育普及攻坚计划：支持西部贫困地区普及高中阶段教育，改善学校办学条件。

职业教育扶持计划：在西部地区重点扶持一批职业院校（含技工院校），改善办学条件，加强职业院校教师培养培训，让青年学生真正掌握谋生技能。

第五节　实施社保兜底脱贫

加快完善城乡居民基本养老保险筹资和保障机制，引导农村贫困人口积极参保续保，逐步提高保障水平。推动落实对贫困人口参加城乡居民基本医疗保险个人缴费部分由财政补贴的政策。实施健康扶贫工程，提高贫困地区基本医疗和公共卫生服务水平。推进城乡居民大病保险全覆盖，加强对重点传染病、慢性病和地方病的综合防治。加快推进农村低保制度和扶贫开发政策有效衔接，推动建立健全低保标准与物价水平联动机制，把完全或部分丧失劳动能力、无法依靠产业扶持和就业帮助脱贫的贫困家庭纳入农村低保制度覆盖范围，实现社保政策兜底脱贫。健全城乡统筹的特困人员救助供养制度。继续实施残疾人康复扶贫贷款项目，加大对贫困残疾人就业扶持力度。

第六节　实施生态保护脱贫

国家实施的退耕还林还草、天然林保护、防护林建设、石漠化治理、防沙治沙、湿地保护与恢复、坡耕地综合整治、退牧还草、水生态治理等重大生态工程，在项目和资金安排上进一步向贫困地区倾斜，提高贫困人口参与度和受益水平。加强贫困地区农业资源保护和生态治理修复，提升贫困地区可持续发展能力。逐步扩大对贫困地区和贫困人口生态保护补偿，增加生态公益岗位，使当地有劳动能力的贫困群众通过参与生态保护实现就业脱贫。支持集中连片特困地区和国家扶贫开发工作重点县的建档立卡贫困人口从事林业生态护林员工作。

第七节　形成脱贫攻坚强大合力

发挥东西部扶贫协作和中央单位定点帮扶的引领示范作用。以闽宁协作模式为样板，建立东西部扶贫协作、对口支援与建档立卡贫困村、贫困户的精准对接机制，确保产业合作、劳务协作、人才支援、资金支持精确瞄准建档立卡贫困人口。注重发挥市场机制作用，建立和完善劳务协作对接机制。支持东西部学校、医院建立对口帮扶关系。明确定点扶贫目标任务，完善定点扶贫牵头联系机制，督促指导中央单位做好定点扶贫工作。强化国有企业帮扶责任，深入推进中央企业"百县万村"活动、同舟工程。引导民营企业参与扶贫开发，组织开展"万企帮万村"精准扶贫行动。支持部队发挥优势，积极参与贫困地区软硬件建设。广泛动员社会力量帮扶，进一步发挥社会工作专业人才和志愿者扶贫作用。加强国际减贫交流合作。

第六章　促进创新驱动发展

加大技术研发投入力度，加快关键技术研发和成果转化，健全支撑创新创业的体制机制，营造有利于全面创新的社会氛围，促进新技术、新产业、新业态、新模式形成和发展，实现理论创新、科技创新、制度创新的有机统一和协同发展，为西部地区经济社会持续发展提供强大动力。

第一节　拓展创新领域

发挥科技创新在全面创新中的引领作用，加强基础研究，强化原始创新、集成创新和引进消化吸收再创新，推动西部地区经济增长由要素驱动向创新驱动转变。紧盯新一代信息技术、生物技术、节能环保、新能源、新材料、新能源汽车、航空航天、机器人与智能制造等战略方向和前沿领域，深入推进事关全局的共性关键技术和关键工艺、关键材料、重大装备、基础软件等攻关。结合西部地区特点，加快发展以技术、品牌、质量为核心的新产品、新产业和新市场，引导优势产业逐步向价值链高端攀升。通过创新推动产业结构调整，加快传统产业改造升级。依托国家级新区、国家自主创新示范区、国家级高新技术开发区和全面创新改革试验区等重要载体，建设若干具有强大带动能力的创新型城市和区域创新中心，形成若干高水平、有特色优势的产业集聚区。以推进“一带一路”建设为契机，统筹国内外创新资源，建设面向沿线国家的科技创新基地，加强国际创新合作。

第二节　培育壮大创新主体

强化企业创新主体地位和主导作用，培育一批创新型领军企业，支持科技型中小企业健康发展。鼓励和引导大型企业发挥创新骨干作用，加大科研投入，加快新技术、新产品开发应用。鼓励国内科研院所、高校和企业到西部地区建立研发分支机构。扩大高校和科研院所自主权，改革科研评价和奖励制度，赋予创新领军人才更大人财物支配权、技术路线决策权。推动各类创新主体打破壁垒开展深度合作，促进跨领域跨行业协同创新，加快政产学研用深度融合。实施国家技术创新工程，鼓励企业整合创新资源，主导构建产业技术创新联盟，支持联盟承担产业共性技术研发重大项目。

实施更加积极的创新人才引进政策，健全人才流动机制，注重培养一线创新人才和青年科技人才，大力提高群众科学素养。重视职业技能的创新要素作用，探索创新型技能人才参与科技成果转化收益分配的激励机制。继续实施边远贫困地区、边疆民族地区和革命老区人才支持计划、科技人员专项计划，选派一批优秀干部和科技人才到西部地区开展工作。选派西部地区、民族地区优秀干部到中央单位和东部发达省市挂职锻炼。通过东西部联动等机制增加西部科技创新力量，深入实施东部城市对口支援西部人才开发工程。

第三节　搭建创新平台体系

加强西部地区创新平台建设，在具备条件的地区建设若干技术转移中心。加强区域公共科技服务平台建设，推动大型科学仪器设备、重大科技基础设施和科技信息资源共享共用。支持有条件的地区单独或联合设立孵化平台。发展一批专业化、网络化的技术和知识产权交易平台，畅通科技成果转化渠道，有效促进知识产权运用。坚持政府主导、市场运作，促进国家级经济技术开发区、国家级高新技术产业开发区、国家级农业高科技示范区等各类集聚区错位发展，提升入园企业品质，培育核心产业链，构建网络化创新体系。建设成都中韩创新创业园等创新创业国际合作平台。构建军民融合创新服务平台体系，建设一批军民融合创新孵化中心。支持各类创新主体、创新平台开展跨地区创新合作，促进区域协同创新和产业协同发展。支持“一带一路”境外产业集聚区项目建设，促进优势产能和装备、技术、标准“走出去”。

第四节　构建创新体制机制

发挥市场竞争激励创新的根本性作用，推动政府职能从研发管理向创新服务转变，营造公平、开放、透明的市场环境，强化竞争政策和产业政策的引导作用，加快创新要素自由流动、汇聚融合，形成要素价格倒逼创新机制，增强市场主体创新动力。实施严格的知识产权保护制度，选择有条件的地方开展知识产权综合改革试点。打破制约创新的行业垄断和市场分割，改进新技术、新产品、新商业模式的准入管理，健全产业技术政策和管理制度。实行以增加知识价值为导向的分配政策，深化科技成果使用、处置和收益权改革，提高科研人员成果转化收益分享比例。鼓励和引导东西部地区创新合作，通过开展科技园区共建、创新资源共享和人员交流培训，推动高等学校、科研院所、科技型企业和团队开展对接合作，互联互通创新要素、联合组织科技攻关。依托政府间科技创新合作机制和科技伙伴计划，深入推进实施科技外交官技术转移服务行动、发展中国家技术培训班，进一步提高西部地区参与国际创新合作程度。

第五节　推动大众创业万众创新

持续形成大众创业、万众创新的良好氛围，培育开放包容的创新创业生态系统，促进创新成果与市场需求和资本有效对接。加快建设一批双创示范基地，积极推动双创支撑平台建设，完善双创政策环境。加快实施“互联网＋”行动，推动技术与商业模式创新相互促进。实施科技创业者行动，重点推进科技特派员农村科技创业、医师基层服务创业、中医药大健康产业创业等专项行动，壮大科技创业者队伍。加快众创空间、“星创天地”“孵化＋创投”等新型孵化体系构建。组织开展创新创业大赛，支持和鼓励社会力量举办创业论坛、创业沙龙等活动，为创业者与投资机构提供对接平台。充分发挥国家新兴产业创业投资引导基金、国家中小企业发展基金、国家科技成果转化引导基金等政府投资基金作用，引导地方政府、民间资本共同设立创业投资基金。推动地方政府探索开展创业券服务，为创业者提供社会培训、管理咨询、检验检测、软件开发、研发设计等服务。

第七章　坚持开放引领发展

促进西部大开发与“一带一路”建设、长江经济带发展紧密衔接、相互支撑，加快内陆沿边开放步伐，推进同有关国家和地区多领域互利共赢务实合作，打造陆海内外联动、东西双向开放的全面开放新格局。

第一节　积极参与和融入“一带一路”建设

以推进“一带一路”建设为统领，充分发挥西部各省（区、市）比较优势，围绕政策沟通、设施联通、贸易畅通、资金融通、民心相通，加快推进中蒙俄、新亚欧大陆桥、中国—中亚—西亚、中国—中南半岛、中巴、孟中印缅等国际经济走廊境内段建设，提升对西部地区开发开放的支撑能力。加快构建联通内外、安全高效的跨境基础设施网络，稳步拓展内陆无水港体系。加强与长江经济带综合立体交通走廊等衔接。总结推广重庆等地中欧班列建设经验，统一规划建设通道路径和枢纽节点，打造具有国际竞争力和信誉度的知名物流品牌。加强现代产业基地建设，积极推进国际产能和装备制造合作，探索与相关国家合作建设高标准的产业集聚区。提升重点省会城市国际化水平和辐射带动能力，打造西部地区对外开放重要门户和枢纽。结合外方意愿，稳步推进外国在西部地区设领事宜。支持“一带一路”重点旅游城市间增开国际航线，拓展国内段业务。完善多层次对外交流合作平台体系，夯实“一带一路”沿线国家和地区民心相通、共同发展的民意基础。

第二节　全面提升内陆开放水平

大力发展内陆开放型经济，探索建立更加适应开放型经济发展的行政管理和公共服务体制，扩大西部内陆地区特色优势产业对外开放，增加利用外资规模，提升引进外资质量，有序开展对外直接投资。大力发展服务贸易，支持成都市和两江新区、贵安新区、西咸新区开展服务贸易创新发展试点。加强西部地区服务外包产业基础设施建设，推进外贸优进优出。积极促进加工贸易向西部地区有序梯次转移。全面推进“单一窗口”、一站式作业、一体化通关，提高国际贸易便利化水平。鼓励内陆开放型经济试验区在更多领域先行先试，为发展内陆开放型经济、完善对外开放格局探索新路径。复制推广上海等自由贸易试验区改革试点经验，充分发挥西部地区自贸试验区示范引领作用，推动形成更加开放透明、更加规范高效的体制环境，激发更大活力，拓展发展空间。

第三节　加快沿边地区开发开放

充分发挥沿边省（区）和沿边各类开发开放功能区作用，大力推进兴边富民行动，建设丝绸之路经济带核心区及我国向西、向北开放的窗口和向东南亚、南亚开放的重要门户，将沿边地区建设成为沟通我国内陆地区与周边国家的合作交往平台。鼓励边境地区与毗邻国家地方政府加强务实合作，支持边境经济合作区加快发展，稳步发展跨境经济合作区。在沿边重点地区的海关特殊监管区域深化“一线放开”“二线安全高效管住”监管服务改革，支持特色优势产业发展及其产品进出口。积极推进云南、广西沿边金融综合改革

试验区建设，在符合条件的沿边地区复制推广有益经验。继续加大沿边陆路口岸建设力度，加强与毗邻国家口岸合作，共同提升口岸通关能力；研究在具备条件的地区新设若干航空口岸，建设一批进口肉类、冰鲜水产品指定口岸。培育壮大边境口岸城镇，建设国际贸易物流节点和加工基地，促进人员往来便利化。优化边民互市贸易检验检疫管理制度，强化口岸检疫，加强国际防控传染病疫情合作。支持沿边地区建设面向“一带一路”沿线国家的西部特色出口产品质量安全示范区。支持边境旅游试验区和跨境旅游合作区建设，研究

制定边境地区自驾车出入境管理办法。

第四节　提升区域间互动合作水平

支持西部地区与东中部和东北地区、西部省(区、市)之间依托现有机制,建立完善合作平台,开展跨区域合作。积极参与推进长江经济带发展和京津冀协同发展,深化泛珠三角、泛北部湾等区域合作,建立毗邻地区衔接机制,促进区域一体化和良性互动。引导东中部地区产业向西部地区有序转移,加强产业转移示范区建设,研究提出支持东西部地区制造业对接发展的政策措施,鼓励东部地区制造业到西部沿边地区投资设厂、建立基地,共同开拓周边国家(地区)市场。探索建设"飞地产业园区"、跨省合作园区等合作模式,鼓励和支持沿海发达地区与西部地区共建进口资源深加工基地和出口加工基地。推动重庆、成都、西安、贵阳、昆明等西部地区中心城市加强经济协作,探索合作机制。支持重庆綦江、万盛和贵州遵义开展渝黔合作先行区建设。支持川滇黔结合部打造赤水河流域合作综合扶贫开发试验区。支持宁蒙陕甘毗邻地区完善协同发展机制。加强推动跨省(区、市)基础设施对接,着力打通断头路。在海关通关、检验检疫、多式联运、电商物流等方面加强合作,提高经济要素跨区域流动效率。

第五节　培育多层次开放合作机制

充分发挥公共外交、民间外交、地方交往等多种交流形式作用,完善西部地区对外交流合作体系。充分发挥中国—东盟博览会、中国—亚欧博览会、欧亚经济论坛、中国—南亚博览会、中国—阿拉伯国家博览会、中国西部国际博览会、中国东西部合作与投资贸易洽谈会暨丝绸之路国际博览会、生态文明贵阳国际论坛、中国(重庆)国际投资暨全球采购会、中蒙博览会、中国西藏旅游文化国际博览会、中国兰州投资贸易洽谈会等现有国家级论坛和展会作用,优化现有论坛展会结构,形成各具特色的论坛和展会品牌。支持甘肃办好丝绸之路(敦煌)国际文化博览会、广西办好中国—中南半岛经济走廊发展论坛,在"一带一路"建设重点合作领域打造一批有影响力的专业论坛展会。务实推进论坛实体化进程,支持欧亚经济综合园区核心区、中国—阿曼(杜库姆)产业园、中国—沙特吉赞产业集聚区等建设。支持开展丝绸之路国际艺术节等对外文化品牌活动,扩大精品节目品牌影响力,推动西部地区特色文化产品与服务"走出去"。提升西部民族地区展会层次和水平。支持西部地区智库探索开展智库联盟合作。推动拓展国际友好城市网络,加快构建中国—东盟港口城市合作网络。

第八章　完善基础设施网络

继续加强交通、水利、能源、通信等基础设施建设,着力构建"五横四纵四出境"综合运输大通道,加快建设适度超前、结构优化、功能配套、安全高效的现代化基础设施体系,强化设施管护,提升基础保障能力和服务水平。

第一节　提升铁路路网密度和干线等级

将西部地区铁路建设作为全国铁路建设的重点,加快推进干线铁路、高速铁路、城际铁路、开发性新线和枢纽站场建设,强化既有线路扩能改造,促进西部高速铁路成网、干线铁路升级、全网密度加大、运营提质增效。续建西安至成都、成都至贵阳、郑州至万州、昆明至南宁、银川至西安、银川至中卫、拉萨至林芝、库尔勒至格尔木、呼和浩特至张家口、赤峰至京沈高铁连接线、通辽至京沈高铁连接线等重大工程，开工建设重庆至昆明、贵阳至南宁、西宁至成都（黄胜关）、西安至重庆、西安至十堰、和田至若羌、西安经铜川至延安、包头至银川、成都经天府（国际）机场至自贡、遂宁至达州城际等重大铁路项目，贯通沪昆高速铁路、乌鲁木齐至徐州高速铁路等。加强区域国土开发性铁路建设，研究建设川藏铁路雅安至林芝段、铜仁至吉首、大理至攀枝花、安康至张家界铁路，完善区域内部网络，扩大路网覆盖面。改造和建设一批铁路运输枢纽，进一步完善布局，提高路网整体效能。

专栏7:重点铁路工程

联系东中部通道：

——陆桥通道：建成宝鸡至兰州高铁、库尔勒至格尔木等铁路，规划建设雅安至康定（新都桥）铁路。

——沿江通道：建设郑州至万州高速铁路，形成沿江新的高速铁路通道；建设拉萨至林芝、成都至雅安等铁路，深化川藏铁路其余段前期研究，适时分段组织实施；进一步优化补强沿江货运能力，完善枢纽地区和集疏运体系。

——沪昆通道：完成贵阳至昆明段建设，全线贯通沪昆高速铁路。

——西南出海通道：推进云桂、成贵铁路建设，加快成昆、南昆、渝怀等铁路扩能，开工建设贵阳至南宁高铁。

沟通南北方通道：

——西部南北通道：加快建设银川至西安、吴忠至中卫、西安至成都、重庆至贵阳、兰州至重庆等铁路项目，开工建设重庆至昆明、西宁至成都（黄胜关）、中卫至兰州、银川至包头、西安至延安、西安至十堰等铁路。

——蒙华煤运通道：加快形成“三西”煤炭富产区与华中煤炭需求区便捷大能力货运通道。

联通国内外通道：加快防城港至东兴、大理至瑞丽、玉溪至磨憨、大理至临沧铁路建设，规划建设和田至若羌、芒市至猴桥等铁路，积极推进中越、中巴、中蒙、中吉乌等铁路通道规划研究。

开发性新线：加快实施丽江至香格里拉、敦煌至格尔木、阿勒泰至准东、叙永至毕节、安顺至六盘水等铁路，推进川南城际、庆阳至平凉、纳雍至六盘水、克拉玛依至塔城、博州支线、南疆铁路至兰新铁路联络线、柳州至广州（或韶关）等项目前期工作。

既有线路扩能改造：规划实施平凉至中卫、集宁至二连浩特、南昆铁路百色至昆明段、洛湛铁路永州至玉林段、乌鲁木齐经精河至伊宁、南疆铁路（阿克苏至喀什段）、集宁至通辽、青藏铁路（格尔木至拉萨段）等铁路改造，规划实施怀化至柳州、衡阳至柳州等铁路电气化改造。

运输枢纽：强化枢纽场站建设，推进乌鲁木齐新客站、成都站、西安站、中卫站、南宁站、柳州站扩能改造，建设昆明枢纽东南环线、乌鲁木齐铁路枢纽乌西至乌北联络线、中欧班列新疆集结中心、西宁曹家堡货运基地等项目。

专栏 8:重点公路工程

高速公路联网畅通工程:围绕城镇人口 20 万以上城市及地级行政中心通高速公路目标,加快国家高速公路区际省际待贯通路段和城市群城际高速公路建设,对部分建设年代较早、交通繁忙的国家高速公路瓶颈路段进行扩容改造,优化通道能力配置。

普通国省干线升级改造工程:以沿边普通国道及通县国道为重点,加强未贯通路段建设和低等级普通国道升级改造;推进普通国省道城镇过境段改造,做好普通国省道与城市干道的有效衔接。

农村公路畅通安全工程:完成具备条件的剩余乡镇、建制村通硬化路任务,有序推进人口仍然聚居的撤并建制村通硬化路建设,加大影响通班车的农村公路窄路基路面拓宽改造及生命安全防护工程、危桥改造实施力度,实施一批旅游路、资源路、产业路等县乡道改造和联网路建设。

枢纽站场建设推进工程:建设一批衔接一体的综合客运枢纽,具备多式联运功能、线上线下结合、干支线衔接的货运枢纽,以及一定规模的口岸货运枢纽。专项建设巩固扩展工程:适应沿边开发开放、陆水联运等需要,积极开展口岸公路、疏港公路、旅游公路等专项建设。

第二节　提升公路网络联通和畅达水平

加快区际省际高速公路通道、综合交通枢纽及民生项目等薄弱环节和短板领域建设,努力形成国内国际通道联通、区域城乡广泛覆盖、枢纽节点功能完善、运输能力大幅提升的公路基础设施网络。实施高速公路联网畅通、普通国省干线升级改造、农村公路畅通安全、枢纽站场建设推进和专项建设巩固扩展五大工程,基本实现城镇人口 20 万以上城市及地级行政中心通高速公路、具备条件的乡镇和建制村通硬化路,加快推进客运“零距离”换乘、货运无缝衔接。

第三节　加快民用航空发展

加强西部地区枢纽机场扩容改造,建设成都新机场,建成重庆机场三期改扩建工程,逐步提升成都、昆明、重庆、西安、乌鲁木齐等机场国际枢纽功能和竞争力,培育呼和浩特、桂林、南宁、贵阳、拉萨、兰州、银川、西宁等机场区域枢纽功能。提升区域机场密度,优化布局结构,稳步推进一批支线机场建设。做好机场建设项目空管、供油等配套工程建设。大力拓展国际航线,重点推进与“一带一路”沿线国家互联互通。完善国内航线布局,增辟西部主要城市东向航线,增加航班密度,打造沪兰、沪昆、沪渝、广兰等空中大通道。大力发展通用航空,加快西部地区通用机场、飞行服务站和航油配送中心布局建设。推动直升机、无人机、通用飞机产业化。促进通用航空与旅游业融合发展,在适宜地区开展空中游览活动。

专栏9:机场建设布局

西南机场群:建设成都新机场、贵阳机场三期扩建、昆明机场扩建、拉萨机场改扩建工程,完成重庆机场航站区及第三跑道建设工程;研究建设重庆机场第四跑道;改扩建万州、黔江、南充、铜仁、兴义、黎平、荔波、德宏、腾冲、林芝、昌都等机场;迁建宜宾、泸州、达州、昭通机场;新建巫山、武隆、巴中、乐山、甘孜、仁怀、红河、沧源、澜沧、怒江等一批支线机场。

西北机场群:实施乌鲁木齐机场、西安咸阳机场扩建工程,完成银川机场三期扩建工程,研究实施兰州、西宁等枢纽机场扩能改造工程;改扩建敦煌、格尔木、塔城、库尔勒、阿勒泰、伊宁、和田等机场;迁建延安、安康、且末机场;新建陇南、临夏、石嘴山、果洛、祁连、共和、莎车、若羌、图木舒克、昭苏等

一批支线机场。

华北机场群:实施呼和浩特机场迁建工程;新建霍林郭勒、扎兰屯、乌兰察布、东乌珠穆沁旗等一批机场。

中南机场群:实施南宁机场第二跑道建设工程;完成桂林机场航站区及站坪配套设施扩建工程;改扩建柳州机场;迁建梧州机场;新建玉林机场。

第四节　加强河流航道和沿海港口建设

全面加快长江黄金水道和西江、澜沧江等航道建设,积极推进长江干线及乌江、嘉陵江等重要支线航道治理,继续实施西江航运干线及红水河等重要支线扩能工程,加快实施右江百色、红水河龙滩、乌江构皮滩枢纽通航设施建设,启动澜沧江、金沙江部分库区、湖区航运建设工程,打通云南经西江出海通道,打通贵州经西江、长江出海通道。促进内河港口规模化、集约化、现代化发展,加快重庆长江上游航运中心建设。以重庆港、泸州港、宜宾港、南宁港、贵港港、梧州港等港口为重点,加强港口集疏运体系建设,积极发展多式联运,更好支撑沿江经济与产业发展。结合钢铁、石化等产业布局,加强公用码头、航道和锚地建设,加快既有港区结构调整和专业化改造,有序推进新港区开发建设,加强与城市等规划的协调衔接,保障港口发展空间,强化港口集疏运通道建设。促进北部湾沿海港口转型升级和功能扩展。提升航道和港口服务质量和安全管理与运营水平。

专栏10:水运通道和港口建设

长江上游航道建设:开展宜宾至重庆段、涪陵至朝天门至九龙坡段航道治理,整治三峡库尾及库区支流航道,加强岷江、嘉陵江、乌江、汉江等支流高等级航道和金沙江、渠江、涪江、赤水河等地区重要航道建设。研究论证宜宾至水富段航道整治工程。

西江航运扩能:推进贵港以下一级航道建设,扩大西津、红花船闸通过能力,推进右江百色、红水河龙滩等水利水电枢纽通航设施建设,加强西江航运干线、柳黔江、红水河、右江等国家高等级航道和左江、都柳江、融江、桂江、绣江、贺江等地区重要航道建设。

内河港口建设:推进重庆港、泸州港、宜宾港、南宁港、贵港港、梧州港规模化、集约化发展。加强港口集疏运铁路和公路建设。

北部湾港口建设:有序推进防城港域企沙港区、钦州港域大榄坪港区、北海港域铁山港西港区等新港区开发建设,推进防城港域渔澫港区、北海港域石步岭港区等老港区结构调整和专业化改造。重点建设防城港域30万吨级码头及配套航道、钦州港域集装箱码头和深水航道、北部湾邮轮码头、钦州保税港区集装箱办理站等项目,继续完善沿海港区航道、防波堤等公共基础设施建设,加强港口集疏运铁路和公路建设。

第五节　改造提升水利基础设施

加强重大水利工程建设,加快推进在建水利工程建设进度,开工建设一批重大引调水工程、重点水源工程、江河湖泊骨干治理工程和大型灌区工程,着力提高水安全保障能力。加强惠及民生的水利工程建设,实施农村饮水安全巩固提升工程,大力发展规模化集中供水。加强大中型灌区续建配套和节水改造,适时启动实施灌区现代化改造,加强大中型灌排泵站的更新改造,加大小型农田水利设施建设力度,全面推进西部地区规模化高效节水灌溉行动,积极开展小水窖、小水池、小塘坝、小泵站、小水渠等“五小水利”工程建设、农村河塘清淤整治和水系连通等建设,加快解决农田灌溉最后一公里问题。稳步发展牧区水利,因地制宜开展节水灌溉饲草料地建设。加强大江大河及其主要支流治理,推进中小河流治理和小型水利设施建设。加强病险水库(水闸)除险加固,消除安全隐患,发挥工程效益。继续加强工程性缺水地区中小型水源工程建设,因地制宜加强各类抗旱水源工程和城市应急备用水源建设。

专栏11:重点水利工程

重点水源工程:加快西藏拉洛,贵州马岭、黄家湾,重庆观景口,云南德厚,青海蓄集峡,四川李家岩等在建水源工程建设。推进云南阿岗、车马碧,贵州龙塘,青海那棱格勒,重庆藻渡等水源工程开工建设。加快甘肃马莲河,四川米市,重庆跳蹬,西藏帕孜、宗通卡、桑德,广西长塘等水库前期工作,研究论证甘肃中部生态移民扶贫开发供水工程。

新建大型灌区:加快实施嫩江尼尔基水库配套灌区,内蒙古绰勒下游灌区,青海湟水北干渠,四川都江堰灌区毗河供水一期、武引二期、升钟二期,广西桂中治旱乐滩水库引水灌区二期等在建大型灌区建设。推进四川武引蓬船、向家坝一期、大桥二期、亭子口,云南柴石滩、麻栗坝,广西驮英,青海引大济湟西干渠等灌区建设,加快广西百色水库、龙云等灌区前期工作。

重大引调水工程:加快陕西引汉济渭、甘肃引洮供水二期、贵州夹岩水利枢纽及黔西北供水等在建工程建设。推进滇中引水、引绰济辽、奎屯河引水等工程开工建设。加快引哈(尔腾河)济党(河)、白龙江引水、青海“三滩”引水生态综合治理、渝西水资源配置等工程前期工作。

江河治理骨干工程：加快长江、黄河等大江大河上游防洪工程建设，加快大藤峡、落久、阿尔塔什、卡拉贝利、大石门、黄藏寺等在建工程建设，推进东庄、土溪口、黄石盘、固军、大石峡、洋溪等工程开工建设，加快玉龙喀什、莫莫克、江家口、青峪口等水库前期工作，继续深入开展黄河古贤、黑山峡河段开发等工程前期论证。

第六节　优化能源基础设施布局

坚持统一规划、有序实施、能源输出与就地消纳并举，合理安排西部地区能源基础设施建设。积极推进中哈、中俄等国际油气管道建设，完善以西气东输、陕京线和川气东送为主的天然气骨干管网。加快推进天然气支线管网建设，优化天然气压缩母站、卫星站和加气站布局，完善城市燃气管网和调峰储备体系。增加资源产地油气供给规模，满足当地生产生活需要。有序推进金沙江、雅砻江、大渡河水电开发，凉山风电基地和金沙江、雅砻江风光水互补示范基地等建设。继续加大西电东送力度，稳步推进水电、风电基地和现代大型煤电基地外送电通道建设，重点实施锡盟—山东、蒙西—天津南、榆横—潍坊、上海庙—山东、宁东—浙江、锡盟—泰州、准东—华东、酒泉—湖南、扎鲁特—山东、陕北（神府、延安）—湖北、陕北神木—河北南网扩建、四川水电送出第四回特高压、川渝第三通道、金中直流、永仁—富宁、鲁西背靠背、滇西北—广东、元宝山—河北、毕节—重庆、白鹤滩至华中华东等输电通道建设。推动川藏联网，研究滇藏联网。加强农村电网改造升级，提升农网供电可靠性和供电能力。

第七节　扩展提升信息基础设施

加快实施“宽带中国”战略，推进光纤网络和4G网络建设，促进宽带网络优化升级，提升西部地区网络覆盖水平和质量。深入推进普遍电信服务，支持农村及偏远地区宽带建设和运行维护，提升其宽带速率，力争行政村基本通宽带，自然村和重要交通沿线通信信号基本覆盖。推进与哈萨克斯坦、巴基斯坦、缅甸等周边国家信息通信设施互联互通，加快建设中国—东盟信息港。

第九章　培育现代产业体系

实施《中国制造2025》计划，提升特色优势产业发展水平，塑造西部地区产业核心竞争力，构建资源优势突出、创新能力较强、产业链条齐备、生态承载合理的现代产业发展体系。

第一节　增强产业发展的要素支撑

深化金融体制改革，构建多层次、宽领域、有差异的银行机构体系，引导金融机构更好服务实体经济。积极发展多层次资本市场，提高企业直接融资比例。着力发展普惠金融，加强对小微企业、农村特别是贫困地区金融服务，降低企业融资成本。继续降低市场准入门槛，引导社会资本向西部地区优势产业聚集。鼓励具备条件的地区根据当地经济发展实际稳步推进金融改革创新。提升劳动力职业素质与技能水平，加强职业院校与实训基地建设,鼓励校企对接,开展订单式、定向、定岗职业教育培训,积极推动大规模知识更新继续教育。强化能源资源供给保障能力,完善工业用地配置制度,建立时间灵活、方式多样的弹性供地制度。推进售电侧改革试点,扩大用户直购电试点,允许工业园区中小企业集体直购电。

第二节　推动传统产业转型升级

严控新增产能,确保完成钢铁、煤炭去产能目标任务。优化煤炭生产和消费结构,积极推进煤炭分级分质利用,稳步发展清洁高效煤电,在具备条件的地区开展煤制油、煤制气、煤制烯烃等升级示范。合理推动油气资源开发,建设塔里木盆地、准噶尔盆地、鄂尔多斯盆地等油气生产基地。加大页岩气、煤层气勘探开发力度。加快可再生能源开发利用,以西南水电基地为重点积极开发水电,重点建设新疆、酒泉、蒙西和蒙东四大风电基地,加快发展太阳能发电,大力推广分布式光伏发电系统,开展甘肃、宁夏、内蒙古新能源综合示范区建设,培育准东、哈密、敦煌、柴达木、蒙西等风光电清洁能源基地。有序推进陇东、宁东、准东、川东北等能源化工基地建设。推动资源深加工,加强有色金属、战略性新兴矿产、盐湖等资源的勘探开发、冶炼分离、精深加工和综合利用。构建新型制造业体系,加快西部地区制造业绿色改造升级。促进产业互动协作,推动实施"互联网+"协同制造行动,实施西部地区传统产业数字化、网络化、智能化技术改造。在西部有条件的老工业基地设立产业转型升级示范区和示范园区。

第三节　促进战略性新兴产业突破发展

培育符合西部地区实际的新一代信息技术、高端装备、新材料、新能源、生物医药等战略性新兴产业,形成新的主导产业。引导和支持有条件的地区发展大数据产业,开展云计算应用示范。支持四川、重庆、陕西、贵州、广西电子信息产业集聚发展,研究在有条件的地区建设中外创新产业合作平台。深化区域合作,促进区域间战略性新兴产业协调发展。鼓励东部地区软件和信息技术公共服务平台、园区与西部地区加强协同合作,支持发展多语种软件和信息技术服务业。积极发展地理信息产业,加强地理信息资源开发利用,支持西部地理信息科技园建设,打造西部地理信息产业应用示范基地。推动国防和民用领域先进技术双向转移转化,促进军民两用技术产业化发展,培育形成新的经济增长点。

专栏12:战略性新兴产业布局

新能源:建设乌鲁木齐、哈密、酒泉、重庆、成都、德阳、包头、西安、商洛、海东、银川、昆明、六盘水等地风电装备、光伏产品研发生产基地,开发2.5兆瓦级以上风电机组、太阳能光伏电池、生物质液体燃料技术,建设云南、广西、内蒙古等生物质能源研发生产基地,建设重庆、四川、新疆等页岩气生产、页岩气装备制造与油田服务基地。

新能源汽车:建设重庆新能源及智能汽车基地,建设成都、西安、南充、柳州、包头、赤峰、毕节新能源汽车产业基地。

节能环保:建设重庆、成都、南宁、西宁、自贡、宝鸡、鄂尔多斯、包头等环保安全成套装备生产基地。

新一代信息技术:建设重庆、成都、绵阳、西安、延安、昆明、南宁、钦州、北海、天水、贵阳、银川、中卫、呼和浩特等电子信息产业基地。

生物医药:建设重庆、成都、兰州、西安、杨凌、贵阳、昆明、呼和浩特、通辽、南宁、桂林、玉林、西宁、银川等生物医药产业基地。

新材料:建设内蒙古稀土功能材料、镁铝合金材料、有机合成材料基地,陕西钨钼钛锆钒稀有金属材料、超导材料、生物医药材料基地,甘肃镍及镍钴合金材料、高性能纤维及复合材料基地,青海铝镁锂材料、蓝宝石晶体材料基地,宁夏钽铌铍、铝镁锰和光伏材料基地,重庆铝镁锂轻合金材料、高强度汽车钢、石墨烯及聚氨酯等化工新材料基地,四川光伏材料、钒钛及稀土材料、高性能纤维材料基地,贵州钛及钛合金材料基地,云南稀贵金属材料及催化材料、光电子材料基地,广西锡锑铟铝稀土材料基地,新疆铍锂稀有金属材料、铝基合金材料基地。

高端装备:建设重庆、成都、德阳轨道交通、智能制造、仪器仪表、航空产业基地,重庆高技术船舶产业基地,兰州石油装备基地,银川智能铸造、吴忠高端控制阀产业基地,渭南卤阳湖航空装备制造、国家民机科研试飞基地,富平西飞民用飞机生产线。

第四节 引导现代服务业有序发展

支持西部地区现代物流服务体系建设,大力推进“互联网+”高效物流发展,发挥商业功能区和流通节点城市功能,打造高效便捷的西部物流大通道。推动西部地区实体商业加快转型升级,大力发展商业新模式、经营新业态,创新物流资源配置方式,进一步提高流通效率,降低流通成本。加快发展家政、养老、健康等生活性服务业。加快发展高技术服务业和生产性服务业,积极培育工业设计、建筑设计、工程设计、数据挖掘、会计审计、管理咨询、会展商贸、人力资源服务等专业服务业,鼓励国内外知名科技服务机构在西部地区设立分支机构或开展业务合作。落实西部大开发文化产业税收优惠政策,促进西部地区文化产业健康发展。推动出版发行、影视制作等传统文化产业转型升级,实施特色文化产业发展工程,大力发展具有地方和民族特色的文化创意、网络视听、移动多媒体、数字出版、动漫游戏产业,规划建设一批具有民族特色的文化产业基地。加快旅游业改革发展,鼓励多元资本进入旅游市场,优化旅游发展软硬环境,推进旅游配套设施建设。重点打造丝绸之路、长江沿线、大香格里拉、大年保玉则、青藏铁路沿线等旅游带,加快培育黄河文化、沙漠探险旅游带,以及新疆、西藏、内蒙古、宁夏旅游目的地和武陵山、大巴山旅游区。加快敦煌国际文化旅游名城和国际旅游港建设。

第十章 大力发展特色优势农业

厚植农业发展基础,着力构建现代农业产业体系,加快形成资源利用高效、生态系统稳定、产地环境良好、产品质量安全、地域特色突出的农业发展新格局,促进农民持续增收。

第一节　完善农业基础设施

加强农村公路、乡村机耕道等设施建设，支持林区、垦区、特色农业基地、高产稳产饲草基地等区域作业道路建设，提高机械化作业水平。重点加强节水型农业基础设施布局建设，推动水资源集约高效利用。支持山区因地制宜建设“五小水利”工程。开展西北干旱地区和西南红层缺水地区找水工作。继续实施农村电网改造升级、低电压治理工程，加强农业用电保障。实施粮食收储供应安全保障工程，支持种粮大户等新型经营主体建设自然通风仓、烘干设备、烘储仓、冷藏库、保鲜库等初加工设施，支持农民建设小型粮食仓储设施。建设标准化水产养殖池塘和内陆渔港。建设一批高标准牲畜圈舍、储草库棚、青贮窖池、粪污处理和病死禽畜无害化处理基础设施。完善农产品流通骨干网络及服务功能。引导社会资本参与农村公益性基础设施建设、管护和运营。

第二节　优化特色农业结构布局

发挥西部地区光热水土独特资源优势，科学定位农业地区、林区山区、草原牧区产业发展方向，优化特色农业结构布局，推进现代农业示范区建设。进一步提高广西、甘肃、新疆和汾渭平原、河套灌区等农产品主产区粮食生产能力，确保国家粮食安全。加快国家玉米、水稻制种基地建设，重点培育西南水稻产业带、油菜产业带，西北和西南马铃薯产业带，广西和云南甘蔗产业带、天然橡胶产业带，西北优质酿酒葡萄产业带。调整优化棉花种植结构，建设新疆优质棉基地。积极创建特色农产品优势区，按照“一地一类、一县一品”的思路，大力发展具有地理标志和地域独特性的杂粮、果蔬、茶叶、油料、特色经济林、中药材、家禽、草食畜牧业和特色渔业等产业，建设一批高原夏菜等特色优势农产品示范基地。林区山区以及农林、农牧交错区着力发展生态友好型农业，推行种养结合等模式，加快发展粮果复合、果茶复合、林下经济等立体高效农业。草原牧区着力发展舍饲半舍饲和传统地方特色草食畜牧业，支持不同类型草原地区开展现代牧业示范区建设。拓展农业功能，大力发展休闲农业。在西南石漠化区、西北生态严重退化地区开展耕地轮作休耕制度试点，统筹粮经饲，探索农牧结合、种养结合等模式，大力推广牧区繁育、农区育肥等耦合发展方式。研究开展“北牧南移”，促进国内畜产品供应基本平衡。

第三节　大力发展安全农产品生产

立足生态环境本底，走差异化农业发展道路，鼓励扩大无公害、绿色、安全农产品生产面积，提高家禽家畜养殖和特色渔业比重，推动西部地区农业向生态化、有机化发展，培育农业新的增长点。积极构建从种子种苗和种畜种禽选育、种养管理、生产加工到物流配送的完整有机农产品生产供应链，加快安全农产品生产产业化，提高农产品质量安全水平，促进农业提质增效。以无规定动物疫病区为重点，大力开展有机畜禽养殖示范区建设。推进水产健康养殖，大力发展湖泊、水库等大水面增殖渔业。结合粮食主产区规模化经营，推动传统粮食生产模式向有机模式转换。瞄准国际国内高端市场，严格执行有机农产品生产标准，在特色木本粮油、经济林、果蔬、茶叶、中药材等主产区，培育一批有机产品生产加工基地，形成一批国际知名的农产品品牌。积极鼓励发展经营规模大、带动农户数量多的安全农产品生产项目。编制西部地区安全农产品生产发展规划。

第四节　完善现代农业服务体系

构建产前产中产后一体的多元高效农业服务体系，着力解决农业服务产加销衔接不紧密、不配套问题。培育现代农业服务市场，丰富服务内容，创新服务方式，构建服务平台，逐步建立以公共服务机构为依托、专业服务组织为基础、合作社和龙头企业为骨干、其他社会力量为补充的农业社会化服务新机制。加快培育农业经营性服务组织，创新完善农业公益性服务供给机制和服务方式，开展政府购买农业公益性服务试点，积极推广合作式、托管式、订单式等服务形式。加快建立教育培训、规范管理和政策扶持“三位一体”的新型职业农民培育体系。建立公益性农民培养培训制度，深入实施新型职业农民培育工程和农民继续教育工程。深入实施“互联网＋”现代农业行动，鼓励互联网企业建立农业服务平台，加强农业大数据开发利用，完善农村物流网络体系，畅通农产品流通。强化农业科技创新，完善农业标准技术示范推广体系、动物防疫体系、植物检疫体系、质量安全监管体系。

第五节　推动农业经营方式创新

着力构建集约化家庭经营与产业化合作经营相结合的新型农业经营体制。鼓励农民合作社创新发展，支持合作社发展农产品加工流通和直供直销。把发展多种形式农业适度规模经营与延伸农业产业链有机结合起来，鼓励农民通过合作与联合的方式发展规模种养业、农产品加工业和农村服务业。开展农民以土地经营权入股农民合作社、农业产业化龙头企业试点。加快推进农村集体产权制度改革，确保如期完成土地承包权、宅基地使用权等确权登记颁证。建立健全农村产权流转市场体系，在坚持农村土地集体所有和充分尊重农民意愿的基础上，在经授权的农村改革试验区稳妥开展农户土地承包权有偿退出试点。

第十一章　推进新型城镇化

坚持走以人为核心的新型城镇化道路，因地制宜优化城镇化布局与形态，加强对西部地区城镇发展的分类指导，做好区划调整工作，提高城乡规划的科学性，强化历史文化名城名镇保护。

第一节　促进农业转移人口市民化

深入推进统筹城乡改革发展。按照尊重意愿、自主选择、因地制宜、分步推进、存量优先、带动增量的原则，加快推进农业转移人口市民化。以农业转移人口为重点，稳步推进户籍制度改革和城镇基本公共服务常住人口全覆盖。探索农民自主选择机制，探索农民依法自愿有偿转让土地承包权、集体收益分配权等权益的有效途径，鼓励和支持农业转移人口就地就近城镇化，保障农业转移人口享有与城镇居民同等权利，承担同等义务。

第二节　加快培育重点城市群

结合推进“一带一路”建设等三大战略实施，发展壮大成渝、关中平原城市群，规划引导北部湾、呼包鄂榆、黔中、滇中、兰州—西宁、宁夏沿黄、天山北坡等城市群有序发展，打造西部地区经济增长重要引擎。完善城市群基础设施网络，发挥综合性交通枢纽作用，提升对内对外开放水平,增强产业支撑能力,优化城镇布局和人口分布。完善和提升以省会城市为代表的区域性中心城市功能,优化市辖区规模结构,提高生产要素集聚能力、创新能力、组织管理能力和对周边区域辐射带动能力。加强城市间互动合作,以基础设施一体化和产业错位发展为突破口,促进相邻重点城市融合发展。

第三节　推动中小城市和小城镇健康发展

积极培育和发展中小城市,完善市政基础设施,提高公共服务水平和宜居水平。以县城为重点发展小城镇,加快人口有序集聚,带动周边农村发展,提高县域经济发展活力和综合承载能力。积极开展国家新型城镇化试点和中小城市综合改革试点工作,依托相邻重点城市、特色优势资源、重要边境口岸与对外贸易通道等,培育发展一批特色小城镇。创新西部中小城市和小城镇行政管理体制,培育发展新生中小城市。积极稳妥推进扩权强县改革试点,优化城镇布局。深入推进统筹城乡改革发展。

专栏 13:百座特色小城镇

旅游休闲型城镇:重庆市武隆县仙女山镇,四川省稻城县香格里拉镇,贵州省荔波县甲良镇,云南省剑川县沙溪镇,西藏自治区林芝市巴宜区鲁朗镇,陕西省柞水县营盘镇、铜川市耀州区照金镇,甘肃省临潭县冶力关镇、康县阳坝镇,青海省贵德县河阴镇,宁夏回族自治区中卫市沙坡头区迎水桥镇,新疆维吾尔自治区吐鲁番市高昌区亚尔镇,内蒙古自治区多伦县多伦诺尔镇,广西壮族自治区阳朔县兴坪镇。

健康疗养型城镇:重庆市江津区四屏镇,四川省盐边县红格镇,贵州省石阡县中坝镇,云南省保山市隆阳区板桥镇,西藏自治区林芝市巴宜区八一镇,陕西省华阴市罗敷镇,甘肃省永靖县刘家峡镇,新疆维吾尔自治区温泉县博格达尔镇,内蒙古自治区阿尔山市温泉街、喀喇沁旗锦山镇,广西壮族自治区巴马瑶族自治县甲篆镇、富川瑶族自治县福利镇。

商贸物流型城镇:重庆市江北区寸滩街道,四川省富顺县富世镇,贵州省龙里县醒狮镇、榕江县忠诚镇,西藏自治区吉隆县吉隆镇,陕西省安康市汉滨区恒口镇、西安市灞柳基金小镇,甘肃省陇西县首阳镇,青海省大通县城关镇,宁夏回族自治区盐池县惠安堡镇,新疆维吾尔自治区巴楚县色力布亚镇、阿拉尔市沙河镇,内蒙古自治区丰镇市隆盛庄镇,广西壮族自治区防城港市防城区那良镇。科技教育型城镇:重庆市沙坪坝区虎溪街道,四川省绵阳市游仙区游仙镇,贵州省仁怀市茅台镇,云南省昆明市呈贡区,西藏自治区拉萨市城关区蔡公堂乡,陕西省西咸新区国际学镇,甘肃省榆中县和平镇,宁夏回族自治区贺兰县习岗镇,新疆维吾尔自治区乌鲁木齐市新市区高新区,内蒙古自治区包头市石拐区五当召镇,广西壮族自治区武鸣县城厢镇。

文化民俗型城镇:重庆市奉节县白帝镇,四川省马尔康县松岗镇,云南省贡山县丙中洛镇,西藏自治区普兰县巴嘎乡,陕西省礼泉县烟霞镇、宁强县青木川镇,甘肃省肃南县马蹄藏族乡,青海省互助县威远镇,宁夏回族自治区永宁县闽宁镇,新疆维吾尔自治区阿图什市上阿图什镇,内蒙古自治区莫力达瓦旗尼尔基镇，广西壮族自治区龙胜县龙脊镇。

特色制造型城镇：重庆市九龙坡区西彭镇，四川省蒲江县寿安镇，贵州省安顺市西秀区七眼桥镇，云南省个旧市大屯镇，西藏自治区贡嘎县杰德秀镇，陕西省城固县柳林镇，甘肃省武威市凉州区黄羊镇，宁夏回族自治区贺兰县洪广镇，新疆维吾尔自治区和田市吉亚乡，内蒙古自治区鄂尔多斯市东胜区罕台镇，广西壮族自治区柳州市柳东区雒容镇。

能矿资源型城镇：重庆市涪陵区焦石镇，四川省珙县上罗镇，贵州省盘县柏果镇，云南省师宗县雄壁镇，西藏自治区江达县青泥洞乡，陕西省神木县大柳塔镇，甘肃省华亭县安口镇，青海省大柴旦行委大柴旦镇，宁夏回族自治区灵武市宁东镇、平罗县汝箕沟镇，新疆维吾尔自治区巴里坤县三塘湖镇，内蒙古自治区霍林郭勒市，广西壮族自治区平果县马头镇。

边境口岸型城镇：云南省河口县河口镇，内蒙古自治区乌拉特中旗甘其毛都镇、额济纳旗策克镇，广西壮族自治区凭祥市友谊镇。

第四节　加强城镇公共基础设施建设

进一步加大城镇公共基础设施建设投入，完善城镇公共服务功能。加强城镇生活给排水、生活垃圾收集运输处理、轨道交通、供气供热等基础设施以及各类地下管网建设和改造，推进地下综合管廊及海绵城市建设。加大城市污水处理及再生利用设施和先进垃圾处理设施建设力度，推动城市垃圾分类。加强城市道路交通基础设施建设，完善城市道路网络系统，大力发展绿色交通，科学有序布局充电桩、立体停车场等系统，优先发展公共交通，科学推进城市轨道交通、步行和自行车交通系统建设，推进城市配送系统建设。加强城市生态修复，保护和恢复城市自然山水格局。加大棚户区和危房改造力度，加快改善小城镇居民住房条件。积极构建符合西部地区特点的绿色建筑和建材标准、技术及产品支撑体系。统筹城乡市政公用设施建设，促进城镇公共基础设施向周边农村地区延伸。

第五节　建设绿色文明宜居乡村

实施西部地区农村人居环境改善工程，修订完善县域乡村建设规划和村庄规划，加强乡村规划管理。进一步加大农村危房改造力度，到2020年基本完成现有危房改造任务。推进村庄道路、街巷、庭院和公共空间植树绿化，实施村庄亮化工程，全面推进农村垃圾治理，促进农村整体风貌改善提升。加强西部传统村落、历史文化名村和传统建筑保护，全面推进少数民族特色村镇建设。完善通乡通村道路网络，提高道路硬化率，重点实施建制村通硬化路工程。加强农村供水供电供气设施建设，全面推进城乡用电同网同价。加快推进农村地区散煤清洁化替代工作，配套实施农网改造，大力推广以电代煤。因地制宜推进农村沼气建设，加快发展小水电、太阳能、风能、生物质能等可再生能源。巩固提升农村饮水安全，推动城镇供水管网向农村延伸，有序推进农村生活污水治理。实施邮政、快递村村通。加强农村文化建设，建设和谐文明乡村。推进美丽乡村标准化试点。加强农村基层党组织建设，健全村党组织领导的充满活力的村民自治机制。

第十二章　强化规划实施保障

继续深化体制机制改革，正确履行政府职责，合理配置公共资源，完善规划实施机制，动员和引导全社会力量共同推进规划实施。

第一节　深化重点领域和关键环节改革

持续深化简政放权、放管结合、优化服务等重点领域改革，加快转变政府职能，健全科学决策机制，提高行政效能。深化垄断行业和国有企业改革，支持和引导非公有制经济发展，加快形成多种所有制经济平等竞争、共同发展新格局。推进电力体制改革试点，继续深化电价、水价等价格改革，理顺煤电价格关系，开展水权交易，深化小型水利工程产权制度改革。有序推进土地管理制度改革，完善西部地区土地征收制度，探索建立农村集体经营性建设用地入市制度。依法保护市场主体产权与创新收益，加强知识产权保护和运用。加快建设社会信用体系，构筑诚实守信的经济社会环境。在公共服务领域大力推广政府和社会资本合作(PPP)模式，提高公共服务供给质量和效率。继续落实好减税降费各项政策措施，降低制度性交易成本，促进形成营商环境好、要素成本低、市场潜力大的叠加优势，迸发全社会创业创新热情，吸引各类资本特别是民间资本踊跃参与西部建设。

第二节　强化政策支持

各地区、各有关部门要按照职能分工，各司其职、各负其责，进一步完善扶持政策。进一步加大资金投入力度，中央预算内投资、中央财政均衡性转移支付和专项转移支付继续向西部地区倾斜，取消民族地区县以下和集中连片特困地区市(地、州)级配套资金。支持在西部地区优先布局建设具有比较优势的项目，鼓励社会资本以市场化方式设立西部开发产业发展引导基金。实施差别化用地政策，保障西部地区重大项目建设用地。加强西部地区各类人才培养培训，积极发挥国家基础科学人才培养基金等作用，统筹推进西部地区各类人才队伍建设。加强智库建设，充分发挥各类智库在支持西部大开发中的积极作用。国家“千人计划”、“万人计划”等重大人才工程适度向西部地区倾斜，支持西部地区大力引进海外高端紧缺人才。支持四川凉山、云南怒江、甘肃临夏等民族自治州加快建设全面小康进程，研究开展州辖区改革。

第三节　创新完善投融资体制

建立有利于西部大开发的多元化、可持续投融资体制。统筹发挥商业性金融、开发性金融、政策性金融与合作性金融协同作用，形成分工合理、相互补充的金融机构体系，加大对西部地区重大基础设施建设、现代农业、民生领域的支持力度，推动提升小微企业金融服务。鼓励银行业金融机构在风险可控、商业可持续的基础上加大对西部产能过剩行业兼并重组、转型转产、技术改造等环节的信贷支持，促进化解过剩产能和传统产业转型升级。抓紧剥离融资平台公司政府融资职能，推进融资平台公司市场化转型和融资，规范地方政府债务管理，合理安排西部地区政府债务限额，做好地方政府债券发行工作，支持西部地区公益性事业发展。

第四节　健全规划实施机制

西部地区具有特殊重要战略地位，要以更大的决心、更强的力度、更有效的举措，进一步加大对西部地区的支持力度。西部各省（区、市）人民政府和新疆生产建设兵团要加强组织领导，做好本规划确定的主要目标、重点任务分解落实工作，加强年度计划与本规划的衔接。东中部地区要积极支持配合本规划实施，加强区域合作，提升对口支援、对口帮扶水平，支持本地区企业、人才到西部地区投资、创业。充分发挥人民军队在参加和支援西部大开发中的优势和积极作用。

国务院各部门要按照本规划确定的总体目标和发展重点，在有关专项规划编制、政策措施实施、重点项目安排、体制机制创新等方面给予积极指导和支持。要通力协作、密切配合，积极研究制定具体政策举措，构建齐抓共管的工作格局，形成支持西部大开发新的合力。规划实施中涉及的重大事项、重大政策和重大项目按规定程序报批。国家发展改革委要加强综合协调与服务，加强对党中央、国务院重大决策部署和有关政策措施落实情况的监督检查，适时组织开展本规划执行情况的全面评估，重大问题及时向党中央、国务院报告。

附录二

2017年西部大开发及国家发改委有关工作大事记

(一)

3月7日 李克强总理参加十二届全国人大五次会议西藏代表团审议时强调,西藏在全国大局中具有特殊重要地位。国家要在交通、电网基础设施建设等方面加大支持和投入,发挥带动发展的乘数效应。把"输血"和"造血"紧密结合,加大脱贫攻坚力度,特别要改善边境地区群众生产生活条件。要大力加强民族团结,促进各民族团结,促进各民族和睦相处,促进宗教关系和谐,形成推动发展的强大合力,共同维护西藏社会稳定和长治久安。

3月8日 习近平主席参加十二届全国人大五次会议四川代表团参加审议时指出,到2020年现行标准下农村贫困人口全部脱贫、贫困县全部摘帽,是我们党立下的军令状。脱贫攻坚越往后,难度越大,越要压实责任、精准施策、过细工作。习近平指出,要急起直追,抓住世界科技革命历史机遇,针对经济社会发展方向、目标、战略、短板选准课题,形成更具激励性的制度环境,加快健全军民融合发展组织管理体系、工作运行体系、政策制度体系,抓好军民融合高技术产业基地建设,发展军民融合产业集群。

3月8日 李克强总理参加十二届全国人大五次会议广西代表团审议时强调,发挥沿海沿边的独特优势,在扩大开放中积极参与国际合作与竞争,培育新优势。立足创新驱动,加快新旧动能转换,释放大众创业、万众创新潜力,为新动能成长和传统动能改造提升插上翅膀,推动产业迈向中高端,促进实体经济转型升级。

3月9日 李克强总理参加十二届全国人大五次会议陕西代表团审议时指出,陕西要抢占改革开放新高地,全面深化各领域改革,继续推进简政放权、放管结合、优化服务,发挥好在"一带一路"建设中的重要节点作用,推动向西开放,苦干实干、善谋勇为,实现在西部地区率先发展。

3月9日 全国政协主席俞正声参加十二届全国人大五次会议贵州代表团审议时强调,贵州是西部多民族聚居省份,发展潜力巨大。要坚持"两个毫不动摇",不断优化民营企业发展环境,激发民营经济活力,支持民营企业加快产业转型升级,促进民营经济健康发展。要坚持各民族共同团结奋斗、共同繁荣发展,加强各民族交往交流交融,帮助民族地区发展经济、改善民生。要更好地推进精准扶贫、精准脱贫,打牢精准扶贫基础,提高扶贫措施有效性,加大政策落实力度,动员各方面力量打赢脱贫攻坚战。

3月10日 习近平主席参加十二届全国人大五次会议新疆代表团参加审议时强调,新疆是我国西北重要安全屏障,战略地位特殊、面临的问题特殊,做好新疆工作意义重大。要紧紧围绕社会稳定和长治久安总目标，以推进新疆治理体系和治理能力现代化为引领，以经济发展和民生改善为基础，以维护祖国统一、促进民族团结等为重点，坚决维护社会和谐稳定，切实贯彻新发展理念，全力保障和改善民性，不断巩固民族团结，努力建设团结和谐、繁荣富裕、文明进步、安居乐业的中国特色社会主义新疆。

5月24日　国务院总理李克强出席在贵阳举行的中国大数据产业峰会暨中国电子商务创新发展峰会的国内外业界人士对话会。他强调，中国正在推进新一轮更高水平的对外开放。我们注重保护知识产权，尊重和保护商业秘密，加强网络安全，致力于为在国内注册的内外资企业营造一视同仁的营商环境。中国东西部发展还很不平衡，中西部地区蕴含巨大的发展潜力和投资机遇。欢迎外国企业继续在华拓展业务，特别是到中西部地区投资兴业，共创共享发展机遇，更好实现互利共赢。

5月25日　国务院副总理马凯出席在贵阳召开的2017中国国际大数据产业博览会开幕式并致辞。该博览会由国家发展改革委、工业和信息化部、国家互联网信息办公室、贵州省人民政府共同主办，主题为“数字经济引领新增长”。

6月3日　国务院副总理汪洋在西安出席2017丝绸之路国际博览会暨丝绸之路经济带国际合作论坛并发表主旨演讲。他强调，习近平主席提出的“一带一路”倡议是构建人类命运共同体的世纪工程，中方愿与丝绸之路经济带沿线国家一道，以落实“一带一路”国际合作高峰论坛重要共识和成果为契机，推动经贸投资合作迈上新台阶，更好造福沿线各国人民。

7月10—11日　国务院总理李克强在陕西杨凌、宝鸡考察。李克强充分肯定陕西经济社会发展取得的成绩，希望陕西在以习近平同志为核心的党中央领导下，抢抓发展机遇，锐意改革创新，在西部开发开放中起到引领和支撑作用。

10月18日　习近平总书记在党的十九大报告中指出：加大力度支持革命老区、民族地区、边疆地区、贫困地区加快发展，强化举措推进西部大开发形成新格局，深化改革加快东北等老工业基地振兴，发挥优势推动中部地区崛起，创新引领率先实现东部地区优化发展，建立更加有效的区域协调发展新机制。

10月18日　俞正声同志参加党的十九大新疆代表团讨论。俞正声指出，党的十八大以来，在习近平新时代中国特色社会主义思想指引下，党中央提出了关于新疆工作的一系列重大方针政策，明确社会稳定和长治久安是新疆工作的总目标，对暴力恐怖活动和宗教极端主义持续保持严打高压态势，推动新疆经济社会发展和民生改善，抓好双语教育和职业教育，加快推进脱贫攻坚步伐，深化兵团改革，新疆工作取得了重要进展。希望新疆维吾尔自治区和新疆生产建设兵团认真学习贯彻党的十九大精神，深入贯彻落实党中央关于新疆工作的大政方针，推动新疆各项事业不断取得新进展。

10月19日　习近平同志参加党的十九大贵州省代表团讨论时指出，5年来，贵州认真贯彻落实党中央决策部署，各方面工作不断有新进展。综合实力显著提升，脱贫攻坚成效显著，生态环境持续改善，改革开放取得重大进展，人民群众获得感不断增强，政治生态持续向好。希望贵州的同志全面贯彻落实党的十九大精神，大力培育和弘扬团结奋进、拼搏创新、苦干实干、后发赶超的精神，守好发展和生态两条底线，创新发展思路，发挥后发优势，决战脱贫攻坚，决胜同步小康，续写新时代贵州发展新篇章，开创百姓富、生态美的多彩贵州新未来。

10 月 19 日 李克强同志参加党的十九大广西壮族自治区代表团参加讨论时指出，全面学习贯彻党的十九大精神，必须团结奋斗、真抓实干，解放和发展生产力，破解发展不平衡不充分问题。要贯彻新发展理念，建设现代化经济体系，坚定实施报告提出的各项战略，坚持质量第一、效益优先，以推进供给侧结构性改革为主线，促进我国产业迈向全球价值链中高端，持续推进政府职能转变，鼓励更多社会主体投身创新创业，更大激发市场活力和社会创造力，推动形成全面开放新格局，不断增强我国经济创新力和竞争力，努力实现更高质量、更有效率、更加公平、更可持续的发展。

10 月 19 日 张高丽同志参加他所在的党的十九大陕西省代表团讨论。张高丽强调，要坚持创新、协调、绿色、开放、共享的发展理念，坚持稳中求进工作总基调，深化供给侧结构性改革，抓重点、补短板、强弱项，特别是要坚决打好防范化解重大风险、精准脱贫、污染防治的攻坚战，确保到 2020 年全面建成小康社会。要全面贯彻党的基本理论、基本路线、基本方略，紧扣我国社会主要矛盾的变化，抓好发展这个党执政兴国的第一要务，坚持以经济建设为中心，坚持全面深化改革，坚持以人民为中心的发展思想，开启全面建设社会主义现代化国家新征程，确保到 2035 年基本实现社会主义现代化，到本世纪中叶把我国建成富强民主文明和谐美丽的社会主义现代化强国。

11 月 23—24 日 国务院副总理张高丽在调研生态文明建设工作。他强调，青海承担着国家重要生态安全屏障功能，要坚持生态保护第一，扎实推进生态文明建设各项工作，加快建设生态大省、生态强省。全面落实主体功能区规划要求，进一步明确禁止开发区域、限制开发区域准入事项，构建人与自然和谐的空间开发保护格局。

（二）

1 月 11 日 国家发展改革委印发西部大开发“十三”规划。明确了西部开发“十三五”时期总的目标是，到 2020 年如期建成小康社会，西部地区综合经济实力、人民生活水平和质量、生态环境状况再上新的台阶。具体目标包括经济健康发展、创新驱动发展能力显著增强、转型升级取得实质性进展、基础设施进一步完善、生态环境实质性改善、公共服务能力显著增强等六方面。

1 月 18 日 国家发展改革委副秘书长、投资司司长许昆林同志带队赴四川省开展调研，召开工作座谈会听取了成都天府国际机场建设、四川省省级政策性担保机构支持民营企业试点、四川省专项建设基金等工作开展情况和有关意见建议，并实地调研考察了四川省天府新区、成都科学城、西部国际博览中心、成都地铁项目、天府新区地下综合管廊项目等。

2 月 7 日 国家发展改革委下达《2017 年西部大开发重点项目前期工作专项补助中央预算内投资计划》，安排 1.5 亿元专项补助资金支持西部 12 省（自治区、直辖市）和新疆生产建设兵团开展西部大开发重点项目前期工作。

2 月 7—10 日 国家发展改革委副主任王晓涛带队赴四川、重庆就当前经济和就业创业形势及推进供给侧结构性改革和深化“放管服”改革等情况进行了调研。期间，调研组召开座谈会，听取了四川、重庆省（市）委省（市）政府等有关方面和发改、人社等相关部门、部分行业企业负责同志及全国和地方代表委员对当前经济和就业创业形势的看法，交换了对进一步做好发展改革工作和深化“放管服”改革的意见建议。就业司、西部司、社会司有关同志参加了调研。

2月10日　国家发展改革委办公厅印发2017年中国西部开发远程学习网培训计划。中国西部开发远程学习网围绕“宏观经济形势和政策解读、深化商事制度改革、精准扶贫”等26个专题，培训西部地区干部近1.4万人次。

2月17日　国家发展改革委、商务部发布了《中西部地区外商投资优势产业目录(2017年修订)》(以下简称《中西部目录》)。修订《中西部目录》，支持中西部地区承接外资产业转移，扩大中西部地区鼓励外商投资产业范围，加大对中西部地区吸引外资的政策支持力度。该目录自2017年3月20日起施行。2013年5月9日国家发展和改革委员会、商务部发布的《中西部地区外商投资优势产业目录(2013年修订)》(国家发展和改革委员会、商务部令2013年第1号)同时废止。

2月24日　教育部、国家发展改革委、财政部在京召开中西部高等教育振兴计划实施工作推进会。会议强调，要深入实施振兴计划，着力优化结构、突出特色、提升质量，以中西部高等教育加快发展的优异成绩迎接党的十九大胜利召开，为建设高等教育强国、实现教育现代化奠定坚实基础。教育部党组书记、部长陈宝生出席会议并讲话。教育部副部长林蕙青主持会议。

2月24日　国家发展改革委办公厅印发2017年东部城市支持西部地区人才培训计划。北京、天津、上海等13个东部城市围绕“创新驱动与人才发展、互联网＋专题”等56期人才培训。

3月2日　国家工商总局与广西壮族自治区人民政府签署了《关于推进广西建设商标品牌强区合作框架协议》。立足深入推进商标品牌战略实施，充分发挥广西作为中国西南出海大通道的区位优势，依托中国—东盟合作与交流平台，充分利用工商总局商标战略资源，发挥商标品牌在引领经济转型升级中的积极作用，推动广西创新驱动发展，全面落实“一带一路”倡议布局。

3月3日　国家发展改革委下达《2017年沿边重点开发开放试验区建设专项中央预算内投资计划》，安排2.8亿元专项补助资金支持广西东兴、凭祥，云南瑞丽、勐腊(磨憨)，内蒙古满洲里、二连浩特，黑龙江绥芬河—东宁等7个沿边重点开发开放试验区的建设和发展。

3月18—24日　为进一步做好对口支援新疆工作，国家发展改革委牵头组织开展对口援疆工作实地调研。中央组织部、中央宣传部、中央新疆办、教育部、公安部、财政部、人力资源社会保障部、住房城乡建设部、卫生计生委以及中央电视台等单位派员参加。调研组首先在乌鲁木齐组织召开座谈会，会后调研组分四队前往南疆喀什和克州、北疆伊犁、南疆阿克苏、东疆哈密和吐鲁番等地区开展专题调研。

3月24日　中国科学院与西藏自治区举行科技合作座谈会并签署“十三五”战略合作协议。西藏自治区党委书记吴英杰主持座谈会，中科院院长、党组书记白春礼与西藏自治区人民政府主席齐扎拉代表双方签署战略合作协议。

3月28日　教育部在云南省昆明市召开2017年滇西脱贫攻坚部际联系会议。会议强调，要深入学习领会习近平总书记扶贫开发重要战略思想，全面贯彻落实党中央、国务院脱贫攻坚决策部署，扎扎实实推进滇西脱贫各项工作，确保滇西脱贫攻坚再战再捷。教育部党组书记、部长陈宝生，云南省省长阮成发，国务院扶贫办副主任欧青平出席会议并讲话。

4月1日　国家知识产权局与四川省人民政府知识产权合作会商暨建设引领型知识产

权强省推进大会在成都举行。会前，四川省委书记王东明，省委副书记、省长尹力会见了国家知识产权局局长申长雨一行，双方就更好发挥知识产权对创帮创造的激励支撑作用，加快四川引领型知识产权强省建设，助推四川经济社会发展，进行了深入交流。申长雨、尹力出席大会，代表双方签署了《国家知识产权局四川省人民政府知识产权合作议定书》并发表讲话。

4 月 10 日　经国务院同意，国家发展改革委正式印发实施《2017 年深入推进西部大开发工作要点》，从全面深化改革开放、推动基础设施建设取得新成效、努力迈入产业发展新阶段、切实巩固生态建设新成果、推进城乡统筹协调发展、加快提高基本公共服务供给水平、强化组织保障和政策支持等七个方面提出了 27 项重点工作。

4 月 27 日　国家卫生计生委副主任王培安赴新疆南疆地区，先后到喀什市多来特巴格乡 8 号小区，克孜勒苏州人民医院，阿图什市人民医院，阿图什市上阿图什镇人口和计划生育生殖健康服务站、卫生院，以及喀什地区第二人民医院实地调研，与医院管理人员、村医、村计生宣传员和群众深入交谈，详细了解计划生育、医疗人才“组团式”援疆等工作。

4 月 27 日　中国人民银行副行长潘功胜带队赴贵州省调研金融扶贫工作，国务院扶贫办及大型商业银行负责人参加了调研。调研组实地走访了黔南州惠水县明田易地扶贫搬迁安置点，详细了解了安置点建设和金融服务情况；听取了国家开发银行、农业发展银行、工商银行、农业银行、建设银行、邮政储蓄银行金融扶贫情况以及银行间市场交易商协会关于债务融资工具支持贵州省扶贫开发情况的总体汇报；并与贵州扶贫办、当地各金融机构代表进行了座谈，深入了解了贵州省经济发展、扶贫开发与金融支持的总体情况。

5 月 10 日　全国政协副主席、科技部部长万钢赴四川省成都市调研了解国家科技创新政策的落实情况并召开座谈会。四川省人民政府刘捷副省长，省科技厅、财政厅、发改委、国防科工办相关负责同志，以及十余家在川高校、科研院所、企业代表参加座谈。

5 月 11—12 日　教育部党组书记、部长陈宝生到宁夏调研民族教育、教育扶贫、教育信息化及高校思想政治工作等情况。陈宝生深入六盘山高级中学、银川市兴庆区回民第二小学、银川市金凤区良田学校及宁夏大学进行现场调研，与师生亲切交流，并主持召开宁夏回族自治区教育工作座谈会。

5 月 25 日　国家发展改革委、中国农业发展银行、贵州省人民政府全面支持网络扶贫合作签约仪式在贵阳国际生态会议中心举行，国家发展改革委副主任林念修，中国农业发展银行副行长鲍建安，贵州省委常委、省政府常务副省长秦如培出席签约仪式并共同签署了《全面支持网络扶贫合作框架协议》。

6 月 13 日　“央企助力富民兴藏”活动在西藏拉萨正式启动。国务院国资委主任肖亚庆，西藏自治区党委书记吴英杰，国务院国资委总会计师沈莹，国务扶贫办、西藏自治区有关领导出席“央企助力富民兴藏”会议暨战略合作签约仪式。西藏自治区主席齐扎拉主持会议。

7 月 17 日　按照国务院扶贫开发领导小组统一部署，国家发展改革委副主任林念修带领国务院扶贫开发领导小组第 4 督查组，就 2016 年省级党委和政府扶贫开发工作成效考核、脱贫攻坚民主监督和中央巡视发现问题的整改情况，以及脱贫攻坚政策举措落实情况、典型经验做法、存在问题和薄弱环节等，赴四川省开展脱贫攻坚督查。

8 月 16 日　中国科学院与云南省在昆明召开院省科技合作座谈会并签署全面科技合

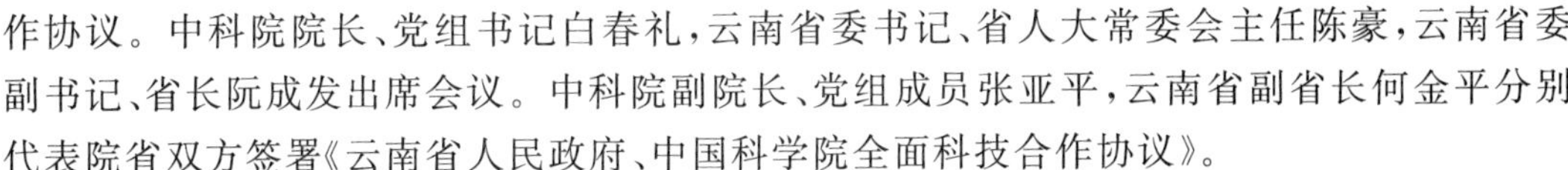

作协议。中科院院长、党组书记白春礼，云南省委书记、省人大常委会主任陈豪，云南省委副书记、省长阮成发出席会议。中科院副院长、党组成员张亚平，云南省副省长何金平分别代表院省双方签署《云南省人民政府、中国科学院全面科技合作协议》。

8 月 29 日　农业部在甘肃兰州举办全国一村一品产业扶贫经验交流暨村企对接活动。围绕落实中央脱贫攻坚的决策部署，总结交流各地开展一村一品产业扶贫的做法和经验，研究安排下一步工作。近年来，各地特别是中西部欠发达地区以“一村一品”为重要抓手，在产业扶贫方面进行了积极实践和探索，取得了显著成效、涌现出了很多好典型，为深入推进一村一品产业脱贫积累了宝贵经验。

9 月 4 日　由中国国家旅游局、埃及旅游部和宁夏回族自治区人民政府共同主办的 2017 中国—阿拉伯国家旅行商大会在宁夏银川举行。来自埃及、马来西亚、印度尼西亚、新加坡、阿联酋、巴基斯坦等 21 个国家和地区，以及宁夏、上海、河南、陕西、甘肃等 14 个省（区、市）的旅游管理部门、境内外旅行商、专家学者和新闻媒体代表 200 余人参加了开幕式。大会期间还将举办旅游资源推介、中阿旅游合作主旨交流、客源互送及投资项目洽谈、项目签约、线路产品与投资项目考察等活动。

9 月 13 日　国家发展改革委副主任宁吉喆在广西壮族自治区南宁市主持召开部分省（区、市）经济形势座谈会，围绕当前经济形势的特点与走势、面临的突出问题和有关政策建议，与内蒙古、辽宁、上海、福建、江西、山东、湖南、广西、重庆、甘肃十个省（区、市）发展改革委相关负责同志进行了深入交流。

9 月 19 日　全国林业援疆工作会议在新疆维吾尔自治区阿克苏地区召开。会议提出，新阶段林业援疆工作要深入学习贯彻习近平总书记重要讲话精神，以有利于新疆社会稳定和长治久安为根本目标，以推进南疆四地州深度贫困地区脱贫攻坚为根本任务，以绿水青山就是金山银山为根本理念，坚持生态援疆、产业援疆、科技援疆，实施生态屏障、林果业精准提升、生态扶贫三项工程，强化政策、金融、人才三个保障，为建设团结和谐、繁荣富裕、文明进步、安居乐业的社会主义新疆做出更大贡献。

9 月 19 日　国家林业局、新疆维吾尔自治区政府、新疆生产建设兵团在阿克苏地区签署战略合作协议，三方将立足南疆特色林果业发展需求，统筹林业科技资源，共同加强全产业链科技创新与成果转化，推动南疆林果业提质增效、转型升级，为加快区域经济发展，促进林农增收和贫困人口脱贫致富，保障新疆社会稳定和长治久安做出积极贡献。

9 月 29 日　水利部与新疆生产建设兵团在乌鲁木齐举行座谈，深入贯彻落实以习近平同志为核心的党中央治疆方略和对兵团的定位要求，共商加快兵团水利改革发展大计。

10 月 10 日　加快建设我国面向西南开放重要桥头堡部际联席会议第 5 次会议在国家发展改革委召开。联席会议总召集人、国家发展改革委主任何立峰和云南省委书记陈豪出席会议并讲话。会议就加大政策支持、加快基础设施互联互通、加强国际产能合作、推进开放合作等事项进行了研究讨论。

11 月 8—10 日　水利部部长陈雷赴青海省调研督导河长制落实、重大水利工程建设和水利扶贫工作，并与青海省政府进行座谈，共商进一步加快青海水利改革发展大计。

11 月 9 日　国家旅游局在甘肃省临夏州永靖县召开西北片区深度贫困地区旅游扶贫工作会。会议讨论了《国家旅游局关于支持深度贫困地区旅游扶贫的行动方案（征求意见稿）》，甘肃、西藏、青海、新疆等省（区）旅发委相关负责人汇报了本省区旅游扶贫工作情况及下一步工作计划。

12月15日 商务部部长钟山在京与甘肃省省长唐仁健一行举行工作会谈，共同研究落实党的十九大精神和习近平总书记视察甘肃重要讲话精神，进一步加强商务部与甘肃省协同联动，推动形成工作互动、资源共享、优势互补的部省合作新格局，努力实现商务事业新发展新提高新突破。双方将在推动商务转型升级、内贸流通创新发展、培育外贸竞争新优势、招商引资和利用外资、脱贫攻坚等方面进行深入合作，共同推动甘肃开放型经济发展。

12月17日 商务部部长钟山在京与广西壮族自治区党委书记彭清华、自治区主席陈武举行工作会谈，共同研究落实党的十九大关于商务工作有关精神和习近平总书记考察广西有关重要指示，加强商务部与广西工作联动，构建多层次、宽领域、高效率的部区合作格局，推动商务事业取得新发展新提高新突破。

12月20日 国家发展改革委副主任林念修主持召开生态保护补偿工作部际联席会议，深入学习贯彻党的十九大精神，研究部署2018年生态保护补偿重点工作，推进落实"建立多元化、市场化生态补偿机制"。

（三）

3月21日 我国首个大型页岩气田—涪陵页岩气田已经累计供气突破100亿立方米。这标志着我国页岩气已加速迈进大规模商业化发展阶段。

7月9日 宝鸡至兰州高速铁路开通运营。宝兰高铁全长401公里，运营时速250公里，设宝鸡南、天水南、定西北、兰州西等8个车站。主要承担甘肃、青海、新疆对外直通客流，兼顾沿线大中城市间的城际快速客流，是一条高标准、高密度、大能力的高速铁路。

7月15日 北京到新疆的京新高速公路全线贯通，这是目前世界上穿越沙漠、戈壁里程最长的高速公路。至2016年年底，我国高速公路通车里程达13.1万公里。

8月3日 陕西秦岭地区装机最大的太阳能光伏电站——洛南县卫东光伏电站正式投入运行。该电站装机20兆瓦，占地600余亩，安装电池组件达8万块，预计年发电2400万度，实现光伏发电与荒山绿化、生态观光的综合利用。

8月8日 内蒙古自治区成立70周年庆祝大会举行。中共中央、全国人大常委会、国务院、全国政协、中央军委致电祝贺。中共中央政治局常委、全国政协主席、中央代表团团长俞正声出席大会并讲话。

9月29日 甘肃兰州到重庆铁路全线通车。该铁路途经甘、陕、川、渝三省一市22个市县（区），正线全长886公里，是连接我国西南和西北的铁路大通道。

11月27日 四川省知识产权公共服务平台正式启动，该平台是西部首个知识产权公共服务平台，将为省内创新主体提供全链条、全领域、一站式便民利民知识产权公共服务。

11月底 云南鲁甸6.5级地震灾后恢复重建指挥部宣布：经过3年奋战，鲁甸6.5级地震灾后恢复重建全面完成。到11月底，除个别项目因客观原因正在实施外，灾区1771个恢复重建规划项目已全部完成，实现了"户户安居、家家有业、乡乡提升、生态改善、设施改进、经济发展"的重建目标。

12月6日 西安至成都高速铁路全线开通运营。作为首条穿越秦岭的高铁，西成高铁将大大压缩西安与成都之间的旅行时间，将助推西部两大城市群深度融合。

附录三

2017年西部开发新开工重点工程汇总表

序号	项目名称	建设内容及规模	总投资/亿元	开工时间
1	宁夏中卫至甘肃兰州铁路	线路自中卫南站引出，终于中川机场线树屏线路所，正线长约218公里	298.2	2017年6月
2	贵州都匀至安顺公路	新建高速公路218公里，两条连接线共长67公里	435	2017年10月
3	甘肃平凉至天水公路	新建高速公路238公里	309	2017年2月
4	G341线胶南至海晏公路加定(青甘界)至海晏(西海)段	建设一级公路182公里，二级公路33公里	190	2017年7月
5	渝黔高速公路扩能项目	新建高速公路100.4公里	168	2017年6月
6	陕西合阳至铜川公路	新建高速公路130公里	137	2017年6月
7	西部支线机场建设	新建四川甘孜机场、迁建四川达州机场	43	2017年6月
8	广西钦州港东航道扩建10万吨级双向航道一期工程	建设10万吨级集装箱双向航道，航道全长10.6公里	17.8	2017年5月
9	云南滇中引水工程	包括水源工程和输水工程两部分，多年年均引水量34.03亿立方米，渠首设计流量135立方米/秒	780.5	2017年8月
10	内蒙古引绰济辽工程	包括文得根水利枢纽工程和输水工程两部分。多年平均引水量4.54亿立方米，水库总库容19.64亿立方米，电站装机容量3.6万千瓦	252	2017年7月
11	四川白鹤滩水电站	发电装机1600万千瓦	1728.9	2017年7月
12	西部农村电网改造升级工程	新建及改造110kV变电站23座，线路871.1公里；新建及改造35kV变电站108座，线路1246公里；新建及改造10kV线路2.85万公里，低压线路7.2万公里，配变3.15万台等	185.1	2017年6月
13	西藏藏中与昌都电网联网工程	新建3座500千伏变电站(开关站)，扩建3座500千伏变电站，扩建1座110千伏变电站，新增500千伏变电容量550万千伏安，220千伏变电容量12万千伏安；新建500千伏线路1399.6公里，新建110千伏线路10.9公里	99.7	2017年4月

续表

序号	项目名称	建设内容及规模	总投资（亿元）	开工时间
14	渝鄂背靠背工程	新建2座柔性直流背靠背换流站，新增单个容量125万千瓦的柔性直流单元4个，建设500千伏线路23.9公里	64.9	2017年5月
15	西藏川藏铁路拉萨至林芝段供电工程	新建3座500千伏变电站，新增500千伏变电容量450万千伏安；新建2座、扩建3座220千伏变电站，新增220千伏变电容量66万千伏安；扩建1座110千伏变电站。新建500千伏线路584公里，220千伏线路440.9公里，110千伏线路302公里	62.5	2017年4月
16	南疆天然气利民工程	建设乌什支线、阿瓦提支线，管道全长分别为104.92千米、44.33千米，设计输气量均为13.97万立方米/天	6.4	2017年7月
17	西部地区重点流域水环境综合治理项目	污水处理74.14万吨/日，污水处理管网1275.34公里，中水回用14.8万吨/日，污泥处理444吨/日，垃圾处理4336吨/日，垃圾填埋场库容473.7万立方米，底泥清淤689.59万立方米，生态护坡147.7公里，生态湿地13.29平方公里	162.5	2017年1月
	合计		4940.5	

附录四

2017 年地区主要经济指标

单位：绝对量（亿元），同比增长（%）

	国内生产总值		社会消费品零售总额增长	工业增加值增长		固定资产投资（不含农户）		进出口总额						居民消费价格指数		当月工业生产者价格指数（以去年同月价格为100）	
	绝对量	同比增长		当月	累计	绝对量	同比增长	绝对量	同比增长	出口 绝对量	出口 同比增长	进口 绝对量	进口 同比增长	上年＝100	上月＝100	工业生产者出厂价格指数	工业生产者购进价格指数
全　国	**827122**	**6.9**	**10.2**	**6.2**	**6.6**	**631684**	**7.2**	**277923**	**14.2**	**153321**	**10.8**	**124602**	**18.7**	**101.6**	**100.3**	**104.9**	**105.9**
各地加总	**855480**	**7.3**				**626464**	**7.7**	**277923**	**14.2**	**153321**	**10.8**	**124602**	**18.7**				
西部合计	**170955**	**7.8**				**166571**	**8.5**	**20960**	**23.5**	**12073**	**20.4**	**8887**	**28.0**				
重　庆	19500	9.3	11.0	9.5	9.6	17441	9.5	4508	8.9	2884	7.8	1625	11.0	101.0	100.1	103.5	103.6
四　川	36980	8.1	12.0	9.0	8.5	31236	10.6	4606	41.2	2539	37.4	2067	46.2	101.4	100.1	106.6	107.1
贵　州	13541	10.2	12.0	10.0	9.5	15288	20.1	551	46.7	391	25.2	160	153.2	100.9	100.2	101.0	105.4
云　南	16531	9.5	12.2	19.6	10.6	18475	13.0	1586	20.5	779	2.5	807	45.0	100.9	100.1	104.1	105.1
西　藏	1311	10.0	13.9	17.0	14.2	1976	23.8	59	13.9	30	−5.6	29	43.6	101.6	100.1	100.3	0.0
陕　西	21899	8.0	11.8	11.0	8.2	23468	14.6	2715	37.4	1660	58.8	1055	13.3	101.6	100.3	105.1	104.1
甘　肃	7677	3.6	7.6	−3.4	−1.7	5696	−40.3	342	−24.0	124	−53.4	218	18.5	101.4	100.3	111.0	113.0

续表

	国内生产总值		社会消费品零售总额增长	工业增加值增长		固定资产投资（不含农户）		进出口总额						居民消费价格指数		当月工业生产者价格指数（以去年同月价格为100）	
										出口		进口					
	绝对量	同比增长		当月	累计	绝对量	同比增长	绝对量	同比增长	绝对量	同比增长	绝对量	同比增长	上年=100	上月=100	工业生产者出厂价格指数	工业生产者购进价格指数
青　海	2643	7.3	9.3	3.5	7.0	3820	10.5	44	−56.0	29	−68.2	16	49.0	101.5	100.4	111.3	105.4
宁　夏	3454	7.8	9.5	8.8	8.6	3640	3.0	341	58.6	248	50.4	94	85.6	101.6	100.5	109.7	106.6
新　疆	10920	7.6	7.7	7.9	6.4	11796	20.0	1398	19.9	1200	16.5	198	45.8	102.2	100.5	113.2	112.8
内蒙古	16103	4.0	6.9	−0.9	3.1	13828	−7.2	942	22.6	335	15.4	608	27.0	101.7	100.4	105.7	104.5
广　西	20396	7.3	11.2	7.5	7.1	19908	12.8	3866	22.6	1855	22.3	2011	23.0	101.6	100.3	105.0	105.4
东部合计	**449681**	**7.2**				**265837**	**8.3**	**229081**	**13.0**	**125776**	**9.6**	**103305**	**17.4**				
北　京	28000	6.7	5.2	4.9	5.6	8307	5.3	21924	17.6	3962	15.5	17961	18.0	101.9	100.5	100.1	101.9
天　津	18595	3.6	1.7	−5.4	2.3	11275	0.5	7647	12.8	2952	1.2	4694	21.7	102.1	100.3	106.5	109.3
河　北	35964	6.7	10.7	4.4	3.4	33012	5.3	3376	9.7	2126	5.5	1250	17.5	101.7	100.5	111.1	106.5
上　海	30134	6.9	8.1	−4.9	6.8	7241	7.2	32238	12.5	13120	8.5	19118	15.4	101.7	100.4	102.6	106.4
江　苏	85901	7.2	10.6	7.3	7.5	53000	7.5	40021	19.1	24607	16.9	15414	22.6	101.7	100.3	104.0	107.4
浙　江	51768	7.8	10.6	7.7	8.3	31126	8.6	25604	15.3	19446	10.1	6158	35.6	102.1	100.3	104.6	107.7
福　建	32298	8.1	11.5	9.5	8.0	26110	13.9	11591	12.0	7114	4.1	4477	27.5	101.2	100.1	103.0	104.3
山　东	72678	7.4	9.8	7.4	6.9	54236	7.3	17824	15.2	9965	10.1	7858	22.2	101.5	100.6	105.0	105.4
广　东	89879	7.5	10.0	7.0	7.2	37404	13.5	68155	8.0	42187	6.7	25969	10.1	101.5	100.2	101.9	103.5

续表

	国内生产总值		社会消费品零售总额增长	工业增加值增长		固定资产投资（不含农户）		进出口总额						居民消费价格指数		当月工业生产者价格指数	
										出口		进口				以去年同月价格为100	
	绝对量	同比增长		当月	累计	绝对量	同比增长	绝对量	同比增长	绝对量	同比增长	绝对量	同比增长	上年=100	上月=100	工业生产者出厂价格指数	工业生产者购进价格指数
海 南	4463	7.0	11.4	−21.2	0.5	4125	10.1	702	−6.3	296	110.4	407	−33.2	102.8	100.5	108.7	104.2
东北合计	**55431**	**5.1**				**30655**	**2.8**	**9266**	**15.5**	**3692**	**7.1**	**5574**	**21.8**				
辽 宁	23942	4.2	2.9	9.8	4.4	6445	0.1	6739	18.0	3043	7.2	3696	28.6	101.4	100.5	107.6	106.3
吉 林	15289	5.3	7.5	3.0	5.5	13131	1.4	1255	3.0	300	8.2	955	1.5	101.6	100.6	102.4	104.0
黑龙江	16200	6.4	8.3	5.4	2.7	11080	6.2	1272	16.3	348	4.9	924	21.3	101.3	100.6	107.6	108.8
中部合计	**179412**	**8.0**				**163400**	**6.9**	**18615**	**18.4**	**11780**	**15.2**	**6835**	**24.1**				
山 西	14974	7.0	6.8	2.4	7.0	5722	6.3	1162	5.6	690	5.3	472	6.0	101.1	100.3	107.2	107.6
安 徽	27519	8.5	11.9	10.5	9.0	28816	11.0	3632	23.7	2065	9.8	1566	48.3	101.2	100.2	105.1	106.7
江 西	20819	8.9	12.3	9.5	9.1	21770	12.3	3020	14.5	2223	13.3	797	17.9	102.0	100.0	107.2	105.3
河 南	44988	7.8	11.6	7.5	8.0	43390	10.4	5233	11.0	3172	11.9	2061	9.6	101.4	100.6	105.3	105.9
湖 北	36523	7.8	11.1	6.5	7.4	31873	11.0	3134	20.6	2064	20.2	1070	21.4	101.5	100.1	105.8	106.4
湖 南	34591	8.0	10.6	9.5	7.3	31328	13.1	2435	39.9	1566	33.4	869	53.4	101.4	100.4	104.3	104.6
贵 州	11734	10.5	9.8	9.9	12929	21.1	375	−50.7	312	−49.6	63	−55.7	100.1	107.3	107.2		
云 南	14870	8.7	14.8	6.5	15662	19.8	1316	−13.4	760	−26.3	556	13.5	100.2	104.2	105.4		
西 藏	1150	10.0	14.9	12.7	1596	23.2	52	−8.6	31	−13.8	20	0.6	100.3	116.2	0.0		

续表

	国内生产总值		社会消费品零售总额增长	工业增加值增长		固定资产投资（不含农户）		进出口总额						居民消费价格指数		当月工业生产者价格指数	
										出口		进口				以去年同月价格为100	
	绝对量	同比增长		当月	累计	绝对量	同比增长	绝对量	同比增长	绝对量	同比增长	绝对量	同比增长	上年=100	上月=100	工业生产者出厂价格指数	工业生产者购进价格指数
陕　西	19165	7.6	7.3	6.9	20475	12.3	1975	4.2	1045	13.7	930	－4.8	100.1	111.1	102.1		
甘　肃	7152	7.6	6.8	6.2	9534	10.5	452	－8.4	267	－26.0	185	39.3	100.5	111.4	108.4		
青　海	2572	8.0	6.7	7.5	3456	9.9	101	－16.1	90	－11.5	10	－42.1	100.4	113.7	105.8		
宁　夏	3150	8.1	6.8	7.5	3709	8.2	217	－6.3	165	－9.7	51	6.8	100.5	110.0	112.1		
新　疆	9617	7.6	3.2	3.7	9984	－5.1	1168	－4.6	1033	－5.3	136	0.5	100.6	108.7	106.3		
内蒙古	18633	7.2	7.3	7.2	14894	10.1	767	－2.8	289	－17.5	478	8.9	100.7	110.8	103.8		
广　西	18245	7.3	3.5	7.5	17653	12.8	3166	－0.6	1519	－12.7	1647	13.9	100.1	107.6	104.5		
东部合计	**403734**	**7.5**			**249665**	**9.1**	**202653**	**－0.3**	**114749**	**－0.3**	**87905**	**－0.3**					
北　京	24899	6.7	6.6	5.1	7889	5.9	18628	－6.1	3419	0.7	15209	－7.5	100.2	100.7	103.7		
天　津	17885	9.0	8.1	8.4	12756	8.0	6776	－4.5	2918	－8.1	3858	－1.6	100.5	108.6	108.9		
河　北	31828	6.8	－6.2	4.8	31340	8.4	3075	－3.7	2015	－1.3	1060	－8.0	100.9	116.3	113.9		
上　海	27466	6.8	15.9	1.1	6752	6.3	28667	2.7	12106	－0.5	16561	5.2	100.1	102.8	108.2		
江　苏	76086	7.8	6.5	7.7	49371	7.5	33630	－0.7	21058	0.2	12571	－2.1	100.1	103.9	108.2		
浙　江	46485	7.5	6.6	6.2	29571	10.9	22202	3.1	17666	3.0	4536	3.7	100.0	103.1	106.9		
福　建	28519	8.4	4.8	7.6	22928	9.3	10347	－1.3	6834	－2.3	3513	0.8	100.0	103.3	103.9		

续表

	国内生产总值		社会消费品零售总额增长	工业增加值增长		固定资产投资（不含农户）		进出口总额						居民消费价格指数		当月工业生产者价格指数	
										出口		进口				以去年同月价格为100	
	绝对量	同比增长		当月	累计	绝对量	同比增长	绝对量	同比增长	绝对量	同比增长	绝对量	同比增长	上年=100	上月=100	工业生产者出厂价格指数	工业生产者购进价格指数
山　东	67008	7.6	6.7	6.8	52364	10.5	15467	3.5	9052	1.2	6415	6.9	100.6	104.8	105.5		
广　东	79512	7.5	7.2	6.7	32947	10.0	63115	−0.7	39541	−1.0	23574	0.0	99.9	103.0	103.6		
海　南	4045	7.5	2.0	2.6	3747	11.7	748	−13.9	140	−39.6	608	−4.6	100.5	104.2	106.2		
东北合计	**52310**	**2.5**			**30642**	**−23.5**	**8020**	**−4.8**	**3449**	**−12.2**	**4571**	**1.6**					
辽　宁	22038	−2.5	−10.0	−15.2	6436	−63.5	5709	−4.1	2839	−9.7	2870	2.2	100.7	106.2	105.7		
吉　林	14886	6.9	4.9	6.3	13773	10.1	1217	3.8	277	−3.0	940	6.0	100.6	103.6	101.5		
黑龙江	15386	6.1	2.7	2.0	10433	5.5	1094	−16.0	332	−33.1	761	−5.5	100.6	106.4	106.5		
中部合计	**159113**	**8.0**			**156762**	**12.0**	**15722**	**−0.3**	**10221**	**−0.5**	**5501**	**0.1**					
山　西	12928	4.5	2.9	1.1	13859	0.8	1099	20.5	655	25.2	444	14.2	100.2	120.9	114.2		
安　徽	24118	8.7	9.2	8.8	26577	11.7	2331	−1.5	1880	−6.4	1051	8.6	99.9	107.8	108.6		
江　西	18364	9.0	8.7	9.0	19379	14.0	2642	0.5	1963	−4.3	678	17.6	100.1	107.0	105.1		
河　南	40160	8.1	8.2	8.0	39754	13.7	4712	2.5	2833	5.5	1880	−1.7	100.4	106.3	106.7		
湖　北	32298	8.1	8.7	8.0	29504	13.1	2597	−8.4	1717	−5.5	880	−13.6	100.0	103.3	106.5		
湖　南	31245	7.9	7.2	6.9	27688	13.8	1741	−4.4	1172	−1.3	569	−10.3	100.0	105.1	106.0